"十四五"国家重点出版物出版规划项目
教育部长江学者创新团队发展计划
南京大学文科卓越研究计划"十层次"项目

高质量发展阶段货币政策研究论丛

The Choice of Exchange-Rate Regimes
Theory, Evidence and China's Experience

汇率制度选择
理论、证据与中国经验

刘晓辉 /著

中国财经出版传媒集团
经济科学出版社
Economic Science Press

总　序

　　2013年，我们团队的研究计划"经济转型期稳定物价的货币政策"入选教育部"长江学者创新团队发展计划"，并于2014年正式立项建设。团队以范从来教授为带头人，骨干成员包括陈冬华、王宇伟、周耿、张勇、刘晓辉、高洁超、盛天翔等。立项建设以来，团队延续之前的方向，在货币政策领域开展持续性研究。2017年，经教育部专家组评估，团队的建设工作被评价为优秀，并获得了滚动支持。到2020年底，已完成两个完整的建设周期。期间，团队始终围绕中国的货币政策开展深入研究。也正是在这一时期，中国货币政策制定和实施的内外部环境都发生了较大变化。从内部来看，中国经济步入新常态，增长方式面临转型的同时，金融市场的市场化改革不断深入。从外部来看，虽然和平与发展仍是时代主题，但全球的不稳定性不确定性明显增加，经济全球化遭遇逆流，中国的金融开放面临新的挑战。在这一背景下，如何提高货币政策的有效性成为十分重要的问题，团队围绕这一问题开展了一系列的研究和探索，形成了本套丛书。总体来看，丛书在关注中国的货币政策问题上表现出以下四个方面的特色。

一、从价格稳定到金融稳定，探索货币政策与宏观审慎双支柱的政策框架

　　大量文献研究表明，将价格稳定设定为货币政策的最终目标符合社会福利最大化的原则。这成为20世纪80年代以来各国中央银行逐渐转向通货膨胀目标制的理论基础。团队的研究最初也以"经济转型期稳定物价的货币

政策"为切入点展开研究。2008年国际金融危机的爆发使人们对单一的价格稳定目标展开了深刻反思。美国虽然在2008年之前实现了价格稳定目标,但金融体系却出现了重大风险,并直接引致次贷危机的爆发。兼顾金融稳定目标的"宏观审慎管理框架"成为货币政策发展的新趋势。因此,在研究中团队适时将研究落脚点拓展到金融稳定。

实践表明,稳定价格的货币政策无法确保金融稳定。在通货膨胀目标制的货币政策导向下,物价和产出增长虽然平稳有序,但是金融失衡却快速发展,主要表现在信贷快速扩张、资产价格泡沫膨胀,系统性风险在时间和空间两个维度持续积累。而立足个体金融机构稳健运行的微观审慎政策亦无法有效化解金融不稳定因素。与之不同的是,宏观审慎政策是一种专门针对金融稳定目标设计的跨部门、逆周期制度安排,强调从宏观整体角度抑制金融与实体经济之间的顺周期反馈机制、防止系统性风险的传染和爆发,从而维护经济金融稳定运行。

相比欧美发达国家,中国在宏观审慎政策实践上走在前列。2008年底,中国银监会就根据银行规模前瞻性地提出了动态资本要求。2012颁布的《商业银行资本管理办法(试行)》则明确了逆周期资本计提要求。中国人民银行在2011年正式引入差别准备金动态调整机制,并于2016年将对银行业的差别准备金动态调整机制和合意贷款管理升级为"宏观审慎评估体系"。《中华人民共和国国民经济和社会发展第十三个五年规划纲要》首次明确将"防控风险"纳入宏观调控目标体系,并首次提出要"构建货币政策与审慎管理相协调的金融管理体制"。2017年成立的国务院金融稳定发展委员会从制度安排层面突出了货币政策、宏观审慎政策等协调的重要性。党的十九大报告则正式提出"健全货币政策和宏观审慎政策双支柱调控框架"。

从协调的必要性来看,货币政策与宏观审慎政策相互间的政策外溢性很强。二者所使用的工具如政策利率、逆周期资本充足率等,虽然各自调节的目标不同,但都会直接作用于金融体系。尤其是中国,在以银行为主体的金融体系和以信贷为主导的间接融资格局下,货币政策和宏观审慎政策的相互影响非常明显,二者的调整会直接作用于传统银行,并影响其与影子银行的信贷行为,进而影响产出、价格等宏观经济变量。因此,必须构建货币政策与宏观审慎政策协调的双支柱框架,以引导信贷资源合理、高效配置,确保宏观经济与金融的双稳定。在中国的宏观审慎政策实践中,人民银行和银保监会是两个关键主体，如何协调不同部门间的宏观审慎政策值得学术界做深入思考。团队基于上述视角，对中国货币政策与宏观审慎双支柱调控的政策框架进行了思考。以金融稳定与经济稳定的分化为起点，探讨了中国货币政策与宏观审慎政策的双支柱协调框架。在分别就货币政策、宏观审慎政策的转型与创新进行详细分析的基础上，从多个角度研究了双支柱框架的协调路径和完善空间，为理解近年来中国宏观调控创新的逻辑和可能方向提供了一定的启示。

二、从总量调控到结构调整，宏微观结合关注金融供给侧结构性改革

随着中国经济从高增长阶段向高质量发展阶段迈进，构建符合高质量发展阶段的货币政策框架成为推进国家治理体系现代化的客观要求。特别是金融层面供给侧结构性改革思路的提出为下一步的货币政策研究提出了新的问题。从货币层面看，当前我国货币运行与实体经济运行出现割裂且日趋明显，表现为 M2/GDP 居高不下，金融资源配置效率低下，甚至出现资金空转的现象。与此同时，大量有活力的中小微企业却面临融资难、融资贵的困境。这种割裂使宏观管理当局在制定和实施货币政策时陷入两难。针对上述结构性问题，团队的研究认为，对货币政策的研究必须引入新元素。其中，将宏观层面问题向微观视角研究拓展，从理论和实证两个层面强化宏观研究的微观基础是一个重要的选择。

团队在国内主导发起了"宏观经济政策与微观企业行为"学术研讨会，以此推动团队研究从宏观向微观层面拓展。为此，团队吸收了长期从事微观领域研究的成员，他们在发挥自身优势的同时，将宏观经济政策因素纳入对微观企业的研究，并以公司治理为切入点，深入探讨了宏观环境下的微观企业行为。这一研究为团队其他成员将宏观与微观研究结合提供了重要的基础。

首先，团队成员侧重从商业银行的角度，研究了货币政策的信贷传导渠道。疏通货币政策传导机制、增强服务实体经济的能力是货币政策框架建设的重心。然而，由于受到政策运行外部环境因素的干扰，现有兼具数量型和价格型的混合型特征货币政策框架非但不能有效疏通货币政策传导，反而还造成了货币信贷总量收缩和投向扭曲等一系列问题，由此也导致了金融活水难以支持实体经济的高质量发展。因此，团队成员从微观主体行为决策角度考察了现阶段货币政策传导不畅的梗阻因素及其影响机制。从现实情况来

看，受各类外生冲击的影响，央行注入银行体系的流动性往往会滞留其中，或者在投向实体经济过程中出现行业、期限错配，由此造成了货币政策传导的梗阻。由此，研究团队以银行信贷资金配置行为为切入点，考察了银行贷款渠道的梗阻因素及其影响机制。从期限结构的视角来看，不同期限的银行贷款对宏观经济产生的效应存在差异。中国商业银行特殊的利率定价机制下，货币政策紧缩（宽松）时，银行将减少（增加）中长期信贷资源配置，而由于不同货币政策立场下的金融杠杆变化，导致货币政策的上述影响效应表现出非对称性，进而弱化了货币政策传导的有效性。从信息沟通视角来看，中央银行对宏观经济信息、金融稳定信息的沟通会通过影响微观主体预期的形成，并进一步作用于消费和投资行为，最终影响到宏观经济的稳定运行。为此，研究团队分别从信息沟通对微观主体的宏观经济运行风险预期和金融稳定预期的形成、银行风险承担意愿变化等方面系统考察信息沟通渠道存在的梗阻因素及其影响机制。从防范金融风险目标视角来看，金融风险不仅会引发宏观经济波动，而且还会弱化货币政策传导效率，防范金融风险已构成中央银行制定货币政策的重要约束条件。研究团队以2008年国际金融危机爆发以来我国金融风险不断积聚现状为背景，运用金融压力来刻画金融风险，以微观主体非理性行为为切入点，并借鉴行为金融学领域的"情绪加速器机制"，系统考察金融风险的测度、经济效应以及中央银行应对金融风险的操作策略。

其次，团队成员从微观和结构的视角关注了中国的高货币化率（M2/GDP）问题。高货币化率现象虽是典型的宏观经济现象，其背后反映的却是微观经济中的各类结构性问题。这一点在2008年以后表现得尤为突出。长期以来，人们关注高货币化率问题时，习惯于从分子（M2）的角度分析高货币存量的形成原因，而忽略了对分母（GDP）的关注。导致过多的注意力集中在"货币发行"这一层面，认为M2/GDP高企的原因一定是M2发行过度，社会上甚至普遍将该现象归咎于所谓的"货币超发"。事实上，若金融资源配置失当，等量的货币投放在推动GDP增长中的能力出现下降，也会引致M2/GDP的上升。而这恰恰可能是2008年以来中国的货币化率指标大幅攀升的主因。众所周知，2009年的"四万亿"财政刺激和"天量信贷"虽在短期内刺激了经济的增长，但金融资源的配置扭曲加大了经济中的结构性矛盾，给中国宏观经济的持续增长带来隐忧。货币信贷资源流向了GDP创造能力较弱的部门，在形成诸如"产能过剩"、"僵尸企业"和"房地产过热"等现象的同时，民营经济、实体制造业等领域获得的金融支持出现下滑。随之出现的货币化率攀升便与此相关。可见，若不结合微观经济主体的行为对上述现象加以分析，很难寻找到问题背后的根源并提出合适的解决方案。因此，有必要基于微观和结构的视角，从中国经济转型中的结构变迁特征和微观经济主体的行为动机出发，以中国的高货币化率成因为切入点，对中国宏观货币金融层面的重要问题进行研究和讨论，提出优化金融资源配置结构，提升货币使用效率的政策建议。

三、从传统技术到互联网技术，关注新技术背景下的货币政策转型问题

近年来，互联网技术的飞速发展给货币政策带来两方面的冲击。

首先，互联网技术带来货币形式的变革。以支付宝和微信支付为代表的数字形态货币逐渐被人们广泛接纳。数字货币不仅通过降低支付成本和提高支付效率给人们带来了便利，还能够助力普惠金融、实现社会公平，其潜在的反洗钱、反逃税功能对政府也有着巨大的吸引力。数字货币发展的根基是互联网，互联网发展推动个体经济模式逐渐转型为群体经济模式，促进大量新业态产生。这些新业态对货币的应用场景提出了新的需求，未来的数字货币不再是一成不变的体系，而是跟随经济发展模式变化而不断升级的生态系统。相对于传统货币，数字货币更值得信任。法定数字货币的实施不仅提高了货币防伪性能、降低全社会的货币防伪成本，而且货币的去匿名化将强化信誉机制，社会信任水平将大幅提高，大大促进人们之间的协作。不仅群体经济模式将朝着更有效率的方向进化，而且协作产生的创新将加速平台经济的发展。相对于传统货币，数字货币所有交易都可以追踪，以往地下经济的税收流失和资源错配的问题可以得到根本性的解决。政府完全可以改变征税的模式，从事后征税转变到交易时征税，经济活动的过程和结果更加确定，市场效率和公平性都得到大幅的提高。相对于传统货币，数字货币最大的优势在于使用过程中产生大量的数据，而法定数字货币本质上是经济发展模式运行的总账本，记录了线上线下所有的经济活动的信息。从这个意义上而言，数字货币有助于加速线上线下的融合，并提高政府的治理水平。团队成员在探讨各类经济新业态发展的基础上，对互联网背景下市场的信息不对称和效率问题进行研究，并沿着互联网经

济的理论框架，对未来货币变革进行分析和展望。

其次，互联网技术带来金融科技的兴起，这对货币政策的传导机制和传导效率都形成了影响。一方面，团队成员在货币政策的银行流动性创造效应中讨论金融科技带来的作用。随着金融科技水平的不断提升，货币政策影响银行流动性创造的效果将被削弱，并且不同类型银行存在异质性情况。货币政策调控银行流动性创造时，要充分关注金融科技的影响，考虑将金融科技纳入宏观审慎监管，健全双支柱体系，同时在微观监管中予以差异化的业务引导。另一方面，团队成员关注了金融科技对商业银行信贷资源配置效率的影响。小微企业在中国经济发展中发挥着重要作用，而小微企业信贷也成为银行信贷配置中的热点问题。着眼于整个银行业体系，金融科技有助于促进银行小微企业信贷供给，并且将改变银行业的最优市场结构，银行类型不再成为小微企业信贷供给的障碍。因此，从宏观层面来看，金融科技的运用有助于银行信贷结构调整，从而有利于提高货币政策的传导效率。未来，要充分发挥金融科技带来的技术升级效应，注重金融科技发挥效用的微观基础，地区银行业金融机构的增减应该与金融科技发展水平、银行业市场结构相结合。

四、从经济开放到金融开放，研究新时期的汇率形成机制问题

20世纪90年代以来，新兴市场爆发的一系列的货币和金融危机以及国际资本市场一体化的迅速推进，引起了学界对汇率制度和货币危机以及汇率制度和资本流动之间的关系等重大理论问题的反思。这种反思使汇率制度的研究在21世纪后重新成为国际金融领域研究的一条主线。在新的时代背景下，如何利用跨国的数据集实证地分析发展中国家汇率制度选择的决定因素，是我们理解汇率政策制定的重要理论依据和参考。

几乎与此同时，进入21世纪以来，人民币是否应该升值迅即成为国际社会关注的热点问题，引起了学界和政策制定者广泛的讨论和争论。这些讨论和争论很快就转变为对人民币汇率制度选择和汇率制度弹性问题的关注。于是，中国应选择什么样的汇率制度以满足中国的政治和经济诉求，成为最近十余年来国内外学界的研究热点。受2007~2008年全球金融危机的深刻影响，人民币国际化也成为我国亟待破解的重要现实和理论问题，而人民币国际化的起点和逻辑前提之一，便是人民币汇率形成机制的改革和进一步完善。

以上述问题为背景，团队成员在一般性理论梳理和分析基础上，首先着重

考察了20世纪50年代以来汇率制度选择的理论发展,然后以跨国面板数据为样本,在考察汇率制度演变的特征事实基础上,深入研究了资本管制、金融结构、出口产品分散化和政治制度等经济和政治因素对汇率制度选择的影响,最后,以中国为案例,考察了人民币最优汇率制度选择、人民币汇率制度弹性测度及人民币汇率制度弹性对通货膨胀和经济增长的影响。

总体来说,这套货币政策研究系列丛书紧紧抓住中国货币政策转型这一关键问题,体现了创新团队六年来在相关领域的研究成果。感谢教育部长江学者创新团队发展计划对丛书出版的支持,这将激励团队在这一领域持续研究,为中国特色的货币经济学建设贡献自己的一份力量。

前　言

20世纪90年代以来，国际金融领域出现了三个深刻变化：一是新的理论范式的产生。在吸收传统蒙代尔—弗莱明（Mundell-Fleming）模型思想的基础上（第一代工作模型），奥布斯特菲尔德和罗高夫（Obstfeld & Rogoff, 1995a、1996）开创和发展了新开放经济宏观经济学的研究范式（new open economy macroeconomics，NOEM，第二代工作模型）。二是新兴市场经济体爆发的一系列货币和金融危机。自1994~1995年墨西哥比索危机以来，陆续爆发了亚洲金融危机（1997~1998年）、俄罗斯货币危机（1998年）、巴西雷亚尔危机（1999年）、土耳其里拉危机（2001年）和阿根廷货币危机（2001年）等影响深远的事件。三是全球资本流动和国际资本市场一体化的迅速推进（Frankel, 1999；Cruz Rodríguez, 2013；Levy-Yeyati & Sturzenegger, 2013）。

受理论和现实层面三个变化的影响，学界开始重新反思汇率制度和货币危机以及汇率制度和资本流动之间的关系等重大理论和现实问题。这种反思集中体现在汇率制度研究的重新兴起，成为21世纪以来国际金融领域研究的一条主线。

几乎与此同时，进入新千年以来，人民币是否应该升值迅即成为国际社会关注的热点问题，引起了学界和政策制定者广泛的讨论和争论。这些讨论和争论很快就转变为对人民币汇率制度选择和汇率制度弹性问题的关注。于是，中国应选择什么样的汇率制度以满足中国的政治和经济诉求，成为近十余年来国内外学界的研究热点。

上述理论和现实的背景，成为本书研究的起点。在一般性理论基础上，首先探讨汇率制度选择研究的既有成果和新近发展，然后利用跨国的样本考察汇率制度选择的国际经验，最后聚焦中国理论和现实，讨论人民币汇率制度选择及其经济影响。具体来说，本书共分为三篇：第一篇在讨论基本概念的基础上考察了20世纪50年代以来关于汇率制度选择的理论发展；第二篇以跨国面板数据为样本，在讨论汇率制度演变的特征事实基础上，考察了资本管制、金融结构和出口产品分散化等因素对汇率制度选择的影响；第三篇以中国为例，考察了人民币最优汇率制度选择、人民币汇率制度弹性测度及人民币汇率制度弹性对通货膨胀和经济增长的影响。各部分主要内容和结论如下。

第一篇"汇率制度选择：理论与发展"。本篇共三章。第一章在界定汇率制度、汇率制度分类等贯穿全书始终的基本概念基础上，扼要但系统地梳理了20世纪50年代以来汇率制度选择研究的理论发展；第二章分两节考察了20世纪50~90年代在传统范式下进行的汇率制度选择的研究；第三章讨论了20世纪90年代以来汇率制度选择的两个理论发展方向：政治因素对汇率制度选择和汇率政策的影响，以及汇率制度的分类问题。

第二篇"汇率制度选择：事实与证据"。本篇共三章。第四章考察了2000~2015年全球汇率制度的演变与发展中国家资本流动对汇率制度选择的影响，对传统范式下的汇率制度两极论观点进行了反驳；第五章讨论新兴市场经济体的汇率制度选择问题，集中考察新兴市场经济体的金融结构对汇率制度选择的重要影响；第六章在新新贸易理论研究基础上，重新回顾并考察了传统范式下出口分散化因素对汇率制度选择的影响。

第三篇"汇率制度选择：中国经验"。本篇以中国为例，集中考察人民币汇率制度选择及其所导致的经济后果。第七章首先在传统范式的M-F-D模型框架下考察了人民币最优汇率制度弹性；第八章借鉴现代范式下汇率制度分类研究的思想和方法，测算了人民币汇率制度弹性，并考察了它的特征事实和发展演变；第九章仍然借鉴现代范式下汇率制度分类研究的思想和方法，考察了人民币汇率制度弹性对通货膨胀和经济增长的影响。

本书主要结论和发现如下。

1. 汇率制度选择遵循了经济政策制定的规范分析方法的传统，在给定政策选择目标或标准的前提下，根据本国政治和经济环境的约束，寻找最优化政策目标的制度安排。在这一框架及其拓展下，不仅传统的经济结构因素（如要素流动性、贸易开放度和资本流动等）会影响汇率制度的选择，政治因素也是影响汇率制度选择的重要力量。

2. 发展中国家[①]在事后常常会偏离其事先所宣称的汇率制度安排。

3. 发展中国家和新兴市场经济体的汇率制度安排并未表现出两极化趋势，中间汇率制度仍然是这些国家重要的、甚至是主要的汇率制度类型。

4. 在资本流动和资本账户自由化对汇率制度选择的影响上，本书研究发现，资本账户自由化测算方法的不同会显著影响二者的关系：采用名义测算方法衡量资本账户自由化程度时，资本账户自由化程度越高的发展中国家越可能采取更有弹性的汇率制度；采用事实测算方法衡量资本账户自由化程度时，资本账户自由化程度越高的发展中国家则越可能采取更缺乏弹性的汇率制度。进一步的研究表明，实际资本控制程度对发展中国家汇率制度选择的影响在统计上是稳健的：实际资本控制程度越高的经济体越可能采取更有弹性的汇率制度；反之，资本控制程度越低的经济体则越不可能提高汇率弹性。

5. 在对新兴市场经济体的研究上，本书首次考察了金融结构对汇率制度选择的影响。研究发现，金融结构越趋向银行主导型的新兴市场经济体越可能实行固定汇率制度；反之，金融结构越趋向市场主导型的新兴市场经济体越可能实行更有弹性的汇率制度。

6. 本书还首次从产品层面考察了出口分散化以及扩展边际和集约边际的出口分散化对汇率制度选择的影响。研究发现，总体出口分散化和集约边际的出口分散化并不显著影响发展中国家的汇率制度选择，但扩展边际的出口分散化确实显著影响发展中国家的汇率制度选择：扩展边际的出口分散化程度越高，发展中国家越可能选择更有弹性的汇率制度。这个发现促使我们进一步反思出口分散化对汇率制度选择影响的传统观点。

7. 对人民币最优汇率制度选择的研究表明：第一，政策当局不同的汇率制度选择标准不仅会影响最优的汇率制度选择，也可能对宏观经济产生不同的影响。第二，在价格稳定标准下，最优的人民币汇率制度是某种形式的中间汇率制度。经验估计表明，这一最优弹性为 2.61。第三，2015 年 8 月汇率形成机制改革以来人民币汇率弹性显著提高，汇率形成机制更加市场化。

---

① 如无特别说明，本书"发展中国家"和"新兴市场经济体"均指的是经济实体，而不是政治实体。

8. 从事后来看，第一，2000年12月至2018年12月期间人民币汇率制度是缺乏弹性的，但近年来，尤其是2015年"8·11汇改"以后，人民币汇率形成机制的弹性化特征逐渐明晰；第二，人民币汇率制度弹性存在高度的区制依赖性特征。

9. 从事后对中国1953~2018年期间人民币汇率制度弹性、通货膨胀和经济增长关系的研究表明：第一，人民币汇率制度弹性的提高推高了中国的通货膨胀，但"言行一致"的固定汇率制度时期赋予了中国最低的通货膨胀表现。第二，一方面，人民币汇率制度弹性的提高对中国经济增长并没有产生显著的促进或抑制作用，人民币汇率制度因此表现出中性的特征；另一方面，政策当局的名义汇率制度安排和事实上所表现出的汇率制度及其差异可能会显著影响经济增长：名义上宣称浮动汇率制度但在事后保持汇率的基本稳定，这种做法并不显著影响经济增长。但是如果名义上宣称实行固定汇率制度，但事实上的汇率制度却表现出非固定的特征，则可能对经济增长带来负面影响。

目录 Contents

第一篇 汇率制度选择：理论与发展

第一章 概念与研究范式 / 003
  第一节 概念界定 / 003
  第二节 理论发展与研究范式划分 / 015

第二章 传统范式下的汇率制度选择研究 / 020
  第一节 OCA 理论 / 020
  第二节 从 M-F-D 模型到 NOEM 框架 / 028

第三章 现代范式下的汇率制度选择研究 / 048
  第一节 新政治经济学视角下的汇率政策 / 048
  第二节 汇率制度分类 / 070

第二篇 汇率制度选择：事实与证据

第四章 汇率制度与资本管制 / 083
  第一节 汇率制度与货币政策框架：事实与特征 / 083
  第二节 资本管制与汇率制度选择 / 099

第五章　金融结构与汇率制度 / **115**
　　第一节　金融结构与固定汇率制度 / **115**
　　第二节　经验证据 / **119**

第六章　出口产品分散化与汇率制度 / **135**
　　第一节　理论分析 / **135**
　　第二节　经验证据 / **145**

第三篇　汇率制度选择：中国经验

第七章　人民币最优汇率制度弹性 / **169**
　　第一节　理论模型 / **169**
　　第二节　经验估计 / **182**

第八章　人民币汇率制度弹性的经验测算 / **191**
　　第一节　汇率制度弹性测算 / **191**
　　第二节　人民币汇率制度弹性测度、事实与演变 / **209**

第九章　人民币汇率制度弹性、通货膨胀与经济增长 / **235**
　　第一节　人民币汇率制度弹性与通货膨胀 / **235**
　　第二节　人民币汇率制度弹性与经济增长 / **252**

参考文献 / **258**

第一篇

汇率制度选择：理论与发展

第一章

概念与研究范式

本章根据已有文献，界定汇率制度（选择）、汇率政策及汇率制度分类等贯穿本书始终的重要概念，并按时间顺序，扼要回顾汇率制度选择的理论发展脉络，为第二章和第三章的分析奠定基础。

第一节 概念界定

一、汇率制度与汇率政策

（一）汇率制度

在国际金融学和汇率经济学的教科书里，汇率制度（exchange-rate regime）或者是直接命名而不加界定的，或者是先在完全浮动汇率制度下建立理论模型，然后将模型拓展至固定汇率制度，最后再一般性地讨论汇率制度问题（MacDonald，2007；Pilbeam，2013；Feenstra & Taylor，2014；Gandolf，2016；Krugman et al.，2018）。由已有的界定可知，汇率制度至少包括以下两个层面的含义。

（1）一国如何确定其货币对他国货币的名义汇率。这一含义的首要问题是，一国必须决定其货币的汇率究竟是由货币当局决定还是由市场供求力量决定，或是由二者的某种组合决定。这实际上意味着一国必须选择某种制度安排来确定进而管理其货币的汇兑比率。这一层次的含义可抽象为汇率制度的选择问题。

（2）在选定的制度安排下，中央银行或货币当局必须就是否干预外汇市场、何时干预外汇市场以及如何干预外汇市场等问题作出说明。例如，若一国实行爬行钉住汇率制度，那么，货币当局可能根据某些选定的数量指标的变化对汇率进行调整，它既可以根据过去一段时期内的通货膨胀率，也可以根据预期的通货膨胀率对所宣布的汇率平价进行调整。

为进一步说明这一概念，我们不妨将汇率制度划分为固定汇率制度与浮动汇率制度。前者是指中央银行作出的、通过外汇市场干预来维持某一宣称的汇率水平的承诺。而在浮动汇率制度下，中央银行或货币当局则没有这种维持某一汇率水平的承诺，在这一汇率制度下，汇率水平是自由浮动的，从而能吸收由一国国际收支变化所引致的对其货币的供求变化（MacDonald，2007）。理论上来说，固定汇率制度下一国的汇率水平是不变的，任何时候、任何对本币的超额供给或需求所产生的贬值或升值压力都必须由中央银行的外汇市场干预来吸收；而浮动汇率制度下，汇率是由外汇市场上对本币和外币的供求决定的，中央银行并不（也不允许）通过外汇市场干预来吸收对本币的超额供求压力。

（二）汇率政策

与汇率制度相关而内涵更广的一个术语是汇率政策（exchange rate policy），它包括两个方面内容（Broz & Frieden，2001；Steinberg & Malhotra，2014）：一是政府关于汇率制度的选择及安排；二是关于汇率水平的政策制定或实施等。前者我们已经做出了说明，而后者，即汇率水平的决策主要指货币当局可能通过各种手段影响实际汇率，保持本币实际汇率的高估或者低估以实现其政策目标。这可以分为几种情况说明。

第一，管理浮动汇率制度下货币当局通过直接或间接手段影响名义汇率。在短期内价格刚性或黏性情况下，这会引起实际汇率的同步变化。例如，20世纪80年代初至80年代中期，美国持续紧缩性货币政策导致美元汇率持续走高，美元实际汇率也同步走强。其后，1985年西方主要发达国家通过广场协议联合干预外汇市场，导致美元名义汇率走弱的同时，美元实际汇率也持续走弱。

第二，固定汇率制度下货币当局对平价的调整。这种调整又称为法定贬值（devaluation）或法定升值（revaluation），在价格刚性或黏性条件下同样会导致实际汇率的同向变化。例如，布雷顿森林体系下一国经济出现根本性失衡时，在国际货币基金组织（International Monetary Fund，IMF）同意的前提下，一国可以调整其汇率平价以纠正经济失衡。

第三，汇率平价的高估或低估。对实行固定汇率制度的经济体来说，如果最终确定的平价与理论估计差异较大，那么就存在汇率的高估或低估，很多时候这是政府有意为之的结果。譬如，如果理论上估计的某一货币兑美元的平价为1（即单位美元用该货币表示的价格为1），但是该国货币当局出于促进出口或保护出口产业的目的，很可能将实际的平价水平定在高于1的理论水平之上，这意味着该国货币被低估了。这种低估的汇率能促进该国出口的增长，因为对美国人来说，该国出口产品的美元价格会更加低廉，从而导致美国人对该国出口产品需求的增加，最终可能促进该国出口的增长。

二、汇率制度选择

学术文献和国际金融领域的流行教材对汇率制度选择也都没有作出严格的界定。本书采用刘晓辉（2008）的观点：汇率制度选择是指一国货币当局根据既定的政策目标或制度选择标准，在本国特定时期所面临的经济、政治环境约束下，寻找并选择某一汇率制度以最优化其政策目标或制度选择标准的过程。这个定义有以下四层含义。

（1）就一国而言，汇率制度选择是一国政府的主权行为。尽管汇率制度选择不仅受到本国经济和政治环境的影响，而且也受到国际经济和政治环境的影响，但是，它基本上是一国政府的自主决策行为，这也符合IMF的基本准则。

（2）对任何国家而言，汇率制度选择是一国货币当局为了实现其政策目标而做出的制度选择或制度创新行为。这里有三层意思：第一，政府选择不同的汇率制度是有其具体标准的，并且政府目标的不同也会影响到最优的汇率制度选择（Turnovsky，1976；Edwards，1996；Pilbeam，2013）；第二，政府在汇率制度选择问题上能代表一国绝大多数经济个体的目标和利益，它们的基本目标和利益是一致的、共同的①；第三，一国货币当局可以根据本国的经济环境及政策目标选择符合本国现实的汇率制度类型。但被选择的制度可以和已有的任何制度安排都不同，即，一国在汇率制度选择上可以进行制度的创新。

（3）汇率制度选择是一个动态的、不断变化的制度变迁过程。没有任何一种汇率制度适合于所有的国家，也没有任何一种汇率制度适合于一个国家的所有时期（Frankel，1999）。因为，汇率制度选择是一国根据它在某一时期的政策目标，在当时具体的经济和政治环境等因素的约束下作出决策的过程。而随着时间的推移和经济的发展，一国政治经济环境和政策目标的变化都会使已有的制度不再适合新的时期。但是，这并不意味着一国不存在汇率制度选择的必要，而是说，一国应根据自身所面临的政治经济环境等因素选择适合某一时期自身经济发展的汇率制度，这种制度选择和随后的制度调整是随着本国经济发展和政策目标变化而变化的一个连续不断的、由汇率制度退出和汇率制度转型所构成的动态调整过程②。

（4）该定义所指汇率制度选择是指一国货币当局的"言"，即政府将宣称实行什么类型的汇率制度。它隐含地假设，如果在某一特定时期，一国选择了某种汇率制度，那么，该国在这一时期内实际的汇率行为与其事先所选择的制度安排是动态一致（time consistency）的，不会出现"言行不一"的现象。

三、汇率制度分类

合理的汇率制度分类是研究汇率制度（选择）问题的基础，如何进行汇率制度分类对研究汇率制度的发展趋势、汇率制度选择的决定因素及汇率制度与宏观经济绩效之间的关系等问题有着重要影响（Genberg & Swoboda，2005；Levy-Yeyati & Sturzenegger，2005）。但是，到目前为止，经济学家对汇率制度分类问题还存在非常大的争议。

所谓汇率制度分类，主要包括以下两个层次的含义（Klein & Shambaugh，

---

① 考虑到不同经济主体或利益集团在汇率制度选择问题上的目标不一致，以及政府政策目标制定和实施过程中各利益主体之间的冲突，就可以利用新政治经济学的框架来研究汇率制度选择。本书第三章第一节讨论了政治因素对汇率制度选择的影响。

② 参见范从来、刘晓辉（2013）关于汇率制度退出和转型的讨论。

2010)。

（1）政府名义上所宣称的汇率制度和利用实际数据所推断的汇率制度。这是我们目前所讲的汇率制度分类的主要含义。根据一国政府名义上所宣称的汇率制度来对汇率制度分类，常常称为名义分类方法（de jure classification），又称为官方分类法（official classification）。而根据实际数据进行汇率制度分类的方法则称为实际分类法（de facto classification），又称为行为分类法（behavior classification）①。采用名义分类方法的主要是 IMF 历年来的分类方法和 1999 年的新分类法。实际分类法主要是由经济学家开发的分类方法。这些研究认为，由于多种原因，如害怕浮动（fear of floating，Calvo & Reinhart，2002）和缺乏公信力等，一国并不会按照他们宣称的制度行事，即，一国在汇率制度安排上很可能是"言行不一"的。因此，越来越多的经济学家利用观察到的汇率、国际储备和其他宏观经济变量的实际表现来对汇率制度进行实际分类，试图纠正一国"言""行"不一致的问题（Ghosh et al.，1997、2002；Reinhart，2000；Hausmann et al.，2001；Poirson，2001；Bailliu et al.，2002；Bénassy-Quéré & Coeuré，2002；Bubula & Ötker-Robe，2002；Calvo & Reinhart，2002；Levy-Yeyati & Sturznegger，2003、2005、2016；Rogoff et al.，2003；Reinhart & Rogoff，2004；Shambaugh，2004b；Dubas et al.，2010；Bleaney & Tian，2017；Ilzetzki et al.，2019）。

（2）具体汇率制度类型的划分。为了学术研究的方便，我们常常把利用名义分类法和实际分类法得到的各种各样的汇率制度划分为固定汇率制度和浮动汇率制度两种类型，或者划分为固定汇率制度、中间汇率制度和浮动汇率制度三大类型。因此，如何划分固定汇率制度、中间汇率制度和浮动汇率制度所包括的具体汇率制度类型就构成了汇率制度分类的第二层次含义。然而，在具体汇率制度类型的划分上，经济学界还存在较大的分歧（张璟、刘晓辉，2015、2018），并且这种分歧也会直接影响到很多经验研究的结论。

（一）IMF 的名义分类法②

自 20 世纪 50 年代以来，IMF 一直根据其成员方自己所宣称的汇率制度定期

---

① 另一种观点认为汇率制度有两种分类方法，即人为分类法和自然分类法（Reinhart & Rogoff，2004），但这两种分类方法基本上是与名义分类法和实际分类法相对应的。

② 本书第三章第二节详细论述了汇率制度的实际分类及相关问题。

收集并发布其成员方的汇率制度,并且分类方法也不断细化,从初期的两种制度不断细化至 1999 年的八种制度类型,在 2009 年又进一步细化至十种汇率制度①。

1. 1999 年新分类法

1999 年 IMF 对汇率制度做了新的分类(以下简称"1999 年新分类法")。新的分类不仅注重各国政府公开宣称的汇率制度,而且也注重考评各国政府真实的政策意图,并突出了汇率形成机制和政策目标的差异②。新的分类方法将汇率制度分为八类:(1)无独立法偿货币的汇率制度(exchange arrangements with no separate legal tender);(2)货币局制度(currency board arrangements);(3)传统的固定钉住制度(conventional fixed peg arrangements);(4)水平带内的钉住汇率制度(pegged exchange rates within horizontal bands);(5)爬行钉住制度(crawling pegs);(6)爬行带内钉住制度(exchange rates within crawling bands);(7)事先不宣布汇率路径的管理浮动制度(managed floating with no pre-announced path for exchange rate)③;(8)独立浮动汇率制度(independent floating)。各种制度的具体含义如表 1-1 所示。

表 1-1　　　　　　　　名义分类法下的汇率制度

类型	具体类型	含义
固定汇率制度	无独立法偿货币的汇率制度	包括美元化(dollarization)④和货币联盟(monetary union)。指一国或地区没有自己的法定货币,完全丧失货币发行权,或者采用另一个国家流通的货币作为本国唯一的法定清偿工具(如美元化和欧元化);或者从属于一个货币联盟,在联盟内各国都使用同一种货币
	货币局制度	一国货币当局持有 100% 的外汇储备作为货币发行的基础,货币供给随国际收支状况而自动地扩张或收缩,中央银行丧失了作为最后贷款人的传统职能和实施相机抉择的货币政策的功能

---

① IMF 在 1999 年之前的汇率制度分类及具体汇率制度类型,可参见穆萨(Moosa, 2005)、哈博梅尔等(Habermeier et al., 2009)以及克莱因和香博(Klein & Shambaugh, 2010)的研究。

② 由于这个原因,很多研究者将 1999 年新分类法视为实际分类法。但是,由于新分类方法仍然严重地依赖于其成员方官方所宣称的制度安排,并且主要考虑了一国官方的汇率行为(Setzer, 2006;Cruz Rodríguez, 2013),因此很多学者仍将该方法视为名义分类法(von Hagen & Zhou, 2007;Barajas et al., 2008;Cruz Rodríguez, 2013)。

③ IMF 在 2005 年发布的《汇率安排和汇兑限制年报》(Annual Report on Exchange Arrangements and Exchange Restrictions, AREAER)中将"事先宣称"(pre-announced)修改为"事先确定"(predetermined),此后直至 2008 年各期 AREAER 都使用了"事先确定"一词。

④ 实行美元化的国家并没有固定汇率,它们可以说是没有汇率。这些国家应该被视为加入了一个货币区,因此,它们是不能通过货币创造而获得铸币税收入的(Obstfeld & Rogoff, 1995b)。

续表

类型	具体类型	含义
中间汇率制度	传统的固定钉住制度	属于可调整的钉住汇率制度（adjustable pegging），主要包括按照固定比率钉住单一货币、货币篮子或特别提款权（SDRs）等的制度安排。在此制度下，一国货币正式地或事实上与一种主要货币或一篮子货币保持固定的汇率，汇率只能围绕中心汇率在很狭窄的范围内（±1%）波动①。货币当局通过直接干预或间接干预随时准备干预外汇市场，以使汇率水平稳定在限定的波动区间内
	水平带内的钉住汇率制度	仍属可调整的钉住制，与上一类的区别是其波动幅度大于±1%
	爬行钉住制度	货币当局按照事先宣布的固定幅度或根据某些选定的数量指标的变化对汇率进行小幅度调整。可以根据过去一段时期内的通货膨胀（后顾性的，backward-looking），也可以根据预期的通货膨胀（前瞻性的，forward-looking）进行调整
	爬行带内钉住制度	一国货币汇率保持在围绕中心汇率至少±1%的区间内波动或汇率的极差（极大值与极小值之差）大于2%。中心汇率以固定的、事先宣布的值，或根据其他指标定期进行调整。又称汇率目标区制度（target zones）
	事先不宣布汇率路径的管理浮动制度	货币当局可随时通过干预来影响汇率走势，但对汇率变化的路径没有特定的或预先确定的目标（肮脏浮动）。货币当局的干预可以基于其认为重要的宏观经济变量，如国际收支状况、国际储备状况等，也可以仅仅是对汇率变动进行逆向操作（leaning against the wind）。由于没有承诺明确的义务，因此，该制度下的货币政策有相当大的灵活性
浮动汇率制度	独立浮动汇率制度	汇率水平由市场决定，但货币当局也会进行一定的干预以减缓汇率波动

资料来源：AREAER。

2. 2009 年修订的分类法

然而，一方面，1999 年新分类法对第七类和第八类汇率制度的区分严重依赖分类者的主观判断，尤其是进入 21 世纪后，对汇率进行积极管理的经济

---

① 或者汇率极大值与极小值之差保持在 2% 的幅度内（Bubula & Ötker-Robe，2002）。

体越来越多，这导致我们越来越难以区分1999年新分类法中的管理浮动和独立浮动汇率制度。并且，这些经济体认为他们并没有宣称捍卫某一特定汇率水平的承诺，因此他们反对IMF将其汇率制度从管理浮动调整为固定汇率制度。因为这些国家认为他们并没有正式给出维持特定汇率水平的承诺（Habermeier et al.，2009）。另一方面，很多经济体可自由使用国内货币计值的负债与国外货币计值的负债，还有些经济体由于来自石油收入的增长而建立了具有储备资产性质的资金池，因此，传统的外汇干预手段可能低估了这些经济体对汇率的干预和管理程度。

考虑到新的形势变化，IMF的经济学家在2009年对1999年新分类法进行了修正和调整（Habermeier et al.，2009），为行文便利，我们将2009年的这次修订称为"2009年修订的分类法"。2009年修订的分类法主要变化包括：

（1）设置并更清晰地界定了浮动汇率制度和自由浮动汇率制度，取代了1999年新分类法中的管理浮动和独立浮动汇率制度。

（2）2009年修订的分类法以规则为基础进行汇率制度分类，从而提高了汇率制度分类的透明性和客观性。

（3）2009年修订的分类法剔除了1999年新分类法中的爬行带内钉住制度，在过去十余年中，只有极少数经济体采用这一汇率制度。2009年修订的分类法同时还引入了一个新的汇率制度类型：其他管理安排（other managed arrangements）。落入这类汇率制度的经济体具有以下特征：第一，它们常常实行的不是浮动汇率制度；第二，它们会管理汇率；第三，它们事实上的汇率制度和名义上的汇率制度常常是不同的；第四，这类经济体常出现政策的频繁变更或不定期变动。

除了上述修改和变化之外，2009年修订的分类法和1999年新分类法并无本质差异，因此，这次调整主要是对1999年新分类法的局部修订。正如IMF在2009年AREAER里所指出的："这次的修订并不是彻底改变既有的汇率制度分类方法，而是在保持与既有汇率制度分类方法连续性的同时，优化这一既有的分类方法。"

（二）汇率制度类型划分：硬钉住与软钉住

汇率制度（选择）研究时常涉及硬钉住（hard peg）和软钉住汇率制度

(soft peg) 概念①。硬钉住和软钉住之间的区别在于, 硬钉住汇率制度下, 固定汇率的政策是一个制度性的承诺 (institutional commitment); 而软钉住制度下, 维持固定汇率的政策是一个条件承诺 (conditional promise), 在一定条件下, 货币当局可以改变所宣称的汇率平价 (Tavlas et al., 2008)。

文献中对硬钉住的划分是基本相同的, 主要包括正式的美元化制度、货币联盟和货币局制度三种, 即1999年新分类法和2009年修订的分类法中的第1~2类汇率制度 (Bubula & Ötker-Robe, 2002、2003; Rogoff et al., 2003; Barajas et al., 2008; Tavlas et al., 2008)。但不同的文献对软钉住汇率制度的划分则存在一定的分歧。例如, 一些研究将传统的固定钉住制度、水平带内钉住制度、爬行钉住制度和爬行带内钉住制度归入软钉住 (Fischer, 2001; Bubula & Ötker-Robe, 2002、2003), 而持不同看法的学者则将1999年新分类法下第4~6种, 即水平带内钉住制度、爬行钉住制度和爬行带内钉住制度三种视为软钉住 (Barajas et al., 2008)。

(三) 汇率制度类型划分与汇率制度演变

IMF将1999年新分类法下的8种汇率制度和2009年修订的分类法下的10种汇率制度划分为三大类型 (见表1-2)。对于1999年新分类法来说, 第1~2种汇率制度可归入固定汇率制度 (硬钉住), 第3~6种汇率制度属于中间汇率制度 (intermediate exchange-rate regimes), 第7~8种则被归入浮动汇率制度 (Fischer, 2001)②; 对于2009年修订的分类法而言, 该分类法下的第1~2汇率制度归入固定汇率制度, 第3~7种可视为中间汇率制度, 第8~9种则应归入浮动汇率制度。而第10种汇率安排, 即其他管理安排既可视为异常情况, 在经济分析中予以剔除, 也可将之视为中间汇率制度。从1999年新分类法和2009年修订的分类法可以看出, 从无独立法偿货币的汇率安排到浮动汇率制度, 实际上表现出了汇率制度灵活性和货币政策独立性不断增加, 而汇率稳定性逐渐削弱的特征。

---

① 国内部分学者把"peg"翻译为"盯住"。但"盯住"与"钉住"在中文的语境中是存在细微差别的。"盯住"意味着货币当局根据本币汇兑所盯住的货币的汇率变化, 决定是否调整汇率或干预外汇市场。当汇率偏离预先设定的目标时, 货币当局未必一定会调整汇率或干预外汇市场。而"钉住"则意味着货币当局必须将本币与所钉住的货币的汇率维持在预先设定的目标水平。当汇率变化时, 货币当局必须进行汇率调整或干预, 以维持所钉住的汇率。为行文便利和统一起见, 本书将"peg"统一译为"钉住"。

② 布卜拉和欧克-罗布 (Bubula & Ötker-Robe, 2002、2003) 将第7类管理浮动也视为中间汇率制度。

表 1-2　　1999 年新分类法和 2009 年修订的分类法

类型	1999 年新分类法	2009 年修订的分类法
硬钉住 （固定汇率制度）	无独立法偿货币的汇率制度 货币局制度	无独立法偿货币的汇率制度 货币局制度
软钉住 （中间汇率制度）	传统的固定钉住制度 水平带内钉住制度 爬行钉住制度 爬行带内钉住制度	传统的钉住制度 稳定化安排 水平带内钉住制度 爬行钉住制度 类爬行安排
浮动汇率制度	事先没有宣称汇率路径的管理浮动制度 独立浮动汇率制度	浮动汇率制度 自由浮动汇率制度
剩余（residual）		其他管理安排

资料来源：AREAER。

按照这种三分法，在 1999 年新分类法下（见表 1-3），1999~2008 年期间，实行固定汇率制度的经济体比重在 1999~2005 年间保持了基本稳定，2006~2008 年期间出现大幅度下滑。采取中间汇率制度的经济体比重在 2004 年前持续下降，之后则持续上升，而实行浮动汇率制度的经济体比重则保持了基本稳定。在固定、中间和浮动三类汇率制度的分布和演变上，2009 年修订的分类法也得到了与 1999 年新分类法类似的结论（见表 1-4）。

但是，上述汇率制度类型划分在学界并非没有疑义，例如，塔夫拉斯等（Tavlas et al.，2008）将 1999 年新分类法下的第 1~4 类汇率制度归入到固定汇率制度，第 5~6 类归入到中间汇率制度，第 7~8 类归入到浮动汇率制度。不同的划分方法可能产生重要影响，尤其是在汇率制度演变方面，不同的划分方法可能导致我们得出不同的观察和结论：如果采用塔夫拉斯等（2008）的三分法，那么固定和浮动汇率制度不仅占比极高，且保持了基本稳定，但中间汇率制度占比却非常低（见表 1-3 和表 1-4）。这种划分方法得到的结论有力地支持了两极论（bipolar view）[①] 的预测。

[①] 两极论又称"中间制度消失论"（hollowing out of intermediate regimes）、"中空论"（hollowing-out hypothesis）、"消失的中间制度"（the vanishing or the missing middle）或"角点解"（corner solutions，Bailliu et al.，2002；Bubula & Ötker-Robe，2002；Frankel，2003）。德拉斯和塔夫拉斯（Dellas & Tavlas，2009）认为，两极论其实最早肇始于弗里德曼（Friedman，1953）的经典论文。更多讨论，见第二章第二节和第四章第一节。

表1-3　1999年新分类法下的汇率制度演变

类型	1999年	2000年	2001年	2003年	2004年	2005年	2006年	2007年	2008年
无独立法偿货币的汇率制度	20.00	20.43	21.51	21.93	22.28	22.28	5.41	5.41	5.32
货币局制度	4.32	4.30	4.30	3.74	3.26	3.26	6.49	6.49	6.91
传统的固定钉住制度	21.08	23.66	21.51	21.93	20.11	25.54	36.76	35.68	36.17
水平带内的钉住汇率制度	6.49	3.76	2.69	2.14	2.72	3.26	2.70	1.62	1.60
爬行钉住制度	3.24	2.69	2.15	2.67	3.26	2.72	3.24	4.32	4.26
爬行带内钉住制度	5.41	3.23	3.23	2.67	0.54	0.00	0.54	1.08	1.06
事先不宣布汇率路径的管理浮动制度	14.05	17.20	23.12	26.74	28.80	28.80	25.95	23.78	23.40
独立浮动汇率制度	25.41	24.73	21.51	18.18	19.02	14.13	18.92	21.62	21.28
IMF的三分法									
固定汇率制度（第1～2类）	24.32	24.73	25.81	25.67	25.54	25.54	11.89	11.89	12.23
中间汇率制度（第3～6类）	36.22	33.33	29.57	29.41	26.63	31.52	43.24	42.70	43.09
浮动汇率制度（第7～8类）	39.46	41.94	44.62	44.92	47.83	42.93	44.86	45.41	44.68
塔夫拉斯等（2008）的三分法									
固定汇率制度（第1～4类）	51.89	52.15	50.00	49.73	51.05	52.94	56.68	50.00	50.00
中间汇率制度（第5～6类）	8.65	5.91	5.38	5.35	3.68	2.67	2.67	5.32	5.32
浮动汇率制度（第7～8类）	39.46	41.94	44.62	44.92	45.26	44.39	40.64	44.68	44.68

资料来源：AREAER。

表1-4 2009年修订的分类法下的汇率制度演变

类型	2009年	2010年	2011年	2012年	2013年	2014年	2015年	2016年	2017年	2018年
无独立法偿货币的汇率制度	5.3	6.3	6.8	6.8	6.8	6.8	6.8	7.3	6.8	6.8
货币局制度	6.9	6.9	6.3	6.3	6.3	6.3	5.8	5.7	5.7	5.7
传统的钉住制度	22.3	23.3	22.6	22.6	23.6	23.0	23.0	22.9	22.4	22.4
稳定化安排	6.9	12.7	12.1	8.4	9.9	11.0	11.5	9.4	12.5	14.1
爬行钉住制度	2.7	1.6	1.6	1.6	1.0	1.0	1.6	1.6	1.6	1.6
类爬行安排	0.5	1.1	6.3	6.3	7.9	7.9	10.5	5.2	5.2	7.8
水平带内钉住制度	2.1	1.1	0.5	0.5	0.5	0.5	0.5	0.5	0.5	0.5
浮动汇率制度	24.5	20.1	18.9	18.4	18.3	18.8	19.4	20.8	19.8	18.2
自由浮动汇率制度	17.6	15.9	15.8	16.3	15.7	15.8	15.7	16.1	16.1	16.1
其他管理安排	11.2	11.1	8.9	12.6	9.9	9.4	5.2	10.4	9.4	6.8
IMF的三分法										
固定汇率制度（第1～2类）	12.2	13.2	13.2	13.2	13.1	13.1	12.6	13.0	12.5	12.5
中间汇率制度（第3～7类）	34.6	39.7	43.2	39.5	42.9	43.5	47.1	39.6	42.2	46.4
浮动汇率制度（第8～9类）	42.0	36.0	34.7	34.7	34.0	34.0	35.1	37.0	35.9	34.4
塔夫拉斯等（2008）的三分法										
固定汇率制度（第1～3、第5类）	36.6	37.6	36.2	36.2	37.2	36.6	36.1	36.4	28.6	35.4
中间汇率制度（第4、第6～7类）	10.1	15.4	20	16.3	18.8	19.9	23.6	16.2	19.3	23.5
浮动汇率制度（第8～9类）	42.1	36	34.7	34.7	34	34.6	35.1	36.9	35.9	34.3

资料来源：AREAER。

第二节 理论发展与研究范式划分

汇率制度及汇率制度选择的研究虽可上溯至约150年前（Moosa，2005），但是，如果将纳克斯（Nurkse，1944）和弗里德曼（1953）的经典文献视为理论研究的真正兴起之时，那么该领域的研究至今不过70余年。本节按照时间脉络，扼要梳理过去70余年中该领域的主要理论，然后在此基础上对已有的理论研究范式作出划分。

一、汇率制度选择研究小史

20世纪90年代以来，国际金融领域出现了一系列深刻影响国际金融学科研究范式和研究前沿的重大理论及现实事件：理论上，奥布斯特菲尔德和罗高夫（1995a、1996）开创了国际金融和国际宏观经济学研究的第二代理论模型，即所谓的新开放经济宏观经济学（NOEM）。几乎与此同时，国际金融领域在现实层面上也出现了两个重要变化：一方面，20世纪90年代中期以来，新兴市场经济体爆发了一系列货币危机和金融危机；另一方面，自20世纪90年代以来，不论是新兴市场经济体还是发展中国家，资本流动一体化趋势日渐显著（Obstfeld & Rogoff，1995b；Frankel，1999；Cruz Rodríguez，2013；Levy-Yeyati & Sturzenegger，2013）。理论的发展为经济学研究提供了新的研究范式，而现实事件则为经济学研究提供了新的素材，两者一起使经济学家得以重新审视不同汇率制度的属性，以及汇率制度与货币危机及宏观经济绩效之间的关系等重大问题，形成了国际金融学或开放经济宏观经济学研究的热潮。

这股热潮一直可以追溯至20世纪初。1900年以后国际货币体系争论的主要议题是坚持金本位制度还是发行不可兑换的货币，这也许构成了最早的"固定与浮动之争"。随后，两次世界大战之间浮动汇率的实践（1918~1926；1931~1939）使当时的经济学家大多赞成实行固定汇率制度而不支持实行浮动汇率制度。20世纪40年代，根据对1922~1926年法国法郎浮动经历的分析，纳克斯（1944）认为，浮动汇率制度下的投机总体上来说是不稳定的，因此，不应实行浮动汇率制度，而应实行固定汇率制度。这种观点在争论中占了上风。1944年的布雷顿森林协定建构了第二次世界大战后近30年的国际货币体系格局，正式奠定了黄金—美元本位下固定的、但可调整的汇率制度，直至1971年它寿终正寝为止。

布雷顿森林体系的确立似乎预示着汇率制度选择的争论走到了尽头。然而，弗里德曼（1953）还是对现实提出了挑战。在那篇业已成为固定与浮动汇率制度争论以及汇率制度选择领域的里程碑式的文献中，他在批驳纳克斯（1944）观点的同时，指出，在价格黏性条件下，浮动汇率制度下一国能在一定程度上与国外需求冲击隔离开来，从而保持国内经济的稳定。因此，他预言："没有任何严重的经济困难会阻止各个国家单独地或共同地迅速建立这样一种汇率制度。"随后，主张浮动汇率制度的研究喷薄而出（Lutz，1954；Meade，1955；Johnson，1969）。

几乎与此同时，在蒙代尔（Mundell，1961）的经典贡献基础上，许多学者在最适货币区（optimum currency area，OCA）框架下提出种种支持固定汇率制度的理由。继蒙代尔（1961）提出的劳动力流动标准之后，麦金农（McKinnon，1963）和凯南（Kenen，1969）分别提出了开放度标准和产品多样化标准。

这种两极汇率制度的传统争论在20世纪70年代有了新的发展。在弗莱明（Fleming，1962）、蒙代尔（1963、1964）及多恩布什（Dornbusch，1976）的开创性贡献基础上，经济学家延续了传统的固定与浮动之争。不同之处在于，他们在借鉴普尔（Poole，1970）思想的基础上，利用蒙代尔－弗莱明－多恩布什（Mundell-Fleming-Dornbusch）的理论范式（Fleming，1962；Mundell，1963、1964；Dornbusch，1976）[①]，将汇率制度选择问题转变成了带有约束条件的最优化问题，从而在吸收纳克斯（1944）和弗里德曼（1953）争论中所隐含的政策评价标准的思想基础上，再现了传统的经济政策分析和制定的规范方法的力量。

20世纪80～90年代初期，这个方面的研究包括了两个方向的发展：（1）部分学者继承了经常账户跨期均衡分析方法的思想（intertemporal approach to the current account），在代表性经济人最优化行为框架下考察了汇率制度的福利属

[①] 下文简称M-F模型或M-F-D模型，关于该范式的具体含义，参见彭特科斯特（Pentecost，1993）、麦克唐纳（MacDonald，2007）、皮尔比姆（Pilbeam，2013）及芬斯特拉和泰勒（Feenstra & Taylor，2014）等。

性，但在对经济现实的抽象和假设方面，这个方向的研究又钻回到了弹性价格假设的死胡同中去了；(2) 受20世纪70~80年代高通货膨胀的影响，部分学者转而关注固定汇率制度作为一种名义锚在降低通货膨胀方面的作用。

进入20世纪90年代，由于理论上的重大进展和现实的不断催动，汇率制度选择研究迎来了复兴：一方面，利用NOEM的研究框架，经济学家得以重新审视传统的"固定与浮动之争"（Devereux & Engel，1998、1999；Devereux，2000）；另一方面，频繁爆发的货币危机和金融危机为汇率制度研究提供了新的素材，针对新兴市场经济体的汇率制度与货币危机、汇率制度与经济绩效之间关系的研究蓬勃发展起来。两极论、原罪论（original sin）和害怕浮动论等新的理论观点和假说成为20世纪90年代中后期到21世纪初期国际金融学研究的重要前沿问题。

二、传统范式与现实范式的划分

（一）理论假设与研究范式划分

前文简短回顾了20世纪50~90年代中期之前的汇率制度选择研究，它主要包括以下四种理论流派（Caramazza & Aziz，1998；Setzer，2006；Carmignani et al.，2008）：(1) OCA理论；(2) M-F-D和NOEM框架下的研究；(3) 政策动态一致性研究范式[①]；(4) 两极论假说[②]。本书将这四种范式统称为汇率制度研究的传统范式[③]。

本书根据已有文献在研究中所作出的理论假设来进行研究范式的划分，并将上述四个方面都纳入汇率制度选择研究的传统范式。这与泽策（Setzer，2006）的划分方法基本一致。这种划分方法意味着上述传统范式的研究具有共同的理论假设。具体来说，传统范式所隐含的、共同的前提假设包括：

[①] 这个方面的研究相对较少，本书因此没有单独设立章节进行论述。在第二章第一节讨论OCA理论问题时，我们扼要说明了这个方面的研究。

[②] 2001年阿根廷货币局制度破产之后，学界对两极论的讨论逐渐减少。本书因此没有单独设立章节讨论这个问题，我们在第三章第二节扼要说明了该理论假说。

[③] 这与克鲁兹－罗德里格斯（Cruz Rodríguez，2013）的观点不一致。克鲁兹－罗德里格斯也把汇率制度选择研究分为传统与现代两个主要类别。但他认为，传统理论主要包括根据经济冲击的性质和OCA理论所展开的对浮动和固定汇率制度之间差异的研究；现代理论则集中关注公信力和弹性之间的权衡及汇率制度的经济绩效和货币危机等方面的研究。

(1) 传统范式都遵循了经济政策分析的规范方法的传统。这种传统将汇率制度选择视为一种纯粹的经济政策制定过程，在给定的政策目标下，利用经济模型刻画经济系统，从而将汇率制度选择转化为带有约束条件的最优化问题。

(2) 传统范式假设不存在政治因素的影响。在经济政策分析的规范方法传统中，政治家被模型化为仁慈的社会计划者，其唯一的动机即是最大化总体的社会福利（Setzer，2006）。这隐含地假设政策制定者的目标和全体经济行为人的目标是一致的。然而，这种完全的技术性处理方法，使研究者忽视了政策制定中所存在的利益冲突和政策制定及政策实施过程中的"政治性"（迪克西特，2004）。如果考虑到政治因素对汇率制度选择的重要影响，那么就引出汇率制度选择研究的一个新的发展方向，即汇率制度的新政治经济学方法。本书第三章第一节讨论了这个方面的研究进展。

(3) 传统范式假定政府一旦选择了某种制度，那么在随后的政策实施中能够做到政策的动态一致。但现实中一国货币当局常常不能"言""行"如一，出尔反尔时有发生。已有研究表明，这种"言行不一致"在汇率制度选择问题上可能具有重要影响。

(4) 传统范式假定汇率制度选择是一个一劳永逸的静态问题，因此没有考虑到汇率制度的动态变迁特征。

（二）汇率制度选择研究的理论全景（1944~2019年）

如果——放松传统范式下汇率制度选择研究的第2~4个假设，那么就形成了汇率制度选择研究的以下三个新的发展方向，本书称之为汇率制度选择研究的现代范式[①]。

(1) 汇率制度选择的新政治经济学方法。该领域研究旨在考察利益集团和选举等政治因素对汇率制度选择的影响。本书第三章第一节讨论了该方面的研究。

(2) 汇率制度分类的研究。该领域的研究考虑到一国货币当局在汇率制

[①] 之所以称之为现代范式，主要原因有两个：(1) 相对于传统范式而言，这些研究考虑到了政治等因素对汇率制度选择的影响；(2) 这些研究大都兴起和鼎盛于20世纪90年代中后期之后，是近十余年来汇率制度选择研究领域的前沿。尽管如此，本书的这种命名还是有失严谨，因为这些研究本身并没有建立理论研究的范式或标准。

度安排上所可能出现的"言行不一致"现象，对汇率制度进行了重新分类，并在此基础上考察了汇率制度的演变、汇率制度对宏观经济绩效的影响和汇率制度选择的决定因素等重要问题[①]。本书第三章第二节讨论了这个方面的研究发展。

（3）汇率制度退出和转型问题。这个方面的研究旨在考察一国如何退出已有的、缺乏弹性的汇率制度，并向更具弹性的汇率制度转变。它涉及对汇率制度退出的动机、退出的最优时机、退出方式、转型的路径选择、退出以后的汇率制度选择、成功退出或平稳转型的基本条件及转型过程中的政策搭配等诸多问题的研究。但这个领域的研究重点聚焦政策的操作层面，在理论和经验研究上并无重要建树，因此本书不讨论这个方面的研究发展[②]。

---

① 这些问题也是 20 世纪 90 年代后研究的前沿问题。
② 关于这个方向的研究发展，可参阅范从来和刘晓辉（2013）第七章。

第二章

传统范式下的汇率制度选择研究

本章根据前文的研究范式划分,着重讨论 OCA 理论和在 M-F-D 与 NOEM 范式下开展的汇率制度选择研究。

第一节 OCA 理论

20 世纪 50~60 年代传统的固定与浮动两极之争旷日持久。本节不想再次陷入这一传统争论的泥潭,为此,不妨姑且承认浮动汇率制度的合理性和可能性。那么,是不是现有的所有货币都应实行浮动汇率制度呢?这就引出了蒙代尔(1961)的开创性贡献——OCA 理论的研究[①]。

一、货币区、OCA 与浮动汇率[②]

(一)货币区的类型与经济调整方式的差异

货币区是指区域内实行固定汇率的某一区域(Mundell, 1961)。这又分两种情形:(1)该货币区只有一种货币;(2)该货币区存在多种货币,各货币之间

---

① 一些研究认为(Dellas & Telvas, 2009),早在 20 世纪 40 年代晚期至 50 年代,包括弗里德曼在内的几位学者就已经提出了 OCA 理论的部分原理了。
② 所举案例来自蒙代尔(1961),本小节内容也主要依据蒙代尔(1961)的研究撰写而成。

实行固定汇率制度。蒙代尔（1961）认为，在经济调整方式上，这两种类型的货币区存在显著的差异。为说明这一观点，不妨援引蒙代尔（1961）的经典示例。假设有两个经济实体 A 和 B，它们或者是区域或者是国家，并且假设两个经济体开始时都处于充分就业和国际收支平衡状态。进一步假设经济中出现了某种冲击导致经济人对 B 实体的产品需求转向了 A。那么，在短期内货币工资和价格刚性假设下，B 将出现失业，而 A 将因需求的膨胀而导致价格上涨。

首先，假设 A 和 B 分别是由不同国家所构成的经济实体，各自发行货币，但两种货币之间的汇率固定。在上述假设下，如果 A 国不采取任何措施，那么价格上涨所导致的贸易条件的变化将使 A 国和 B 国重新恢复均衡。但是，对价格上涨的担忧是各国货币政策制定者首要关心的问题，因此，A 国货币当局极有可能紧缩信贷抑制其价格上涨，此时贸易条件就难以发挥其调节作用了，而 B 国则将面临失业和产出萎缩。其次，假设 A 和 B 是某一国家的两个区域，且假设该国的政策目标是实现充分就业。那么 B 区域的失业和产出下降对于政策当局而言就是难以容忍的。如此，经济的调整将以 A 区域的价格上涨为代价。

但不论怎样，这两种类型的货币区都不能同时避免失业和通胀的困扰。显然，问题并不在于货币区的类型如何，而在于货币区的范围大小。这正是蒙代尔（1961）的根本观点。

（二）国家货币、区域货币与浮动汇率

在进一步说明问题之前，我们不妨稍微改动一下上例，假设全球由两个国家构成，每个国家又由东西两个区域构成，如此，全球即由四个区域构成（见图 2-1）。两个国家各自拥有自己的货币，且两国之间实行浮动汇率。

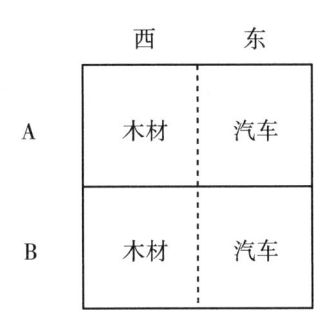

	西	东
A	木材	汽车
B	木材	汽车

图 2-1　假想的货币区

资料来源：根据蒙代尔（1961）改编绘制。

由图 2-1 及上述讨论易见，不论对 A 国还是 B 国而言，如果经济冲击导致需求在一国不同区域之间的转移，那么一国东、西两个区域要么面临失业，要么面临价格上涨，或者兼而有之。尽管 A 国和 B 国实行了浮动汇率，但是浮动汇率制度此时却不能纠正一国内部不同区域的失衡问题[①]。

但是，如果我们按照区域将这个假想的世界重新进行国界的划分（这在现实中当然是不太可能的），即将西部和东部地区各自划分为一国，各自发行自己的货币，且两国之间实行浮动汇率制度，那么，当经济冲击导致需求在西部和东部之间转移时，浮动汇率制度就能发挥自动稳定器的功能。由此，蒙代尔（1961）得出了一个极为重要的理论结论，我们引述其原文如下：

"今天，如果支持实行浮动汇率制度的论点很有力的话，那么这种主张在逻辑上应基于区域货币安排，而不是基于国家货币。最适货币区是一个区域概念。

……

基于国家货币而支持浮动汇率制度的观点成立与否和李嘉图关于要素流动性假设的成立与否是一致的。如果一国内部的要素流动性高而国际间要素流动性低，那么基于国家货币的浮动汇率制度就能有效地发挥作用。但是，如果一国国界与区域不完全一致或者一国包含多个区域时，那么支持浮动汇率制度的论点只有在货币按照区域重组时才能成立。"

二、传统的 OCA 标准

既然 OCA 是一个基于区域货币安排的概念，那么，如何定义和划分区域呢？换言之，OCA 的标准是什么呢？虽然到目前为止，我们没有明确地说明这一标准，但之前的讨论实已隐含了这一标准。传统的 OCA 标准主要包括要素流动性、开放程度和产品多样化三个标准。

（一）要素流动性标准

是什么因素和标准能让我们对区域作出划分呢？在蒙代尔（1961）的经

[①] 但浮动汇率制度能纠正 A 国和 B 国之间的国际收支失衡，这正是浮动汇率制度的支持者鼓吹浮动汇率制度的理由之一。

典贡献中，区域是一个要素能于其内自由流动，但在该区域与其他区域之间则不能自由流动的一个地理范围。以图 2-1 为例，无论 A 国还是 B 国都由东西两个区域构成，且要素在东部和西部区域内部可以自由流动，但在东、西两部之间，要素则不能自由流动。因此，经济冲击导致的对产品需求的转移将导致两个区域分别面临通货膨胀和失业的困扰。然而，如果东、西两个区域之间劳动力等要素能自由流动，那么失业区域的劳动力转移至面临通货膨胀困扰的区域则正好可以使两个区域重新恢复均衡。这正是蒙代尔（1961）主张以东、西两个区域为基础重新界定国界并实行浮动汇率的基本理由。但我们也应注意到，在这种假想的讨论中，A 国西部区域和 B 国西部区域之间要素是能自由流动的，A 国东部区域和 B 国东部区域之间要素也是能自由流动的，即，这两个国家的西部共同构成了一个区域，而两国的东部则共同构成了另一个区域。而这两个新构成的区域之间要素却是不能自由流动的。

值得指出的是，蒙代尔（1961）在论证其思想过程中还假设了价格和工资刚性。换句话说，如果两个区域内价格和工资都是有弹性的，那么由于经济冲击而导致的某一区域失业而另一区域出现价格上涨也可以通过价格来进行调节，从而恢复经济均衡。譬如，当对某一区域的产品需求转移而引起该区域失业时，如果该区域工资和价格能及时调节，那么这将引起工资下降和价格下跌，从而导致劳动力供给减少或对该区域产品的需求增加，或兼而有之，从而使经济重建均衡。因此，这就引出了最适货币区的另一个重要标准，即，价格和工资的弹性化。

（二）开放程度标准

继蒙代尔（1961）的开创性研究之后，麦金农（1963）提出了以开放程度作为构建 OCA 的标准。在麦金农（1963）的定义中，开放程度是指可贸易品与不可贸易品的比率。他认为，当经济体这一比率较高，即开放程度较高时，该经济体不宜采取浮动汇率制度，而应实行固定汇率。这是因为可贸易品相对不可贸易品份额较高时，可贸易品的外币价格更容易通过汇率传递到该经济体内，带来价格的不稳定。因此，为了维持价格稳定目标，该经济体更应实行固定汇率制度而非浮动汇率制度。

这种标准隐含的假设显然是，一国之外的外部世界的价格是稳定的。如果外部世界的价格并不稳定，那么，麦金农（1963）的结论就可能完全相反。

例如，通常而言小国是开放程度比较高的，因此，根据麦金农（1963）的开放度标准，为了避免价格波动，小国应加入货币区，实行固定汇率制度。但是，如果外部世界的价格并不稳定，那么，外部的价格波动就会通过固定的汇率传递到国内，小国同样会面临价格不稳定的威胁。

（三）产品多样化标准

要素的流动，尤其是劳动力的流动对于现实经济而言是一个苛刻的假设。而凯南（1969）则认为，相比劳动力的自由流动来说，一国产品组合的多样化和单一国家中生产单一产品的区域数量可能更重要。为了说明这种产品多样化（product diversification）标准，我们将图 2-1 中的 A 国稍作修改。首先，假设 A 国产品结构单调。极端地，不妨假设 A 国只生产一种产品（如木材），且该产品也用于出口。那么当对该国产品的需求减少时，该国出口下降。如果该国实行浮动汇率制度，那么由此而导致的汇率贬值能改善出口收入，恢复贸易平衡。但如果该国实行固定汇率制度，那么只有采取紧缩政策以平衡已经失衡的外部状况。其次，假设 A 国生产多种产品且这些产品可以出口。假设生产每一种产品的部门都遭受了经济冲击，只要这些冲击不是完全正相关的，那么类似资产组合能分散风险的功能一样，这种多样化产品也能分散这些经济冲击的影响，从而保证 A 国出口的基本稳定。因此，固定汇率制度更适合于产品多样化的经济体。

产品多样化标准与经济开放度标准在某种程度上是兼容的，但兼容的后果却是结论的不兼容[①]。通常而言，能生产多种类产品的都是大型经济体，这些经济体的自给自足能力一般也要高于小型经济体，因此大型经济体的出口部门相对要小。换言之，生产多样化产品的大型经济体的开放程度要低于小型经济体。这就是说，产品多样化标准和经济开放度标准在一定程度上是可以相互转换的，但是这种转换的后果却是理论预测的自相矛盾。根据经济开放度标准，大型经济体的开放程度一般低于小型经济体，为了保证价格的稳定，不应加入某一货币区，而应实行浮动汇率制度。但是，产品多样化标准却说明大型经济体更应采取固定汇率制度[②]。这种矛盾性在麦金农（1969）那里得到了初步的

[①] 不同的最适货币区标准会导致理论预测的冲突和矛盾，德拉斯和塔夫拉斯（2009）详细讨论了这些冲突和矛盾。

[②] 这种矛盾也说明，经济规模对汇率制度选择的影响方向是不确定的。

阐述。他认为，经济体的产品越多样化，该经济体越应实行固定汇率制度。但是，一个经济体的产品越多样化，其规模就越大，并且由于这种多样化，该经济体的外贸部门就越小。因此，凯南的结论意味着具有产品多样化的、小外贸部门的大型经济体应采取固定汇率制度，而小型开放经济应坚持浮动汇率制度。

三、OCA 理论的发展

20 世纪 80 年代之后，OCA 理论的研究大致沿着三个方向展开[①]：（1）OCA 标准的拓展；（2）OCA 标准的内生性；（3）GG-LL 模型。

（一）标准的拓展及内生性

传统的 OCA 标准主要跟一国的要素流动性等有关，后续研究发展了其他的新的标准，这些标准包括金融市场的一体化程度、通货膨胀的相似性程度（Fleming，1971）以及价格和工资弹性程度等。继这些研究之后，塔夫拉斯（1993）及巴尤米和艾肯格林（Bayoumi & Eichengreen，1997）分别在已有研究基础上提出了最适货币区的国别标准和联盟标准。前者强调了一国内部的产品结构和价格的弹性程度等因素，而后者则侧重关注国与国之间的要素流动性和经济结构的相似性等因素，这种拓展就其本质来说并没有脱离传统的 OCA 理论研究。

迄今为止的讨论都将这些标准视为已知的条件，或者说假设这些标准是外生的。然而，这种假设并不正确。部分学者认为，有些 OCA 标准并不是外生的，而是内生于货币联盟或货币区的。这意味着即使根据 OCA 的标准，某一区域不能构成一个货币区，但是通过实行或采用共同货币，这个区域在未来也可能成为一个最适货币区。譬如，假定两国之间商品等要素是不能自由流动的，因此，根据 OCA 理论，这两国是不能组成一个货币区的。但是，不妨假设这两个国家结成了一个货币区，那么，成立货币区之后两国之间的贸易往来很可能更加频繁紧密，从而导致商品等要素在这两个国家之间的流

---

① 另一个重要的发展方向是尝试建立 OCA 理论模型。代表性的理论模型可参见巴尤米（1994）和里奇（Ricci，1997）。

动性加强，进而满足最适货币区的标准。这种 OCA 标准的内生性假说在理论上和经验上都得到了一定程度的支持（Frankel & Rose，1998；Corsetti & Pesenti，2002）。

（二）GG-LL 模型

20 世纪 70 年代末 80 年代初，对 OCA 理论的修正和拓展集中在寻找加入货币区的成本和收益（Tavlas，1993），这一修正和拓展在 20 世纪 90 年代初臻于成熟，最终形成了 OCA 理论分析的 GG-LL 模型（Krugman et al.，2018）。

1. 加入 OCA 的成本

M-F 模型认为，当本国面临产品市场冲击或实际冲击时，固定汇率制度在稳定产出方面的能力和表现是次于浮动汇率制度的（Pilbeam，2013；Feenstra & Taylor，2014；Krugman et al.，2018）。更糟糕的是，由于加入了货币区意味着一国放弃了独立的货币政策，因此本国也难以利用货币政策来稳定产出。这种由固定汇率制度引起的不稳定性就是加入货币区所承担的经济稳定损失（Krugman et al.，2018）。这种损失和加入国与固定汇率区的经济一体化程度是负相关的。如果以经济稳定损失为纵轴，以加入国与固定汇率区的经济一体化程度为横轴，那么就可以得到一条 LL 曲线，它表示随着经济相互依赖程度的提高，加入货币区可以降低一国遭受的经济稳定损失。

2. 加入货币区的收益与 GG-LL 模型

加入货币区的收益主要包括两个方面：（1）货币效率收益；（2）降低本国的通货膨胀[①]。固定汇率制度的一个重要优点在于它可以简化经济交易中所涉及的汇率计算问题。并且，相对浮动汇率制度来说，固定汇率制度下涉及国际交易的经济人在进行决策时所面临的不确定性更小。因此，所谓

[①] 20 世纪 70 年代末至 80 年代初，主要经济体面临高通货膨胀的困扰，学界重新将目光转向了对固定汇率制度的研究，希望利用汇率政策来抑制高通货膨胀。这种努力和尝试主要是建立在经济政策制定的动态不一致性理论基础上的（Kydland & Prescott，1977；Barro & Gordon，1983）。本书将这一研究归入汇率制度选择研究的传统范式中，并称之为政策动态一致性理论。这一研究认为固定汇率制度能降低一国的通货膨胀，而这也是构成加入 OCA 的一个重要收益。由于该领域的研究与 OCA 的研究有所重叠，且我们掌握的该领域的文献量相对较少，因此本书没有单独论述这一理论，而只是在这里作扼要的说明，很多教材和文献对此有详细分析，可供进一步参考（Kydland & Prescott，1977；Barro & Gordon，1983；Obstfeld & Rogoff，1996；Velasco，1996；Mendoza，2001）。

货币效率收益就等于加入货币区的经济体或国家所避免的因实行浮动汇率所可能带来的不确定性、混乱与汇率计算成本和交易成本的损失（Krugman et al.，2018）。

加入货币区或实行固定汇率制度的另一个重要收益来自固定汇率制度的名义锚效应[①]。相对固定汇率制度来说，浮动汇率制度下一国可以运用相机抉择的货币政策熨平经济波动。然而这种相机抉择就会导致政策的动态不一致。如果货币当局滥用相机抉择的货币政策且不能维持其低通货膨胀的政策承诺，那么理性的经济人在签订工资等合同时就会考虑到这一点，从而可能导致通货膨胀。因此，为了约束浮动汇率制度下货币当局的行为，使经济人能形成低通货膨胀预期，经济学家和政策制定者设计了很多与浮动汇率制度一致的制度安排，其中一种可行的策略就是通货膨胀钉标制。那么，是否还存在其他的策略呢？由于固定汇率制度本身也为一国的货币政策提供了一个名义锚，因此，固定汇率制度本身就可以约束货币当局的行为。一国通过将汇率钉住一个通货膨胀较低且较稳定的经济体的货币就能降低并稳定本国的通货膨胀，这实际上是利用固定汇率制度"绑住"了货币当局的"手脚"，从而提高了货币当局反通货膨胀的公信力。

因此，如果整个货币区内的价格水平是稳定、可预测的，那么加入货币区也可能通过固定汇率制度的名义锚效应获得低通货膨胀的收益。因此，当一国与低通货膨胀地区的经济的融合越紧密，那么该国的通货膨胀水平就越趋同于该地区的通货膨胀，从而一国加入货币区的收益就越高。显然，这种分析意味着加入货币区的收益和加入国与固定汇率区的经济一体化程度正相关。如果以加入货币区的收益为纵轴，以加入国与固定汇率区的经济一体化程度为横轴，那么就可以得到一条GG曲线，它表示随着经济相互依赖程度的提高，加入货币区的收益就越高。如此，将GG和LL两条曲线结合起来，就可以用来分析一国是否应该加入货币区了。具体的分析可参见克鲁格曼等（Krugman et al.，2018）。

[①] 货币政策名义锚是指对本国货币价值的一种约束，它是成功的货币政策制度的一个必要组成部分。从广义上来说，名义锚可视为对相机抉择政策的一种约束，它有助于缓解动态不一致性问题，从而在长期中，一国更容易实现其价格稳定目标（Mishkin，1999）。货币政策名义锚包括汇率名义锚、货币总量名义锚（monetary aggregate）、通货膨胀钉标制、基金支持或其他货币方案以及Just Do It方案（Mishkin，2014）。关于各种名义锚的理论基础及其优缺点的讨论，可参见芬斯特拉和泰勒（2014）第三章和本书第四章第一节。

第二节 从 M-F-D 模型到 NOEM 框架

在 20 世纪 60 年代初始发轫之后，OCA 理论的研究于 20 世纪 70 年代后期开始因现实的困顿而呈疲敝之象[①]。但在汇率制度选择领域的研究中，新的力量已经萌芽。我们不妨将视野从 OCA 的研究上移开，看看新的力量究竟带来了什么新的气象。

这种新的力量仍然归功于罗伯特·蒙代尔（Robert A. Mundell）。继 OCA 理论的经典贡献后，蒙代尔在 20 世纪 60 年代初对汇率制度（选择）问题又提出了新的见解（Mundell, 1963、1964）。加上与其同期的马库斯·弗莱明（Marcus J. Fleming, 1962）的贡献，便构成了这种新的力量的萌芽。他们奠定了 M-F-D 模型的基础。但这种新的力量要完全发挥其作用，却还需借助普尔（1970）的贡献。这中间仍有 6 年的旅程才能再现由这些工作汇聚而成的经济政策制定的规范分析方法的力量。

这种政策分析的规范方法将汇率制度选择视为一种政策制定过程，它将汇率制度选择问题转化为一个带有约束条件的目标函数最优化问题。约束条件通常由一系列的行为方程和定义方程及宏观经济恒等式构成，这一系列方程所构成的经济模型能够抽象一国开放经济宏观经济运行的基本特征。在 M-F 模型出现之后，研究者通常利用这一类模型来勾勒和刻画一国的开放经济运行。而目标函数则反映了一国货币当局在特定时期的政策偏好，也反映了一国整体的社会福利大小。这种方法正是迪克西特（2004）所说的经济政策的规范分析方法在汇率制度选择领域的典型应用[②]。

[①] 直到 20 世纪 80 年代末、90 年代初之后，OCA 理论的研究才开始复苏（Tavlas, 1993; Dellas & Tavlas, 2009）。

[②] 迪克西特（2004）指出，大多数经济政策分析和几乎所有的经济政策实践都将政策的制定和实施视为一个技术问题，甚至一个工程控制问题。人们首先建立一个经济运行模型或一些政策干预工具，然后假定一个评价标准，最后计算出最大化该标准的工具的价值，或根据该标准指出绩效改进的方向。然而，也正是这种完全技术性的方法使研究者和政策制定者忽视了政策制定中存在的利益冲突，忽视了政策制定以及政策实施过程中的"政治性"（迪克西特，2004），从而引发了研究汇率制度选择问题的另一个视角——新政治经济学方法。

一、汇率制度选择的分析框架

本书回顾的研究主要是在 M-F 模型（或 M-F-D 模型）与 NOEM 两个框架下展开的，前者基本上主导了 20 世纪 60~90 年代中期开放经济宏观经济学的研究，它最重要的一个应用就是汇率制度选择的研究（Obstfeld & Rogoff, 1996），可以说在这个范式主导的将近四十年中，汇率制度选择研究主要是在这个框架下引入不同假设的延伸（见表 2-1）；后者主要是由奥布斯特菲尔德和罗高夫（1995a、1996）在吸收 M-F-D 模型合理内核基础上开创的一种融入价格黏性、商品市场垄断竞争和经济人跨期贸易假设的，具有明确微观基础的开放经济宏观经济模型。这个流派正取代 M-F-D 范式成为国际金融研究的新主导方向。

表 2-1　　　　汇率制度选择理论的基本假设与选择标准

代表性文献	价格确定方式	价格黏性/弹性	预期类型	资本流动性	选择标准
纳克斯（1944）[①]					隐含的国内价格稳定标准
弗里德曼（1953）	PCP	价格黏性		完全不流动	隐含的稳定标准，具体表现为汇率制度能否隔离外国货币性冲击
蒙代尔（1961）	PCP	价格黏性		区域内完全流动；区域外不流动	隐含的宏观稳定标准（价格水平和就业水平）
蒙代尔（1963、1964）	PCP	价格固定	静态预期	完全流动	隐含的宏观经济稳定标准（就业和产出稳定）
图尔诺夫斯基（Turnovsky, 1976）	PCP	价格黏性		不完全流动	国内实际产出的稳定
博耶（Boyer, 1978）	PCP	价格固定		完全不流动	国内实际产出的稳定

[①] 纳克斯（1944）的选择标准是根据弗里德曼（1953）与多恩布什和吉奥瓦尼尼（1986）的有关记载整理的。

续表

代表性文献	价格确定方式	价格黏性/弹性	预期类型	资本流动性	选择标准
弗洛德（Flood, 1979）	PCP	价格黏性	理性预期	完全流动	国内价格预期误差最小化（即价格稳定标准）
罗珀和图尔诺夫斯基（Roper & Turnovsky, 1980）	PCP	价格固定	理性预期	完全流动	国内实际产出的稳定
韦伯（Weber, 1981）	PCP	价格黏性	理性预期	完全流动	国内产出波动最小化
弗洛德和玛丽昂（Flood & Marion, 1982）	PCP	价格黏性	理性预期	完全流动	国内产出波动最小化
埃尔普曼和拉津（1979）		价格弹性	完全预期		以消费衡量的福利最大化标准
埃尔普曼（1981）		价格弹性	完全预期		以消费衡量的福利最大化标准
埃尔普曼和拉津（1982）	PCP	价格弹性			以消费衡量的福利最大化标准
艾森曼（1994）		价格弹性			以消费和劳动衡量的福利最大化标准
钦和米勒（1998）		价格弹性			以消费衡量的福利标准
德弗罗和恩格尔（Devereux & Engel, 1998、1999）	PCP 和 LCP	价格黏性	理性预期	完全流动	福利最大化标准（消费波动、预期消费水平和预期就业水平大小）
德弗罗（2000）	PCP 和 LCP	价格黏性	理性预期	完全流动	福利最大化标准（消费、投资和就业的波动）
秦宛顺等（2003）	PCP 和 LCP	价格黏性	理性预期	资本管制	福利最大化标准（消费波动和预期消费水平大小）

注：PCP 表示生产者货币定价；LCP 表示当地货币定价。
资料来源：根据文献整理。

（一）M-F-D 范式下的最优汇率制度选择

M-F 模型为汇率制度选择的研究提供了描述和抽象一国开放经济运行的基

本分析工具。利用这个工具描述并抽象出一国开放经济的运行，使我们能够在给定的汇率制度选择标准下最优化制度选择的目标函数，从而找到合理的制度安排。因此，范式本身既是描述开放经济的基本工具，也为求解汇率制度选择最优化问题提供了约束条件。这主要表现在两个方面：一是由此框架衍生而来的"三元悖论"（Krugman, 1999b）[①]；二是吸收多恩布什（1976）的思想，在模型中引入价格黏性和理性预期，在随机的动态环境下抽象一国开放经济的运行特征，以此作为约束条件，首先求解由约束条件所决定的内生变量（如价格、产出等），然后再求解由这些内生变量所决定的目标函数的最优值，进而比较不同的汇率制度在稳定宏观经济方面的作用，最终得到一国最优的汇率制度（Turnovsky, 1976; Boyer, 1978; Flood, 1979; Roper & Turnovsky, 1980; Weber, 1981; Flood & Marion, 1982）。

---

① 尽管存在争议，但三元悖论已被作为基本原理写进国际金融和开放经济宏观经济学的教科书（如，Feenstra & Taylor, 2014; Krugman et al., 2018）。由于它是两极论假说的重要理论基础，我们因此扼要说明两极论的相关研究。根据三元悖论，在给定国际资本市场一体化进程不断推进的现实背景下，一国要么放弃独立的货币政策而实行完全的固定汇率制度，要么为了获得独立的货币政策而放弃汇率稳定目标，任何的中间汇率制度都不会成为一国的政策选项。因此，在国际资本市场一体化趋势下，中间汇率制度将会消失，而两极汇率制度则将成为唯一持久稳定的汇率制度（Frankel, 1999; Fischer, 2001; Carmignani et al., 2008）。

但是，近年来质疑甚至否定三元悖论的理论和经验证据越来越多。一些研究认为，尽管金融市场一体化的趋势日渐显著，从而迫使一国要么放弃汇率稳定目标，要么放弃货币政策独立性目标，但是，这并不意味着一国不能同时在货币政策独立性目标和汇率稳定目标上有所放弃，即一国可以拥有一半的汇率稳定性和一半的货币政策独立性。实际上并没有哪一种理论阻止一国实行管理浮动汇率制度，在该制度安排下，一国货币需求的波动一半由储备变化来吸收，而另一半则由汇率变化来化解（Frankel, 1999; Frankel et al., 2001）。另一些研究在小国开放经济模型框架下证明了中间汇率制度的存在性（Bénassy-Quéré & Coœuré, 2002）。

在经验证据层面上，自雷伊（Rey, 2015、2016）的研究以来，很多的经验证据表明，即使在浮动汇率制度下，货币政策也丧失了独立性，三元悖论是难以成立的。

除了三元悖论之外，两极论的理论基础还包括：

第一，未对冲的美元债务假说。该假说注意到，由于原罪和由此导致的大量未对冲外币负债，尤其是美元债务，发展中国家和新兴市场经济体的企业和银行部门的资产负债表状况在本币贬值时会出现恶化，从而招致投机攻击，因此导致这些经济体更加偏好稳定的汇率。

第二，可核实性理论（verifiability）。所谓可核实性，是指市场参与者根据所观测到的数据进行统计推断以判断货币当局所宣称的汇率制度是否名副其实的能力（Frankel et al., 2001）。该理论认为，相对中间汇率制度来说，两极制度更容易监测。由于两极汇率制度的可核实性，因此这两种汇率制度也更容易持续。

尽管如此，两极论仍然缺乏坚实的理论基础（Frankel et al., 2001; Bénassy-Quéré & Coœuré, 2002; Frankel, 2012），并且其重要的理论基础三元悖论近年来也颇受诟病。除了这些缺陷之外，近年来的经验证据也表明，两极论假说是不成立的，中间汇率制度不但没有消失，而且成为全球主要的汇率制度安排形式。本书第四章第一节利用1999年新分类法和2009年修订的分类法数据重新考察了汇率制度的分布和演变，得出了相同的结论。其他利用汇率制度实际分类的研究也得出了类似结论（Levy-Yeyati & Sturzenegger, 2016; Ilzetzki et al., 2019）。

但是，这些研究都隐含地假设模型所反映的现实经济中的结构参数是稳定的。然而，在评价不同汇率制度的影响时，我们不能假设经济结构是稳定的（Flood & Marion，1982）。例如，资产市场上预期的形成对政府不同汇率制度的选择可能反应剧烈，因此，经济结构可能并不是稳定的。另外，考虑到不同汇率制度最大化社会福利方面的能力时，那种能使本国不受外国干扰影响的汇率制度或许是劣于其他制度安排的（Flood & Marion，1982）。这实际上指出了未来研究的两个方向：（1）政府在选择汇率制度时应该考虑到微观经济主体的反应，换句话说，模型要有微观基础，要经得起卢卡斯（Lucas，1976）批判。（2）一直以来汇率制度选择的研究主要关注不同汇率制度能否隔离外国干扰的影响，这种观点可能有欠妥当，研究还应考虑不同汇率制度的福利属性。这些观点在后来过渡时期和 NOEM 范式下的研究中得到了进一步的发展（见表 2-1）。

（二）M-F-D 范式向 NOEM 范式过渡时期的研究

20 世纪 80 年代起，尽管 M-F-D 范式在开放经济宏观经济学的研究中仍然占据主导地位，尽管该范式仍足以指导政策的制定（Obstfeld & Rogoff，1995a；Walsh，2010），但是，这个框架缺乏微观基础的弱点也逐渐暴露。从此，开放经济宏观经济学研究经历了十余年的徘徊和彷徨。受此影响，对汇率制度选择的研究也处于一种阵痛和转型时期，这个方面的研究缺少一个比较不同汇率制度优劣的合适的分析框架，而构成这种分析框架的必要组成部分至少应包括以下两个要素：（1）经济中实际的总资源约束应该独立于汇率制度。（2）所有需求函数应该从跨期效用最大化中推导得到，而这些效用函数本身应该可以用来进行福利的比较。因此，这实际上指出了汇率制度选择研究的一个主要方向，就是在现实的经济资源约束条件下，建立代表性经济人的跨期效用函数，利用动态最优化方法来分析汇率制度的福利属性（Helpman & Razin，1979；Flood & Marion，1982）。

这十余年间的研究集中在价格假设上，但是由于 20 世纪 70 年代自由主义思想从古典和新古典的躯壳里复活了，很多学者抛弃了更贴近现实的价格黏性假设，又钻回到弹性价格假设的死胡同中去了。

这个时期的主要贡献包括埃尔普曼和拉津（Helpman & Razin，1979）、埃尔普曼（1981）、埃尔普曼和拉津（1982）、艾森曼（Aizenman，1994）以及钦和米勒（Chin & Miller，1998）等（见表2-1）。[①] 这样一个转型期在汇率制度选择的研究中所占地位并不突出。但从思想渊源和方法论看，1995年以后在NOEM框架下所进行的汇率制度选择的研究却吸收、继承了这个时期的思想内核，如代表性经济人（预期）效用最大化思想，以不同汇率制度的微观福利属性作为评价制度优劣的标准等。并且，后来的研究所采用的方法也承继于这个时期。因此，本书称之为过渡时期，它在思想上和方法论上都有承上启下的贡献。

（三）NOEM框架下的最优汇率制度选择

经过早期M-F-D传统的发展和过渡时期的准备，开放经济宏观经济学有了理论上的重大突破，即1995年由奥布斯特菲尔德和罗高夫开创的NOEM的研究。其开创性主要表现在它克服了M-F-D范式基本缺陷的同时又保留和吸收了该传统的合理思想。M-F-D模型都是ad hoc模型[②]，缺乏坚实的微观基础，这使传统的分析框架难以对汇率制度进行规范的福利分析。因此，使模型具有明确的微观基础，同时又保留价格黏性和理性预期假设，实际上就是综合了M-F-D范式和20世纪80年代经常项目跨期均衡分析方法的优点[③]，而同时又避免了二者的主要缺陷。另外，越来越多的经验证据表明，国际产品市场并不是完全竞争的，而是一种垄断竞争市场，因此，考虑经济中供给层面的定价能力也就成了后来理论发展的重点。这三个方面的有机结合就产生了NOEM。

1. 基准模型

奥布斯特菲尔德和罗高夫（1995a、1996）开创的NOEM分析范式主要是利用效用函数中的货币分析方法（money-in-the-utility approach）将实际货币余额引入代表性经济人的效用函数中的。确定性条件下的基准模型如下[④]：

$$\max U_t = \max \sum_{s=t}^{N} \beta^{s-t} \{[\sigma/(1-\sigma)] C_s^{(\sigma-1)/\sigma} + [\chi/(1-\varepsilon)](M_s/P_s)^{1-\varepsilon} - (k/\mu) y_s(z)^{\mu}\}$$

[①] 钦和米勒（1998）采用的是交迭世代模型（over-lapping generation，OLG）。

[②] "ad hoc"是指行为方程和汇率制度选择标准是研究者人为规定的，不是从经济行为主体最优化行为中推导出来的，因此是没有微观基础的。宏观经济学中的"ad hoc"一词一般是指模型中的行为关系是研究者直接规定的（如IS曲线等），而不是从经济个体最优化行为导出的。由于目前这个词在国内还没有统一的译法，因此，本书直接使用了原文。

[③] 经常项目跨期均衡分析的优点在于：（1）为分析外部余额、外部可持续性和均衡实际汇率等重要的且具有内在联系的政策问题提供了一个概念性的分析框架。（2）使我们能够对开放经济中的政策措施进行系统的福利分析（Obstfeld & Rogoff，1995a；Obstfeld，2001）。

[④] 关于该模型的基本内涵，参见奥布斯特菲尔德和罗高夫（1996）及沃尔什（2010）第九章。

$$\text{s.t.} \quad P_tC_t + M_t + P_tT_t + P_tB_t = p_t(z)y_t(z) + R_{t-1}P_tB_{t-1} + M_{t-1} \quad ① \quad (2.1)$$

其中，β 表示主观折现因子；C 表示复合消费品（composite consumption）；M 和 B 分别表示名义货币存量和实际债券存量；$y(z)$ 表示垄断厂商的产出；P 是价格水平；T 为税收；R 表示实际毛利率。

代表性经济人在跨期预算约束下最大化一生效用的现值之和。解这个约束条件下的动态最优化问题就能得到消费的欧拉条件、最优实际货币余额条件和最优的内生产出。这些一阶条件和预算约束及模型的其他设定就构成了描述一国开放经济运行的非线性系统。由于这些条件是由代表性经济人最优化行为导出的，因此具有坚实的微观基础，从而更贴近现实。在这个非线性系统约束下，就可以求解并比较不同类型的经济冲击和价格确定方式下不同汇率制度的福利大小，从而得到合意的汇率制度安排。

2. 价格确定、资本管制与汇率制度选择

奥布斯特菲尔德和罗高夫（1995a、1996）的基准模型采用了生产者货币定价（producer's currency pricing, PCP）的假设，尽管他们注意到价格确定因素对汇率制度选择的影响，但是他们并没有做进一步的深入研究②。德弗罗和恩格尔（1998、1999）及德弗罗（2000）引入了这个因素，在不确定

---

① 这种预算约束将财政和货币政策有机地联系在一起（Obstfeld & Rogoff, 1995a）。

② 生产者货币定价指本国出口商用本币为出口产品定价，而消费者货币定价（consumer's currency pricing）或当地货币定价（local currency pricing, LCP）指本国出口商用出口目的地消费者所使用的货币为出口产品定价。比如，假设中国和美国都采用浮动汇率制度，如果中国出口商向美国出口商品时采用人民币计价结算，那么我国出口商不会受汇率波动的影响，而美国进口商显然面临汇率风险；如果中国出口商向美国出口时用美元为出口商品定价，那么就是当地货币定价。在这种情况下，本国出口商的收入要受到汇率波动的影响，而美国进口商显然不会受到汇率波动的影响。当然，如果我国实行固定汇率制度，那么理论上来讲，本国出口商采用人民币或是美元定价是没有实质区别的，因为人民币兑美元的名义汇率是固定不变的。

无论是弗里德曼（1953）还是 M-F-D 范式下的研究或奥布斯特菲尔德和罗高夫（1995a、1996）的开创性贡献都隐含地采用了 PCP 假设，这意味着一价定律永远成立，汇率的变动会引起换算成本币的进出口价格的同等幅度的变动，即汇率可以完全传递到消费者价格，从而改变相对价格水平，产生支出转换效应。但 20 世纪 70 年代中期以来的经验研究表明，现实中的各种因素（如，不同的价格确定方式）使一价定律难以成立，从而使汇率的支出转换效应难以完全发挥作用。因此，不同的定价方式会直接影响相对价格的变化和货币政策的效果，从而对汇率制度选择产生重要影响。

实际上，埃尔普曼和拉津（1982）早就注意到了出口商品定价问题对汇率制度选择的重要性。他们指出：最后，注意我们使用了一种特定的支付安排，即产品是用卖者货币支付的。而一种可能的替代方式是使用购买者货币支付。由于金融市场的不完全性，这种支付安排很可能产生在完全市场条件下所没有发生的实际效应。由于两种类型的支付方式似乎都存在，因此，考虑到不同汇率制度下的不同支付方式来比较福利水平也是很有意义的。

更多讨论，参见麦克唐纳（2007）及科尔塞蒂和佩森蒂（Corsetti & Pesenti, 2007）。

环境下考察了不同的价格确定方式对汇率制度选择的影响①。研究表明，在代表性经济人福利最大化标准下，最优的汇率制度选择受到价格确定方式和国际化生产的影响。在采用 PCP 时，浮动汇率制度与固定汇率制度孰优孰劣没有定论；而采用 LCP 时，浮动汇率制度要优于固定汇率制度（见表 2-2）。

表 2-2　　价格确定方式、资本管制与最优汇率制度

标准	资本自由流动		资本管制	
	PCP	LCP	PCP	LCP
预期消费波动	浮动汇率制度	浮动汇率制度	固定汇率制度	浮动汇率制度
预期消费水平	浮动汇率制度*	浮动汇率制度*	浮动汇率制度*	浮动汇率制度*
预期效用	浮动汇率制度**	浮动汇率制度	浮动汇率制度**	浮动汇率制度

注：*表示一国经济规模比较大的时候结论成立，否则固定汇率制度优于浮动汇率制度；**表示一国足够大或风险厌恶程度较低时，浮动汇率制度优于固定汇率制度，反之则反是。

资料来源：德弗罗和恩格尔（1998、1999）；秦宛顺等（2003）。

但是，这些研究都假设了资本自由流动而没有考虑现实中存在的资本管制因素，秦宛顺等（2003）在德弗罗和恩格尔（1998、2001）基础上引入了这个因素。研究表明，最优的汇率制度选择不仅取决于价格确定方式，而且还取决于资本管制等因素。但总体说来，他们的定性分析结论与德弗罗和恩格尔（1998、2001）没什么不同（见表 2-2），只是资本管制下的预期消费和预期效用都低于资本自由流动时的预期水平。管制越强，预期消费水平和预期效用水平就越低。因此，资本管制不利于居民福利的增加。

NOEM 范式下汇率制度选择研究所做出的贡献是开创性的，但也存在一定的缺陷。首先，尽管价格确定方式会影响汇率制度的选择，但它在多大程度上能影响汇率制度选择让人怀疑。其次，NOEM 本身也存在很多重大缺陷：第一，这个方面的研究还缺乏大量的经验证据的支持。第二，模型依赖于特定的效用函数，参数的不同将会影响到模型的最终结果。并且，由于模型比较复杂，一般难以得到解析解，因而需要借助数值模拟的方法获得近似解，这就需要对模型进行线性化处理，但这种处理会把对均衡的扰动限制在均衡附近非常小的邻域内。而现实中，发展中国家的经济常常是远离均衡的，因此这在很大

---

① 德弗罗和恩格尔（1998、1999）假设随机因素完全由货币冲击引起，德弗罗（2000）假定随机因素是由货币冲击、技术冲击和政府支出冲击引起的。

程度上降低了模型的适用性（Bénassy-Quéré & Cœuré，2002）。第三，该范式在政策分析和制定方面应用有限。甘多尔夫（Gandolf，2016）认为，NOEM范式的如下缺陷使得它难以为政策制定者所接受。

（1）宏观经济中由所有不同的经济主体分头做出的选择进而形成的总的结果，被假定可以看作是由一个"代表性"主体选择的结果，这一假定可能是严重错误的。

（2）经济个体能够预测或知道其整个生命历程中各个经济指标的随机特征。如果最优路径是唯一的，那么拉姆齐最优化者必须能够对无限远的未来作准确的预期。对于我们来说，似乎无法具备足够的宏观经济洞察力来保证这样奢侈的预期假说的成立。

（3）跨时最优模型有鞍状路径这个特征，即有唯一的向均衡收敛的路径（"鞍状路径的稳定臂"），其他的路径都是不稳定的。这要求经济主体拥有完全的知识使得它能够从一开始就毫无差错地处于鞍状路径的稳定边上，否则一个细微的差错都会使系统偏离趋向最优稳定状态的路径。

（4）经济数据必须是完全准确的，否则，给定非线性模型，初始值的细微差异都可能在某些情况下导致迥异的结果（混沌问题）。

二、汇率制度选择的标准

恰当的分析框架可以抽象出一国的实际经济运行，为汇率制度选择提供现实的经济约束条件，而合理的汇率制度选择标准则给出了约束条件下制度选择的目标函数。这样，在由分析框架所描述的约束条件下，最优化目标函数就可以得到最优的汇率制度安排和影响最优制度选择的因素。与汇率制度选择研究所采用的两种基本分析框架相对应，汇率制度选择所采用的标准也先后经历了M-F-D传统（包括早期固定与浮动争论中所隐含采用的标准）下的宏观经济稳定标准（又称为社会福利标准）和过渡时期及NOEM范式下的微观福利最大化标准。

（一）宏观经济稳定性标准与最优汇率制度选择

1. 标准的引入和明晰化

早期的汇率制度选择研究都隐含地采用价格稳定或产出稳定等标准

(Nurkse，1944；Friedman，1953；Mundell，1961、1963、1964)。M-F 模型出现后，研究者在此框架下陆续将早期研究中所隐含的制度选择标准具体化、明确化（见表 2-1）。这要归功于普尔（1970）。普尔（1970）最早利用给定的产出稳定标准对最优货币政策工具进行了分析。他采用一个二次型损失函数，$L = E[(y - y_f)^2]$（y = 实际产出；y_f = 充分就业产出），以产出波动最小化作为标准，考察了究竟是以利率还是以货币存量作为最优货币政策工具的选择问题。

M-F-D 范式为汇率制度选择研究提供了抽象一国宏观经济运行的基本工具，普尔（1970）则为将制度选择标准明确化和数理化提供了思想，从而把汇率制度选择研究转化为一个带有约束的最优化问题。于是，20 世纪 70～80 年代的大部分文献通过引入预期，在保留价格黏性假设的同时扩展了蒙代尔等人的研究（Turnovsky，1976；Flood，1979；Weber，1981；Flood & Marion，1982）。这些研究的一个显著特征就是明确地引入了汇率制度选择的评判标准，然后在此基础上评价不同汇率制度的优劣（见表 2-1）。

2. 产出稳定标准和价格稳定标准[①]

利用产出稳定标准研究的有图尔诺夫斯基（1976）、博耶（1978）、罗珀和图尔诺夫斯基（1980）、韦伯（1981）及弗洛德和玛丽昂（1982）等。博耶（1978）与罗珀和图尔诺夫斯基（1980）假设短期内价格水平固定。前者还考虑了货币当局在产品市场和货币市场对汇率的干预，建立了货币当局通过产品市场和货币市场干预汇率的反应函数，在由产品市场和货币市场所构成的静态经济系统中，博耶（1978）以实际产出的稳定为标准考察了货币当局最优的政策干预问题。研究表明，最优的汇率政策既不是完全固定的汇率制度，也不是完全浮动的汇率制度，而是中间汇率制。罗珀和图尔诺夫斯基（1980）与博耶（1978）不同之处在于，他们只考虑了货币当局通过货币市场干预的情形。在借鉴普尔（1970）分析的基础上，他们首先利用 M-F 模型建立了产品市场和货币市场模型，然后在设定货币当局反应函数的基础上，以实际产出稳定为标准讨论了一国最优的外汇市场干预问题。他们和博耶（1978）得到了基本相同的结论：最优的汇率制度是某种中间形式的汇率制度。最优的汇率制

---

① 采用通货膨胀率与失业率之和最小化标准进行汇率制度选择研究的有爱德华兹（Edwards，1996）及艾森曼和豪斯曼（2000）。前者在政治经济学的分析框架下考察和检验了汇率制度的选择问题，后者用这个标准考察了资本市场不完全条件下新兴市场经济体的汇率制度选择问题。

度选择不仅取决于一国的经济结构参数，而且也取决于一国所面临的经济冲击的性质、大小和来源等。

与博耶（1978）及罗珀和图尔诺夫斯基（1980）的价格固定假设不同，图尔诺夫斯基（1976）、韦伯（1981）及弗洛德和玛丽昂（1982）等学者在价格黏性假设基础上，利用类似的产出稳定标准考察了固定汇率制度和浮动汇率制度安排孰优孰劣的问题。但是，他们只考虑了角点解所代表的两极制度，而没有考虑到内解所代表的中间制度，这是他们和博耶（1978）与罗珀和图尔诺夫斯基（1980）的另一个不同之处。

图尔诺夫斯基（1976）建立了一个包括产品市场、货币市场、外汇市场和总供给在内的非线性系统来描述一国经济，在设定收入预期值相等的前提下，考察了不同汇率制度下实际产出在面临不同类型经济冲击时的波动。通过求解得到内生实际产出 y 的隐函数解，然后利用一阶 Taylor 展开得到实际产出的线性近似解，即 $y - \bar{y} = (\partial y/\partial \varepsilon_i)|_{y=\bar{y}}(\varepsilon_i - \bar{\varepsilon}_i)$（$\varepsilon_i$ 表示第 i 种类型的随机冲击）。于是得到，$Var(y) = (\partial y/\partial \varepsilon_i)^2|_{y=\bar{y}} Var(\varepsilon_i)$ [$Var(\cdot)$ 表示方差]，从而以实际产出的波动作为不同汇率制度选择的标准。研究表明，固定与浮动汇率制度下产出的相对稳定性主要取决于经济系统所面临的随机冲击的来源。

韦伯（1981）在一个随机的 *IS-LM* 模型框架下研究了随机冲击对汇率制度选择的影响。他采用的是资本完全流动的小国模型，以国内产出波动最小化为标准。研究发现，如果货币需求冲击的方差大于其他冲击的方差，那么固定汇率制度下一国的产出波动比较低，固定汇率制度优于浮动汇率制度；相反，如果冲击来源于产品市场，那么浮动汇率制度相对于固定汇率制度来讲就是更好的平滑机制。浮动汇率制度下的产出波动小于固定汇率制度下的产出波动，浮动汇率制度因此是优于固定汇率制度的。

弗洛德和玛丽昂（1982）利用实际产出 y 偏离合意的实际产出（desired real output）y^* 的平方最小化，即 $L = E[(y_t - y_t^*)^2]$，作为不同汇率制度选择的具体标准。和图尔诺夫斯基（1976）和韦伯（1981）不同的是，他们将合意的实际产出定义为正常的实际产出水平与一个随机干扰项的和。但是，他们的研究结论和图尔诺夫斯基（1976）及韦伯（1981）并没有本质的不同，都认为最优的制度选择要受到经济冲击的来源和经济系统的参数值的影响。

采用价格稳定标准的主要是弗洛德（1979）。弗洛德（1979）在引入了理性预期的基础上，采用了附加预期的总供给函数。他认为，选择一个能够最小化国内价格预期误差（domestic price prediction errors）的汇率制度是合意的。他所采用的函数是 $L = E_{t-1}[(p_t - E_{t-1}p_t)^2]$（$p$ 表示价格水平的对数）。在这一 ad hoc 标准下，最优汇率制度选择取决于经济系统中特定的参数值和经济冲击的性质。

3. 是否存在最优的汇率制度安排

这个时期的研究主要是在 M-F-D 范式下，利用人为规定的制度选择标准展开的。从分析范式看，研究主要是在各种拓展的或变形的 M-F-D 模型下展开的，受理性预期革命的影响，很多研究引入了理性预期，考察预期是如何改变以前的研究结论的；从使用的标准看，研究都没有用一般化形式的标准，而是考察经济系统在经历一个时期变化后的稳定性情况，从而将无限期界的动态优化问题简化为单期的优化问题；从研究结论看，最优的汇率制度不仅取决于一国宏观经济冲击的来源、大小和经济系统的参数值，而且也取决于不同的制度选择标准或政策目标（Melvin，1985；Collins，1996；Weymark，1997；Bénassy-Quéré & Cœuré，2002；Gandolf，2016）。显然，各国的经济结构、经济冲击和政策目标并不相同，因此，并不存在一种对所有国家都适用的最优汇率制度。并且，随着经济的发展，一国的经济结构、面临的经济冲击以及政策目标都会发生变化，从而使汇率制度选择呈现出一种动态的变迁过程。这些讨论表明，没有任何一种汇率制度适合所有国家或适合一个国家的所有时期（Frankel，1999）。

（二）微观福利标准

1. 过渡时期的福利标准：市场不完全和标准的多维性

受卢卡斯（1976）批判和新古典经济思想的影响，汇率制度选择的标准在 20 世纪 80 年代出现了转变。后来的研究者在吸收宏观经济稳定性标准思想的基础上，进一步发展了这个标准（Helpman & Razin，1979、1982；Helpman，1981；Aizenman，1994；Chin & Miller，1998），使汇率制度选择的标准开始向不同汇率制度下的微观福利标准发展和演变。

埃尔普曼和拉津（1979）对汇率制度的福利评判是建立在以消费衡量的均衡效用水平基础上的。在比较汇率制度时，他们强调了跨期预算约束的重要性，因为，跨期预算约束使一个经济体的实际资源约束免受汇率制度的影响。在埃尔普曼和拉津（1979）的基础上，埃尔普曼（1981）用效率和福利水平评价并比较了三种不同的汇率制度①。在他的研究中，经济人的福利水平仅取决于消费水平，模型中的效用函数完全取决于经济人对国内外产品的消费。在完全预期（perfect foresight）条件下，所有的均衡配置都是帕累托有效的。

但上述研究没有考虑金融市场的不完全性，而这种不完全性很可能会影响到汇率制度的福利属性。埃尔普曼和拉津（1982）以及艾森曼和豪斯曼（Aizenman & Hausmann, 2000）引入了这个因素，在不确定的环境中分别用微观福利标准和社会福利标准评价了不同汇率制度的优劣。研究表明，市场的不完全性确实会影响汇率制度的福利属性和最优的汇率制度安排。

到当时为止，绝大部分汇率制度选择方面的研究（包括 M-F-D 范式下的研究）都忽视了标准的多维性问题，即：他们在既定标准下都只采用一种指标作为衡量标准，如产出偏离充分就业产出的波动最小化，或消费的预期效用最大化标准等。艾森曼（1994）注意到了这个问题。他同时考虑了消费给经济主体带来的正效用水平，也考虑了劳动所带来的负效用。他指出，生产能力和就业方面的考虑会降低浮动汇率制度的相对优势，这在经济存在实际冲击和货币冲击的情况下也是成立的。

2. NOEM 框架下的微观福利标准

过渡时期研究的共同特征在于，研究都利用从个体最优化行为中推导出来的（预期）效用水平来评价不同汇率制度的优劣，得到的共同结论是存在自实现预期和不存在市场不完全性时，所有的汇率制度都是同样有效的。在完全市场（complete markets）的不确定环境下，这些结论也是成立的。然而，这些研究大多以价格弹性和完全竞争的商品市场为假设前提（见表 2-1），这两种假设都是不符合现实的，很难解释现实的汇率制度选择问题。

首先，价格弹性假设在短期来讲不符合经济现实，短期内价格水平会由于菜单成本等因素而呈现黏性特征（曼昆，2011）；其次，完全竞争的商品市场

---

① 埃尔普曼（1981）指出了一个非常重要的事实：对货币功能的界定在汇率制度选择的研究中起了主要的作用。因为说到底，汇率是两种货币的相对价格。尽管这过分强调了货币因素而忽视了实体经济的作用，但是在短期资本流动日益显著、金融运行日益脱离实体经济的现代经济下，这种观点无疑是值得重视的。

假设也与现实不吻合。国际商品市场更多的是呈现出一种垄断竞争的特征，而非完全竞争市场。在完全竞争的商品市场和资产市场条件下，不同汇率制度对福利的影响没有什么不同（多恩布什和吉奥瓦尼尼，2002）。

因此，引入价格黏性和产品市场垄断竞争假设，并在不同汇率制度微观福利属性的基础上考察汇率制度优劣就成为后续研究的重点。奥布斯特菲尔德和罗高夫（1995a、1996）开创了这方面的研究。NOEM 范式的一个主要优点就是能够在价格黏性和不确定性条件下对不同汇率制度的福利进行全面的分析（Obstfeld，2001）。因此，20 世纪 90 年代后，尽管"中间与两极之争"的研究十分兴盛，但传统的固定与浮动之争并没有因此而停止。许多经济学家在 NOEM 范式下，从经济冲击和价格确定等角度扩展了汇率制度选择的研究，使传统的汇率制度争论又得到进一步的充实和拓展（Devereux & Engel，1998、2001；Devereux，2000；秦宛顺等，2003）。

这样，NOEM 框架下的研究就将汇率制度选择的标准由早先的社会福利最大化引向了微观福利最大化，突出的表现就是在模型中采取代表性经济人（预期）效用最大化的方法来处理问题。同时，德弗罗和恩格尔（1998、2001）及秦宛顺等（2003）还注意到，不仅不同的汇率制度会带来预期消费的波动，而且不同汇率制度下的预期消费水平也是不同的，因此，在比较不同汇率制度时，不能仅考察预期消费的波动或仅考虑预期的消费水平大小，而应将目标变量（如消费或就业）的波动和预期水平大小结合起来分析。这种同时考虑变量的波动和变量预期值的思想实际上就是均值—方差思想的具体运用，从而创造性地将金融学的分析方法和开放经济宏观经济学的分析方法结合起来考察汇率制度选择问题。

三、标准的理论总结

（一）宏观稳定性标准

1. 标准的基本形式和内涵[①]

从已有文献来看，稳定性标准主要有四种基本类型：（1）产出稳定；（2）价

[①] 宏观经济稳定性标准并不局限于本书讨论的这几种，例如，部分研究讨论了以贸易收支稳定、经常账户收支稳定和汇率稳定为标准时的汇率制度选择问题。图尔诺夫斯基（1976）也曾指出，宏观稳定性标准可能还涉及国际收支稳定等指标。

格稳定；(3) 国内产出波动和通货膨胀率波动之和最小化；(4) 通货膨胀率波动与失业率波动之和最小化。用数学语言表达的产出稳定标准的一般化形式为：

$$\min E_t\left[\sum_{i=0}^{\infty}\beta^i(y_{t+i}-y_{t+i}^*)^2\right] \quad (2.2)$$

其中，y_{t+i} 和 y_{t+i}^* 是以对数形式表示的 $t+i$ 期的实际产出和目标产出。根据使用的目标产出水平的不同，这个标准又有两种形式。一是以充分就业产出 y_f 代替目标产出；二是用产出的平均值 $\bar{y}$ 来替换目标产出。第一种形式实际上衡量的是产出围绕充分就业产出水平的波动程度；而第二种形式衡量的是各期产出的方差之和最小化。相对第二种形式而言，第一种形式的产出标准是更合理的宏观政策目标。

其余三种标准的数学形式分别是：

$$\min E_t\left[\sum_{i=0}^{\infty}\beta^i(p_{t+i}-{}_{t+i-1}Ep_{t+i})^2\right] \quad (2.3)$$

$$\min E_t\left\{\sum_{i=0}^{\infty}\beta^i[\lambda(y_{t+i}-y_{t+i}^*)^2+(\pi_{t+i}-\pi_{t+i}^*)^2]\right\}^① \quad (2.4)$$

$$\min E_t\left\{\sum_{i=0}^{\infty}\beta^i[\mu(u_{t+i}-u_{t+i}^*)^2+(\pi_{t+i}-\pi_{t+i}^*)^2]\right\} \quad (2.5)$$

其中，p_{t+i} 是第 $t+i$ 期价格水平的对数；π_{t+i} 和 π_{t+i}^*、u_{t+i} 和 u_{t+i}^* 分别是第 $t+i$ 期的实际通货膨胀率与目标通货膨胀率以及实际失业率和目标失业率；β 表示社会的折现因子；λ 和 μ 分别表示货币当局赋予实际产出波动的权重和失业波动的权重；$E(\cdot)$ 表示期望算子；${}_{t+i-1}Ep_{t+i}=E_{t+i-1}p_{t+i}=E_{t+i-1}(p_{t+i}\mid\Omega_{t+i-1})$，表示根据第 $t+i-1$ 期所能获得的全部信息对第 $t+i$ 期的价格水平所形成的理性预期（Ω 是信息集）。

2. 几点说明

(1) 宏观稳定性标准的社会福利含义。上面讨论的四种标准实际上反映的是在预期产出或预期价格水平既定条件下的一种社会损失或福利损失。这种福利损失一方面产生于通货膨胀偏离目标值[②]，另一方面也是由于实际经济活动不受欢迎的波动引起的。在这些标准下进行汇率制度选择，实际上就是说一

[①] 博杰等 (2001) 和葛逊等 (Ghosh et al., 2002) 利用这个标准讨论了汇率制度的选择。
[②] 预期到的通货膨胀和未预期到的通货膨胀以及恶性通货膨胀都会带来一定的成本，这些成本包括鞋底成本、菜单成本、相对价格的变动成本、税收扭曲以及财富再分配等 (曼昆, 2011)。但是，经济学家到现在也没有给出令人信服的理由来说明为什么通货膨胀是有成本的 (Barro & Gordon, 1983)。

且选择了浮动汇率制度或者是固定汇率制度，那么只有在上述标准取得最小值时，这种汇率制度才是最优的。在这种选定的制度下，整个社会因为通货膨胀和产出或失业的波动所带来的福利损失就实现了最小化，换句话说，这个时候，一国整体的社会福利是最大的。

因此，不同汇率制度选择下的宏观经济稳定性标准实际上是衡量一国整体社会福利的一种主要手段，它本质上是一种社会福利标准。只不过在采取社会福利作为不同汇率制度选择的标准时，研究者实际上将社会福利狭义地理解为或等同于一国宏观经济的基本稳定。只要宏观经济基本稳定，那么就可以认为一国实现了整体的社会福利最大化。这种处理方法尽管忽略了社会福利的其他方面，如民生状况等，但是在汇率制度选择的研究中，一方面，还很难确定不同的汇率制度选择究竟对一国社会福利的"其他方面"会造成多大的影响（从已有研究来看，这些"其他方面"是被忽略了的）；另一方面，采取这样的处理方法可以集中精力抓住主要矛盾来考察汇率制度选择问题。

（2）ad hoc 标准。正如弗洛德（1979）、德弗罗和恩格尔（1998、1999）、和沃尔什（Walsh，2010）所指出的，这些社会福利标准本身都是 ad hoc 的，即这些标准都是研究者直接规定的或定义的一个二次型损失函数，它们并没有建立在经济行为人最优化行为的基础上，因此是没有微观基础的。因此，在这些标准下得到的政策结论可能是有误导性的。但最近的新凯恩斯主义模型为这种 ad hoc 标准找到了微观基础。这个模型最基本的形式由三个部分构成：第一，需求层面由对代表性经济人最优消费的欧拉条件进行线性近似得到，这是一个带有预期的 IS 曲线；第二，在垄断竞争假设下，厂商以一种交错的、交叠世代的方式（in a staggered，overlapping fashion）进行价格调整，在这个条件下推导出通货膨胀的调整方程；第三，名义利率的设定规则代表了货币政策。在导致前两个条件的经济环境下，伍德福德（Woodford，2003）从代表性经济人效用最大化行为中导出了货币当局二次型的损失函数。该损失函数是通货膨胀平方和产出缺口平方以及货币当局赋予通货膨胀损失与产出缺口的权重所决定的。

（3）产出稳定标准与价格稳定标准的一致性。在一定的条件下，产出稳定标准与价格稳定标准是等价的。即，如果自然率假说成立的话，那么根据附加预期的总供给曲线，国内实际产出的稳定标准与价格稳定标准之间并没有什么本质的不同。由附加预期的总供给方程为 $y_{t+i} - \bar{y} = \alpha(p_{t+i} - p^e) + u_{t+i}$（其

中，p^e 表示经济人对价格水平的预期，u_{t+i} 表示供给冲击)[①]，在理性预期条件下，有 $p^e = E_{t+i-1}(p_{t+i} | \Omega_{t+i-1})$。将上述关系代入价格稳定标准的数学表达式中，就可以将国内价格预期误差最小化标准替换为实际产出的稳定标准。因此，这两个标准是基本相同的。

（4）通货膨胀目标与价格目标。根据第 $t+i$ 期的通货膨胀率 $\pi_{t+i} = p_{t+i} - _{t+i-1}Ep_{t+i}$ 可知，价格稳定性标准 $\min E[\sum_{i=0}^{\infty} \beta^i (p_{t+i} - _{t+i-1}Ep_{t+i})^2]$ 实际上又可以理解为目标通货膨胀率为零的通货膨胀稳定性标准 $\min E \sum_{i=0}^{\infty} (\beta^i \pi_{t+i}^2)$。但是，目前看来，关于通货膨胀目标与价格目标哪一个比较好还没有一致的观点。

（5）具体运用中的两点说明。首先，上述四种标准虽然是最一般化的，即基本都采用了无限期界的最优化问题。但是在汇率制度选择研究及一些货币政策研究中，可能由于它们常常着眼于短期的经济运行[②]，因此，在这些研究中，一般都采用单期或一期模型，从而使标准简化为一期的产出波动最小化或价格波动最小化（Turnovsky，1976；Boyer，1978；Flood，1979；Roper & Turnovsky，1980；Weber，1981；Flood & Marion，1982；Edwards，1996），最终把汇率制度选择这个带有约束条件的无限期界动态最优化问题转化为一个带有约束条件的单期最优化问题，使研究得到了非常大的简化。

其次，尤其值得注意的是，除了将无限期界的动态最优化问题简化为单期或一期优化问题外，对不同汇率制度下福利损失的比较还隐含地假定了不同制度下预期产出或预期的价格水平是相等的这个前提。这实际上是说，在根据某种社会福利标准来研究不同汇率制度优劣或选择比较适合的汇率制度时，除了要关注产出稳定性或价格稳定性，还要注意到在不同汇率制度下，即使某一个标准下社会福利损失的大小不同，我们也不应该立即得到结论说某一种制度安排是优于另一种制度安排的。原因在于，上述比较应该是在预期产出或预期价格水平基本相同的条件下进行的。换句话说，如果没有给定变量的预期值相同的假定，那么我们应该比较的是某一变量（如实际产出或价格水平）的预期水平与其标准差或其波动性的变异系数的大小，并以变异系数的大小来断定或

[①] 这个总供给方程背后所隐含的理论基础是不同的。有些学者在推导这个方程时假设工资是黏性的，有些学者假设信息是不完全的或者价格是黏性的（曼昆，2011）。

[②] 这也是凯恩斯主义的主要观点。关于汇率制度选择的研究基本上都是在凯恩斯主义范式下做出的。

评判不同汇率制度安排的优劣,这实际上也是经典金融学中处理投资组合选择问题的基本思想方法。

(二)微观福利标准

从已有研究看,微观福利标准的基本形式是利用代表性经济人的效用函数或预期效用函数来表达的,而这个效用函数本身又是由经济人对商品和服务的消费(C)、实际的货币持有(M/P)和就业(或用于工作的时间,L)所决定的。我们可以把这个标准写成如下基本形式:

$$\max E_t \left[\sum_{s=t}^{\infty} \beta^{s-t} u(C_s, M_s/P_s, L_s) \right] \tag{2.6}$$

其中,L_s 表示第 s 期中代表性经济人用于工作或劳动的时间,其他符号的含义同前。在具体运用这个标准并比较不同汇率制度的福利属性时,为了得到闭式解,该标准中的效用函数经常采用以下形式的不变相对风险厌恶型的效用函数(Obstfeld & Rogoff,1995a、2001;Devereux & Engel,1998、1999;Devereux,2000;秦宛顺等,2003):

$$u\left(C_s, \frac{M_s}{P_s}, L_s\right) = \frac{\sigma}{1-\sigma} C_s^{\frac{\sigma-1}{\sigma}} + \frac{\chi}{1-\varepsilon}\left(\frac{M_s}{P_s}\right)^{1-\varepsilon} - \eta V(L_s) \tag{2.7}$$

1. 社会福利标准向微观福利标准转变的原因

汇率制度选择标准的转变主要是主流经济理论寻找微观基础以摆脱卢卡斯(1976)批判的结果。在凯恩斯主义理论占支配地位的 20 世纪 50~60 年代,宏观经济学家以凯恩斯主义的 IS-LM 或 AS-AD 模型为出发点,建立了庞大的计量经济模型。通过这些模型,一国所有的经济行为都可用回归方程描述出来。对经济决策者来说,政府要做的就是通过回归得到居民行为的经验方程,然后再以之为依据,求解最优的政策手段。但是,在这个过程中,政府完全没有注意到政策的变化可能会改变居民的决策行为,从而使得到的回归方程失效,最终会导致所开出的政策处方事与愿违。这就是卢卡斯(1976)批判的核心思想。

要避免这种情况的出现,就应从居民的效用最大化入手,导出居民的行为方程,再以这些行为方程作为依据,制定最优的政策。这样的模型才是不受卢卡斯(1976)批判的。换句话说,模型必须从微观经济行为人的决策出发,具有坚实的微观基础。在具体建模时,主流经济理论常常以一个代表性经济人的效用最大化作为基础,由此导出各种行为方程。20 世纪 70 年代以后,寻找宏观问题的微观基础构成了主流经济学的一个基本任务。到20世纪80年代，这种思想方法被引入开放经济宏观经济学领域，产生了经常账户跨期均衡分析方法。经过奥布斯特菲尔德和罗高夫（1995a、1996）的开创性贡献，最终形成了NOEM分析范式。与这种理论发展相一致，代表性经济人（预期）效用最大化也逐渐取代社会福利标准，构成了20世纪80年代后汇率制度选择研究的主要标准形式。

2. 社会福利标准与微观福利标准的关系

代表性经济人福利最大化标准与福利经济学的基本思想是完全一致的。如果一国所有的经济人都具有相同的偏好，并且这种偏好具有可比性，那么在此基础上就可以定义一国总体的社会福利函数。但是，由此而定义的福利经济学中标准的社会福利函数与本节前面所提出的社会福利函数是有所区别的（出于这个考虑，本书将代表性经济人效用最大化称为微观福利标准）。

福利经济学中，社会福利反映的只是个人对各种世界状态的偏好（阿克塞拉，2001）。因此，不论哪一种形式的社会福利函数，都是个人效用函数的某种函数关系①。但本书界定的社会福利函数表示的是"一种直接次序"，它的自变量是政府的政策目标或经济政策目标，而不是个人效用（阿克塞拉，2001）。尽管存在这种差异，但二者之间还是存在一定的联系的。本书所谓的社会福利标准也可以看作是福利经济学中社会福利标准在实践中的替代和运用②。

---

① 例如，福利经济学中，最重要的也最为常用的社会福利函数有功利主义的社会福利函数、伯努利-纳什（Bernouli-Nash）社会福利函数、罗尔斯（Rawls）社会福利函数以及伯格森-萨缪尔森（Bergson-Samuelson）社会福利函数，它们都是个人效用的某种函数形式。假定个人效用为 u_i，如果个人效用具有可比性，并赋予 h 个人相同的权重，那么社会状态 x 的社会效用 $W(x)$ 就可以表示为 $u_i(x)$ 的和；如果社会效用 $W(x)$ 表示为 $u_i(x)$ 连乘形式，那么就构成了 Bernouli-Nash 社会福利函数。
罗尔斯福利函数以境况最差的个人效用来测量社会福利，具有更强的平均主义倾向。
$$W(x) = \min(u_i(x)) \quad \forall i = 1, 2, \cdots, h$$
在所有社会福利函数中，Bergson-Samuelson 社会福利函数最具一般性。
$$W(x) = W[u_1(x), \cdots, u_i(x)] \quad \forall i = 1, 2, \cdots, h$$
关于福利经济学中社会福利函数的基本内涵和界定，可参阅阿克塞拉（2001）。
② 关于这一点，迪克西特（2004）指出：在纯理论中，（经济政策的）评价标准几乎总是伯格森-萨缪尔森福利函数的某种形式。它们将社会福利视为个体效用的递增函数。在实践中，有几种替代的方法可以使用。在微观经济学中，消费者剩余和生产者剩余用来较为精确地表示总的经济福利，分配的问题通常以一种特殊的方式加以考虑。宏观经济学的替代方法更为间接。例如，就业和失业从一个特殊的侧面被用来大致衡量当前的总福利及其分布的状况、通货膨胀被用来说明跨期权衡等。

四、结论和启示

我们对在 M-F-D 和 NOEM 框架下汇率制度选择的研究总结如下：（1）从分析框架的发展演变看，研究对微观基础日益重视。同时，研究还不断放松已有理论的假设，逐步发展和完善了汇率制度选择研究的分析框架。（2）从制度选择标准看，研究经历了从社会福利标准向微观福利标准的发展和演变。（3）从研究结论看，最优汇率制度不仅取决于经济冲击的性质、经济系统的参数、价格确定方式和国际化生产等因素，而且还受货币当局汇率制度选择的目标和目标函数的影响（Melvin，1985；Weymark，1997；Gandolf，2016）。

已有研究启示我们：

（1）在我们研究像汇率制度选择这样难以捉摸的问题时，我们是不能得到一国最优汇率制度选择的简单且明确的条件的。实际上，对已有不同汇率制度安排和目前制度安排多样性的关注应使我们明白汇率制度选择是一个非常微妙的决策。

（2）没有哪一种汇率制度能适合所有的国家。但是，一国的具体国情和所处的时代决定了适合该国的汇率制度和政策（Flood，1979；Mussa et al.，2000）[①]。

[①] 本书第七章在 M-F-D 模型框架下考察了人民币最优汇率制度选择问题。

第三章

现代范式下的汇率制度选择研究

本章讨论了现代范式下的汇率制度选择研究,主要聚焦讨论两个方面的研究发展:(1)包括利益集团和选举制度等在内的政治因素对汇率制度选择的影响;(2)汇率制度的实际分类方法及不同分类方法的比较。

第一节 新政治经济学视角下的汇率政策

第二章的分析表明,20世纪50年代以来汇率制度选择就一直是国际金融领域一个经久不衰的重大论题。从早期的两极之争到OCA理论,从20世纪70年代在M-F-D模型框架下的研究到90年代的两极论假说,这些研究几乎无一例外地遵循了经济政策制定的规范方法的传统。

但是,这些方法的一个缺陷是,这些方法假设存在一个以社会福利最大化为目标的仁慈的政府。这种假设存在两个问题:第一,对汇率制度选择而言,还没有一致公认的福利标准,因此即使仁慈的政府也可能面临专家所给出的相互矛盾的政策建议;第二,或许是更为重要的一点,仁慈政府的假设无论从理论上还是从经验上来说都很难站得住脚。相对于其他经济政策的制定来说,我们没有什么理由认为货币政策的制定更少受到政治因素的影响(Frieden et al.,2001)。并且,已知的经验证据并不能普遍地支持这些传统理论的预测(Setzer,2006)。因此,为了弥补理论和经验研究的不足,从20世纪90年代开始,政治因素被引入了汇率制度选择的研究领域,形成了汇率制度选择的新政治经济学研究。那么，迄今为止，这一新的研究取得了哪些进展，还存在哪些不足？引入政治因素能弥补已有理论和经验研究的缺陷吗？以这些问题为起点，本节梳理分析了20世纪90年代后在新政治经济学视角下展开的汇率制度选择的研究。

一、利益集团和政治党派对汇率政策的需求

总体而言，汇率制度选择的新政治经济学研究主要包括两个方面：（1）从国际政治角度解读国际货币体系的演变；（2）从一国国内政治因素的角度考察汇率制度选择的决定因素。由于布雷顿森林体系崩溃后各国可自由选择各自的汇率制度，因此，从国际政治角度难以解释不同国家的汇率制度（Bernhard & Leblang，1999），于是，后来的研究重点转向了国内政治因素对汇率制度选择的影响。这又粗略划分为两类研究（Broz & Frieden，2001；Steinberg & Walter，2012）：第一类研究着重考察不同的社会和政治群体的偏好对汇率制度选择的影响，第二类研究则着重考察国内政治因素对汇率制度选择的影响。

（一）不同利益集团的汇率制度偏好

弗里登（Frieden，1991、1994）较早考察了利益集团对汇率制度和汇率水平的偏好问题，他所谓的利益集团是根据该利益集团业务所涉及的国际或国内经济活动的程度而言的。就对汇率制度的偏好而言，全部业务都发生在本国的经济人（主要包括非贸易品和服务的生产者及主要面向国内市场的贸易品生产者）当然希望政府能拥有独立的货币政策以稳定国内价格水平，从而稳定这些群体的通货膨胀预期。根据M-F模型，这意味着在资本流动的前提下，这些利益集团更偏好一国实行浮动汇率制度以实现独立的货币政策。与此相反，主要依赖国际贸易和投资的利益集团更偏好稳定的汇率以锁定国际贸易及资产交易中的汇率风险。但是，如果一国为了抑制高企的通货膨胀而决定实行固定汇率制度，那么这意味着该国实际汇率会有短暂的升值，而这种升值对贸易品生产者来说是不利的（Frieden & Stein，2000），并且固定汇率制度还降低了运用贬值手段以提高贸易品竞争力的可能（Frieden et al.，2010），因此，在此情形之下依赖于国际贸易的利益集团可能更偏好浮动汇率制度。总之，不同利益集团有着不同的汇率制度偏好，即使同一利益集团也可能表现出不同的

汇率制度偏好。

实际上，利益集团对汇率制度的偏好除了受具体的经济条件和环境的约束外，还可能受到产品标准化程度、对进口投入品的依赖程度和资产负债表结构等因素的影响（Steinberg & Walter，2012）。因此，我们可以按照这些因素对利益集团做进一步的细分，考察同一利益集团内部不同类型的经济人或子利益集团对汇率政策的偏好问题，从而拓展从利益集团角度所展开的汇率制度选择研究。

首先，就产品标准化程度的影响而言，即使同处于贸易品生产者这一利益集团之中，但因为产品标准化程度的不同，这一集团内部不同类型的经济人也可能表现出不同的汇率政策偏好。"部分产品，如农产品和纺织品是相对标准化的、同质的，并且这些产品之间的差异并不是表现在质量上。由于生产单一贸易品的厂商依赖于价格竞争，因此，他们更为关心汇率水平的高低，因为汇率贬值可使他们的产品更便宜，在国内外市场上更具有竞争力。然而，固定汇率制度使出口标准化产品的企业获益有限，为了维持贬值的能力和维持有利的汇率水平，他们可能反对实行固定汇率制度。相反，专业化产品间的差异主要表现在质量上，这些产品对价格更不敏感。因此，专业化产品的生产者从低估的汇率中获利有限，但对汇率的波动却十分敏感，因为这可能会阻碍国际贸易。因此，专业化产品的出口商更希望实行固定汇率制度，即便这意味着汇率水平对他们而言是更为不利的。"（Steinberg & Walter，2012）

其次，就对进口投入品的依赖程度来说，虽然同是贸易品生产者，但也可能因为各自对进口投入品依赖程度的不同而偏好不同的汇率制度或汇率水平。不妨粗略地将贸易品生产者划分为对进口投入品依赖程度高的和低的两类。对前者来说，汇率贬值实际上意味着生产成本的上升，因此，这些生产商可能更为偏好高估的汇率；而对后者来说，他们显然更偏好低估的汇率。

最后，我们讨论资产负债表结构的影响，这表现在两个方面：

（1）资产负债表中货币错配的规模和程度的影响。通常来说，表现为净债权型货币错配（外币资产超过外币负债）的企业更害怕汇率升值，而具有净债务型货币错配（外币负债大于外币资产）的企业则更担心汇率贬值。但一般来说，存在大量货币错配的企业更偏好固定汇率以降低其资产负债表的汇率风险暴露，因而更偏好固定汇率制度。

（2）资产负债表中负债的类型或来源的影响。我们可以根据同一利益集团内经济人对不同类型国外资金的依赖程度的高低分析这些子利益集团对汇率制度的偏好（Shambaugh，2004a）。譬如，一国对国外商业银行贷款的依赖程度越高，那么一国越可能采取固定汇率制度；而一国对证券投资资金的依赖程度越高，该国则既可能偏好固定汇率制度，也可能偏好浮动汇率制度（Shambaugh，2004a）。

（二）党派偏好与汇率制度选择

虽然不同的利益集团有着不同的汇率制度需求，但是只有当这些利益集团能影响或游说执政党时才可能实现各自的利益诉求，从而影响一国的汇率制度选择。因此，政治党派就成为利益集团的偏好得以影响汇率制度选择的一个重要传导机制。希布斯（Hibbs，1977）最早分析了党派的政策偏好问题。通过对战后资本主义体制中与左翼和右翼政府有关的宏观经济政策和政策后果的考察，他发现，以工人阶级为基础的社会和劳动党通常更关注充分就业目标，而以中高收入阶级为基础的保守党相对更关注价格稳定目标。后来的政治学理论发展了这一假说，形成了党派的政策偏好理论，并将这一理论引入到了汇率制度选择的研究领域。

这个领域的理论认为，通常而言，左翼政党和工人阶级及工会等关系紧密，由于工人和工会的收入严重依赖于就业机会，因此，左翼政党可能更偏好低失业率目标。为了维持较低的失业率，这一党派因而更能容忍较高的通货膨胀率。这意味着这一政党更偏好浮动汇率制度，因为在资本流动日趋自由化的背景下，固定汇率制度下一国是不能享有独立的货币政策的，因此难以运用扩张性的货币政策来降低失业率。与此相反，右翼政党更偏好较低的通货膨胀或更偏好价格稳定目标，而对失业则有着更高的忍受程度。由于固定汇率制度能通过名义锚效应降低通货膨胀，因此这一党派更为偏好固定汇率制度（Setzer，2006；Berdiev et al.，2012）。

但是，相反的观点认为（Bernhard & Leblang，1999；Steinberg & Walter，2012），左翼政党为了证明他们会实施负责任的经济政策，反而会偏好并实行固定汇率制度，因为固定汇率制度是一种很好的能证明其政策承诺的方法（Garrett，1995）。而米莱西-费雷蒂（1995）的理论模型则证明，在给定的动态不一致问题和实际冲击下，右翼政党执政的政府反而更可能选择浮动汇率制度。

二、国内政治因素与汇率制度选择

虽然利益集团对汇率制度的偏好可能会通过政治党派的渠道影响一国的汇率制度选择，党派的偏好本身也会影响汇率制度的选择，但是，不同利益集团和政治党派的偏好并不能直接影响汇率制度的选择和汇率政策的制定，它们从根本上来说需要借助国内政治因素这一媒介才能发挥作用（Frieden et al., 2010; Steinberg & Walter, 2012）。在汇率制度选择的新政治经济学研究看来，包括选举制度和政治不稳定性等政治因素对汇率制度选择的影响尤为重要。

（一）选举制度

从选举制度上可以将资本主义国家划分为比例代表制和多数代表制两种类型。在比例代表制下，政党的得票比例或份额决定了该党在选举席位中的比例。由于这种制度下政党之间的讨价还价和谈判决定了政府的构成（Bernhard & Leblang, 1999），因此，这种制度通常会产生多党联合执政的政府。而在多数代表制的选举制度下，只有得票最多的政党才能组阁，这常常会形成一党独大的政府（single-party majority）。这种制度下形成的政府在控制和实施政策等方面通常更为有力。因此，相对于多数代表制下的强势政府来说，比例代表制下的政府更弱势，往往也更为短命。

根据贝恩哈德和莱布隆格（Bernhard & Leblang, 1999）的分析，研究选举制度对汇率制度选择影响的文献主要包括三种观点。这三类研究分别基于福利收益、政策制定能力和可信的承诺等三个角度考察了选举制度和汇率承诺之间的关系（Bernhard & Leblang, 1999），但是这些分析并不能得到一致的结论。

第一种观点认为，固定汇率的承诺为一国引入了政策纪律，有助于稳定宏观经济。因此，如果政策制定者不能实施负责任的财政和货币政策，那么固定汇率制度就能为一国带来较高的福利收益。由于弱势政府或政治上不稳定的政府通常很难实施负责任的财政和货币政策，因此，这种政府更可能采用固定汇率制度以避免受到来自利益集团的压力和影响（Markiewicz, 2006; Levy-

Yeyati et al.,2010)。而根据之前对选举制度的分析可以推知,实行比例代表制选举制度的国家中,政府往往是弱势的,因此这种体制下的政府更可能选择固定汇率制度。

第二种观点认为,一方面,由于组成政府的党派之间的讨价还价,弱势政府缺乏实施国内政策调整的能力,因而难以捍卫固定汇率制度(Frieden & Stein,2000),而强势政府则更能实施此类政策以捍卫固定汇率制度;另一方面,强势政府实施固定汇率制度所面临的政治成本更低(Broz,2002)。因此,与第一种观点的结论相反,第二种观点认为,相对于实行比例代表制选举制度的经济体而言,采用多数代表制选举制度的经济体更倾向于选择固定汇率制度。这一观点也可以更一般性地加以推演,强势政府更有能力进行国内政策的调整以捍卫固定汇率制度,因此,这些经济体更倾向于实行固定汇率制度,而弱势政府或联合政府可能很难维持或实行固定汇率制度(Levy-Yeyati et al.,2010),他们对浮动汇率制度更有兴趣(Frieden & Stein,2000)。

第三种观点认为,如果下任政府可能拥有不同的政策选择,那么现任政府就会采取固定汇率制度来约束下任政府的政策选择和行为。由于相对于比例代表制下的现任和下任政府来说,多数代表制下的现任和下任政府之间政策的鸿沟可能更大。因此,多数代表制下的政治家更可能采取固定汇率制度。然而,这种分析也并不能囊括所有的可能性。由于多数代表制常常会产生一党独大的政府,在这种体制下,选票数量的微小变动都可能导致立法席位的大幅度变动,并可能导致政权的更迭。因此,在这种体制下,执政的政治家或政党极力要控制那些影响其选举席位的政策工具,尤其是在选举之前,他们更希望保持调控货币政策的能力以吸引那些摇摆不定的选民(Bernhard & Leblang,1999)。然而,固定汇率制度限制了他们的这种能力,从而降低了他们再次当选或继任的可能,因此,多数代表制下的执政政府反而偏好浮动汇率制度。以此推理,在比例代表制度下,选票数量的微小变动不会使政党或政治家失去参政的机会,因此,这种制度下政治家可能宁愿放弃实施相机抉择政策的机会而实行固定汇率制度。

(二) 政治不稳定性

政治不稳定性在文献中有两层含义。最严重的一层含义指的是潜在的社会不稳定及发生暴动的可能和政府倒台。这一层面的政治不稳定的代理变量包括罢工、暴动、暴力事件和种族分裂的程度等；温和一点的政治不稳定指的是政府的频繁变更。这两种类型的不稳定都可能缩短政府的任期和执政时间，并提高未来的不确定性（Willett，2007）。

已有理论主要从两个角度考察了政治不稳定对汇率制度选择的影响。第一个角度强调了固定汇率制度在解决政策动态不一致性和提升政府公信力方面的作用。由于固定汇率制度可以作为解决公信力缺失和动态不一致问题的一种机制，因此，通过引入固定汇率的承诺，可以限制政策当局的财政和货币政策。而一国政治上的不稳定会降低稳定化政策的公信力，为了稳定物价，政府很可能会通过实行货币局等硬钉住汇率制度来引入货币政策纪律，绑住货币当局的手脚，从而提升稳定化政策的公信力。然而，很多学者认为，引入固定汇率制度能否增强政府政策的公信力要取决于一国经济和政治社会环境的变化。在经济、政治环境不利时，即便是通货膨胀厌恶型的政策制定者也可能求助于本币贬值政策，这种情况下固定汇率制度对政策的约束作用就大大降低了。因此，如果一国的经济政治环境动荡，那么通过引入固定汇率制度来解决公信力缺失和政策动态不一致的目的就难以实现（Carmignani et al., 2008）。因此，政治不稳定也同样意味着固定汇率制度的公信力是不足的，极有可能趋于失败，此时，一国反而可能实行浮动汇率制度。另外，因为政治不稳定的国家或经济体没有政治能力实施不受公众欢迎的政策措施以维持或捍卫固定汇率制度，或者在实施这些政策时缺乏足够的政治支持，因此，政治的不稳定会导致一国难以维持固定汇率制度而倾向于实行浮动汇率制度（Frieden et al., 2001；Poirson, 2001；Broz, 2002）。

第二个角度通过引入贬值的政治成本，在最优化模型框架下考察了政治不稳定性对汇率制度选择的影响。通过引入贬值的政治成本[①]，爱德华兹（1996、1999）在约束条件最优化模型下考察了一国在固定但可调整的汇率制度和浮动汇率制度之间的选择。他认为，政治不稳定性不仅会导致贬值的政

---

① 贬值是有政治成本的（Collins, 1996），并且这一成本比较高昂。库珀（Cooper, 1971）发现，近30%的政府在贬值后12个月内倒台。弗兰克尔（Frankel, 2005）通过对1971～2003年期间103个发展中国家样本的考察发现，贬值后12个月内，高级官员（chief executive）失去职位的概率提高了45%；贬值后6个月内，这一概率提高了2倍，并且统计上的显著性也更高（0.5%）。他还发现，贬值后12个月内，一国的财务部长或中央银行行长（finance minister or central bank governor）失去职位的概率提高了63%，且统计上极其显著（0.01%）。

治成本上升，而且政治不稳定性也会导致货币当局或政府对未来的折现将更大（因为未来的不确定性更高）。研究发现，放弃钉住汇率制度的成本越高，一国就越不会选择固定汇率制度，但是政治不稳定性对汇率制度选择的影响却并不确定。因为，一方面贬值的政治成本高会使一国更倾向于选择浮动汇率制度，另一方面，较高的政治成本反而使政府对未来的折现更大，从而降低了"未来"在汇率制度选择这一政策决策中的作用。因此，政治不稳定性对汇率制度选择的影响方向究竟如何就是一个经验的问题了。在爱德华兹（1996、1999）的研究基础上，梅翁和里佐（Méon & Rizzo，2002）将政治不稳定性与政府的时间偏好之间的关系内生化，并说明了二者之间的关系是如何改变政府对贬值成本的感知的。他们的理论分析和经验证据都表明，政治不稳定性会导致一国选择浮动汇率制度。

三、经验证据

前述分析表明，汇率制度选择的新政治经济学理论并不能就各个政治因素对汇率制度选择的影响给出统一的结论和预测。具体来说，已有理论所涉及的包括利益集团、政府是由左翼政党执政还是由右翼政党执政、政府的强势程度和政治不稳定性等在内的政治因素对汇率制度选择的影响都是不确定的，它们既可能导致一国选择浮动汇率制度，也可能导致一国选择固定汇率制度。这些问题自然就留给经验研究来回答了。

表3-1总结了1978年以来汇率制度选择决定因素的经验研究文献。和20世纪90年代前仅仅考虑经济因素的经验研究不同的是，20世纪90年代中期后的研究既考虑了经济因素，也考虑了政治因素的影响。表中第1行列出了文献作者，第2~3行列出了经验研究所覆盖的经济体和样本期，第4行列出了经验研究所使用的汇率制度分类方法，第5行列出了经验研究所使用的计量模型。表中其余各行根据汇率制度选择的理论研究列出了决定汇率制度选择的经济和政治因素。其中，第6~10行列出了OCA理论所强调的5个OCA变量，第11~18行列出了8个宏观结构变量，第19~21行列出了3个政治变量。

表3-1　汇率制度选择的经验研究（实行浮动汇率制度的可能性）

文献	赫勒 (Heller, 1978)	霍尔顿等 (Holden et al., 1979)	梅尔文 (Melvin, 1985)	柯林斯 (Collins, 1996)	爱德华兹 (Edwards, 1996)	里佐 (1998)	贝恩哈德和莱布隆格 (1999)
样本	86个国家	76个国家	64个国家	24个拉丁美洲和加勒比国家	63个发达和发展中国家	发展中国家	20个发达经济体
样本期	1976年	1974~1975年	1979年	1978~1992年	1980~1992年	1977~1995年	1974~1995年
汇率制度分类方法	IMF	HHS指数	IMF	IMF	IMF	IMF	IMF
计量模型/数据类型	判别分析; C	MLR; C	Mlogit; C	Bprobit; P	Bprobit; P	B/Mprobit; C	B/Mlogit; P
OCA因素							
贸易开放度	−	−^	+^; −	+^	−^	+^	−^
经济规模	+	+^	+^			+^; −^	
经济发展程度		+^	+^		+^; −^	−^	+
产品多样化程度		+^					
贸易的地理集中度	−	−	+; −^				
宏观结构因素							
资本管制		+				+^	
货币冲击			−^		−^		
贸易条件波动							
负债美元化							
通货膨胀		+^	+^	+^	+^	+^	
国际储备					−^	+^; −^	
外债						+^	
金融发展							
政治因素							
利益集团							
政府的强势程度					+^; −^ ᵃ		
政治不稳定性					+^		

续表

文献	爱德华兹 (1999)	博杰等 (Berger et al., 2000)	弗里登等 (2001)	豪斯曼等 (2001)	普尔松 (Poirson, 2001)	布罗兹 (2002)	尤恩和莫罗 (Juhn & Mauro, 2002)
样本	49 个发展中国家和低收入国家	65 个非 OECD 国家	26 个拉丁美洲国家	38 个发展中国家和发达经济体	93 个国家	152 个国家	184 个国家
样本期	1980~1992 年	1980~1994 年	1960~1994 年		1999 年	1973~1995 年	1990 年、2000 年
汇率制度分类方法	IMF	IMF	IMF	IMF/实际分类	IMF/实际分类	IMF	IMF/LYS
计量模型/估计方法	Bprobit; P	Bprobit; P	Ologit; P	MLR; C	Oprobit/MLR; C	Oprobit; P	Bprobit/Mlogit; C
OCA 因素							
贸易开放度	−^	+^	−^		+^; −	−^	⌃
经济规模		+^			+^	+^	+^
经济发展程度					+^; −	+^; −^	⌃
产品多样化程度					+		
贸易的地理集中度							
宏观结构因素							
资本管制			+^		−^	−^	⌃
货币冲击			−^		+^		
贸易条件波动			·		−^		
负债美元化			+^; −	+^; −	+^; −		
通货膨胀	+^	+^				+	⌃
国际储备	−^		+^			−^	
金融发展	+^	+^					⌃
政治因素							
利益集团			+^b				
政府的强势程度	+^; −^a		−^				
政治不稳定性	+^		−^		+^; −	−	⌃

续表

文献	梅翁和里佐 (2002)	瓦格纳 (Wagner, 2003)	香博 (2004a)	阿勒斯纳和瓦格纳 (Alesina & Wagner, 2006)	马基维奇 (Markiewicz, 2006)	冯-哈根和周 (von Hagen & Zhou, 2007)	布利尼和弗朗西斯科 (Bleaney & Francisco, 2008)
样本	125个国家	150个国家	所有发展中国家		23个转型国家	94~128个国家	102个发展中国家
样本期	1980~1994年	1990~1998年	1973~2000年	1974~2000年	1993~2002年	1981~1999年	1990~2000年
汇率制度分类方法	IMF	IMF	IMF	RR	IMF/RR	IMF	IMF/BR
计量模型/估计方法	Bprobit；P	Oprobit；C	logit；P	Ologit；P	Ologit；P	Mlogit；P	B/Oprobit；P
OCA因素							
贸易开放度	+^	-^		-^	+^；-	+^；-	+^
经济规模	+^	γ		+^	-^	+^	+^
经济发展程度	-^		-^			-^	-^
产品多样化程度	-^						
贸易的地理集中度							
宏观结构因素							
资本管制		--	-^		+	+^；-	
货币冲击		+^				-^	-^
贸易条件波动			--				
负债美元化		γ-^		-^	+^	+^	
通货膨胀					+^；-	+^；-^	+^
国际储备					+^		-^
外债			c				-^
金融发展			+^				+^；-
政治因素							
利益集团							
政府的强势程度	+^；-				+^；-^	+^	
政治不稳定性	+^	+^		-^	+^	+^；-	

续表

文献	卡尔德隆和施密特-赫伯 (Calderón & Schmidt-Hebbel, 2008)	卡尔米尼亚尼等 (Carmignani et al., 2008)	霍尔 (Hall, 2008)	霍尔 (2008)	侯赛因 (Hossain, 2009)	金 (Jin, 2009)	弗里登等 (2010)
样本	110个国家	96国家	152个国家	65个发展中国家	34个经济体	50个国家	21个转型经济体
样本期	1975~2005年	1974~2000年	1973~1995年	1977~1998年	1973~1996年	1975~2000年（季度数据）	1992~2004
汇率制度分类方法	IMF/RR	IMF/RR/LYS	IMF	IMF	IMF	IMF/RR	IMF/RR/LYS
计量模型/估计方法	probit/logit; P	LPM, logit; P	Oprobit; P	Oprobit; P	Ologit; P	Oprobit; P	Bprobit; P
OCA 因素							
贸易开放度	−^	−^	−^	+^	−^	−^	−^
经济规模	+^; −	+^	+^	−^		+^	
经济发展程度	+^; −^		−^		+; −^		
产品多样化程度		+^; −^					+^
贸易的地理集中度		+^					
宏观结构因素							
资本管制	−^	+^	+^	−	−^	−^	
货币冲击	+^; −					+	
贸易条件波动		+^; −^				−^	
负债美元化	−^	+	+	+^	+^	+^	+^
通货膨胀			−^	−^			
国际储备					+^	+^	−^
外债							
金融发展	+^	+^		−^	+^	+^	+^
政治因素							
利益集团				d			
政府的强势程度			+; −		+^	+^	+^
政治不稳定性							+^e

续表

文献	列维-叶亚提等 (Levy-Yeyati et al., 2010)	辛格 (Singer, 2010)	贝尔斯和哈勒贝格 (2011)	哈姆斯和霍夫曼 (Harms & Hoffmann, 2011)	林和叶 (Lin & Ye, 2011)	贝尔迪耶夫等 (Berdiev et al., 2012)	常和李 (Chang & Lee, 2013)
样本	183 个经济体	74 个发展中国家		167 个经济体	102 个国家	180 个国家	147 个国家
样本期	1974~2004 年	1982~2006 年	1973~1995 年	1975~2004 年	1974~2005 年	1974~2004 年	1974~2009 年
汇率制度分类方法	IMF/RR/LYS	IMF/RR	RR/LYS/SH	IMF/RR/LYS	RR	LYS	RR/LYS/IMF/SH
计量模型/估计方法	Mlogit; P	O/Clogit; P	O/Bprobit; P	LPM; Bprobit; P	Blogit; P	Mlogit; Oprobit; P	M/Ologit; P
OCA 因素							
贸易开放度	−^	−			−^		
经济规模	+^	+; −	+; −	+^; −	+^	−^	+^; −
经济发展程度		+; −	+^				
产品多样化程度	+^		−^				
贸易的地理集中度	−^						
宏观结构因素							
资本管制	+^; −^	+^; −^	+^	+^; −	+^		
货币冲击	+^	+^; −^	+^				
贸易条件波动	−^			−^			
负债美元化		+^; −^	+^; −^				
通货膨胀		−^			+^	+; −	+; −^
国际储备					+^		+^; −^
外债							
金融发展			+^		+^	+^; −^h	
政治因素							
利益集团	−^f						
政府的强势程度		−^g					
政治不稳定性			+^				

续表

文献	斯坦伯格利玛尔霍特拉 (Steinberg & Malhotra, 2014)	乔杜里等 (Chowdhury et al., 2014)	刘晓辉等 (2015)	张璟，刘晓辉 (2015)	张璟，刘晓辉 (2018)	杨娇辉等 (2019)
样本	146个发展中国家	143个国家	88个发展中国家	31个新兴市场	72个发展中国家	133个国家
样本期	1973~2006年	1971~2007年	1974~2010年	1990~2010年	1974~2010年	1996~2016年
汇率制度分类方法	RR	RR	RR/IMF/LYS/SH	RR/IMF/LYS	RR/SH/IMF	RR/SH
计量模型/估计方法	Bprobit；P	Oprobit；P	OMlogit；P	logit/probit；P	LPM/probit；P	Oprobit
OCA因素						
贸易开放度	−^	−^	+^；−^	+^；−^		−^
经济规模	−		+^	−	+^；−	+^
经济发展程度	+		+^；−	+^；−^	+^；−^	
产品多样化程度						
贸易的地理集中度						
宏观结构因素						
资本管制	+	−^	−^	−^	+^；−	−^
货币冲击			+；−	−	+^	+^；−^
贸易条件波动			+^；−	−^		
负债美元化						
通货膨胀		+^；−^	+^	+^；+^	+^；−	+^
国际储备	−		−^	+^；−	+^；−^；+	+^
外债			+^	+^；−^	+^；−	
金融发展						
政治因素						
利益集团	i					
政府的强势程度			+^；−	+^	+^；−	
政治不稳定性						

资料来源：根据文献整理。

注：1. +、-和 γ 分别表示解释变量的回归系数为正、负或零；";"前后的符号表示两种情况都存在，具体方向取决于子模型的设定或使用的计量方法。

2. 第 5 行中 C 和 P 分别表示截面数据和面板数据。

3. ^表示大多数情况下（至少 50%）回归系数是统计上显著的（但不超过 50%）；·表示回归系数统计上不显著，但作者未报告回归系数的符号；··表示作者未报告回归系数的符号。

4. LPM 表示线性概率模型，MLR 表示多元线性回归，logit probit logit 模型，而 B/Mlogit 则表示使用了二元 logit 和多元 logit 模型，其余类推；IMF 和 BR 分别表示 IMF 分类法与布卜拉和欧克 - 罗布（2002）分类法。

5. "资本管制"可视为"资本账户开放"的反面，即资本管制程度越强，资本账户开放程度越低。不同的资本管制测算方法可能显著影响结论（刘晓辉等，2015）。

6. 关于爱德华兹用三个指标反映政府强势程度等指标的几点说明：
(1) 执政党或完全派联盟是否在国会下议院拥有绝对多数的席位，联合执政中的党派数量和政府的特征。
(2) 仅对制造业利益集团成立。对农业和采掘业利益集团来说，回归系数虽然也全部为正，但统计上均不显著。
(3) 回归系数的符号不同的视而不同的定。对依赖国外贷款的私人部门而言，回归系数 1 正 2 负，且 3 个回归结果中有 2 个显著；对依赖于国外贷款的政府部门而言，系数均为正，且均显著；对依赖国外证券投资的私人部门和政府部门而言，系数均为负，且结果均不显著；对依赖 FDI 资金的变量而言，系数 1 正 2 负，均不显著。
(4) 对制造业部门、公共债务和私人债务三个代表利益集团的变量回归结果显著，其他两个变量的回归结果均不显著。
(5) 弗里登等（2010）分别利用制造业部门和农业部门的就业占全部就业的比重及这两个产业的增加值占 GDP 的比重来表示贸易品部门作为一个利益集团的地位和力量。
(6) 结论只对发展中国家成立。
(7) 用制造业部门的产出占 GDP 的比重表示利益集团的影响。
(8) 金融发展程度越高，发达经济体越可能实行浮动汇率制度，而发展中国家越可能实行固定汇率制度。
(9) 用制造业部门产出占 GDP 的比重和服务业部门产出占 GDP 的比重表示利益集团的影响。结果表明，前者所占比重越高，越可能导致一国选择浮动汇率制度，而后者则越可能导致固定汇率制度，并且结论都是统计上显著的。

7. 部分研究在回归中还控制了中央银行的独立性法律起源等（Reinhart & Rogoff，2004），本表没有列出。

8. IMF、RR、LYS、SH 分别表示 IMF，莱因哈特和罗高夫（Reinhart & Rogoff，2003，2005，2016）以及香博（2004b）的汇率制度分类方法，下同。

（一）数据、样本及计量模型

1. 样本与经济体类型

由表 3-1 可见，经验研究的样本期集中在 20 世纪 70 年代之后，这和国际货币体系的演变历史是一致的。在布雷顿森林体系崩溃之前，各国汇率制度的选择是受制于当时的国际货币体系的，1971 年布雷顿森林体系崩溃之后，各国可自由选择其汇率制度，从而导致现实的汇率制度安排多样化，这就为经济学家考察汇率制度选择问题提供了现实的数据支持。

表 3-1 第 2 行表明，除了部分文献外（Bernhard & Leblang, 1999；Edwards, 1999；Markiewicz, 2006；Hall, 2008；Frieden et al., 2010；Levy-Yeyati et al., 2010；Harms & Hoffmann, 2011；Berdiev et al., 2012；刘晓辉等, 2015；张璟、刘晓辉, 2015、2018），其余经验研究都未能区分经济体的类型，而是笼统地将发达经济体、发展中国家和新兴市场经济体作为一个总的样本展开研究。这导致经验研究得到的结论可能存在一定的问题，因为不同类型的经济体在汇率制度选择问题上的考量可能并不相同。例如，经验证据表明，过去数十年中，不同类型经济体的汇率制度演变历史和趋势是不同的（Reinhart & Rogoff, 2004；Levy-Yeyati & Sturzenegger, 2005、2016；Ilzetzki et al., 2019）。部分证据也表明，经济和政治因素对不同类型经济体汇率制度选择的影响存在显著差异（Levy-Yeyati et al., 2010；Berdiev et al., 2012）。因此，后续研究应重视经济体类型对汇率制度选择的影响。

2. 计量模型与汇率制度类别划分

由表 3-1 第 5 行可见，经验研究主要依赖的是二元 logit（或 probit）、多元 logit（或 probit）以及有序 logit（或 probit）等离散选择模型。采用二元模型时，因变量，即汇率制度，常常被划分为固定和浮动汇率制度两类；采用多元模型时，汇率制度常常被划分为更多的类别，如固定、中间和浮动等。通过对这些具体的汇率制度类别赋值，将它们处理为有序变量，就可以采用多元（有序）logit（或 probit）模型进行计量研究。那么，汇率制度类别的不同划分会不会影响经验研究结论呢？表 3-2 表明，除了普尔松（2001）之外，其余采取不同汇率制度类别划分方法的经验研究的结论并没有显著改变。因此，经验研究无论是采取二元离散选择模型还是多元离散选择模型，对研究结论并不会产生显著影响。

表 3 – 2　　汇率制度类别划分对经验研究结论的影响

文献	汇率制度分类方法	汇率制度类别的划分	对结论影响是否显著
贝恩哈德和莱布隆格（1999）	IMF	• 两分法：浮动和非浮动； • 三分法：浮动、蛇形浮动或欧洲货币体系和固定	否
普尔松（2001）	IMF	• 三分法：固定、中间和浮动； • 五分法：1 = 货币联盟 + 货币局；2 = 其他钉住；3 = 爬行钉住 + 目标区 + 爬行区间钉住；4 = 事先未宣称汇率路径的管理浮动；5 = 独立浮动； • 七分法：1 = 货币联盟；2 = 货币局；3 = 单一钉住 + 钉住特别提款权（SDR）；4 = 篮子钉住；5 = 爬行钉住 + 目标区 + 爬行区间钉住；6 = 事先未宣称汇率路径的管理浮动；7 = 独立浮动	是
布罗兹（2002）	IMF	• 四分法：固定、有限弹性、管理浮动和自由浮动； • 两分法：固定和浮动	否
贝尔迪耶夫等（2012）	LYS	• 三分法：固定、中间、浮动； • 五分法：固定、爬行钉住、肮脏浮动、浮动和不能确定（inconclusive）	否

资料来源：根据文献整理。

3. 汇率制度分类方法的影响

第一章第一节和本章第二节表明，名义分类法和各种实际分类法之间是存在显著差异的。名义分类法是前瞻性的，包含了一国未来的政策意图和承诺，但是它不能反映实际的政策行为。实际分类方法虽然能反映一国实际的政策行为，但是却不能反映一国事先的政策意图。并且，不同的实际分类方法之间也存在显著的差异。各种实际分类方法不仅在样本期、数据频度、覆盖的经济体数量和具体汇率制度类型的划分等方面有所不同，而且在分类原理和技术等方面也存在差异，这也导致不同的实际分类方法结果之间的低相关性（Tavlas et al.，2008）[①]。

---

①　详细分析见本章第二节。

名义分类法和实际分类法的差异及各种实际分类法之间的差异导致经验研究可能面临两个问题：(1) 利用名义分类法和实际分类法会影响经验研究的结论吗？(2) 利用不同的实际分类方法是否也影响经验研究的结论呢？为了回答这两个问题，本节根据经验研究文献做了进一步的归纳和分析（见表3-3），结果表明，使用名义分类方法和实际分类方法得到的经验研究结论既可能存在显著差异，也可能没有显著差异；但使用不同的实际分类方法并不影响经验研究的结论。

表3-3　　　　汇率制度分类方法对研究结论的影响

文献	汇率制度分类方法	是否显著影响结论
博杰等（2000）	IMF；实际分类（名义汇率百分比变化的标准差）	是
普尔松（2001）	IMF；实际分类（汇率变化的绝对值/储备变化的绝对值）	是
尤恩和莫罗（2002）	IMF；LYS	否
马基维奇（2006）	IMF；RR	是
卡尔米尼亚尼等（2008）	IMF；RR	是
弗里登等（2010）	IMF；RR	否
列维-叶亚提等（2010）	IMF；LYS；RR	否
贝尔斯和哈勒贝格（2011）	RR；LYS；SH	否
哈姆斯和霍夫曼（2011）	IMF；RR；LYS	否
常和李（2013）	IMF；RR；LYS；SH	否
刘晓辉等（2015）	IMF；RR；LYS；SH	否
张璟和刘晓辉（2015）	IMF；RR；LYS	否
张璟和刘晓辉（2018）	IMF；RR；SH	否
杨娇辉等（2019）	RR；SH	否

注：不同的分类法下，部分控制变量的回归结果是受到显著影响的。
资料来源：根据文献整理。

这一结论启示我们在进行实证研究时应充分重视名义分类方法和实际分类

方法的差异。同时考虑名义分类和实际分类来划分汇率制度，形成名义—实际分类方法和相应的汇率制度类型（例如，名义浮动—实际固定、名义固定—实际浮动、名义固定—实际固定和名义浮动—实际浮动等），可能有助于我们加深对汇率制度问题的理解，加深对各国在汇率制度上为什么表现出言行一致等现象的理解。但是，利用这种方法展开的经验研究还很少，只有少量文献涉及了这一主题（Alesina & Wagner，2006；Carmignani et al.，2008；Minne，2013；Méon & Minne，2014）。考虑到这一缺陷和既有研究在区分经济体类型上的不足，同时考虑这两个因素展开经验研究显然值得进一步的探索。

（二）政治变量的测算及影响

经验研究对表 3 - 1 所示的大多数经济变量的测算并不存在严重的分歧，但是，对政治变量的测算，尤其是利益集团、政府强势程度和政治不稳定性等指标的测算，经验研究的分歧较大①，这会影响经验证据的可靠性和稳健性吗？对此我们略作论述。

1. 政治变量的测算

（1）利益集团的测算。对利益集团的测算方法取决于不同研究者所考察的利益集团的性质。例如，为了考察部门利益集团对汇率制度选择的影响，弗里登等（2001）利用农业、采掘业和制造业产值占 GDP 的比例分别表示三个部门利益集团对政策制定者的影响程度，弗里登等（2010）、辛格（2010）、斯坦伯格和玛尔霍特拉（2014）等使用的方法也较为接近。但香博（2004a）认为对国外资金依赖程度不同的利益集团对汇率制度的偏好是不同的，因此他使用了私人部门对国外贷款的依赖程度、政府部门对国外贷款的依赖程度、私人部门对证券投资的依赖程度、政府部门对证券投资的依赖程度和对 FDI 资金的依赖程度等五个指标来测算不同利益集团的影响。由于这些研究所考察的利益集团的性质并不相同，因此测算的方法也存在差异。

（2）政府强势程度的测算。已有文献主要从三个角度测算了政府的强势程度。一是政治因素（Edwards，1996、1999）。例如，如果是一党执政，可赋值为 1；如果是联合政府，那么赋值为 2；如果是联合政府，那么还可以进一

---

① 经验研究对政府是由左翼政党还是右翼政党执政的测算并没什么异议，大都利用虚拟变量方法来刻画这一变量。本节因此没有关注这一变量的具体测算方法。但实证结论也不一致（刘晓辉，2013）。

步考虑联合政府中党派数量的影响（Hossain，2009）。二是执政党在议会或下议院拥有的席位数量或比例（Frieden et al.，2001；Markiewicz，2006；Levy-Yeyati et al.，2010），这一数量或比例越高，表明政府的强势程度越高。三是选举的竞争程度或投否决票的数量（Levy-Yeyati et al.，2010），这种测算方法反映了执政政府的弱势程度，因此它与政府的强势程度是负相关的。

（3）政治不稳定性的测算。"大部分经验层面的政治经济学研究都使用了相当粗糙的方法测算政治不稳定性，这包括出于政治动机的暗杀和袭击的数量。其他的研究则使用了政权更迭的频率——无论这种频率是实际发生的还是估计得到的——来测算政治更迭和不稳定性（Edwards，1999）。"例如，弗里登等（2001）利用政权更迭的次数来测算政治不稳定性。他们认为，如果过去5年内一国的政权更迭次数不低于3次，或者过去3年内该国政权更迭的次数不低于2次，或者某一时期内该国发生了多次成功的政变且第一年中发生了成功的政变，那么代表政治不稳定性的指标就被赋值为1。

但是，这种测算方法存在一定的弊病。爱德华兹（1996、1999）认为该测算方法将一国掌权者的任何变动都视为政治不稳定性的表现，而没有考虑到新的领导人或掌权者是否和下台的领导人属于同一（或不同的）阵营和党派。梅翁和里佐（2002）也注意到了这个缺陷。为了避免这一缺陷，爱德华兹（1996、1999）利用两种方法测算了政治不稳定性。第一种方法和早期的方法是一致的，即利用所估计的政权更迭的频率来测算政治不稳定性。第二种方法则弥补了早期测算方法的缺陷。他估计了政权从一个党派转移到另一个党派手中的频率，从另一个方面测算了政治的不稳定性。

然而，政府政权在不同党派之间的转移也未必就一定意味着政治的不稳定，因为这种政权的转移或移交很可能是正常政治过程运作的结果。因此，普尔松（2001）认为应该用革命的频率和不正常的政权转移作为政治不稳定性的代理变量。但是，即便如此，上述这些测算方法无疑都着重关注政权更迭或政府倒台等导致政治不稳定的因素，而忽略了其他的政治不稳定因素。实际上，政治不稳定性的内涵是多维的（Berger et al.，2000），导致政治不稳定的因素也是多样的。因此仅仅关注政权更迭或政府倒台等重大事件是不够的。考虑到这一缺陷，博杰等（2000）、阿勒斯纳和瓦格纳（Alesina & Wagner，

2006）及卡尔米尼亚尼等（2008）综合考虑了包括社会政治动荡在内的多个因素，并在此基础上构建了一个政治不稳定性指数。

2. 不同测算方法的影响

现在讨论政治变量的不同测算方法对经验研究结论的影响。我们发现，如何测算政治变量确实很重要，因为不同的测算方法确实影响经验证据的稳健性和可靠性。首先，就政府强势程度变量来说，既存在影响显著的证据（Edwards，1996、1999；Frieden et al.，2001），同样也存在没有显著影响的证据（Levy-Yeyati et al.，2010）。其次，对政治不稳定性这一变量来说，同样的结论仍然成立：不同的测算方法对经验研究的结论既可能有显著影响（Broz，2002），也可能没有显著影响（Edwards，1996、1999；Méon & Rizzo，2002）。

（三）研究结论

既然新政治经济学理论并不能就各政治变量对汇率制度选择的影响为我们提供一个明确而一致的预测，那么，经验研究能得到一致而明确的结论吗？答案是否定的。本节着重讨论的新政治经济学所强调的政治因素，几乎没有哪一个指标在所有经验研究中都显示出一致的影响方向和统计上的显著性。例如，19篇考虑了政治不稳定性影响的研究中，有2篇文献表明政治不稳定性越高，一国就越不可能选择浮动汇率制度，3篇文献认为影响可能为正，也可能为负，还有1篇文献没有报告回归系数（见表3-1）。

因此，经验证据也不能就各政治变量对汇率制度选择的影响为我们提供一个明确而一致的答案。是什么原因导致经验研究不能达成比较一致的结论呢？我们认为除了之前所论及的汇率制度分类方法、经济体类型和政治变量测算方法等三个因素的影响之外，汇率制度选择的新政治经济学理论研究本身的不确定性也是导致经验证据不能形成一致结论的重要原因。我们在理论分析部分已经指出，新政治经济学所强调的政治变量对汇率制度选择的影响方向都是不确定的，各有其合理的理论依据，因此经验证据给出不确定的结论也就不足为奇了。

四、结论和展望

从政治学角度研究汇率制度选择问题的著名学者弗里登在他和另外一位学

者合作的文章中曾不无遗憾地指出："尽管汇率政策在经济上至为重要，但是关于汇率政策的政治经济学的研究却几乎是一片空白。这和对贸易政策的研究形成特别强烈的对比：经济学家和政治科学家对贸易的政治经济学的严谨分析已有60多年，并且在这个学科领域的大量研究工作已经形成了一些或多或少的广为接受的原理。……但是，对汇率政策制定的研究来说，这种情况并不存在（Frieden & Stein，2000）。"

自该文发表迄今已经二十多年过去了，虽然越来越多的学者开始重视政治因素对汇率政策和汇率制度选择的影响，相关的研究也逐渐丰富，但是，这个领域的理论研究仍然不成熟。相对于从经济因素角度考察汇率制度选择的研究来说，这个领域的研究比较滞后；相对于弗里登和斯坦因（Frieden & Stein，2000）所谓的贸易的政治学研究来说，这个领域的研究也相形见绌。一方面，这个领域的研究仍主要依赖政治学家的推动，经济学家仍未充分注意到这个极富争议的领域；另一方面，这个领域的理论研究至为零散，体系也较为混乱。这主要表现在两个方面：（1）大多数的理论分析是建立在定性的语言描述基础上的，缺乏坚实的理论基础和严谨的数理证明[①]；（2）几乎所有的理论分析都是从某一个角度或侧面考察了某一政治变量对汇率制度选择的影响，但各个理论之间几乎是完全独立的，不能体现出理论上的继承和拓展关系[②]。因此，迄今为止，该领域的研究仍然没有建构起一个逻辑一致的理论体系，并得出指导汇率政策制定的一致的理论预测。这也是经验证据不能形成一致结论的一个重要原因。

汇率制度选择的新政治经济学研究在理论上的不成熟和经验证据上共识的缺乏对泽策（2006）等人来说不啻是致命的一击。泽策（2006）等曾乐观地认为，学界长期以来从OCA等传统范式角度展开的汇率制度选择的研究，无论在理论上还是在经验研究上都不能很好地解释现实中一国的汇率制度的选择，重要原因之一是忽略了政治因素的重要影响。然而，目前看来，即使考虑

[①] 只有少数文献例外（如，Milesi-Ferretti，1995；Edwards，1996、1999；Méon & Rizzo，2002）。
[②] 部分文献例外（如，Shambaugh，2004a；Hall，2008；Bearce & Hallerberg，2011）。

了政治因素的影响，它也不能更多地提高已有理论的解释和预测能力①。因此，对汇率制度选择的新政治经济学研究本身还需研究者进一步的反思和推进：在新政治经济学框架下建立一个逻辑一致的汇率制度选择理论应成为后续研究的重点。

第二节 汇率制度分类

第一章第一节讨论了汇率制度的名义分类，但正如我们已经指出的，名义分类方法不能真正反映一国实际的汇率行为②，因为一国事实上的汇率制度可能会偏离名义上宣称的汇率制度（Poirson，2001；Bubula & Ötker-Robe，2002；Levy-Yeyati & Sturzenegger，2003；Rogoff et al.，2003；Dubas et al.，2010）③。针对这种缺陷，有两种处理方法：一是 1999 年 IMF 抛弃了近 20 年来的固定与浮动两分法，对汇率制度做了更详细的分类（详见第一章第一节）；二是由经济学家根据实际的汇率行为和（或）官方干预等信息所开发的实际分类方法。本节着重讨论过去 20 年来学界在汇率制度实际分类问题上所取得的进展。

一、实际分类方法

2000 年以后，关于汇率制度实际分类方法的研究增长迅速。为了有条理

---

① 表 3-1 的证据也表明，即使同时纳入 OCA 和政治因素展开经验研究，经验证据也同样不支持传统理论的预测。譬如，根据 OCA 理论的分析可知，贸易开放度和贸易的地理集中度等指标与一国选择浮动汇率制度可能性是负相关的，但是表 3-1 中很多经验研究结果显然和理论的预测是相反的（Berger et al.，2000；Mèon & Rizzo，2002；Markiewicz，2006；von Hagen & Zhou，2007；Bleaney & Francisco，2008；Carmignani et al.，2008；Frieden et al.，2010）；再比如，根据 M-F 模型的推理可知，当一国面临贸易条件冲击时，一国应选择浮动汇率制度；而当一国面临货币冲击时，一国应选择固定汇率制度。但是部分经验证据却显示了和理论预测截然相反的结果（Frieden et al.，2001；Mèon & Rizzo，2002；Calderón & Schmidt-Hebbel，2008；张璟、刘晓辉，2015、2018；杨娇辉等，2019）。这说明即使引入政治因素的影响，经验研究也不能很好地解释现实中一国汇率制度的选择行为。

② 名义分类法的优点在于，覆盖的国家或经济体范围广，定期更新，并且数据的历史时期长（Rogoff et al.，2003；见表 3-6）。

③ 在约一半的历史时期中，各国实际的汇率制度和所宣称的制度是不同的（Rogoff et al.，2003）。

地论述汇率制度实际分类问题，本节首先根据不同的实际分类方法对名义分类方法的依赖程度将实际分类法分为三类：第一类在进行汇率制度的实际分类时仍然严重依赖 IMF 的名义分类法。这种方法利用事后观测到的汇率、储备或利率等变量来核实 IMF 名义分类法中一国所宣称的汇率制度是否名副其实。这实际上就是对 IMF 名义分类方法的修正，因此不妨称之为名义分类基础上的实际分类法。第二类在对汇率制度进行实际分类时则完全抛开名义分类法，完全利用事后可观测的宏观经济变量来划分汇率制度。因此，这种方法可称为完全的实际分类法。第三类则将 IMF 的名义分类法和第二类分类方法结合起来，将汇率制度安排细分为名义—实际的类型，因此不妨称之为名义—实际分类法[①]。

（一）名义分类基础上的实际分类方法

这种分类方法主要的代表有葛逊等（1996、1997、2002）、拜琉等（Bailliu et al., 2002）、布卜拉和欧克-罗布（2002）、莱因哈特和罗高夫（2004）、杜巴斯等（Dubas et al., 2010）及伊尔塞茨基等（Ilzetzki et al., 2019）。在该分类法下，部分研究严重依赖名义分类，如葛逊等（1996、1997、2002）仅根据事后的汇率平价是否变化而将 IMF 名义分类法下的钉住汇率制度划分为平价频繁调整的钉住（frequent pegger）和不频繁调整的钉住（infrequent pegger）。拜琉等（2002）首先根据名义分类法将钉住汇率制度的国家挑选出来，然后根据一国相对于组平均值的汇率波动性建立汇率弹性指数，并将指数大于 1 的国家定义为浮动汇率制度，其余则定义为中间汇率制度。

莱因哈特和罗高夫（2004）的分类方法（RR 分类法）是目前最受关注、且经验研究中广为使用的一种实际分类方法。重要的原因之一在于，RR 分类法提供了时期较长的、覆盖范围较广且持续更新的数据集。他们在 2004 年的文章中提供了 153 个国家 1946～2001 年的汇率制度分类数据，随后作了更新，将数据集拓展至 1940～2010 年，最终形成了既包括月度数据又包括年度数据，既有精细分类（fine classification）又有粗略分类（coarse classification）的数据集。

[①] 塔夫拉斯等（2008）将第一类和第二类方法分别称为混合的名义—实际分类法和完全的实际分类法，他们没有注意到本书所给出的第三类分类方法。

RR 分类法有几个重要特点：（1）考虑了平行外汇市场和复外汇市场（parallel and dual exchange rate markets）的数据①。（2）在对浮动汇率制度的分类中，他们引入了一个新的汇率制度类型，即自由落体（free falling）。这种汇率制度是指一国 12 个月的通货膨胀率不低于 40% 的浮动汇率制度。他们发现，在他们的样本中有 12.5% 的观测值落入了这一类型，是完全浮动汇率制度占比（4.5%）的 3 倍。

他们的分类方法如下：（1）首先利用各国详细的汇率制度年表，从中筛选出需要单独处理的国家或经济体，这些经济体要么有官方宣布的复汇率或多重汇率制度，要么存在活跃的平行外汇市场（黑市）。（2）若一国不存在复外汇市场或平行外汇市场，他们就考察一国是否存在官方所宣称的汇率安排。如果存在官方宣称的汇率制度，那么就利用汇率等数据进行核实。如果发现一国"言""行"一致，那么就将该国的汇率制度划分为其所宣称的汇率制度；如果发现一国事后的数据不能支撑其所宣称的制度，那么他们就考察一国汇率变化落入某一区间的概率大小，以此作为划分实际的汇率制度类型的依据。（3）如果一国没有一个事先宣布的汇率路径，或者所宣布的汇率制度不能利用数据进行核实，并且如果该国 12 个月的通货膨胀率低于 40%，那么他们就通过评估汇率行为来划分汇率制度。（4）如果在第三步中，一国的通货膨胀率不低于 40%，那么这些经济体就被归入到自由落体一类中去。（5）将前面四步分类中剩余下来的经济体归入管理浮动和自由浮动汇率制度的备选项。他们同样利用汇率变化在某一区间的概率和汇率变化的绝对值来划分具体的制度类型。

伊尔塞茨基等（2019）在莱因哈特和罗高夫（2004）的研究基础上，进一步拓展了 RR 分类法，拓展以后的数据集包括 194 个经济体 1940~2016 年的年度和月度汇率制度分类数据。相比莱因哈特和罗高夫（2004）的研究来说，伊尔塞茨基等（2019）拓展的汇率制度分类法：（1）明确地界定了在进行汇率制度分类时涉及的锚货币或参考货币（anchor or reference currency）；（2）考虑了事实上的货币篮子作为名义锚的情形；（3）详细分析了名义上的通货膨胀

---

① 莱因哈特和罗高夫（2004）指出，不论对发展中国家还是对 20 世纪 50 年代晚期之前的所有欧洲国家来说，这些平行市场或复外汇市场的数据极其重要。他们认为，在大部分的多元汇率或复汇率体系中，相对于官方汇率而言，复外汇市场或平行市场上的浮动汇率能更好地反映一国的货币政策，而且，这种浮动汇率通常也是最有经济意义的汇率。他们随后证明了这些观点。

钉标制情形；(4) 对欧元区的情况给予了特别的关注和说明。与 IMF 将欧元区每一个经济体划分为浮动汇率制度不同，伊尔塞茨基等（2019）的分类方法是以国家而不是以货币为标准进行汇率制度分类，他们因此将每个欧元区经济体划分为货币联盟①。

（二）完全的实际分类法

相对第一类分类方法而言，完全的实际分类法完全利用事后观测到的宏观经济变量，从汇率制度的定义出发来划分汇率制度。那么，哪些宏观经济变量能够用于这个目的呢？从已有文献看，所有的研究都采用了汇率、利率和外汇储备等指标。选择这些变量的基本原因是隐藏在教科书式的汇率制度的定义后面的：在固定汇率制度下，一国货币当局有义务维持所宣称的汇率平价。当市场汇率偏离所宣称的平价时，一国将动用外汇储备进行干预，维持平价的稳定。因此，固定汇率制度下，一国的外汇储备波动较大，但是汇率变化却很小（理论上来说，汇率变化为零）；浮动汇率制度下，中央银行不干预市场汇率的形成，因此，浮动汇率制度下外汇储备的波动应为零，而汇率的变化或波动却相对较大。因此，将汇率和外汇储备等指标综合起来考虑就足以确定一国在既定时点上的实际汇率制度了（Levy-Yeyati & Sturzenegger，2003、2005、2016）。

我们姑且不讨论这种思想背后所存在的不足，不妨先考察在这种思想支配下的具体研究情况。具体来说，完全的实际分类法又分为两类：一类利用事后可观测的汇率、储备和利率等变量，构建了实际的汇率制度弹性指数（exchange rate flexibility index，ERFI），形成了以连续变量表示的实际汇率制度分类②；另一类研究则根据汇率制度的定义，利用观测到的这些变量来划分

---

① 伊尔塞茨基等（2019）认为，IMF 将每一个欧元区经济体划分为浮动汇率制度难以说得通。例如，巴拿马以美元作为法偿货币，而葡萄牙（欧元区经济体）则使用欧元，但是根据 IMF 的汇率制度分类方法，前者被划分为无独立法偿货币，后者则是浮动汇率制度，这是不合理的，因为二者其实都没有自己的货币。如果以货币为划分标准的话，巴拿马也应该划分为浮动汇率制度。而如果以国家为划分基准，那么二者都是固定汇率制度，巴拿马归入无独立法偿货币安排，而葡萄牙的汇率制度则被划分为货币联盟。

考虑到欧元区经济体作为一个整体对外实行浮动汇率制度，为了强调这一点，伊尔塞茨基等（2019）将每一个欧元区经济体的汇率制度划分为货币联盟/自由浮动。显然，前者是从国家的角度进行的分类，后者则是从货币的角度进行的分类。

本书将莱因哈特和罗高夫（2004）和伊尔塞茨基等（2019）的拓展统称为 RR 分类法。

② 本书第八章详细回顾了这个方面的研究进展，此处从略。

汇率制度，形成的是离散型的分类，代表性的文献包括贝纳西－奎雷和库埃雷（Bénassy-Quéré & Cœuré，2002）、列维－叶亚提和斯图兹内格（2003、2005、2016）、香博（2004b）及布利尼和田（Bleaney & Tian，2017，后文简称BT分类法）等。其中，LYS分类法是这类研究中最受关注的、引用也相对较多的文献。

列维－叶亚提和斯图兹内格（2003、2005）利用聚类分析方法划分了156个经济体1974～2004年的实际汇率制度类型，后来他们将数据集更新至2013年，经济体拓展到183个（Levy-Yeyati & Sturzenegger，2016）。他们首先根据理论分析，界定不同的汇率制度属性（见表3－4）；然后利用事后观测到的储备和汇率等变量，测算了汇率和储备的百分比变化及汇率变化的标准差；最后，根据计算得到的三类变量，用聚类分析将表现类似的汇率制度归入相应的汇率制度类型。

表3－4　　　　汇率制度的实际分类标准（LYS）

类别	汇率百分比变化	汇率变化的标准差	储备百分比变化
难以断定	低	低	低
浮动汇率制度	高	高	低
肮脏浮动	高	高	高
爬行钉住	高	低	高
固定汇率制度	低	低	高

资料来源：列维－叶亚提和斯图兹内格（2005），第1611页。

（三）名义—实际分类法

虽然我们既可以根据中央银行公开宣称的承诺（名义分类），也可以根据事后观察到的汇率行为来划分汇率制度（实际分类）。但是这两种方法都存在缺陷（Ghosh et al.，1997）。前者虽包含了前瞻性的政策意图但忽视了实际的政策行为，而后者虽然反映了实际的政策行为却忽略了事先的政策承诺，因此，一种折中的方法是同时考虑名义和实际分类方法来划分汇率制度。部分研究在这个方面做了尝试（Genberg & Swoboda，2005；Alesina & Wagner，2006；Dubas et al.，2010；Minne，2013；Méon & Minne，2014）。

此类研究将 IMF 分类法下一国所宣称的汇率制度视为名义的汇率制度而不进行任何修正（"言"），而将 LYS 或 RR 等实际分类法数据视为实际的汇率制度（"行"），然后同时考虑"言""行"两个方面来划分汇率制度。典型的例子如表 3-5 所示。在该表中，共有四种汇率制度：名义固定—实际固定、名义固定—实际浮动、名义浮动—实际固定和名义浮动—实际浮动。显然，如果采取三分法来划分基本的汇率制度类型的话，那么得到的具体汇率制度类型的数量就更多。关于表 3-5 中 A~C 类汇率制度的具体内涵，参见范从来、刘晓辉（2013）第五章。

表 3-5　　　　　　　名义—实际分类：两分法

汇率制度	实际固定	实际浮动
名义固定	A	B
名义浮动	C	A

资料来源：廷贝里和斯沃博达（Genberg & Swoboda, 2005），第 134 页。

另外，值得指出的是，利用这类方法进行汇率制度分类时，不同的研究者使用的汇率制度的实际分类数据集是不同的，这种差异也可能会影响研究的结论。

二、不同分类方法的差异

由上面的论述易见，不仅名义分类法和实际分类法之间存在较大的差异，即便是不同的实际分类方法之间也存在较大的差异。这种差异无疑会影响到利用这些数据集所开展的关于汇率制度演变、汇率制度选择的决定因素及汇率制度对宏观经济绩效的影响等方面的经验研究结论。不出所料，这种影响在本章第一节首先凸显出来，本书第四章至第七章更全面地反映了这种影响。因此，理解不同的汇率制度分类方法固然重要，但理解不同分类方法的特征及其利弊也同样重要。

（一）名义和实际分类方法的优缺点

名义分类方法最为重要的优点之一在于，这种分类方法反映了一国的政策意图。经济理论已经证明，这种事先的、前瞻性的政策承诺会对宏观经济产生重要影响。如果经济行为人相信政府事先所宣称的政策承诺，譬如，政府宣称实行固定汇率制度，那么经济人将形成稳定的通货膨胀预期，这种预期会进一步反映在工资等合约中，从而有助于降低一国的通货膨胀。

相对于多数的实际分类法来说，名义分类方法的第二个优点是，这种分类方法下形成的汇率制度分类数据所覆盖的经济体范围广、时期长，且能定期更新。这也是早期的经验研究文献频繁使用名义分类方法数据集的重要原因之一。

由于一国在汇率制度安排上常常出尔反尔，因此，对于名义分类方法而言，实际分类方法最大的优点在于，这种分类方法能反映一国实际的政策行为。但是，这种方法缺陷也是非常多的，主要表现在两个方面。

（1）实际分类方法所使用的储备变量通常含有太多"噪音"，不能准确刻画一国实际的外汇市场干预程度。一方面，储备的变化可能是储备资产市场价值重估的结果，而不是政府外汇市场干预的结果；另一方面，货币当局可能利用其他手段来间接干预外汇市场，但这在已有研究中并未得到足够的重视和恰当的处理。

（2）利用事后的汇率变化划分汇率制度也存在弊病。如果一国名义上宣称浮动汇率制度，但是从事后来看，该国的汇率变动很小，甚至基本没有变动，且该国的储备也没有变化，那么按照实际分类方法的做法，该国应归入固定汇率制度。但是，这种处理方法可能是错误的，因为浮动汇率制度下一国汇率的稳定很可能是一国经济基本面或经济结构稳定的反应，而并不是政府干预的结果（见表3-6）。

表3-6　　　　　　名义分类法与实际分类法的优缺点

分类方法	优点	缺点
名义分类法	1. 全面，覆盖的经济体范围广； 2. 样本期长且经常更新； 3. 前瞻性的，包含了未来的政策意图	1. 不能区分主要汇率制度，尤其是硬钉住和软钉住汇率制度之间的差异； 2. 不能反映一国实际的政策行为

续表

分类方法	优点	缺点
实际分类法	能反映一国实际的政策行为	1. 汇率稳定可能是经济基本面稳定的反映，不宜将之归入事实上的固定汇率制度； 2. 储备可能是一个包含很多噪音的变量； 3. 后顾性的，不能包括政策意图； 4. 同样的冲击对不同经济体的影响可能不同； 5. 没有考虑利率对汇率的影响； 6. 货币政策框架可能影响分类结果

资料来源：布卜拉和欧克－罗布（2002）；罗高夫等（2003）；塔夫拉斯等（2008）。

（二）实际分类方法之间的差异

不同的实际分类方法不仅在样本期、数据的频度、覆盖的经济体数量和具体划分的汇率制度类型等方面有所不同，而且不同的实际分类方法的特点也不尽相同。在不同的实际分类方法下，部分研究严重依赖于 IMF 的名义分类方法，如葛逊等（1996、1997、2002）和 RR 分类法等，而 LYS 分类则完全依赖于事后的统计数据，因此无需主观的判断（见表3－7）。

由于分类原理、分类技术和样本等的差异，不同的实际分类方法所形成的分类结果差异很大，这导致了不同的分类结果之间的低相关性（Tavlas et al.，2008）。艾肯格林和拉佐－加西亚（Eichengreen & Razo-Garcia，2013）的研究表明，尽管不同的事实分类方法得到的分类结果之间存在一定的一致性，但是，分类结果之间的差异也普遍存在。并且，这种差异或不一致性并不是随机的，它在发展中国家和新兴市场经济体比发达经济体更为严重。

表3－8还表明，IMF 的名义和事实分类法之间高度相关。这印证了部分学者的观点，即认为即使1999年新分类法和2009年修正的分类法考虑到了各国实际的政策行为，但这两个分类方法仍然依赖 IMF 成员国所宣称的汇率制度安排，因此，仍可将这两种分类方法视为事实分类方法（如，von Hagen & Zhou，2007；Barajas et al.，2008；Cruz Rodríguez，2013）。

表 3-7 主要的实际分类法的特征

特征	GGW 分类法	BÖR 分类法	LYS 分类法	RR 分类法
样本期	1973~1999 年	1946~2017 年	1970~2013 年	1940~2016 年
数据频度	年度	年度和月度	年度	年度和月度
经济体数量	165	199	183	194
汇率制度类型	25 个精细分类；9 个粗略分类	15 个精细分类；8 个粗略分类	3 个；5 个	14 个精细分类；5 个粗略分类
优点	• 使用定量和定性信息	• 使用定量和定性信息； • 所有 IMF 成员国都做了分类； • 分类数据持续更新	• 使用外汇储备波动的信息； • 系统性的方法； • 无需主观的判断； • 分类数据持续更新	• 使用二元/平行市场汇率数据； • 单独区分了自由落体的情形； • 长时期的时间序列； • 利用月度汇率变化识别汇率制度； • 系统性的方法； • 无需主观的判断； • 分类数据持续更新
缺点	• 很大程度上依赖所宣称的政策意图； • 需要主观判断，这可能随国家或时间的不同而不同； • 并非所有的国家在全部样本期都纳入了分类	• 需要主观判断，这可能随国家或时间的不同而不同	• 汇率稳定或储备变化可能是政策干预之外的因素引起的； • 储备数据没有覆盖衍生品； • 许多观测值没有纳入分类中； • 其他国家会影响分类结果（这是由于聚类分析的原因）	• 汇率稳定可能是政策干预之外的因素引起的； • 有些国家的分类不能包括全部样本期

注：1. 部分研究后来更新了其数据集，如 RR 和 LYS 分类法，我们因此对相关内容做了修正。

2. GGW 分类法指的是葛逖等（2002）的分类方法（下文简称 GGW 分类法），BÖR 分类法指的是布卜拉和欧克-罗布（2002）的分类方法（下文简称 BÖR 分类法）。该分类法与 IMF1999 年分类法和 2009 年新分类法在统计口径和分类方法方面具有一致性和连贯性（Ghosh et al., 2011, 2014），可视为同一个分类方法。BÖR 分类数据集由安德森（Anderson, 2012）进行了更新。具体见表 3-8 注。

LYS 分类法指的是卡尔沃和雷因哈特（2002）的分类法（下文简称 LYS 分类法）。RR 分类法指的是莱因哈特和罗戈夫（2004）的分类方法（下文简称 RR 分类法）。

资料来源：罗高夫等（2003）。

表 3-8　　　　　　　　　　不同分类方法的相关性

分类方法	RR	LYS	IMF$_{df}$	SH	BT	IMF$_{dj}$
RR	1.000					
LYS	0.551***	1.000				
IMF$_{df}$	0.533***	0.366***	1.000			
SH	0.645***	0.653***	0.389***	1.000		
BT	0.427***	0.524***	0.308***	0.569***	1.000	
IMF$_{dj}$	0.518***	0.350***	0.982***	0.389***	0.323***	1.000

注：1. IMF$_{df}$指布卜拉和欧克－罗布（2002）的事实分类法、IMF1999 年新分类法和 2009 年修正的分类法。这三个事实分类方法在统计口径和分类方法上具有一致性和连贯性（Ghosh et al.，2011、2014）。布卜拉和欧克－罗布（2002）提供了 1990~2001 年的汇率制度分类数据；1999 年新分类法提供了 2000~2008 年的分类数据；2009 年修正的分类法提供了 2009~2017 年的分类数据；安德森（2012）在 IMF 的统计分类和口径下将布卜拉和欧克－罗布（2002）的数据集回溯至 1946 年，因此提供了 1946~2006 年的汇率制度分类数据集。如此，我们将安德森（2012）的数据集与 1999 年新分类法和 2009 年修正的分类法数据集合并，得到 199 个经济体 1946~2017 年以 IMF 事实分类为基础的事实汇率制度分类数据集。

2. IMF$_{dj}$指 IMF 的名义分类法，数据由安德森（2012）提供。

3. *** 表示在 1% 水平上显著。

资料来源：笔者估计。

第二篇

汇率制度选择：
事实与证据

第四章

汇率制度与资本管制

本章首先利用1999年新分类法和2009年修订的分类法考察了2000~2015年全球汇率制度及货币政策名义锚的分布和演变情况，研究表明，在资本自由流动不断加剧的背景下，全球（尤其是发展中国家）的汇率制度分布并未表现出显著的两极化趋势。在此基础上，本章进一步考察了发展中国家资本流动对汇率制度选择的影响问题。

第一节 汇率制度与货币政策框架：事实与特征

著名经济学家斯坦利·费希尔（Stanley Fischer）在2001年《经济学展望》（*Journal of Economic Perspective*）的文章中，利用AREAER中披露的汇率制度数据，详细考察了1991~1999年全球汇率制度的分布和演变情况。在文章的结尾，费希尔（2001）指出："过去十年中，汇率制度的分布出现了舍中间而趋两极的趋势：硬钉住和浮动汇率制度占比不断上升的同时，软钉住汇率制度占比却不断下降。不仅对融入国际资本市场的经济体，而且对所有国家来说，这种趋势都是成立的。展望未来，在新兴市场经济体中，这一趋势仍将持续下去。"

费希尔（2001）的观点可以追溯至艾肯格林（1994）与奥布斯特菲尔德和罗高夫（1995b）。艾肯格林（1994）写道："利用相机抉择的政策规则以实现明确的汇率目标，这种做法在 21 世纪将不再可行了……一国……将被迫在浮动汇率制度和货币联盟之间进行抉择。"奥布斯特菲尔德和罗高夫（1995b）也指出："在浮动汇率制度和共同货币之间基本不存在比较舒适的中间地带了。"学界将他们关于汇率制度分布和演变的观点称为两极论。这种理论假说主要是建立在三元悖论基础上的，依据该理论，20 世纪 90 年代后，全球资本流动一体化的趋势加剧（Levy-Yeyati & Sturzenegger, 2013），迫使各国不得不在汇率稳定和货币政策独立性两个目标之间进行权衡和抉择：要么放弃汇率稳定，实行浮动汇率制度以享有货币政策的独立性；要么放弃货币政策独立性，实行严格的固定汇率制度（即硬钉住汇率制度）。费希尔（2001）进一步认为，在资本高度流动的背景下，任何的中间汇率制度都是不可持续的，终将趋于消失。

自费希尔（2001）的论文发表以来，全球资本流动日益加剧，国际资本市场一体化程度不断加深。在这个背景下，全球汇率制度的分布和发展演变是否印证了两极论者的预言呢？进入 21 世纪以来，全球汇率制度安排又呈现出什么新的特征和趋势呢？这些特征对汇率和货币政策的制定又有什么启示呢？自费希尔（2001）的研究以来，学界还没有对这些问题做出回答。考虑到这一点，本节沿袭费希尔（2001）的方法，利用 AREAER 中发布的汇率制度分类数据和货币政策框架信息，考察 2000～2015 年全球汇率制度的分布和发展情况，以及全球货币政策框架（monetary policy framework）或名义锚的分布及特征[1]，并讨论这些新的特征和趋势对政策制定的启示意义。

一、IMF 的汇率制度分类方法

1944 年以来，IMF 关于汇率制度的分类方法曾历经 7 次调整和修改。费希尔（2001）研究的样本期中（1991～1999 年），汇率制度分类方法原本应该采用的是 IMF 在 1982 年实施的汇率制度分类方法。该分类方法自 1982 年 1 月实行，至 1998 年 10 月截止。由于 1982 年及其之前的几次汇率制度分类方法都

---

[1] 在 IMF 发布的 AREAER 中，货币政策框架和货币政策名义锚是同义词，可以认为狭义的货币政策框架在内涵上就等同于货币政策的名义锚。由于本书使用的是 IMF 关于货币政策名义锚的统计信息及分类，因此本节对这两个概念的差异不做区分。关于货币政策名义锚的定义及分类等，请见本节第三部分。

是根据成员国汇报给 IMF 的汇率制度类型进行分类的①，因此学界将这种汇率制度分类法称为名义分类方法。

但是，正如本书第一章第一节所指出的，现实中很多成员国在向 IMF 汇报了其汇率制度之后，这些国家并没有恪守其承诺，导致这些国家实际的汇率制度跟事先向 IMF 汇报的汇率制度出现了偏离，因此，IMF 在 1982 年以前的汇率制度分类方法并不能准确刻画其成员国的汇率制度安排和汇率行为，这种分类方法也因此受到了学界的批评和苛责。这也使 IMF 在 1998 年底对之前的汇率制度分类方法做了修改和调整（1999 年新分类法）。1999 年新分类法根据定量和定性的分析评估一国的汇率制度，当实际的汇率制度或官方的干预政策与报告给 IMF 的汇率制度不符时，那么 IMF 就会对该国的汇率制度进行重新分类。

尽管存在争议，但 1999 年新分类法一定程度上考虑到了 IMF 成员国实际的政策行为，因此，即使费希尔（2001）研究的样本期为 1991~1999 年，但他在研究中并没有采用 IMF 在 1982 年的汇率制度分类方法，而是采用了 1999 年新分类法进行了研究。从 1999 年开始，IMF 每年发布的 AREAER 也都采用了这一分类方法，直到 2009 年 IMF 对 1999 年新分类进行修订和调整为止。

由于本节的样本期既包括了 1999 年新分类法也包含了 2009 年修订的分类法，因此，我们在此扼要回顾这两种分类方法对汇率制度的划分（见表 1-2）。由表 1-2 可见，2009 年修订的分类法保留了 1999 年新分类法中的大部分汇率制度类型，并且对学界广为接受的硬钉住（固定汇率制度）、软钉住（中间汇率制度）和浮动汇率制度类型的划分也基本上与 1999 年新分类法保持了一致。但应指出的是，在本节的分析中，其他管理安排被归入软钉住。

二、全球汇率制度分布及特征

（一）汇率制度分类数据的校正

前文指出，本节样本期既包括了 1999 年新分类法的汇率制度分类数据，也涵盖了 2009 年修订的分类法数据，此外，IMF 还在 2007 年 1 月对 1999 年新分类法下属于"无独立法偿货币的汇率制度"的几类经济体的汇率制度类型

---

① 根据 IMF 协议条款第四款第 2（a）节要求，IMF 成员国必须向 IMF 通告其行将实施的汇率制度安排，并且作出变更时，应立即通告 IMF。

重新做了调整。这意味着如果我们直接使用 AREAER 中关于汇率制度分类的数据，那么既可能导致本节的研究结论与费希尔（2001）的结论不具备可比性，也会导致研究结论的不可信。

为此，我们首先说明 IMF 在 2007 年对汇率制度分类数据所做的调整。从 2007 年 1 月 1 日起[①]，IMF 发布的 AREAER 对"无独立法偿货币的汇率制度"下的"货币联盟"这一汇率制度类型采取了新的处理方法。IMF 认为，新的处理方法根据一国是否采取共同货币来划分货币联盟的归属，而之前的处理方法则是看一国是否拥有独立的法偿货币。因此，新的处理方法从 2006 年的数据开始将属于"货币联盟"经济体调整出去了。具体来说，新的处理方法将加入欧元区的各经济体归入 1999 年新分类法的独立浮动汇率制度或者 2009 年修订的分类法的自由浮动汇率制度；将原属法郎区（CFA Franc zone）的西非经济和货币联盟（WAEMU，共 6 个经济体）及中部非洲经济和货币共同体（CAEMC，共 8 个经济体）的成员，调整到了传统的固定钉住制度（1999 年新分类法）和传统的钉住制度（2009 年修订的分类法）。新的处理方法最后还将东加勒比货币联盟的经济体（ECCU，共 6 个经济体）调整为货币局制度。并且，在 2009 年对 1999 年新分类法进行调整和修订之后，对这些经济体汇率制度具体归属的处理也保留了下来（见表 4-1），因此 2009 年修订的分类法中"无独立法偿货币的汇率制度"实际上仅仅包括美元化的制度安排（见表 1-2）。

表 4-1　　　　　　2007 年对汇率制度分类数据的调整

经济体所属货币区	调整之前	调整之后
欧元区成员国	无独立法偿货币的汇率制度（美元化）	独立浮动汇率制度（1999）；自由浮动（2009）
西非经济和货币联盟；中部非洲经济和货币联盟	无独立法偿货币的汇率制度（货币联盟）	传统的固定钉住制度（1999）；传统的钉住制度（2009）
东加勒比货币联盟	无独立法偿货币的汇率制度（货币联盟）	货币局制度（1999；2009）

注：1999 和 2009 分别表示 1999 年新分类法和 2009 年修订的分类法。
资料来源：AREAER。

---

① 由于 IMF 每年公布上一年的 AREAER，因此汇率制度分类的数据实际上从 2006 年开始就出现了相应的调整和变动。

(二) 汇率制度分布及演变：费希尔（2001）统计口径的观察

由于费希尔（2001）使用的是1999年新分类法，且样本期截至1999年，因此，他的研究中硬钉住汇率制度包括了欧元区各经济体、WAEMU 和 CAEMC，但2007年对 ECCU 的调整则并不影响费希尔（2001）研究中硬钉住的数量及占比。为了和费希尔（2001）的统计口径保持一致，我们将2006~2015年的汇率制度分类数据做了如下处理：（1）将浮动汇率制度的经济体数量减去各年欧元区成员国的数量；（2）将硬钉住汇率制度的数量加上各年欧元区成员国的数量后，再加上14（这是 WAEMU 及 CAEMC 成员总数），得到调整后的硬钉住数量；（3）将软钉住数量减去 WAEMU 及 CAEMC 成员总数（14），得到与费希尔（2001）及2000~2005年口径一致的软钉住汇率制度数量。统计结果如图4-1所示。

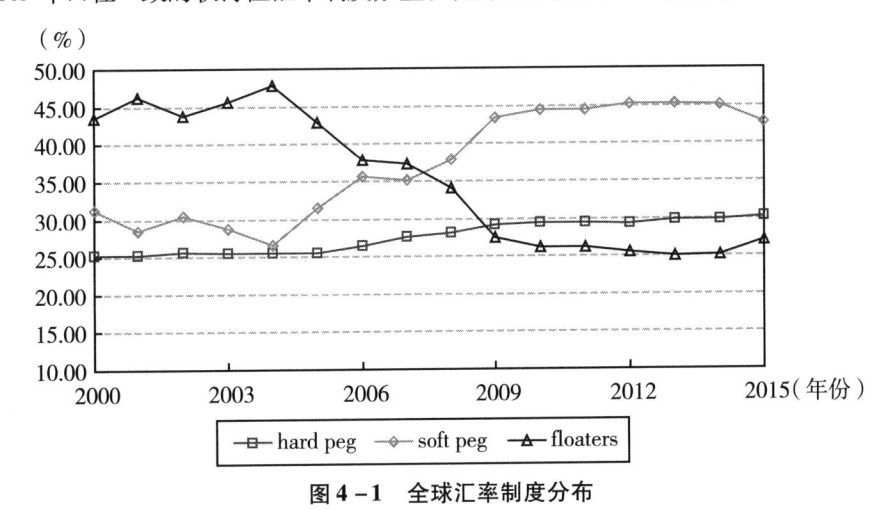

图 4-1 全球汇率制度分布

注：1. hard peg、soft peg 和 floaters 分别指硬钉住、软钉住和浮动汇率制度（下同）。
2. 2000~2009年经济体包括中国香港地区、阿鲁巴（Aruba）和荷属安的列斯（Netherlands Antilles），2010~2015年经济体包括中国香港地区、阿鲁巴（Aruba）、库拉索和圣马丁（Curaçao and Sint Maarten）。本节其余图同。

资料来源：AREAER。

（1）硬钉住汇率制度数量及占比稳中有升。采取硬钉住汇率制度的经济体数量从2000年的47个上升至2015年的58个，占比相应地从25.27%升至30.21%。与费希尔（2001）研究中的1991年数据相比，2015年实行硬钉住汇率制度的经济体占比增加了14%[①]。

[①] 在费希尔（2001）的研究中，1991年实行硬钉住汇率制度的经济体有25个，占比为16%；到了1999年，实行硬钉住的经济体数量增加了11个，占比上升至23%。

（2）中间汇率制度（软钉住）不仅没有消失，反而逐年增长。在经历2000~2004年的总体下跌趋势后，实行中间汇率制度（软钉住）的经济体，无论在数量上还是在占比上都形成了上升趋势，到2009~2015年期间，每年占比均已超过42%。因此，在新世纪开始的16年中，中间汇率制度并没有像费希尔（2001）预言的那样趋于消失。在费希尔（2001）的研究中，实行中间汇率制度经济体的数量从1991年的98个下降至1999年的63个，占比也相应从62%跌至34%，从而导致费希尔（2001）得出中间汇率制度行将消亡的结论。

（3）中间汇率制度占比的上升是以浮动汇率制度占比的减少为代价的。2000~2015年期间，实行浮动汇率制度的经济体数量从2000年的81个减少至2015年的52个，占比则从43.55%降至27.08%。浮动汇率制度数量和占比持续下跌的重要原因在于，1999年新分类法及2009年修订的分类法都在很大程度上注重考核各国的汇率政策实践，从而导致很多名义上向IMF通告实行浮动汇率制度或者管理浮动汇率制度的经济体，被修正为某种形式的软钉住汇率制度。

在费希尔（2001）的预言中，他对新兴市场经济体给予了特别的关注。他认为，新兴市场经济体和发达经济体一样，资本流动程度都非常强，因此两极论在这两类经济体中的发展趋势将会尤其突出。遵循他对新兴市场经济体的划分方法，我们也考察了31个新兴市场经济体和22个发达经济体的汇率制度分布及演变（见图4-2）[①]。图4-2清楚表明，两极论假说在这类经济体中也不成立，发达和新兴市场经济体中浮动汇率制度占比自2007年以后不断走低，而中间汇率制度占比则不断抬升（2014~2015年则有所下降）。图4-3进一

[①] 相比早期的两极论观点，费希尔（2001）进一步注意到了资本流动的影响。他认为，对于已经或者正在融入国际资本市场的经济体来说，中间汇率制度是不可持续的。他因此按照资本流动程度将全球经济体划分为发达经济体、新兴市场经济体、发展中国家和地区，前两类经济体都已经或者正在融入国际资本市场。他将摩根士丹利国际资本指数（Morgan Stanley Capital International，MSCI）中"developed market"所包含的经济体视为发达经济体，将MSCI中的新兴市场指数和新兴市场债券指数所包含的经济体视为新兴市场经济体。其余则均视为发展中国家和地区。这种划分方法与列维-叶亚提和斯图兹内格（2005）等是一致的。

本节也遵循这一划分方法，具体来说，发达经济体包括澳大利亚、奥地利、比利时、加拿大、丹麦、芬兰、法国、德国、爱尔兰、意大利、日本、荷兰、新西兰、挪威、葡萄牙、新加坡、西班牙、瑞典、瑞士、英国、美国和中国香港特别行政区等22个；新兴市场经济体包括阿根廷、保加利亚、巴拿马、中国、埃及、约旦、马来西亚、摩洛哥、巴基斯坦、卡塔尔、希腊、土耳其、匈牙利、以色列、波兰、斯里兰卡、委内瑞拉、捷克、尼日利亚、巴西、智利、哥伦比亚、厄瓜多尔、印度、印度尼西亚、韩国、墨西哥、秘鲁、菲律宾、俄罗斯、南非、泰国和中国台湾地区等。中国台湾地区因数据缺失，未纳入本节的分析。

步表明，中间制度消失论假说在发展中国家也不成立。

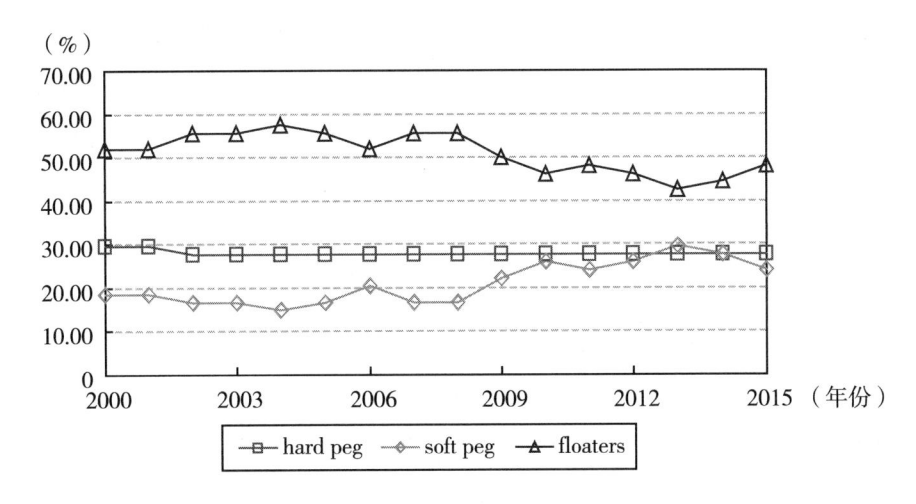

图 4-2 发达及新兴市场汇率制度分布

资料来源：AREAER。

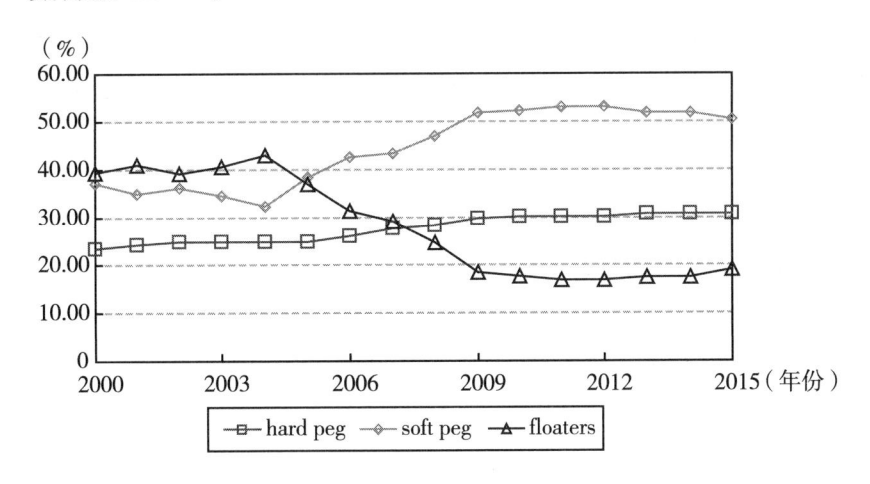

图 4-3 发展中国家汇率制度分布

资料来源：AREAER。

（三）汇率制度分布及演变：新的统计口径及其他稳健性分析

由于费希尔（2001）的研究将欧元区经济体、WAEMU 和 CAEMC 都归入了固定汇率制度，这和 IMF 在 2007 年对汇率制度分类数据的调整方法是相悖的，因此上述分析结论可能受到调整方法的影响。为了考察上述结论的稳健性，我们对 2000～2005 年的汇率制度分类数据进行调整，使整个样本期的分类口径保持一致。具体做法如下：（1）将 ECCU（6 个）移至货币局制度；（2）将 WAEMU 及 CAEMC（14 个）移至传统的固定钉住制度或传统的钉住制度；（3）将欧元区经济体移动至独立浮动汇率制度一栏。第一种调整实际上是硬钉住汇率制度内部不同类型汇率制度的结构性调整，因此，这并不会影响硬钉住汇率制度的数量和占比。第二种调整实际上将14个经济体由硬钉住汇率制度调整为中间汇率制度，这会提高中间汇率制度数量和占比，并降低硬钉住或固定汇率制度的数量及占比。第三种调整则将11个欧元区经济体由硬钉住汇率制度调整为浮动汇率制度①，这一方面降低了固定汇率制度的数量及占比，另一方面则提高了浮动汇率制度的数量及占比。

因此，上述调整并不会改变本书的定性分析结论，图4-4~图4-6清楚地表明，费希尔（2001）的两极论预言在过去的十多年中并不成立。与图4-1和图4-3相比，图4-4和图4-6中的中间汇率制度不仅持续上升，而且占比也比图4-1和图4-3中的占比分别高出近7.5个百分点和10.4个百分点。由于加入WAEMU及CAEMC的14个经济体被重新划分到软钉住汇率制度，且11个属于欧元区的发达经济体被划入浮动汇率制度，因此，新的统计口径得到的硬钉住汇率制度数量及占比都大幅度减少了。这是中间和浮动汇率制度数量及占比提高的主要原因②。

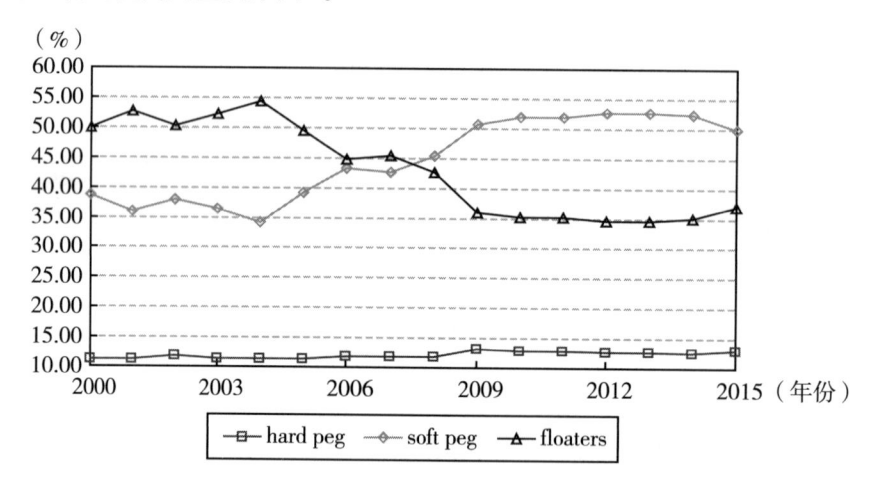

图4-4 全球汇率制度分布

资料来源：AREAER。

---

① 这11个经济体都是发达经济体，其余国家，如塞浦路斯（2009年1月）、爱沙尼亚（2011年1月）、拉脱维亚（2014年1月）、马耳他（2008年1月）、斯洛文尼亚（2007年1月）和斯洛伐克（2009年1月）是发展中国家，希腊（2001年1月）则是新兴市场经济体（括号内为加入欧元区的时间）。

② 我们还利用RR分类法考察了全球汇率制度的演变，结果也支持本节的结论，两极论假说并不成立（备索）。

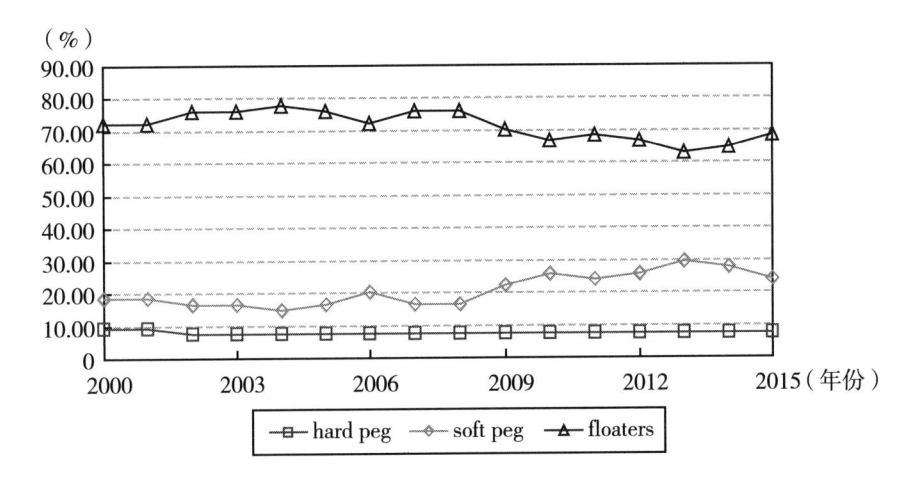

图 4-5　发达及新兴市场经济体汇率制度分布

资料来源：AREAER。

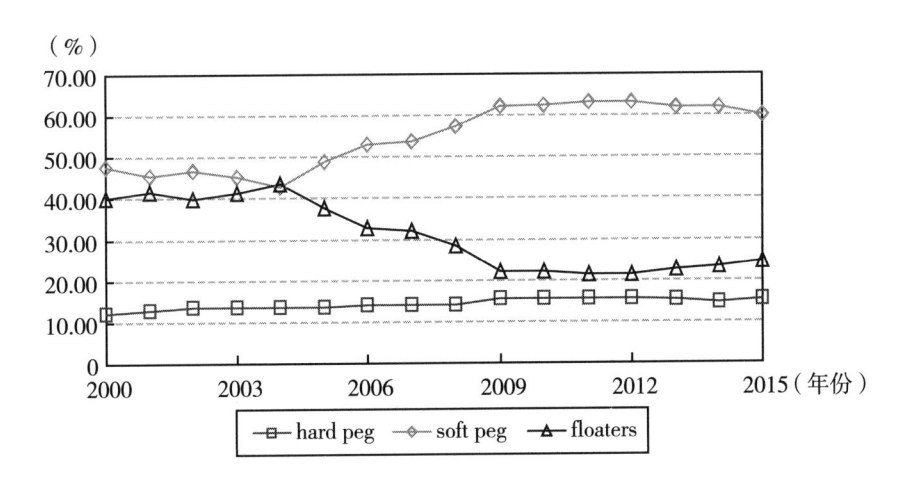

图 4-6　发展中国家汇率制度分布

资料来源：AREAER。

三、名义锚与货币政策框架

20 世纪 90 年代后，旨在创造一个有效的名义锚的政策在很多国家付诸实施，此后关于货币政策名义锚的政策实践日渐流行（Sterne，1999）。这种变化既有历史的原因，也有理论的原因。在历史层面，20 世纪 70~80 年代的高通货膨胀持续困扰着许多发达国家和发展中国家（Feenstra & Taylor，2014），抑制和稳定通货膨胀成为政策制定者必须面对的难题。在理论层面，20 世纪

70年代中期以后，随着理性预期思想在宏观经济学中的成熟运用和政策动态不一致理论的发展，学界对货币政策名义锚的关注也逐渐增长。现实的需求和理论的发展导致了名义锚政策实践在20世纪90年代后的盛行。

所谓货币政策名义锚，是长期当中为了价格稳定而施加于政策制定者的某种约束（Feenstra & Taylor，2014），主要包括汇率锚、货币总量锚、通货膨胀钉标制、基金支持的货币方案以及其他方案（Mishkin，1999；IMF，2001）①。

货币政策名义锚不仅对于货币政策的成功实施非常重要，它与不同的汇率制度进行组合和搭配也会进一步影响到通货膨胀与经济增长等重要宏观经济变量（Bailliu et al.，2002；Guisinger & Singer，2010），并为各国政策的制定和实施提供了更加多样的选择。近年来，学界也逐渐认识到固定汇率制度、中间汇率制度和浮动汇率制度在内涵上的差异（Bailliu et al.，2002；Wong & Chong，2019）。固定汇率制度既为一国指定了汇率的形成机制，同时也为一国货币政策指定了一个名义锚——汇率。然而，中间和浮动汇率制度并没有为一国货币政策指定一个具体的名义锚。中间和浮动汇率制度都可以与不同的货币政策名义锚配合以促进一国货币政策的实施（见表4-2）。理论上来说，中间汇率制度可以与任何名义锚配合，而浮动汇率制度也可以和汇率锚之外的任何一种名义锚相结合，这就为一国汇率政策和货币政策的实施提供了多种选择（见表4-2）。因此从2001年开始，IMF在发布汇率制度的同时定期发布成员方的货币政策名义锚信息。

---

① IMF在2009年发布的AREAER中，删除了"基金支持的或其他货币方案"，此后至今的各年年报均未报告。另外，IMF在报告中常常交替使用"货币政策名义锚"和"货币政策框架"这两个概念。

IMF对汇率锚、货币总量锚和通货膨胀钉标制的定义如下（IMF，2003、2011）：

汇率锚：在这一政策框架下，货币当局通过买卖外汇储备保持事先所宣称的汇率水平或汇率波动区间，汇率因此作为货币政策的名义锚或中间目标。在1999年新分类法下，这一政策框架包括无独立法偿货币的汇率制度、货币局制度、传统的固定钉住制度、水平带内钉住制度、爬行钉住制度和爬行带内钉住制度。在2009年修订的分类法下，这一政策框架包括无独立法偿货币的汇率制度、货币局制度、传统的钉住制度、水平带内钉住制度（或稳定化安排）、爬行钉住制度（或类爬行安排）以及其他管理浮动。

货币总量锚：在这一政策框架下，货币当局利用政策工具实现某一货币总量，如M1或M2的目标增长率。货币总量因此成为货币政策的名义锚或中间目标。

通货膨胀钉标制：这一框架至少包括两个要件（IMF，2011）：(1) 货币当局公开宣称一个中期的目标通货膨胀率水平；(2) 货币当局必须作出制度性的承诺以实现这一目标。

表 4-2　　　　　汇率制度与货币政策名义锚的组合

汇率制度	汇率锚	货币总量锚	通胀钉标制	其他
硬钉住（固定汇率制度）	√	×	×	√
软钉住（中间汇率制度）	√	√	√	√
浮动汇率制度	×	√	√	√

注：1. √表示组合可行，×表示组合不可行；本表没有包括"基金支持的或其他货币方案"框架；在 IMF 的框架中，"其他"或者指一国没有明确公布货币政策名义锚，而是通过监控多个指标进行货币政策操作，或者指相关信息缺失而无法给出一国政策的名义锚信息。下同。

2. 表中除"其他"一列之外，各组合的理论依据如下：对表中第二列各种组合而言，如果采用汇率作为名义锚，那么一国在面临冲击时，必须通过干预等手段影响汇率变化，使汇率保持在宣称的（或者隐含的）汇率目标附近。这意味着浮动汇率制度与汇率锚的搭配不可行。对第三列各种组合而言，硬钉住汇率制度下，一国丧失货币政策独立性，货币供给成为内生变量，导致货币当局难以钉住货币量目标。在中间汇率制度下，由于汇率可以围绕平价（或隐含的目标水平）进行小幅波动，因此当汇率因经济冲击而出现波动时，货币当局具有一定的调整货币量的空间（波动区间的大小决定了货币当局调整货币量程度），这意味着中间汇率制度和货币总量锚的组合是可行的。在浮动汇率制度下，汇率是内生变量，货币供给量则是外生的，因此浮动汇率制度与货币总量锚的搭配完全可行。对第四列各种组合来说，硬钉住汇率制度下，货币当局丧失货币政策独立性，无法钉住中短期的通货膨胀目标。而中间汇率制度赋予了货币政策一定程度的独立性，因此，通货膨胀钉标制和中间汇率制度可以搭配。对浮动汇率制度而言，一国货币政策是独立的，完全可以与通货膨胀钉标制搭配实施。

资料来源：根据 AREAER 整理。

值得说明的是，IMF 在 2008 年发布的 AREAER 中，将之前年份（2001~2007 年）归入"其他"一栏的欧元区经济体划分到"通货膨胀钉标制"一栏之下，之后，在 2009 年的 AREAER 又继续沿用之前的处理方法，将欧元区经济体从"通货膨胀钉标制"一栏移至"其他"一栏，这导致了 2007 年"通货膨胀钉标制"统计数据的异动。我们在研究过程中对此进行了调整：（1）将 IMF 发布的 2007 年实行通货膨胀钉标制经济体的数量（43 个）减去当年欧元区经济体的数量（15 个），得到当年实行通货膨胀钉标制经济体的数量（28 个）；（2）将 2007 年"其他"一栏的数据加上欧元区经济体的数量（15 个）得到调整后的数值。我们将计算的各项指标及结果报告在图 4-7~图 4-11 中。

四、全球货币政策框架的分布与演变

这些图形统计表明，进入 21 世纪以后的 16 年中，全球货币政策名义锚的分布呈现出以下两个显著特征。

（一）汇率作为货币政策名义锚

图 4-7 表明，采取汇率锚的经济体数量和占比持续增长。汇率锚占全部经济体的比重从 2003 年的 33.7% 升至 2015 年的 51.04%，十二年间增加了 17 个百分点。在锚货币的选择上，全球在 2003~2015 年也呈现出一定的特点（见图 4-8）：首先，美元仍然是主要的锚货币，欧元次之。2003 年，有 35 个经济体选择美元作为名义锚，占全部经济体的比重为 19%。到 2015 年，这一数值和占比分别增加至 64 个和 33.33%。选择欧元作为名义锚的经济体数量持续稳定在 22~25 个，占比则稳定在 12%~13%。其次，钉住一篮子货币的安排并不普遍。2003~2015 年，全球年均不到 11 个经济体采用了这一制度，占全部经济体比重年均为 5.8%。最后，采取钉住特别提款权安排的经济体极为罕见。在 2003 年、2007~2008 年以及 2015 年，仅有利比亚和叙利亚采取了这一制度安排，其余年份则只有利比亚一国采取了这种汇率制度。

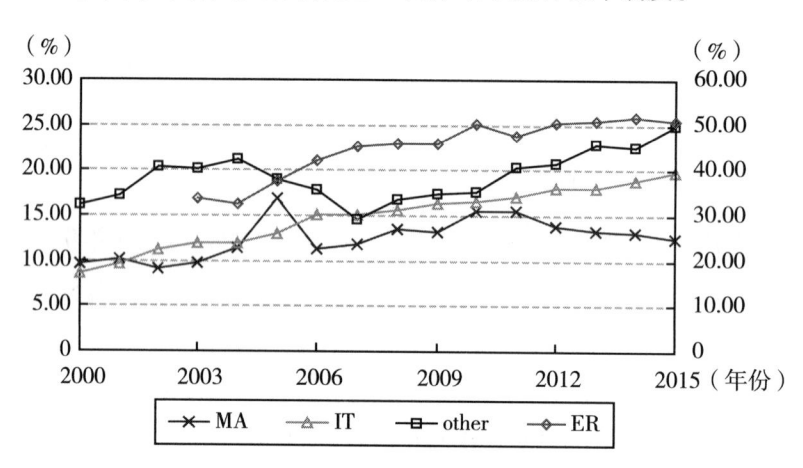

图 4-7　货币政策名义锚的演变

注：1. 我们将 IMF 发布的 2007 年实行通货膨胀钉标制经济体的数量（43 个）减去当年欧元区经济体的数量（15 个），将"其他"一栏的经济体数量加上 15，以消除因 IMF 统计调整而引起的异常变动。

2. ER 指汇率锚（右坐标轴），MA 指货币总量锚，IT 指通货膨胀钉标制，other 或者指一国没有明确公布名义锚，或者关于该国货币政策名义锚的信息缺失（下同）。

3. 图中 ER 只包括钉住美元、钉住欧元和钉住其他单一货币三种情形，不包括钉住一篮子货币和钉住特别提款权（SDR）两种情形。

资料来源：AREAER。

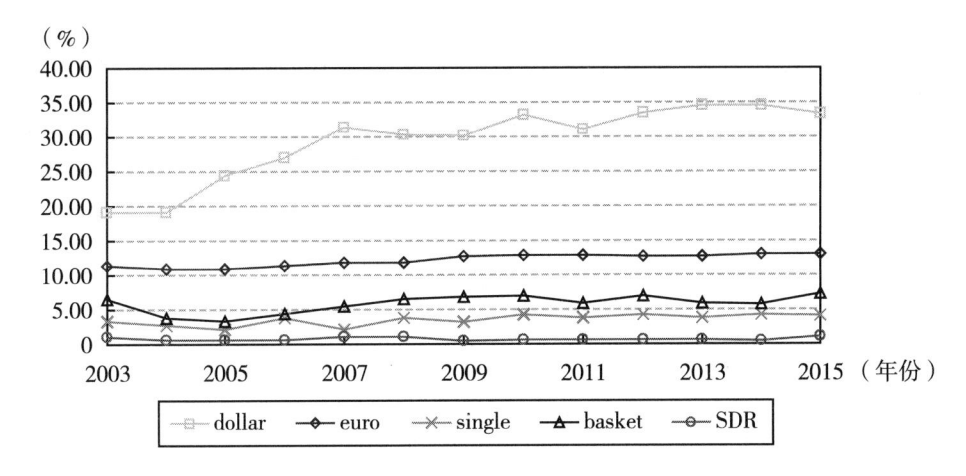

图 4-8 汇率锚分布

注：dollar、euro、single、basket 和 SDR 分别指以美元、欧元、其他单一货币、一篮子货币和特别提款权作为名义锚。

资料来源：AREAER。

（二）通货膨胀钉标制与 FIT 范式

1990 年，新西兰率先引入通货膨胀钉标制度，随后的二十年中，包括英国、加拿大、瑞典、澳大利亚、巴西、智利、以色列、韩国、墨西哥、波兰、南非和菲律宾等在内的发达和新兴市场经济体纷纷跟进。2000 年全球有 16 个经济体采用这一政策框架，到 2015 年采用通货膨胀钉标制的经济体数量增加了 1 倍多（38 个）。全部经济体中，实行通货膨胀钉标制经济体的占比也持续增长，从 2000 年的 8.6% 持续上升至 2015 年的 19.8%，增长了 11 个百分点（见图 4-7）。通货膨胀钉标制度已成为发达经济体和新兴市场经济体现代货币政策操作的重要范式[①]。

近来的研究发现，发达和新兴市场经济体在采用通货膨胀钉标制的同时，

---

① 对实行通货膨胀钉标制的大型开放经济体来说，它们在设定短期利率时往往会忽略汇率因素的影响（博芬格，2013），因此，从短期利率调控路径来看，通货膨胀钉标制是接近于泰勒规则的，这些经济体短期利率的路径也因此可以用标准的泰勒规则来表述。

对小型开放经济体来说，汇率渠道也会影响总需求。因此，小型开放经济体的中央银行在设定中间目标时往往会同时考虑汇率因素的影响。部分经济体，如加拿大、新西兰和智利等国中央银行就试图构建货币状况指数（monetary condition index，MCI）作为中介目标。

还同时实行了浮动汇率制度,这是通货膨胀钉标制的一个重要特征①。根据表 4-2,我们从两个方面说明这一特征。一方面,我们可以考察实行浮动汇率制度的经济体同时实行通货膨胀钉标制度的情况。图 4-9 显示,在实行浮动汇率制度的经济体中,采用货币总量锚的经济体占比在 2005 年达到历史峰值(34.18%)之后,出现了趋势性的下跌,到 2015 年,浮动汇率制度经济体采用货币总量锚的占比仅为 9.86%,下跌了 24 个百分点。而采用通货膨胀钉标制经济体的占比则从 2000 年的 18.52% 持续上升至 2006 年的 37.14%,在 2007 年跌至 33.33% 后,继续上升至 2010 年的历史高位(46.97%),在随后的 2011~2015 年期间,持续上升至 50.70%。

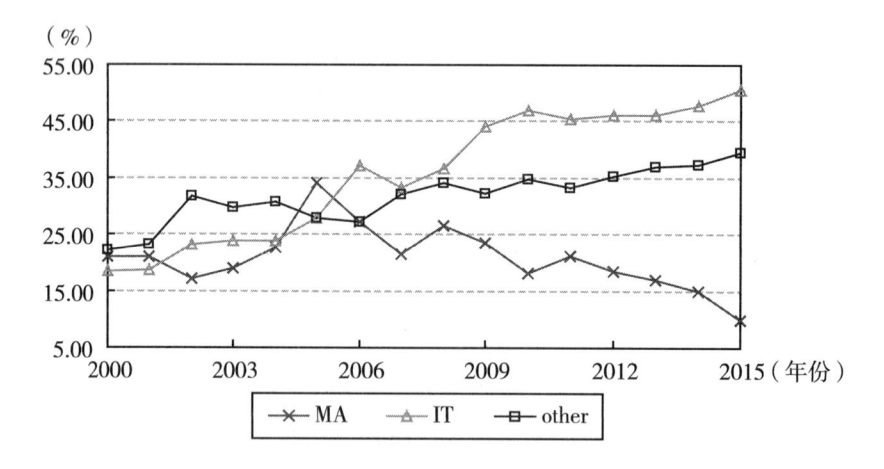

图 4-9 实行浮动汇率制度经济体的名义锚分布

注:2000~2006 年,各部分比重加总后远小于 1,重要原因之一是在该时期内 IMF 公布的"基金支持的或其他货币方案"一栏未被计入。

资料来源:AREAER。

另一方面,我们可以考察采用不同类型货币政策名义锚的经济体实行浮动汇率制度的情况。图 4-10 给出了在采取通货膨胀钉标制、采取货币总量锚和

---

① 前文从汇率制度的内涵角度说明了固定汇率制度和浮动汇率制度的差异,由此也从汇率制度内涵的角度说明了汇率制度和通货膨胀钉标制的关系:固定汇率制度本身既指出了一国的汇率制度,同时也为一国货币政策指定了一个名义锚;但浮动汇率制度本身只表明一国实行的是由外汇市场供求力量来决定汇率水平的制度安排,至于一国实行什么样的货币政策框架,浮动汇率制度本身没有明确指出这一点。表 4-2 则表明,浮动汇率既可以实行货币总量锚(如圭亚那等),也可以实行通货膨胀钉标制,也可以不为货币政策的实施指定明确的名义锚(如美国)。

表 4-2 还表明,通货膨胀钉标制既可以与浮动汇率制度一起实施(即 FIT 范式),也可以与某种形式的中间汇率制度一起实施(如 2000~2001 年的以色列和匈牙利),但却不能与固定汇率制度相配合。

其他方案的经济体中实行浮动汇率制度的经济体占比。该图表明，在采取货币总量锚的经济体中，实行浮动汇率制度的经济体占比在2008年之后大幅度减少，至2015年底，所有采取货币总量锚的经济体中，仅有29.17%的经济体实行浮动汇率制度。而在实行通货膨胀钉标制度的经济体中，平均而言，93%以上的经济体都实行了浮动汇率制度。

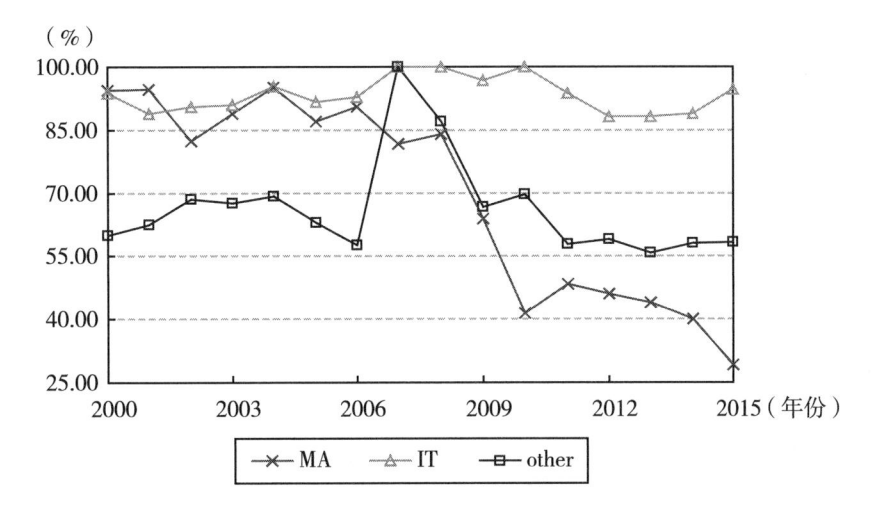

图 4-10　不同名义锚中浮动汇率制度占比

资料来源：AREAER。

上述分析说明近年来全球汇率制度和货币政策名义锚的搭配出现了两个趋势性变化：（1）浮动汇率制度—货币总量锚的组合方案越来越不受青睐；（2）浮动汇率制度—通货膨胀钉标制的组合，或浮动汇率制度和通货膨胀钉标制并行已成为汇率政策和货币政策的流行组合，并且实行这一组合的大多是发展中国家和新兴市场经济体（见图 4-11）[1]，学界称之为 FIT 范式（floating cum inflation targeting；Levy-Yeyati & Sturzenegger, 2013），并对它寄予了厚望。在论述了这一模式的优点后[2]，罗斯（Rose, 2007）明确指出，20 世纪 90 年代

---

[1]　实行 FIT 范式的发达经济体主要有澳大利亚、加拿大、冰岛、新西兰、挪威、瑞典、英国和日本等。挪威于 2001 年引入通货膨胀钉标制，冰岛在 2008 年退出后，于次年再次引入了该范式。瑞士于 2008 年引入该范式后，于 2010 年退出。日本则于 2012 年引入该政策操作范式。

[2]　这些优点包括：无须对资本流动施加约束和管制；汇率可以自由浮动；货币政策在关注国内问题的同时不会带来国际成本；相对于没有实行通货膨胀钉标制的同类经济体来说，采用该模式的经济体汇率波动较低、且很少出现资本流动的突然停止（sudden stop）；无须国际协调；该模式的国际货币体系不需要中心国家、IMF 或黄金发挥作用；相对其他货币制度来说，这一模式是可持续的（Rose, 2007）。

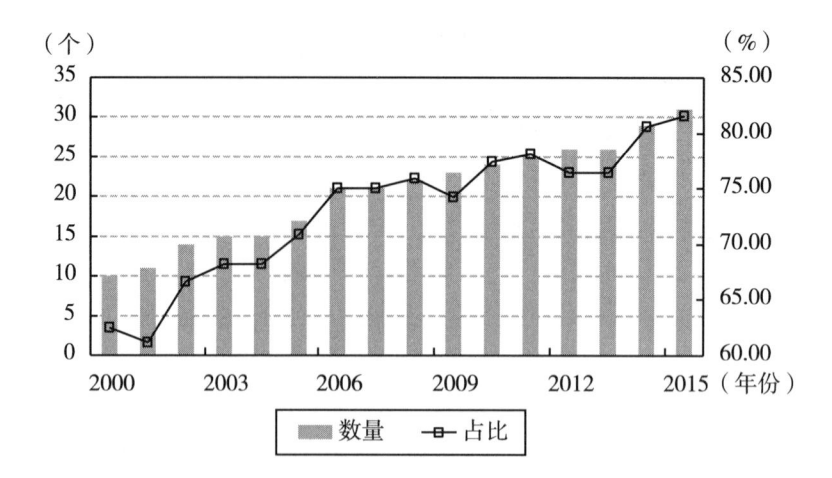

图 4-11 发展中国家和新兴市场经济体在 FIT 范式中的数量和占比
资料来源：AREAER。

早期出现的这一模式预示着一个稳定的国际货币体系的到来，是未来国际货币体系的发展方向。

但罗斯（2007）可能高估了 FIT 范式。2000 年以后，莱因哈特（2000）以及卡尔沃和莱因哈特（Calvo & Reinhart，2002）发现，很多实行浮动汇率制度的经济体的汇率变化、利率变化和储备变化都和浮动汇率制度不相吻合，这些经济中汇率、利率和储备的变动反而更接近固定汇率制度下这些变量的变动特征。他们将实行浮动汇率制度的经济体汇率缺乏变动的现象称为害怕浮动。一些经济学家（如，Ball & Reyes，2008）认为，卡尔沃和莱因哈特（2002）所谓的害怕浮动和通货膨胀钉标制之间并无显著差异，实行通货膨胀钉标制的部分经济体（巴西、哥伦比亚、秘鲁、波兰和南非），确实表现得更像害怕浮动。这些讨论说明，一些经济体实行的 FIT 范式与其说是 FIT，还不如说是一种隐蔽的害怕浮动（fear of floating in disguise）。尽管罗斯（2007）可能高估了 FIT 范式的影响，但 FIT 范式正成为国际货币体系发展的重要方向，这一点从经验证据来看是很明显的。

五、结论与启示

在 20 世纪最后 20 年中，由于资本管制的取消和通信技术的进步，资本的流动性大大提高了（Krugman et al.，2018）。在两极论观点的支持者看来，资本流动的加剧,给发展中国家宏观经济政策的设计和实施带来了理论上的严峻挑战。它把发展中国家推向了三角形的另一条边:或者像货币局制度那样实行严格的固定汇率制度(像前文描述的美元化和货币局制度),放弃货币自主权;或者转向灵活管理的、甚至是浮动汇率制度(Krugman et al.,2018)。然而,21世纪以来全球的汇率政策实践却推翻了这一于20世纪90年代所形成的关于汇率制度的理论共识,汇率制度演变的两极化趋势并未出现。可能的原因在于,尽管以前实行中间汇率制度的经验教训表明,中间汇率制度是很危险的,但是发展中国家对两极汇率制度仍然栗栗不安。它们既担心由于自身的原罪问题而使得汇率浮动的成本高昂,又害怕严格的固定汇率制度会在危机时期剥夺或限制其政策调整的灵活性空间。

21世纪以来的16年中(2000~2015年),全球汇率制度和货币政策框架演变的经验还表明,实行汇率锚和通货膨胀钉标制的货币政策框架日渐盛行,而且很多浮动汇率的经济体都采用了通货膨胀钉标制的货币政策框架(FIT范式)。这种20世纪90年代初期出现的政策操作规范在新兴市场经济体和发展中国家逐渐流行起来,并且这些经济体逐渐构成实行FIT范式的主体,正在成为国际货币体系新的发展方向和趋势,有望对未来国际货币体系的改革和演变产生深刻影响。

第二节 资本管制与汇率制度选择

尽管20世纪80年代以来资本的流动性持续提高,但上一节的研究表明,21世纪以来全球的汇率政策实践却推翻了20世纪90年代所形成的关于汇率制度的理论共识——两极论,汇率制度演变的两极化趋势并未出现。不断提高的资本自由化程度并没有将发展中国家推向"三角形的另一条边",或者实行严格的固定汇率制度,或者实行浮动汇率制度。

本节在上一节的研究基础上进一步考察资本管制对汇率制度选择的影响[①]。

---

① 资本管制和资本账户自由化是一枚硬币的两面,可以不严格地认为,资本账户自由化意味着资本管制程度的放松,或者资本管制的放松(或去资本管制)意味着资本账户的自由化。这两个概念有很多内涵非常相近或相反的概念和术语,如,资本自由流动、资本账户开放、放松资本管制、国际资本市场一体化、金融一体化和资本管制等。本书不考虑这些概念之间的细微差别,交替使用这些术语。

从理论上来说，早期的理论认为，资本账户自由化要求一国实行更有弹性的汇率制度或浮动汇率制度（Fleming，1962；Mundell，1963）。然而，新近的一种观点认为，资本管制程度越低的经济体越应实行固定汇率制度（Obstfeld，1995b；Levy-Yeyati et al.，2010）。这有两个理由：（1）根据 OCA 理论，如果一国与其他国家之间资本流动程度越高，那么该国与其他国家越应结成一个货币区，实行固定汇率制度；（2）近年来的一些理论和实证研究认为，由于发展中国家的私人部门普遍存在大量以外币计价的负债，因此，这些国家的货币贬值会导致私人部门资产负债表状况的恶化，进而导致投资的萎缩和产出的衰退。因此，发展中国家在货币贬值时享受不到教科书所陈述的扩张性好处，反而会面临经济紧缩的难题。这样，对发展中国家而言，资本账户自由化反而会导致这些经济体保持汇率的稳定，以避免贬值的紧缩性影响（Levy-Yeyati et al.，2010）。

那么，上述两种相反的理论观点是否有着经验证据的支撑呢？为了回答这个问题，我们根据表 3 – 1 的经验研究文献总结进一步提炼了 21 篇纳入资本管制的经验研究（见表 4 – 3）。表 4 – 3 第 1~2 列列出了文献作者、经验研究的样本及样本期，第 3~4 列列出了经验研究使用的汇率制度分类方法和资本账户自由化测算方法，第 5~6 列分别给出了经验研究所使用的计量模型和研究结果。由表 4 – 3 可得到如下结论：（1）两种理论观点都各有经验证据的支持[①]。换言之，在资本账户自由化对汇率制度选择的影响问题上，经验证据也没有形成一致的结论。（2）利用资本账户自由化事实测算法的经验研究为数极少。（3）已有研究在资本账户自由化测算、汇率制度分类、样本、样本期和计量模型等方面都存在很大差异，这些差异可能是经验证据不能形成一致结论的重要原因。

因此，不论是理论研究还是经验证据都不能就资本账户自由化对汇率制度选择的影响形成一致看法，这就导致了理论研究和政策决策的踟蹰犹疑。因此，利用相同的计量方法，在控制样本和模型设定的基础上，采用不同的资本账户自由化测算方法和不同的汇率制度分类方法对这个问题重新进行全面的审视就具有重要意义：这不仅可以让我们明确争论的原因和未来研究的方向，

---

① 应该注意的是，这些研究的初衷并不是研究资本账户自由化或资本管制对汇率制度选择的影响，它们只是在研究汇率制度选择决定因素的时候，将资本管制作为控制变量引入了计量模型，因而这些研究并没有专门考察资本账户自由化对汇率制度选择的影响问题。

表 4-3　资本账户自由化对汇率制度选择的影响

文献	样本	汇率制度分类	资本账户自由化的测算及测算方法归类	汇率自由化测算方法归类	计量模型	结论
霍尔顿等（1979）	76 个国家（1974~1975 年）	HHS 指数	总私人资本流动/GDP	事实	多元线性回归	—
爱德华兹（1996）	63 个发达和发展中国家（1980~1992 年）	IMF	0-1 虚拟变量	名义	Bprobit	+^
贝恩哈德和莱布隆格（1999）	20 个发达经济体（1974~1995 年）	IMF	0-1 虚拟变量	名义	B/Mlogit	+^
弗里登等（2001）	26 个拉丁美洲国家（1960~1994 年）	IMF	年度国际借贷总额	事实		+^
			0-1 虚拟变量	名义		
			加总四个反映资本和经常账户管制等信息的虚拟变量		Ologit	—^
普尔松（2001）	93 个国家（1999 年）	IMF/实际分类	根据 AREARA 编制管制指数	名义	Oprobit; MLR	+^
布罗兹（2002）	152 个国家（1973~1995 年）	IMF	根据 AREARA 编制	名义	Oprobit	+^
尤恩和莫罗（2002）	184 个国家（1990 年、2000 年）	IMF/LYS	金融资产、负债流出、人绝对值之和/GDP	事实	Bprobit; Mlogit	..^
瓦格纳（2003）	150 个国家（1990~1998 年）	IMF	普尔松（2001）	名义	Oprobit	+
香博（2004a）	所有发展中国家（1973~2000 年）	IMF	0-1 虚拟变量	名义	logit	+^
马基维奇（2006）	23 个转型国家（1993~2002 年）	IMF/RR	资本管制指数	名义	Ologit	—
冯·哈根和周（2007）	94~128 个国家（1981~1999 年）	IMF	同弗里登等（2001）	名义	Mlogit	+^; —
卡尔德隆和施密特-赫伯（2008）	110 个经济体（1975~2005 年）	IMF/RR	外部资产与负债之和/GDP	事实	logit/probit	+^

续表

文献	样本	汇率制度分类	资本账户自由化的测算及测算方法归类		计量模型	结论
卡尔米尼亚尼等(2008)	96个经济体(1974~2000年)	IMF/RR/LYS	同香博(2004a)	名义	LPM/logit	—^(RR); —(IMF)
霍尔(2008)	152个国家(1973~1995年)	IMF	金和伊藤(Chinn & Ito, 2002)	名义	Oprobit	+^
霍尔(2008)	65个发展中国家(1977~1998年)	IMF	奎因(Quinn, 1997)	名义	Oprobit	+
侯赛因(2009)	34个经济体(1973~1996年)	IMF	同弗里登等(2001)	名义	Ologit	+^
列维-叶亚提等(2010)	183个国家(1974~2004年)	IMF/RR/LYS	金和伊藤(2008)	名义	Mlogit	+^; —^
辛格(2010)	74个发展中国家(1982~2006年)	IMF/RR	金和伊藤(2006)	名义	O/Clogit	+^(RR); —(IMF)
贝尔斯和哈勒贝格(2011)	所有能获得数据的经济体(1973~1995年)	RR/LYS/SH	奎因(1997)	名义	O/Bprobit	—^
哈姆斯和霍夫曼(2011)	167个国家(1975~2004年)	IMF/RR/LYS	金和伊藤(2008)	名义	LPM; Bprobit	—^(RR; LYS); +, —(IMF)
林和叶(2011)	102个国家(1974~2005年)	RR	金和伊藤(2008)	名义	Blogit	—^
斯坦伯格和玛尔霍特拉(2014)	146个发展中国家(1973~2006年)	RR	卡彻和斯坦伯格(Karcher, 2013)	名义	Bprobit	—

注:1. +表示资本账户自由化程度越高选择浮动汇率制度的可能性越高;—表示资本账户自由化程度越高选择固定汇率制度的可能性越高;^表示回归系数为0。其余同表3-1。
2. +^表示对非工业化经济体成立,—^表示无论采用何种汇率制度分类方法,对工业化经济体都成立。

资料来源:根据文献整理。

而且从实际的政策层面来说，也有助于发展中国家的决策者进一步厘清资本账户自由化对汇率制度选择和汇率政策制定的影响。

本节以88个发展中国家1974~2010年的数据为样本，利用两种资本账户自由化测算方法考察了资本账户自由化对汇率制度选择的影响。研究发现，采用名义测算方法衡量资本账户自由化程度时，资本账户自由化程度越高的发展中国家越可能采取更有弹性的汇率制度；然而，采用事实测算方法衡量资本账户自由化程度时，资本账户自由化程度越高的发展中国家越可能采取更缺乏弹性的汇率制度。

我们应如何解释这种矛盾呢？笔者认为，名义和事实测算方法包含了政府对待资本流动的态度和实际上控制资本流动的行动信息，而这些信息是影响汇率制度选择的重要因素。如果相对于事先所宣布的资本账户自由化程度而言，政府事后对资本账户交易实施了更为严格的控制，那么资本流动对汇率的冲击和影响就很小。因此，（相对名义资本账户自由化程度而言）实际资本控制程度越强的发展中国家越可能采取更有弹性的汇率制度；反之，（相对名义资本账户自由化程度而言）实际资本控制程度越弱，那么资本流动对汇率的冲击就越大。在此情况下，发展中国家就越可能通过汇率控制以保持汇率稳定，从而降低汇率波动对宏观经济的不利影响。我们根据资本账户自由化的名义和事实测算方法估计了一国（相对名义资本账户自由化程度而言）的实际资本控制程度，检验了这一理论假说，结果表明，经验证据支持该假说。

一、汇率制度选择的决定因素：理论总结

我们根据汇率制度选择研究的传统和现代范式（见第二章和第三章），将影响汇率制度选择的因素分为三大类，即OCA因素、宏观结构因素和政治因素，总结了影响汇率制度选择的各种影响因素及其预期的影响方向（见表4-4）。这不仅为本节的实证研究提供了控制变量选择的基础，也为第五章和第六章实证研究的控制变量选择奠定了基础。我们根据表3-1和表4-4，选择如下控制变量。

表 4-4　　　　　　　　　汇率制度选择的影响因素

变量		选择浮动汇率制度的可能性	理论依据
OCA 因素	要素流动性	—	OCA
	开放度	—	OCA
	产品多样化程度	—	OCA
	贸易的地理集中程度	—	OCA
	经济规模	+/—	OCA
	经济发展程度①	+	OCA
	通货膨胀差异	+ ; +/—	OCA；PE
	市场一体化程度	—	OCA
宏观结构因素	资本流动性	+/—	M-F；NOEM；BH
	货币冲击	—	M-F
	实际冲击	+	M-F
	原罪程度	—	FF
	负债美元化	—	BH
	货币政策的公信力	+	FF
	外债	+/—	博尔多（Bordo）和弗朗德罗（Flandreau, 2001）；林和叶（2011）；张璟、刘晓辉（2015、2018）等
	国际储备	+/—	
	金融发展	+/—	
政治因素	利益集团	+/—	PE
	左翼政党执政	+/—	PE
	政府的强势程度	+/—	PE
	政治不稳定性	+/—	PE
	中央银行的独立性	+/—	PE；CR

注：1. +表示某变量越高或越大，那么选择浮动汇率制度的可能性就越高；—则反之。+/—表示不同的理论或者同一理论认为该变量对汇率制度选择的影响方向是不确定的。

2. CR 表示政策动态一致性理论；BH 表示两极论假说；PE 表示汇率制度选择的新政治经济学理论；FF 表示"害怕浮动"假说。

① 霍尔顿等（1979）指出，经济发展程度越低，一国产品市场和要素市场就越不发达，这些市场的运作就越没有效率，并且，贸易品的供给在国内外市场进行转换的余地也小。这些考虑使他们认为，经济发展程度越低的经济体越可能实行固定汇率制度，经济发展程度越高的经济体越可能实行浮动汇率制度。霍尔顿等（1979）还进一步指出，OCA 理论忽略了经济发展程度这个变量对汇率制度选择的影响。据我们所知，除了霍尔顿等（1979）之外，确实没有文献论述或讨论经济发展程度对汇率制度选择的影响，但是，很多经验研究却将经济发展程度作为控制变量，这很可能是受到霍尔顿等（1979）的启发和影响。

资料来源：根据文献总结。

（1）OCA 因素。我们用贸易开放度、经济发展程度和经济规模等指标控制 OCA 因素对汇率制度选择的影响。具体而言，我们以进出口贸易总额/GDP 作为贸易开放度（*open*）的代理指标，利用经购买力平价（PPP）调整后的人均 GDP 的对数表示经济发展程度（*ecodev*），利用 PPP 调整后的 GDP 的对数作为经济规模（*ecosize*）的代理变量[①]。

（2）宏观结构因素。我们利用过去 5 年中贸易条件对数的标准差作为实际冲击（*totshk*）的代理指标；利用过去 5 年中广义货币供给增长率的标准差作为货币冲击（*monshk*）的代理指标（Levy-Yeyati et al., 2010）；我们选择 CPI 指数计算通货膨胀率。由于本文样本中部分经济体存在恶性或高通货膨胀的情形，为了降低异常值的影响，我们将根据 CPI 计算的通货膨胀率除以 1 加上通货膨胀率作为通货膨胀的代理变量（Ghosh et al., 1997；von Hagen & Zhou, 2007）；我们利用 M2/外汇储备作为外汇储备的代理变量，用外债/GDP 表示一国的外债规模。

（3）政治因素。我们利用 Polity IV 数据库中的 Polity2 指标（*dem*）和 MEPV（major episodes of political violence）数据库中的 ACTOTAL 指标（*polins*）控制政治因素对汇率制度选择的影响。

二、经验证据

（一）样本

发达国家资本账户自由化与汇率制度的关系已经很明晰了：这些经济体在开放资本账户的同时常常实行浮动汇率制度。但是，对发展中国家来说，这种关系还远不明晰。本节因此以发展中国家为样本展开经验研究。受数据可得性的限制，本节的样本包括 88 个发展中国家 1974~2010 年的数据。

（二）被解释变量

为了保证结论的稳健性，我们同时使用 IMF、RR、SH、LYS 及 BT 分类法五种汇率制度分类方法展开经验研究，其中 IMF 可视为名义分类方法，其余四种均为实际分类方法。

---

① 除非特别说明，本节的数据均来自世界银行的世界发展指标（WDI）数据库。

在本节中：(1) RR 精细分类法将汇率制度细分为 14 类，数值越大表示汇率制度的弹性越高。但是，该数据集还包括两个特殊情形，一是数值 14 的自由落体情形，二是数值 15 的复汇率市场且平行市场数据缺失的情形。我们在经验研究中剔除了最后一种情形。对于自由落体，我们首先将之纳入实证研究中，然后剔除该情形重新进行回归，以保证结论的稳健。(2) SH 分类法将汇率制度划分为固定和非固定两种，分别赋值为 0 和 1。(3) LYS 分类法给出了三分类和五分类的数据集，由于五分类数据集存在异常值，因此使用三分类数据集进行研究。我们将该数据集中的固定汇率制度赋值为 0，中间汇率制度赋值为 1，浮动汇率制度赋值为 2。(4) IMF 和 BT 分类法下赋值越大的汇率制度弹性越高，本节直接采用原始赋值。

（三）解释变量

从已有文献看，资本账户自由化的测算方法可分为三类（Quinn et al.，2011）：一是名义测算法（de jure indicators）；二是事实测算法（de facto indicators）；三是混合测算法（hybrid indicators）。名义测算方法主要利用 AREAER 披露的关于资本账户和经常账户交易法规与规则方面的信息测算资本账户的开放程度，事实测算方法主要利用数量、价格或其他手段测算资本账户自由化程度，混合测算方法则是名义和事实测算方法的综合。

目前，公开可得且样本覆盖范围广、样本期较长的资本账户自由化指数有 4 种：金和伊藤（2006、2008）提出的 KAOPEN 指数、卡彻和斯坦伯格（2013）在 KAOPEN 指数基础上建立的 CKAOPEN 指数、莱恩和米莱西–费雷蒂（Lane & Milesi-Ferretti，2007）的 TOTAL 指数和德雷埃（Dreher，2006）编制的 eGlobe 指数。前两个指数属于名义测算法，第三个是事实测算法，第四个则属于混合测算法。我们从这四个指数中选择 CKAOPEN 和 TOTAL 两个指数用于计量研究[①]。

金和伊藤（2006、2008）根据 AREAER"成员国汇兑和贸易体制特征总结表"（Summary Feartures of Exchange and Trade Systems in Member Countries）披露的各国经常账户、出口收益上缴要求和是否存在多重汇率等信息，利用主成分分析法编制了反映一国资本流动程度的 KAOPEN 指数。目前该数据集涵

[①] 关于资本账户自由化的不同测算方法，可参见奎因等（2011）。

盖182个经济体1970~2011年的资本账户自由化指数。但是，由于KAOPEN指数的编制包括了过去5年中资本账户政策的信息，因此使用KAOPEN指数进行计量研究可能导致系统性的测度误差，这对已有经验研究结论影响很大（Karcher & Steinberg，2013）。为了克服和降低这种负面影响，卡彻和斯坦伯格（2013）在KAOPEN指数基础上提出了CKAOPEN指数，该指数仅包括当年的政策信息，因此降低了测度误差的影响。除了这些理论和统计方面的考虑外，本书的样本中，CKAOPEN和KAOPEN指数是高度相关的（相关系数为98.4%），这些考虑促使我们选择CKAOPEN作为名义资本账户开放程度的代理变量。

然而，在面对法律法规的限制时，资本流动也会做出反应以规避管制，因此，基于AREAER的名义测算方法并不能真实反映一国实际的资本流动程度。为此，很多经济学家提出了资本账户自由化的事实测算方法以弥补这一不足。相对名义测算方法而言，事实测算法提供了一种替代性的、更能反映全球资本市场一体化程度的指标。莱恩和米莱西-费雷蒂（2007）提出的TOTAL指数是广泛使用的一种事实测算指数，该指数等于总国外资产和总国外负债之和/GDP，其中国外资产和国外负债都包括了证券组合投资、FDI资金、债务和金融衍生产品等。

我们没有使用德雷埃（2006）编制的eGlobe指数进行实证研究，这是因为这个指数主要由事实上的资本流动（贸易、FDI、证券组合投资和投资收入的支付）和管制（包括隐含的进口壁垒、平均关税率、国际贸易税率和资本账户限制）两个部分构成，每个构成部分各占50%的权重，因此，这个指数不仅反映了资本账户的自由化程度，也同等地反映了贸易自由化程度，并不适合本书的研究。

我们把用名义测算法得到的资本账户自由化指数称为名义资本账户自由化指数，把用事实测算法得到的资本账户自由化指数称为事实资本账户自由化指数。图4-12描述了88个发展中国家资本账户自由化的发展情况。由图可见，虽然发展中国家在20世纪80年代中期才开始取消资本账户管制，但是事实上的资本流动自1974年以来就在持续增强。

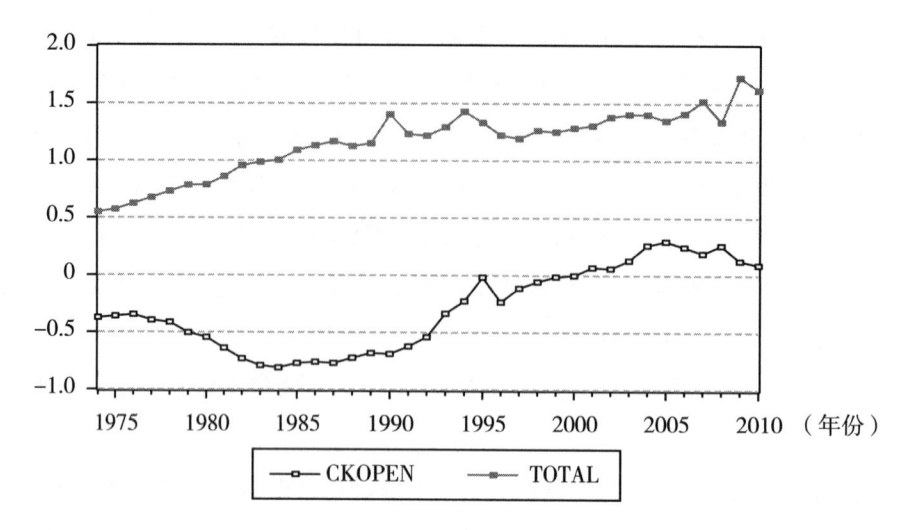

图 4-12　名义和事实资本账户自由化程度（1974~2010 年）

注：CKAOPEN 和 TOTAL 分别表示用名义和事实测算法得到的资本账户自由化指数。
资料来源：金和伊藤（2006、2008）；莱恩和米莱西-费雷蒂（2007）。

（四）实证结果

遵循既有经验研究的做法（见表 4-3），我们使用有序多元 logit 模型进行计量研究。由于极大似然估计方法和固定效应模型是不一致的，这会导致有偏的估计结果（Markiewicz，2006）。并且，本书研究中很多变量，如资本管制和政治不稳定等，随时间的变化而变动缓慢，因此，采用固定效应模型进行参数估计也不合适。另外，由于本节样本包括了 88 个发展中国家，这不能视为从总体中随机抽样的结果，因此，随机效应参数估计方法也不适合本节的研究。考虑到这些情况，本节采用面板数据混合回归方法。为了避免或降低内生性问题的影响，我们遵循既有文献的惯常做法，将解释变量和控制变量滞后一期（Edwards，1996；Frieden et al.，2001；Shambaugh，2004a；Alesina & Wagner，2006；Markiewicz，2006；Calderón & Schmidt-Hebbel，2008；Carmignani et al.，2008；Frieden et al.，2010；Levy-Yeyati et al.，2010；Harms & Hoffmann，2011；Steinberg & Malhotra，2014）。表 4-5 至表 4-9 列出了回归结果。

表 4-5　　　　　　名义资本账户自由化回归结果（CKAOPEN）

变量	IMF	LYS	BT	SH	RR	RR_D
$ckaopen$	0.316*** (0.04)	0.038 (0.05)	0.233*** (0.04)	0.288*** (0.05)	0.018 (0.04)	0.024 (0.04)
$open$	-0.560*** (0.19)	-1.020*** (0.24)	0.277 (0.17)	-1.209*** (0.24)	-0.951*** (0.18)	-0.783*** (0.19)
$ecodev$	-0.059 (0.09)	0.299** (0.12)	-0.145 (0.09)	0.329*** (0.12)	0.138 (0.09)	0.144 (0.10)
$ecosize$	0.289*** (0.05)	0.244*** (0.06)	0.380*** (0.04)	0.223*** (0.06)	0.321*** (0.04)	0.343*** (0.05)
$totshk$	0.347 (0.72)	0.333 (0.94)	0.426 (0.71)	-0.377 (0.81)	0.699 (0.59)	0.758 (0.67)
$monshk$	-0.807 (0.61)	-5.250*** (1.21)	-1.702*** (0.62)	-3.274*** (1.09)	-1.216** (0.47)	-1.875*** (0.52)
inf	3.454*** (0.53)	1.235*** (0.45)	5.471*** (0.74)	10.60*** (1.68)	9.279*** (1.12)	6.556*** (1.49)
$reserve$	-0.021*** (0.01)	-0.016** (0.01)	-0.021*** (0.01)	-0.033*** (0.01)	-0.025*** (0.01)	-0.030*** (0.00)
$exdebt$	0.673*** (0.19)	0.272 (0.22)	0.127 (0.17)	0.641*** (0.22)	0.794*** (0.17)	0.726*** (0.19)
dem	0.064*** (0.01)	0.088*** (0.01)	0.047*** (0.01)	0.076*** (0.01)	0.044*** (0.01)	0.053*** (0.01)
$polins$	0.107*** (0.03)	0.081** (0.04)	0.015 (0.03)	0.108** (0.05)	-0.100*** (0.02)	-0.094*** (0.02)
Wald 卡方值	375.8***	237.1***	297.9***	256.9***	371.1***	337.2***
伪 R^2	0.144	0.164	0.122	0.278	0.122	0.069
N	1290	914	1279	1279	1297	1134

注：1. 括号内为稳健标准误；** 和 *** 分别表示 5% 和 1% 的显著性水平；本表未报告趋势项和切点的估计值。

2. IMF、LYS、BT、SH 和 RR 分别表示 IMF、LYS、BT、SH 和 RR 汇率制度分类法。RR_D 表示从 RR 分类法中剔除了自由落体情形。

3. 表 4-6～表 4-9 同。

1. 资本账户自由化与汇率制度选择

由表 4-5 可见，利用名义测算方法得到的资本账户自由化的回归系数均为正,且在 IMF、BT 和 SH 分类法回归中统计上显著。这说明名义资本账户自由化程度越高的发展中国家越会选择更有弹性的汇率制度。但是,表 4-6 却表明,利用事实测算方法得到的资本账户自由化指标的回归系数在 LYS、BT、SH 和 RR 分类法回归中都是统计上显著为负的,这说明事实资本账户自由化程度越高的发展中国家越会选择更缺乏弹性的汇率制度。

表 4-6　　　　事实资本账户自由化回归结果(TOTAL)

变量	IMF	LYS	BT	SH	RR	RR_D
total	0.044 (0.11)	-0.424** (0.17)	-0.374*** (0.14)	-0.424*** (0.15)	-0.444*** (0.17)	-0.623*** (0.20)
控制变量	Yes	Yes	Yes	Yes	Yes	Yes
Wald 卡方值	303.0***	283.6***	250.2***	234.4***	356.8***	319.6***
伪 R^2	0.126	0.167	0.116	0.266	0.123	0.072
N	1294	914	1283	1283	1301	1138

注:1. 括号内为稳健标准误;** 和 *** 分别表示 5% 和 1% 的显著性水平;
2. 控制变量同表 4-5,本节其余表格同。

2. 对结果的解释:一个假说

不同的测算方法得到了相反的结论,原因何在呢?前文我们已经指出,资本账户自由化的名义和事实测算指标包含了不同的信息,而这些信息可能影响汇率制度选择。因此,与贝恩哈德和莱布隆格(1999)及尤恩和莫罗(2002)的研究类似,我们还将名义和事实测算指标(CKAOPEN 和 TOTAL)作为解释变量同时纳入模型进行回归(见表 4-7)。

表 4-7　　　　引入名义和事实资本账户自由化回归结果

变量	IMF	LYS	BT	SH	RR	RR_D
ckaopen	0.329*** (0.04)	0.086 (0.06)	0.282*** (0.04)	0.377*** (0.06)	0.050 (0.04)	0.069 (0.04)
控制变量	Yes	Yes	Yes	Yes	Yes	Yes
Wald 卡方值	378.2***	243.2***	316.0***	269.7***	376.8***	351.2***
伪 R^2	0.144	0.169	0.129	0.292	0.125	0.074
N	1290	914	1279	1279	1297	1134

注:括号内为稳健标准误;*** 表示 1% 的显著性水平。

由表 4-7 可见：

（1）在 LYS、RR 和 RR_D 三列中，CKAOPEN 的回归系数虽然统计上仍不显著，但是，相对表 4-5 的结果而言，这三个回归系数的统计显著性都提高了。

（2）表 4-6 中 IMF 分类法下 TOTAL 指标的回归系数为正，但在表 4-7 中，相应的回归系数符号变为负，且与表 4-6 中其他分类法下回归系数的符号一致。因此，相比表 4-5 和表 4-6 而言，表 4-7 中两种测算方法得到的资本账户自由化指标的回归结果都有了改善。

（3）表 4-7 表明，给定其他条件不变的情况下，名义资本账户自由化程度越高的发展中国家越可能选择更有弹性的汇率制度，而事实资本账户自由化程度越高的发展中国家则越可能选择更缺乏弹性的汇率制度。这个结论和贝恩哈德和莱布隆格（1999）是一致的。这说明，不论是资本账户自由化的名义测算方法还是事实测算方法，由这些方法所得到的关于资本账户自由化程度的指标都包含了影响汇率制度选择的有用信息。我们下面从这个角度进一步解释表 4-5 ~ 表 4-7 得到的结论差异。

首先，由于本书使用了同一个样本、相同的控制变量和相同的计量模型设定及参数估计方法，因此，结论的差异不可能是这些因素导致的。表 4-5 ~ 表 4-7 还表明，研究结论并不受汇率制度分类方法的影响。因此，我们推断导致矛盾性结论的主要原因应归结为不同的资本账户自由化测算方法。

其次，名义测算法包含了一国政府关于资本账户自由化的政策意图，一旦经济人获悉政府关于资本账户交易的政策意图，他们就可能据此形成相应的预期并采取行动。比如，如果政府宣布放开资本账户交易，那么经济人可能据此推断政府捍卫或实施固定汇率制度的成本将日渐高昂。因此，宣称放松资本账户交易管制的经济体可能更不愿意实行固定汇率制度，换言之，名义资本账户自由化程度越高的发展中国家越可能选择更有弹性的汇率制度。

再次，虽然基于 AREAER 的名义测算法有助于形成经济人的预期及行动，但是，基于事后数据的事实测算法则有助于经济人判断和核实实际的资本账户自由化程度，并据此修正、调整其经济行为。如果经济人发现事实上的资本账户自由化程度低于政府事先所宣布的水平（即名义测算法所表明的资本账户自由化程度），那么，理性的经济人可能据此推断，政府是有能力控制资本流动的，或者他们可能认为政府正对资本流动施加严格的管制措施和手段。在此情况下，外汇市场的投机者可能不会发动对该国汇率的攻击，汇率也因此可能更为稳定。那么，发展中国家就可能容忍或采取更有弹性的汇率制度，因为，资本流动对汇率的冲击在此情况下是比较小的。然而，如果事实资本账户自由化程度高于政府事先所宣称的水平，那么经济人可能据此推测政府在控制资本流动方面是无能为力的，这就可能会导致汇率的剧烈波动，进而导致经济的不稳定。因此，作为资本管制的替代性手段，发展中国家在此情况下可能会借助于固定汇率制度来稳定汇率，以避免汇率波动对经济带来的不利影响。

最后，我们根据上述分析提出理论假说解释本书实证研究结论的矛盾性。我们认为，如果发展中国家事实资本账户自由化程度低于政府事先宣称的水平（名义资本账户自由化程度），那么该国越可能实行更有弹性的汇率制度；反之，如果发展中国家事实资本账户自由化程度高于名义资本账户自由化程度，那么该国就越倾向于实行更缺乏弹性的汇率制度。

为了检验这个理论假说，我们首先使用 CAKOPEN 和 TOTAL 指数估计政府（相对名义资本账户自由化程度而言）的实际资本控制程度。这分为以下几个步骤：第一，对任一给定的国家或年份，我们计算出该观测点上 CKAOPEN 和 TOTAL 两个指标在全部样本中的百分位值。第二，对任一国家或年份观测点，我们用 CKAOPEN 的百分位值减去 TOTAL 的百分位值，从而得到表示政府（相对名义资本账户自由化程度而言）实际资本控制程度的指标（dej_def）。该指标数值越高，表示实际的资本控制程度越强或者（相对名义资本账户自由化程度而言）事实资本账户自由化程度越低。第三，我们使用 dej_def 指标替代表 4–5 和表 4–6 回归中的 CKAOPEN 和 TOTAL 指数进行实证研究，结果如表 4–8 和 4–9 所示。

表 4–8　　　　　　　　实际资本控制的回归结果（一）

变量	IMF	LYS	BT	SH	RR	RR_D
dej_def	0.044 *** (0.01)	0.043 ** (0.02)	0.060 *** (0.02)	0.072 * (0.04)	0.022 ** (0.01)	0.022 *** (0.01)
控制变量	Yes	Yes	Yes	Yes	Yes	Yes
Wald 卡方值	313.3 ***	237.3 ***	247.8 ***	213.3 ***	382.0 ***	353.4 ***
伪 R^2	0.130	0.169	0.119	0.266	0.123	0.069
N	1280	909	1268	1268	1286	1123

注：括号内为稳健标准误；*、** 和 *** 分别表示 10%、5% 和 1% 的显著性水平。

表 4–9　　　　　　　　实际资本控制的回归结果（二）

变量	IMF	LYS	BT	SH	RR	RR_D
dej_defa	0.399*** (0.06)	0.309*** (0.11)	0.499*** (0.07)	0.623*** (0.09)	0.183*** (0.06)	0.223*** (0.06)
控制变量	Yes	Yes	Yes	Yes	Yes	Yes
Wald 卡方值	351.1***	254.1***	313.3***	271.8***	402.9***	372.0***
伪 R^2	0.140	0.168	0.133	0.295	0.124	0.072
N	1290	914	1279	1279	1134	1134

注：括号内为稳健标准误；*** 表示 1% 的显著性水平。

由表 4–8 和表 4–9 可见，所有回归中，dej_def 回归系数均显著为正，这说明实际资本控制程度越高的发展中国家越可能采取更有弹性的汇率制度。

然而，上面构建的反映一国政府实际资本控制程度的指标（dej_def）是样本依赖的，这可能影响结论的稳健性。为了解决这个问题，我们还通过另外的方法构建了反映政府实际资本控制程度的指标：第一，我们以美国的资本账户自由化指数（包括名义和事实测算法）为基准，然后用任一国家或年份观测到的 CKAOPEN 和 TOTAL 指标除以相应的美国的指标值，分别标识为 de jurer 和 de factor。第二，用任一国家或年份的 de jurer 指标除以 de factor 指标得到新的指标 dej_defa。该指标测算了一国（相对名义资本账户自由化程度而言）实际控制程度。第三，我们利用新的指数 dej_defa 进行回归（见表 4–8 和表 4–9），结果仍然支持本节的假说。

三、结论和展望

过去 30 年中，发展中国家启动了资本账户自由化改革的进程，迎来了资本流动的持续增长，这种深刻变化给发展中国家宏观经济政策的设计和实施带来了极大的挑战。经济学家认为，发展中国家在这种资本流动加剧的现实背景下，要么放弃货币政策的独立性而实行固定汇率制度，要么放弃汇率的稳定而实行浮动汇率制度，除此之外，别无良方。由于资本账户自由化测算方法的差异、汇率制度分类方法的差异、经济体类型的差异、样本的差异和计量模型的差异等原因，已有经验研究并不能就资本账户自由化对汇率制度选择的影响形成一致的看法。理论和经验证据缺乏共识使发展中国家的政策制定者在资本流动逐渐加剧的现实背景下茫然不知所从。

当此之时，厘清理论和经验研究的混乱对我们深入理解资本账户自由化与汇率制度安排之间的关系是非常重要的。本节以 88 个发展中国家 1974~2010 年的数据为样本，利用相同的计量模型和相同的参数估计方法考察了资本账户自由化对汇率制度选择的影响。研究发现，基于名义测算方法的资本账户自由化程度越高的发展中国家越可能实行更有弹性的汇率制度，而使用事实测算法的检验则表明资本账户自由化程度越高的发展中国家越可能选择更缺乏弹性的汇率制度。

本节进一步利用资本账户自由化的名义和事实测算方法构建了衡量政府实际资本控制程度指标并进行研究以解释这种矛盾性的结论。结果表明，政府实际资本控制程度对发展中国家汇率制度的选择有着重要影响：实际资本控制程度越高的发展中国家越可能采取更有弹性的汇率制度；反之，实际资本控制程度越弱的发展中国家越可能实行更缺乏弹性的汇率制度。这一结论启示我们：在资本流动自由化浪潮下，发展中国家在提高汇率弹性的同时辅以适当的资本控制仍不失为可行的政策选择。

对中国而言，本节的研究也具有一定的启示作用。近年来，中国启动了人民币汇率形成机制的市场化改革。一些观点认为，市场化的汇率制度要求更加开放的资本账户，因此，伴随着人民币汇率形成机制的市场化改革，中国应开放资本账户。然而，本节的研究表明，（相对名义资本账户自由化程度而言）实际资本控制程度越高的发展中国家越可能采取更有弹性的汇率制度，因此，对包括中国在内的发展中国家来说，在开放资本账户的同时，在事后保持适当的管制是实现汇率形成机制市场化改革的重要保证。因此，在人民币汇率形成机制逐渐弹性化的背景下，中国仍应保持对资本流动的监管。在资本账户自由化改革问题上中国仍需谨慎考量有关部门对资本跨境流动的监督、管理和管制能力。

本节的研究还存在一定的缺陷：首先，我们在计量检验时将解释变量和控制变量滞后一期以降低内生性问题的影响和困扰，但这并不是很好的解决内生性问题的方法。寻找合适的工具变量是后续研究的重要工作。其次，本节利用资本账户自由化的名义和事实测算法信息来估计和测算政府实际资本控制能力，这仍然存在一定的样本依赖性。后续研究应尝试寻找新的方法和手段来测算政府对资本流动的实际控制能力，重新检验本节所提出的理论假说。

第五章

金融结构与汇率制度

本章将目光聚焦于新兴市场经济体,从金融结构角度考察新兴市场经济体的金融结构特征对汇率制度选择和汇率政策制定的影响。本章研究的切入点和研究发现为我们理解新兴市场经济体汇率政策的制定提供了新的视角。

第一节 金融结构与固定汇率制度

一、问题的提出

随着20世纪90年代后资本市场一体化进程的迅速推进和一系列货币危机的爆发,新兴市场经济体的汇率制度选择成为经济学家关注的焦点。这些研究的重要特点在于,它们注意到并发掘了新兴市场经济体独特的、不同于发达经济体和其他发展中国家的特征,并以此解释新兴市场经济体汇率政策的制定。然而,目前的这些研究还没有注意到新兴市场经济体金融结构的潜在影响。

与越来越多的经济学家在挖掘新兴市场经济体独特的经济和政治结构特征以解释其汇率制度选择的同时,另一些经济学家注意到了金融发展对各类国家汇率制度选择的影响。最早注意到这种影响的是博尔多和弗朗德罗(2001)及博尔多(2003)。他们认为,一般而言,金融发展程度越低的经济体越可能实行固定汇率制度,而金融发展程度越高的经济体越可能实行浮动汇率制度(Bordo & Flandreau, 2001; Bordo, 2003; Lin & Ye, 2011)。随后,大量的经验研究考察了金融发展对汇率制度选择的影响（Markiewicz, 2006; von Hagen & Zhou, 2007; Bleaney & Francisco, 2008; Carmignani et al., 2008; Hossain, 2009; Frieden et al., 2010; Lin & Ye, 2011; Berdiev et al., 2012）。

作为与金融发展有着密切关系但却又不完全等同的概念，金融结构也是一个广受经济学家关注的概念。学界认为金融结构对很多经济现象，如经济增长、货币危机和货币政策传导渠道及效果等，都有着重要影响。既然近十年来学界已经注意到金融发展对汇率制度选择的影响，并且理论和经验证据都表明，金融发展影响一国的汇率制度选择，那么，金融结构是否也影响汇率制度选择呢？前面的回顾表明，已有理论和实证研究还没有注意到金融结构对汇率制度选择的影响。这促使我们在已有研究基础上思考金融结构对汇率制度选择的影响。由于过去二十年中新兴市场经济体的汇率制度选择是学界瞩目的焦点，因此，这促使我们进一步将这种思考聚焦到新兴市场经济体。特别地，我们要尝试回答和解决的问题是，金融结构会影响过去二十年来颇受世界瞩目的新兴市场经济体的汇率制度选择吗？这种思考和基于这种思考的初次尝试构成了本章的主要贡献。

以新兴市场经济体为研究对象，考察已有研究未曾涉及的金融结构因素对汇率制度选择的影响。我们认为，一国的金融结构越趋向银行主导型，它采取固定汇率制度的可能性就越高；反之，一国的金融结构越趋向市场主导型，它就越可能实行更有弹性的汇率制度。本章随后以31个新兴市场经济体1990~2010年的数据为样本检验了这一假说。研究发现，金融结构对新兴市场经济体汇率制度选择的影响不仅方向上符合理论假设，而且统计上也是显著且稳健的。

二、理论假说

对金融结构的系统性研究可以追溯到20世纪60年代戈德史密斯的名著——《金融结构和金融发展》，该书按照金融资产的数量和种类等描述了一国金融体系的结构特征。后来，学界进一步将金融结构划分为银行主导型和市场主导型两类（Demirguc-Kunt & Levine, 2001），并考察了不同类型金融结构的特征及影响。

越来越多的研究认为，金融结构是很多经济现象的重要解释力量。首先，关于金融结构与经济增长关系的研究表明金融结构可能影响经济增长。一些研究指出，银行主导型的金融结构有助于产业扩张（Rajan & Zingales，2001），从而推动经济增长。但也有研究指出，银行家可能和企业经理层合谋以反对外部投资者，这阻碍了竞争和资源的有效配置，从而抑制经济增长（Morck & Nakamura，1999）。艾伦和盖尔（Allen & Gale，2000）则注意到了不同金融结构在信息处理和资源配置效率方面的差异，这会进一步导致不同金融结构下经济增长的差异。其次，很多学者注意到了 20 世纪 80～90 年代迅速发展的金融部门和脆弱的银行体系在新兴市场经济体货币危机的形成过程中所起的作用。他们发现，脆弱的银行体系是货币危机的先兆，银行业危机不是引起便是加剧了货币危机（Kaminsky & Reinhart，1999）。最后，还有一些研究注意到了不同金融结构对货币政策传导渠道和效果的影响（Kaufmann & Valderrama，2004；Scharler，2007）。

　　金融结构既然有如此广泛的潜在影响，那么，它是否影响一国的汇率制度选择呢？到目前为止，这个问题还没有引起学界的注意，我们在已有研究基础上认为金融结构会影响一国的汇率制度选择。这一论断有如下两点理由：

　　首先，20 世纪 80 年代后，随着新兴市场经济体逐渐融入国际资本市场，新兴市场经济体的银行部门越来越多地提供和从事跨国金融服务，并逐渐深入涉及对外投资和贸易的金融业务活动中。这就意味着，如果一国采取更有弹性的汇率制度安排，那么汇率变化会直接影响银行部门的资产负债表状况，导致这些部门的业务面临更高的汇率风险（Frieden，1991；Frieden，1994）。因此，对银行部门而言，它们会偏好更为稳定的汇率（Broz et al.，2008）[①]。一种可能的例外是，如果一国存在比较发达的外汇市场，那么银行部门可以利用外汇远期等衍生产品交易来对冲汇率风险。但是，绝大部分新兴市场经济体并不存在发达的外汇市场和外汇远期等衍生产品的交易，这使暴露于外汇风险之下的银行部门无法有效地对冲汇率风险。国际清算银行（BIS）的统计表明，虽然 1995～2019 年期间，21 个新兴市场经济体的外汇市场不断发展，但是，

---

　　① 值得指出的是，新兴市场经济体的银行部门也面临严重的负债美元化问题。根据列维－叶亚提（2006）的估计，1970～2004 年期间，很多新兴市场经济体（如保加利亚、埃及、秘鲁、波兰和土耳其）中银行部门的外币存款占总存款的比重超过了 30%。当一国银行部门存在大量的以外币计值的负债时，汇率的变化，尤其是本币贬值会导致银行部门资产负债表状况的恶化，因此，银行部门的负债美元化问题会进一步强化银行部门对汇率稳定的偏好。

截至 2019 年，21 个新兴市场经济体加总的外汇交易规模也仅占全球市场交易的 5.27%。并且，这仅有的微弱占比主要集中在即期外汇交易，新兴市场经济体外汇远期等衍生产品的交易几乎可以忽略不计（见表 5-1），有些经济体甚至不存在外汇远期市场。因此，新兴市场经济体外汇市场发展的现实制约加重了银行部门对汇率稳定的偏好。

表 5-1　　新兴市场经济体的外汇市场交易　　单位：%

交易方式	1995 年	1998 年	2001 年	2004 年	2007 年	2010 年	2013 年	2016 年	2019 年
即期	0.14	1.69	2.25	2.56	2.54	2.24	2.15	2.02	1.87
远期	0.05	0.22	0.33	0.39	0.48	0.59	0.61	0.62	0.58
掉期	0.11	0.69	1.36	1.49	2.03	2.09	2.43	2.47	2.63
期权	0.00	0.01	0.04	0.06	0.07	0.07	0.09	0.12	0.07
互换	0.01	0.03	0.04	0.06	0.14	0.11	0.08	0.13	0.12
合计	0.32	2.64	4.01	4.56	5.26	5.10	5.36	5.35	5.27

注：表中新兴市场经济体包括阿根廷、巴西、保加利亚、智利、中国、哥伦比亚、捷克、匈牙利、印度、印度尼西亚、以色列、韩国、马来西亚、墨西哥、秘鲁、菲律宾、波兰、俄罗斯、南非、泰国和土耳其。

资料来源：BIS。

其次，虽然已有研究还不能就银行主导型和市场主导型金融结构哪一个更能促进一国的经济增长等问题形成一致的看法，但是这些研究还是对两种类型的金融结构特征做了系统的描述。研究表明，虽然对美、英、日、德、法等发达经济体来说，留存收益是企业的主要融资渠道，但是，对新兴市场经济体来说，外部融资却比内部融资重要得多（Allen & Gale，2000）。在银行主导型金融结构中，通过银行等金融中介进行的间接融资活动是企业等私人部门最重要的外部融资渠道；而在市场主导型金融结构中，企业等私人部门更依赖于证券市场筹集外部资金。因此，如果银行主导型金融结构的新兴市场经济体实行更有弹性的汇率制度，那么，汇率的变化首先会引起银行部门资产负债表的变化，并进一步通过资产负债表渠道影响企业等私人部门的投资活动。在银行等金融中介的间接融资构成私人部门最重要的外部融资渠道的情况下，这就会导致私人部门投资的急剧波动，从而带来产出的剧烈波动。如果该国的金融结构越趋近银行主导型，那么，汇率变化对银行部门的整体影响就越大，对私人部门投资活动的影响也就越大，进而导致产出更剧烈的波动。因此，对关注产出增长和就业等目标的新兴市场经济体而言，当一国越趋近银行主导型金融结构时，它就越可能选择固定汇率制度。反之，如果一国的金融结构越趋近市场主导型，那么，企业等私人部门更倾向于通过证券市场获得外部融资。在此情况下，汇率变化通过银行资产负债表渠道对私人部门投资和产出影响也就相对较小。因此，对关注产出增长和就业等目标的新兴市场经济体而言，当一国金融结构越趋近市场主导型时，相对银行主导型的金融结构而言，该国越可能实行更有弹性的汇率制度。

综合上述，我们认为，对新兴市场经济体而言，一国的金融结构越趋向银行主导型，它越可能实行固定汇率制度；反之，如果一国的金融结构越趋近市场主导型，那么它就越可能实行更有弹性的汇率制度。这构成了本章待检验的理论假说。本章第二节以 31 个新兴市场经济体 1990～2010 年的数据为样本，利用 probit 和 logit 等离散选择模型正式地检验这一理论假说。

第二节　经验证据

一、样本与被解释变量[①]

（一）样本和样本期

本节样本由 31 个新兴市场经济体组成[②]。与第四章第一节的处理方法一致，我们将摩根士丹利国际资本指数中的新兴市场指数和新兴市场债券指数包含的经济体视为新兴市场经济体，这些经济体的一个共同特征是它们正逐渐融入国际资本市场（Fischer，2001）。

本节实证研究的样本期设定为 1990～2010 年，这有两个原因：（1）20 世

[①] 已有经验研究有如下特点（见表 3-1）：（1）大部分文献都囊括了 OCA 因素、宏观结构因素及政治因素；（2）主要依赖二元和多元 logit（或 probit）等离散选择模型；（3）对汇率制度选择的决定因素没有达成共识：首先，几乎没有哪一个因素在所有经验研究中都显示出与理论预测一致的方向及统计上的显著性；其次，经验证据并不普遍支持 20 世纪 50 年代以来的任何理论。

[②] 这 31 个经济体包括：阿根廷、巴西、保加利亚、智利、中国、哥伦比亚、捷克、厄瓜多尔、埃及、匈牙利、印度、印度尼西亚、以色列、约旦、韩国、马来西亚、墨西哥、摩洛哥、尼日利亚、巴基斯坦、巴拿马、秘鲁、菲律宾、波兰、卡塔尔、俄罗斯、南非、斯里兰卡、泰国、土耳其和委内瑞拉。

纪 70~80 年代解释变量和部分控制变量的数据缺失严重。(2) 很多新兴市场经济体在 20 世纪 90 年代后才融入国际资本市场，银行部门面临的汇率风险也因此才渐渐凸显。根据设定的样本期间，我们对解释变量和控制变量也截取了相应的样本区间纳入经验研究。

(二) 被解释变量——汇率制度

我们选择 RR 粗略分类数据集进行实证研究①：首先，RR 粗略分类数据集将无独立法偿货币到自由浮动等 13 种汇率制度类型赋值 1~4，数值越大表示汇率制度越趋近浮动的一极。其次，RR 分类中还引入了一个新的情形，即自由落体。RR 粗略分类数据集将该制度安排赋值为 5。最后，RR 粗略分类数据集将存在复汇率市场且平行市场数据缺失的情形赋值为 6。在进行实证检验时，我们将 RR 粗略分类数据集中赋值为 1 的汇率制度视为固定汇率制度②，其余赋值为 2~6 的汇率制度类型视为非固定。

二、解释变量和控制变量

(一) 解释变量——金融结构③

莱文 (Levine, 2002) 对金融结构的测算做了系统和公认的研究。他从结构—活动、结构—规模、结构—效率和结构—总量等四个方面测算了一国的金融结构，但由于新兴市场经济体在结构—效率和结构—总量指标上的数据缺失严重，本节只使用前两个指标衡量和测度一国的金融结构。根据莱文 (2002) 对结构—活动和结构—规模的定义，结构—活动指标等于股票交易价值/银行贷款，结构—规模指标等于股票市值/银行贷款，我们分别用 $fin1$ 和 $fin2$ 表示这两个指标，并分别使用这两个指标进行回归以保证结论的稳健性。这两个指标的数值越大，表明金融结构越趋向市场主导型，反之则表示金融结构越趋向

---

① 如果采用 RR 精细分类数据集，最终形成的数据集是相同的，不影响结论。
② 这包括如下汇率制度：无独立法偿货币的汇率制度、事先宣称的钉住汇率制度或货币局制度、事先宣称汇率平价且汇率波动区间小于 ±2% 的钉住制度和实际钉住制度。很多研究都采取了这种定义固定汇率制度的方法 (如，Rogoff et al., 2003; Alesina & Wagner, 2006; Harms & Kretschmann, 2009; Singer, 2010; Méon & Minne, 2014; Steinberg & Malhotra, 2014)。
③ 金融结构数据来自世界银行全球金融发展数据库。

银行主导型。根据第一节的理论假说，这两个金融结构指标与实行固定汇率制度的可能性是负相关的：金融结构越趋向银行主导型，一国采取固定汇率制度的可能性就越高。

（二）控制变量

根据表3-1和表4-4，我们选择如下变量作为控制变量：

(1) OCA因素。我们利用进出口总额/GDP衡量贸易开放度（open），用人均GDP的对数表示经济发展程度（ecodev）。与上一章第二节的处理方法一样，我们选择CPI指数计算通货膨胀率（inf）。为降低异常观测值的影响，我们将根据CPI指数计算的通货膨胀率除以1加上通货膨胀率作为通货膨胀的代理变量。

(2) 宏观结构因素。我们用M2/国际储备作为国际储备（reserve）的代理变量；使用外债/GDP表示一国的外债规模（exdebt）；实际冲击（totshk）与货币冲击（monshk）的代理指标见第四章第二节。与对通货膨胀的处理类似，我们将货币冲击指标除以1加上货币冲击，以降低异常观测值的影响①；我们采用金和伊藤（2006）测算的资本账户管制指数数据作为资本账户开放程度（kaopen）的代理变量。该指数的数值越高表明资本管制程度越低，资本账户开放程度越高。

在宏观结构因素中，我们还增加了金融发展与负债美元化作为控制变量。为了控制金融发展的影响，我们根据大多数文献的做法（Bordo & Flandreau, 2001；Markiewicz, 2006；Calderón & Schmidt-Hebbel, 2008；Frieden et al., 2010；Lin & Ye, 2011；Berdiev et al., 2012），用私人部门信贷/GDP作为金融发展（fdev）的代理变量②。

害怕浮动论认为，一国负债美元化程度越高，一国越可能采取固定汇率制度。莱恩和米莱西-费雷蒂（2007）利用IMF和世界银行等机构的数据测算了178个经济体1970～2011年的总外币资产、总外币负债和GDP等多

---

① 我们还用去尾方法剔除货币冲击指标中的异常观测值，然后重做所有检验。结果表明，这并不影响结论。

② 我们还用另外两种指标作为金融发展的代理变量：（1）（私人部门信贷+股票市值）/GDP（Bordo & Flandreau, 2001），该指标不仅考虑了银行部门的发展，而且兼顾了股票市场的发展；（2）M2/GDP（Bordo & Flandreau, 2001；von Hagen & Zhou, 2007），该指标衡量了一国的金融深化程度。我们用这两个指标重做了实证检验，结果表明结论不受影响。

项指标，这是目前常用的测算负债美元化和货币错配等问题的数据库。因此，我们利用该数据集中公布的总外币负债/GDP 来测算一国的负债美元化程度（liab）。

（3）政治因素。与第四章第二节相同，我们利用 Polity2 指标（dem）和 ACTOTAL 指标（polins）控制政治因素对汇率制度选择的影响。

（三）统计描述

表 5-2 给出了各指标的描述统计及相关系数矩阵。由该表可见，金融结构指标（$fin1$ 和 $fin2$）与实行固定汇率制度是负相关的。进一步的统计分析表明，实行固定汇率制度的新兴市场金融结构指标（$fin1$ 和 $fin2$）的平均值为 0.28 和 0.86，而非固定汇率制度经济体这两项指标的平均值为 0.55 和 1.10。这些初步分析表明，金融结构越趋向银行主导型的新兴市场经济体越可能实行固定汇率制度。下面我们利用计量模型正式检验这一结论。

三、计量模型和实证检验

（一）基准计量模型设定

由于第一节理论分析和假说将汇率制度区分为固定和非固定（或更有弹性的汇率制度）两种类型，这意味着在实证研究时也应将汇率制度划分为固定和非固定两种类型，从而使实证研究和理论机制保持一致，因此，本书采用二元响应模型进行计量检验。标准的二元响应模型设定为：

$$P(y_{it} = 1 \mid x_{it}) = G(x_{it}\beta) \quad (i = 1,2,\cdots,N; t = 1,2,\cdots,T) \quad (5.1)$$

其中，$P(y_{it} = 1 \mid x_{it})$ 为 $y_{it} = 1$ 的条件概率；y_{it} 为被解释变量，这是一个二值虚拟变量；x_{it} 为一系列解释变量；$G(\cdot)$ 是一个取值范围介于 0 与 1 之间的函数。probit 模型和 logit 模型是经验研究中最常使用的两种计量模型形式。在 probit 模型中，$G(\cdot)$ 是标准正态分布的累积分布函数；而在 logit 模型中，$G(\cdot)$ 则为逻辑分布的累积分布函数。本章将 probit 模型和 logit 模型中的潜变量设定为：

$$y_{it}^* = \alpha + \beta_1 fin_{it} + \sum_{j=2}^{T} \beta_j control_{it}^j + \varepsilon_{it} \quad (i = 1,2,\cdots,31; t = 1,2,\cdots,T)$$

(5.2)

表 5-2　各指标的描述统计

指标	peg	fin1	fin2	fdev	open	ecodev	inf	reserve	exdebt	liab	totshk	monshk	kaopen	dem	polins
均值	0.26	0.49	1.03	0.46	0.72	8.82	0.11	4.53	0.51	0.82	0.15	0.85	−0.17	4.65	1.26
中位数	0.00	0.29	0.81	0.33	0.61	8.93	0.06	3.73	0.44	0.72	0.13	0.86	−0.11	8.00	0.00
标准差	0.44	0.60	0.82	0.34	0.40	0.78	0.16	3.02	0.31	0.44	0.10	0.11	1.42	5.92	2.13
最小值	0.00	0.00	0.00	0.05	0.14	7.09	−0.05	0.93	0.06	0.23	0.00	0.21	−1.86	−10.00	0.00
最大值	1.00	3.95	5.98	1.66	2.20	11.21	0.99	20.53	2.53	2.69	1.12	1.00	2.44	10.00	10.00

相关系数矩阵

	peg	fin1	fin2	fdev	open	ecodev	inf	reserve	exdebt	liab	totshk	monshk	kaopen	dem	polins
peg	1.00														
fin1	−0.21	1.00													
fin2	−0.13	0.36	1.00												
fdev	0.21	0.13	0.03	1.00											
open	0.27	−0.08	−0.03	0.48	1.00										
ecodev	0.05	0.10	0.17	0.19	0.24	1.00									
inf	−0.17	−0.07	−0.18	−0.32	−0.25	−0.03	1.00								
reserve	0.03	0.02	−0.09	0.24	−0.12	−0.10	0.12	1.00							
exdebt	0.05	−0.28	−0.12	−0.12	0.34	−0.17	0.13	−0.15	1.00						
liab	0.26	−0.18	0.01	0.22	0.66	0.08	−0.14	−0.08	0.68	1.00					
totshk	0.02	0.08	0.04	−0.02	0.03	0.04	0.24	−0.02	0.03	−0.09	1.00				
monshk	0.03	−0.11	−0.00	−0.24	−0.07	0.17	0.36	−0.10	0.22	0.05	0.09	1.00			
kaopen	0.25	−0.14	0.13	0.07	0.34	0.31	−0.34	−0.11	0.10	0.42	0.01	0.02	1.00		
dem	−0.34	0.01	0.04	−0.08	0.01	0.28	0.12	−0.03	−0.10	−0.01	0.00	0.09	−0.08	1.00	
polins	−0.23	0.14	0.04	−0.28	−0.26	−0.46	0.05	0.02	−0.15	−0.27	−0.04	−0.23	−0.20	0.11	1.00

式 (5.2) 中，fin_{it} 为金融结构变量，是本书关注的核心解释变量。$control_{it}^j$ 表示控制变量；ε_{it} 是随机误差项。如果 $y_{it}^* > 0$，则 $y = 1$；如果 $y_{it}^* < 0$，则 $y = 0$。

在基准回归模型中，peg 为被解释变量。我们将 RR 粗略分类数据集中对应数值为 1 的汇率制度视为固定汇率制度，并令 peg = 1，否则 peg = 0。我们同时利用 probit 和 logit 模型进行计量检验以保证结论的稳健性。为降低内生性的影响，我们根据已有处理方法将解释变量和控制变量滞后一期进行回归 (Collins, 1996; Edwards, 1996、1999; Berger et al., 2000; Frieden et al., 2001; Shambaugh, 2004; Alesina & Wagner, 2006; Markiewicz, 2006; Bleaney & Francisco, 2008; Calderón & Schmidt-Hebbel, 2008; Carmignani et al., 2008; Frieden et al., 2010; Levy-Yeyati et al., 2010; Harms & Hoffmann, 2011; Steinberg & Malhotra, 2014; 见表 3-1)①。

我们采用混合面板参数估计方法估计上述模型，这和目前很多经验研究的做法是一致的 (如，Carmignani et al., 2008; Frieden et al., 2010; Harms & Hoffmann, 2011; Chowdhury et al., 2014; Méon & Minne, 2014; Steinberg & Malhotra, 2014; 杨娇辉等, 2019; 见表 3-1)。此外：

(1) 采用固定效应参数估计方法并不合适本节的研究。当模型中一些变量随时间发展而较少变化时，利用固定效应参数估计方法是没有什么价值的，这会剔除那些变量变化缓慢的经济体的信息 (Carmignani et al., 2008; Wooldridge, 2009; Steinberg & Malhotra, 2014)。由于本节的控制变量包括了政治不稳定等随时间变动而变化缓慢的政治变量，使用固定效应参数估计方法会剔除大量的经济体信息，因此，固定效应参数估计方法并不适合本节研究。

(2) 使用加总数据进行政策分析时，固定效应参数估计方法得到的结果几乎总比随机效应参数估计方法更加可信 (Wooldridge, 2009)。斯坦伯格和玛尔霍特拉 (2014) 进一步指出，在使用二元 probit 模型时，混合回归的参数估计比固定效应和随机效应估计都更合适。由于本节也是使用加总数据进行宏观经济政策分析的实证研究文献，且在包括基准回归模型在内的实证研究中都

---

① 部分研究认为，政治变量所可能引起的内生性问题较小 (Shambaugh, 2004; Faia et al., 2008)，另外，由于估计实际冲击和货币冲击时已经使用了过去 5 年的数据，因此，回归时滞后这些指标并无必要。考虑到这一点，我们还用这些变量的当期值进行回归，结果表明，这对结论没有显著影响。

使用了二元 probit 模型进行研究，因此，我们使用了混合面板参数估计方法①。

根据 probit 和 logit 模型及本节对汇率制度的设定，回归系数为正说明该变量越大，一国实行固定汇率制度的可能性越高；反之，回归系数为负，说明变量取值越大，一国实行固定汇率制度的概率就越低。基准模型回归结果见表 5-3 "基准模型"一列。

表 5-3　　　　　金融结构与汇率制度选择的回归结果

解释变量	基准模型				IV probit			
	probit	logit	probit	logit	MLE	TSE	MLE	TSE
$fin1$	-1.70*** (0.38)	-3.18*** (0.74)			-3.12*** (0.36)	-3.99*** (0.76)		
$fin2$			-1.31*** (0.28)	-2.61*** (0.52)			-1.81*** (0.16)	-4.14*** (1.28)
$fdev$	0.13 (0.34)	0.21 (0.59)	-0.69* (0.41)	-1.48** (0.72)	0.41 (0.32)	0.52 (0.44)	0.17 (0.32)	0.38 (0.76)
$open$	-0.06 (0.28)	-0.16 (0.49)	-0.04 (0.31)	-0.12 (0.54)	-0.38 (0.24)	-0.49 (0.36)	-0.84*** (0.24)	-1.91** (0.93)
$ecodev$	-0.13 (0.19)	-0.18 (0.33)	-0.04 (0.23)	0.14 (0.44)	-0.08 (0.19)	-0.10 (0.29)	0.41*** (0.16)	0.93 (0.57)
inf	-0.76 (0.63)	-1.37 (1.10)	-1.42** (0.68)	-2.71** (1.29)	-0.31 (0.57)	-0.40 (0.67)	-1.89*** (0.38)	-4.32** (1.70)
$reserve$	-0.01 (0.04)	-0.03 (0.07)	-0.01 (0.04)	-0.01 (0.07)	-0.02 (0.03)	-0.03 (0.04)	-0.03 (0.02)	-0.07 (0.06)
$exdebt$	-3.19*** (0.77)	-5.84*** (1.52)	-4.27*** (0.96)	-8.00*** (1.88)	-3.98*** (0.80)	-5.09*** (0.97)	-1.66** (0.80)	-3.78*** (1.11)
$liab$	3.03*** (0.70)	5.50*** (1.38)	4.38*** (0.92)	8.17*** (1.73)	3.46*** (0.72)	4.42*** (0.83)	2.33*** (0.80)	5.32*** (1.08)
$totshk$	3.76*** (1.20)	6.31*** (2.19)	4.59*** (1.37)	8.15*** (2.59)	5.87*** (1.16)	7.51*** (1.81)	3.79*** (1.07)	8.64*** (2.87)

---

① 在稳健性检验部分，我们还给出了固定效应和随机效应的估计结果。结果表明，结论不受影响（见表 5-8）。

续表

解释变量	基准模型				IV probit			
	probit	logit	probit	logit	MLE	TSE	MLE	TSE
$monshk$	0.20 (0.84)	0.63 (1.76)	-0.54 (0.81)	-0.87 (1.54)	0.84 (0.78)	1.08 (1.05)	0.10 (0.58)	0.22 (1.45)
$kaopen$	-0.09 (0.07)	-0.16 (0.12)	-0.03 (0.07)	-0.07 (0.12)	-0.22*** (0.06)	-0.28*** (0.10)	-0.03 (0.05)	-0.07 (0.12)
dem	-0.03* (0.02)	-0.05 (0.03)	-0.00 (0.02)	-0.01 (0.03)	-0.03 (0.02)	-0.03 (0.02)	0.04*** (0.01)	0.08* (0.05)
$polins$	-0.11** (0.05)	-0.21** (0.11)	-0.10** (0.05)	-0.21* (0.11)	-0.02 (0.05)	-0.02 (0.07)	0.04 (0.04)	0.08 (0.12)
N	390	390	392	392	393	393	395	395
Wald 卡方值	71.85***	62.39***	77.42***	66.92***	138.3***	67.85***	294.3***	46.16***
判别正确率	81.03%	81.03%	80.87%	82.40%				
伪 R^2	0.30	0.31	0.34	0.35				
边际效应	-0.48	-0.48	-0.42	-0.45				
IV probit 第一阶段中法源对金融结构的回归结果								
$civil$					-0.64*** (0.12)	-0.64*** (0.09)	-0.39*** (0.13)	-0.39*** (0.12)
外生性检验					9.63***	7.41***	13.69***	11.45***

注：1. 若一国实行固定汇率制度，则被解释变量 $peg=1$，否则为 0（表 5-5 ~ 5-8 同）。

2. 括号内为稳健标准误；*、** 和 *** 分别表示 10%、5% 和 1% 的显著性水平；本表未报告趋势项和常数项回归结果。本章其余表同。

3. MLE 和 TSE 分别指极大似然估计和两步法估计。

（二）内生性的进一步讨论

虽然基准模型回归将解释变量和控制变量滞后一期以缓解或避免内生性问题的影响，但为了更好地讨论内生性问题，我们利用工具变量法做进一步的计量检验。我们以法源作为工具变量，主要原因在于：第一，各国的法源通常源自占领或殖民（La Porta et al., 1998），因此，法源是外生的；第二，法源会影响股东和债权人权益及合约的履行等（La Porta et al.，1998），进而影响金融结构（Demirguc-Kunt & Levine，2001）。我们遵循已有研究将法源分为 5 种（La Porta et al.，2008）：英国法源、德国法源、法国法源、斯堪的纳维亚法源和社会主义法源。由于本节样本中的经济体没有属于斯堪的纳维亚法源和社会主义法源，因此，我们在引入工具变量时剔除了这两类。在此基础上，我们首先将英国法源归入普通法法源，将德国法源和法国法源归入大陆法法源，然后以普通法法源作为参照，以大陆法法源作为工具变量，利用 IV probit 进行回归，结果如表 5 – 3 "IV probit"一列所示。

（三）汇率制度类型划分的进一步讨论

基准模型将汇率制度划分为固定和非固定两类，这种划分方法不仅将浮动汇率制度，而且也将中间汇率制度划入了非固定汇率制度中。这可能会影响我们的实证结果。考虑到中间汇率制度的影响，我们利用 RR 精细分类数据集将汇率制度细分为固定、中间和浮动三类，并利用多元 logit 模型进行检验。我们将 RR 精细分类法下对应数值 1~4 的汇率制度视为固定汇率制度（对应粗略分类法数值为 1 的汇率制度类型），赋值为 0；将管理浮动和完全浮动定义为浮动汇率制度，赋值为 2[①]；剩余的汇率制度类型在剔除自由落体和存在复汇率市场且平行市场数据缺失的情形后全部视为中间汇率制度，赋值为 1[②]。这样 1990~2010 年固定汇率制度占全部观测值的比重为 28.1%，浮动汇率占比为 16.8%，中间汇率制度占比为 55.1%。在实行固定汇率制度的新兴市场经济体中，金融结构指数（$fin1$ 和 $fin2$）的均值为 0.28 和 0.86，实行中间汇率制度的这两个指标均值为 0.51 和 1.05，而实行浮动汇率制度的这两个指标均值则分别为 0.74 和 1.39。因此，统计描述表明，金融结构越趋近银行主导型的新兴市场经济体越可能实行固定汇率制度，表 5 – 4 报告了正式的计量检验结果。

[①] 遵循大多数文献的观点（Bubula & Ötker-Robe，2002；Juhn & Mauro，2002；von Hagen & Zhou，2007；Tavlas et al.，2008；Dubas et al.，2010；Eichengreen & Razo-Garcia，2013），我们将管理浮动归入浮动汇率制度。由于 RR 粗略分类法并没有将管理浮动汇率制度单独列示，因此，此处我们使用 RR 精细分类数据集进行汇率制度的细分研究。

[②] 将自由落体和存在复汇率市场且平行市场数据缺失两类情形归入浮动汇率制度不影响研究结论。

表5-4　　金融结构与汇率制度选择的回归结果（三分法）

解释变量	中间汇率制度作为参照组				浮动汇率制度作为参照组			
	固定汇率制度		浮动汇率制度		固定汇率制度		中间汇率制度	
$fin1$	-3.47*** (0.90)		1.00*** (0.38)		-4.47*** (0.94)		-1.00*** (0.38)	
$fin2$		-2.78*** (0.61)		-0.04 (0.27)		-2.74*** (0.57)		0.04 (0.27)
控制变量	Yes	Yes	Yes	Yes	Yes	Yes	Yes	Yes
N	353	354	353	354	353	354	353	354
Wald卡方值	134.7***	140.9***	134.7***	140.9***	134.7***	140.9***	134.7***	140.9***
伪R^2	0.37	0.39	0.37	0.39	0.37	0.39	0.37	0.39

注：1. 由于利用对数机会比率解读多元logit模型的回归结果更为便捷，因此，本表并未提供$fin1$和$fin2$指标回归结果的边际效应估计值。

2. 控制变量同表5-3，本章其余表同。

（四）稳健性检验

为了保证研究结论的稳健性，本节在基准模型基础上还做了如下检验：

（1）剔除自由落体和存在复汇率市场且平行市场数据缺失两类情形。基准模型将这两类情形归入了非固定汇率制度，实际上我们很难将这两类情形与任何一种汇率制度联系起来，这就可能影响研究结论。为了避免这种影响，我们剔除了这两类情形进行回归（见表5-5）。

表5-5　　剔除自由落体和平行市场数据缺失与重新定义固定汇率制度

解释变量	剔除自由落体和平行市场数据缺失情形				重新定义固定汇率制度			
	probit	logit	probit	logit	probit	logit	probit	logit
$fin1$	-1.83*** (0.44)	-3.48*** (0.88)			-0.20* (0.12)	-0.33* (0.20)		
$fin2$			-1.38*** (0.31)	-2.80*** (0.58)			-0.34*** (0.12)	-0.62*** (0.23)
控制变量	Yes	Yes	Yes	Yes	Yes	Yes	Yes	Yes
N	355	355	356	356	390	390	392	392
Wald卡方值	66.72***	57.43***	72.93***	65.35***	133.70***	105.70***	121.50***	95.98***
判别正确率	79.15%	79.72%	80.34%	80.62%	81.28%	81.54%	80.10%	80.87%
伪R^2	0.31	0.32	0.36	0.37	0.32	0.32	0.33	0.33

(2) 重新定义固定汇率制度。RR 粗略分类法中对应数值 2 的汇率制度类型包括事先宣称的爬行钉住、事先宣称的汇率变化区间不超过 ±2% 的爬行带内钉住、事实上的爬行钉住、事实上的爬行带内钉住（汇率变化区间不超过±2%）。一些经济学家等也将这些汇率制度视为固定汇率制度（Fischer, 2001；Barajas et al., 2008）。考虑到这种分歧，我们重新定义固定汇率制度以包括这些弹性更大的汇率制度类型，即将 RR 粗略分类法下赋值为 1 和 2 的汇率制度类型都视为固定汇率制度，其余视为非固定汇率制度进行计量检验（见表 5-5）。

(3) IMF 和 LYS 分类方法。为了检验本章的结论是否受不同汇率制度分类方法的影响，我们还利用 IMF 分类法和 LYS 分类法做了进一步的检验。首先，由于 IMF 在 1999 年提出的新分类法仍然严重依赖其成员国所宣称的汇率制度，并且主要考虑了一国官方的汇率行为，因此新分类方法仍不能准确反映一国实际的汇率政策行为。因为这个原因学界仍将该方法视为名义分类法（Setzer, 2006；Barajas et al., 2008；Cruz Rodríguez, 2013），我们也将该分类法视为名义分类法并利用它进行稳健性检验。莱因哈特提供了这一分类方法 1970~2010 年的数据集。我们将该分类法下从无独立法偿货币的汇率制度到事实钉住汇率制度视为固定汇率制度，并赋值为 1，其余类型的汇率制度视为非固定汇率制度，赋值为 0。其次，LYS 分类法提供了 1974~2004 年 183 个经济体的汇率制度数据，他们划分的汇率制度类别有 3 类和 5 类两种（LYS_3 和 LYS_5），本节同时使用这两种汇率制度分类数据集进行计量检验。我们将 LYS_3 中的固定汇率制度视为固定汇率制度，赋值为 1，其余的汇率制度视为非固定汇率制度，赋值为 0；将 LYS_5 中的固定汇率制度视为固定汇率制度，赋值为 1，其余视为非固定，赋值为 0。

在本章设定的样本和样本期中，RR 与 IMF、LYS_3 和 LYS_5 数据集之间的相关程度分别为 43%、36% 和 40%；IMF 数据集与 LYS_3、LYS_5 的相关系数分别为 47% 和 41%。这说明利用 IMF 和 LYS 数据集进行计量检验是具有稳健性检验的价值的（见表 5-6 和表 5-7）。

(4) 使用随机效应和固定效应参数估计。考虑到部分研究使用随机效应和固定效应模型（Calderón & Schmidt-Hebbel, 2008），为保证结论的稳健性，我们也使用了随机效应二元 probit 模型、随机效应二元 logit 模型和固定效应二元 logit 模型做了进一步检验（见表 5-8）。

表 5-6　　　　　　　　IMF 和 LYS 分类法回归结果（一）

解释变量	IMF probit	IMF logit	LYS_3 probit	LYS_3 logit	LYS_5 probit	LYS_5 logit
$fin1$	-0.10 (0.19)	-0.29 (0.49)	-1.68*** (0.61)	-3.77*** (1.44)	-1.41*** (0.50)	-2.96*** (1.06)
控制变量	Yes	Yes	Yes	Yes	Yes	Yes
N	382	382	236	236	249	249
Wald 卡方值	72.34***	64.09***	43.82***	32.59***	54.48***	42.02***
判别正确率	79.58%	80.37%	82.63%	83.47%	83.53%	84.34%
伪 R^2	0.16	0.16	0.35	0.37	0.35	0.37

表 5-7　　　　　　　　IMF 和 LYS 分类法回归结果（二）

解释变量	IMF probit	IMF logit	LYS_3 probit	LYS_3 logit	LYS_5 probit	LYS_5 logit
$fin2$	-1.09*** (0.17)	-1.92*** (0.30)	-0.76** (0.30)	-2.02** (0.94)	-0.66** (0.26)	-1.51*** (0.62)
控制变量	Yes	Yes	Yes	Yes	Yes	Yes
N	384	384	238	238	251	251
Wald 卡方值	91.99***	81.79***	34.62***	21.97***	44.93***	31.97***
判别正确率	81.25%	81.51%	84.03%	87.39%	84.86%	87.65%
伪 R^2	0.27	0.27	0.31	0.34	0.30	0.33

表 5-8　　　　　　　　固定效应和随机效应估计结果

解释变量	随机效应 probit	随机效应 logit	固定效应 logit	随机效应 probit	随机效应 logit	固定效应 logit
$fin1$	-1.51*** (0.46)	-2.82*** (0.87)	-1.85** (0.92)			
$fin2$				-1.14*** (0.34)	-2.17*** (0.64)	-1.58*** (0.61)
控制变量	Yes	Yes	Yes	Yes	Yes	Yes
N	390	390	206	392	392	207
Wald 卡方值	45.61***	39.13***		43.15***	37.41***	
LR 卡方值			69.98***			74.59***

四、回归结果分析

表5-3"基准模型"回归结果表明,在控制了影响汇率制度选择的金融发展等经济和政治变量后,金融结构显著影响汇率制度选择。不论是结构—活动指标($fin1$)还是结构—规模指标($fin2$),对被解释变量(peg)的影响均为负,且在1%的水平是统计上显著的。这印证了本章第一节的理论假说:一国的金融结构越趋近银行主导型,那么该国就越可能选择固定汇率制度。

为了评估金融结构指标对选择固定汇率制度概率的影响程度,我们计算了两个金融结构指标在样本均值处的边际效应。在probit模型回归结果中,结构—活动指标($fin1$)和结构—规模指标($fin2$)的边际效应分别为-0.48和-0.42。这说明在给定样本均值处,结构—活动指标($fin1$)和结构—规模指标($fin2$)每降低1个百分点(即金融结构越趋近银行主导型),那么一国实行固定汇率制度的概率就提高48%和42%。在logit模型回归结果中,结构—活动指标($fin1$)和结构—规模指标($fin2$)的边际效应分别为-0.48和-0.45。这说明给定样本均值处,金融结构指标每下降1个百分点(即金融结构越趋近银行主导型),一国实行固定汇率制度的概率就提高48%和45%。另外,对于logit模型,我们还可以用对数机会比率来评估金融结构对选择固定汇率制度概率的影响程度。在logit回归结果中,结构—活动指标($fin1$)和结构—规模指标($fin2$)的回归系数分别为-3.18和-2.61。这说明这两个指标每降低1个百分点(即越趋近银行主导型金融结构),那么一国实行固定汇率制度的对数机会比率将分别提高3.18%和2.61%。

为了克服潜在内生性问题的困扰,表5-3"IV probit"一列以法源($civil$)作为工具变量进行了实证检验。首先,外生性检验结果表明,在1%的显著性水平上我们不接受金融结构外生性的原假设,这意味着金融结构变量是内生的。其次,在第一阶段回归中,大陆法法源的回归系数统计上显著为负,这意味着大陆法法源国家的金融结构通常更趋向银行主导型,而普通法法源的国家更倾向于采取市场主导型金融结构,这与已有的研究结论是一致的(Demirguc-Kunt & Levine, 2001)。这个结果说明,法源作为工具变量对金融结构不仅具有很强的解释力,而且其影响方向也和既有的理论与经验证据是吻合的,因此，法源是一个有效的工具变量。最后，不论我们使用极大似然估计方法（MLE）还是两步法估计方法（TSE），两个金融结构指标在1%的水平上都显著为负。这说明，即使引入工具变量控制内生性问题也不影响本书结论。

表5-4报告了利用多元logit模型进行汇率制度三分法的检验结果。"中间汇率制度作为参照组"和"浮动汇率制度作为参照组"两列分别报告了以中间汇率制度和浮动汇率制度作为参照组的回归结果。首先，以中间汇率制度作为参照组的结果显示，结构—活动指标（$fin1$）和结构—规模指标（$fin2$）每下降1个百分点（越趋近银行主导型），一国选择固定汇率制度的对数机会比率分别提高3.47%和2.78%；以浮动汇率制度作为参照组的结果显示，结构—活动指标（$fin1$）和结构—规模指标（$fin2$）每下降1个百分点（越趋近银行主导型），一国选择固定汇率制度的对数机会比率分别提高4.47%和2.74%。以上回归结果都在1%的水平上显著。其次，以浮动汇率制度作为参照组的结果进一步显示，结构—活动指标（$fin1$）每降低1个百分点，一国选择中间汇率制度的对数机会比率提高1.00%，但是，结构—活动指标（$fin1$）每降低1个百分点，一国选择固定汇率制度的对数机会比率提高的更多（4.47%）。综上所述，其他条件不变的情况下，金融结构越趋近银行主导型的经济体越可能选择固定汇率制度。因此，即使将基准模型中非固定汇率制度细分为中间和浮动汇率制度，也不影响结论。

表5-5报告了前两个稳健性检验的结果。首先，在剔除自由落体和平行市场数据缺失两类情形后，两个金融结构指标的符号及统计显著性都没有变化。其次，在重新定义固定汇率制度后，两个金融结构指标的回归结果也不受影响。

表5-6和表5-7报告了IMF和LYS分类法的回归结果。除了表5-6"IMF"一列下结构—活动指标（$fin1$）的两个回归结果外，所有金融结构指标都是统计上显著为负的。具体而言，表5-6中"IMF"一列下结构—活动指标（$fin1$）回归系数的符号均为负，但统计上均不显著。这说明利用IMF分类法在一定程度上影响结论的稳健性。经验证据也表明，使用IMF名义分类方法和各种实际分类方法得到的经验研究结论存在显著差异（Berger et al., 2000；Poirson, 2001；Markiewicz, 2006；Carmignani et al., 2008），但使用不同的实际分类方法通常并不影响研究结论（Levy-Yeyati et al., 2010；Bearce & Hallerberg, 2011）。本节的研究结果和这些经验证据也是吻合的。

表5-8报告了随机效应和固定效应模型的回归结果。该表显示，不论采用随机效应还是固定效应模型，两个金融结构指标在所有回归中都是统计上显著为负的。因此，这些稳健性检验表明，本书的结论仍然成立。

综合上述，经验证据表明，金融结构越趋近银行主导型的新兴市场经济体越可能选择固定汇率制度，这为我们理解新兴市场经济体的汇率制度选择和汇率政策制定等问题提供了新的视角。20世纪90年代中期以来，对新兴市场经济体汇率制度问题的讨论或是侧重从负债美元化角度思考新兴市场经济体的汇率制度选择问题，或是强调了资本流动性在新兴市场经济体汇率政策制定中的作用，或是考察了新兴市场经济体在宣称了浮动汇率制度之后为何不愿意让汇率浮动这一现象背后所隐藏的经济学原因。但是，毫无疑问的是，金融结构因素在这些已有的理论和经验研究中都被极大地忽视了。即使是针对发达经济体的理论和经验研究也都没有注意到金融结构对汇率制度选择的重要影响。本章的研究表明，金融结构不仅在理论上会对新兴市场经济体汇率制度选择产生重要影响，而且这种影响也得到了经验证据的强烈支持。

五、结论及启示

长久以来，汇率制度选择的研究都忽视了金融结构的影响。笔者认为，一国的金融结构越趋向银行主导型（市场主导型），一国就越可能实行固定汇率制度（更有弹性的汇率制度）。我们随后以31个新兴市场经济体1990~2010年的数据为样本，利用probit和logit模型实证考察了金融结构对新兴市场经济体汇率制度选择的影响。研究发现，金融结构对新兴市场经济体汇率制度选择的影响不仅在方向上符合本章的理论假说，而且在统计上也是显著的、稳健的。本章的理论假说和经验证据为我们理解新兴市场经济体的汇率制度选择和汇率政策的制定等问题提供了新的视角，也为我们进一步研究汇率制度选择问题提出了新的思路和方向。

本章的研究对中国当前汇率政策的制定也具有一定的借鉴意义和启示作用。2000年以后，人民币汇率政策和汇率形成机制逐渐成为国内外学界关注的重大命题。很多学者认为，中国应逐渐与美元脱钩，增加人民币汇率形成机制的弹性。部分学者甚至激进地指出，中国的货币应迅速实行浮动汇率制度。

根据本章的研究结论，在其他条件不变的情况下，随着中国金融发展程度的提高和由银行主导型向市场主导型金融结构的渐进转型，中国确实应不断增加人民币汇率形成机制的弹性。但是，我们也应看到，在当前银行体系占据主导地位的现实前提下，中国保持一定的汇率稳定仍然是非常必要的，这不仅有利于中国银行体系的稳定，而且也将有助于中国经济的持续稳定增长。

第六章

出口产品分散化与汇率制度

本章将目光转向发展中国家[①]，重新考察 OCA 理论中出口分散化因素对汇率制度选择的影响。受新新贸易理论研究的启发和影响，我们利用 IMF 从产品层面测算的出口产品分散化数据集考察了出口产品分散化对发展中国家汇率制度的影响。在第一节进行理论分析基础上，第二节给出了正式的实证检验。

第一节　理论分析

一、问题的提出

传统的贸易理论认为，发展中国家通过出口具有比较优势的产品，是能够从自由贸易中获益的。然而，新近的贸易理论和证据表明，很大程度上，出口分散化（export diversification）而不是专业化，能促进发展中国家的出口增长，并进而推动其经济增长（IMF，2014）。因此，如何提升出口的分散化程度已成为一些新兴市场和发展中国家的重要政策议题。

对新兴市场和发展中国家而言，如何选择合适的汇率制度也是一项重

[①] 本章发展中国家指除发达经济体之外的其他国家或地区，包括一部分新兴市场经济体。具体划分见第二节。

要的政策议题。20世纪90年代中期爆发的一系列危机凸显了选择合适汇率政策的重要性。但作为发展中国家的两个重要政策问题——出口分散化与汇率制度选择——之间的关系，却仍然没有引起学界和政策制定者的充分重视。

对实际的数据观察表明，1974~2010年，本章样本中72个发展中国家在出口分散化和汇率制度两个方面都表现出一些典型特征。从出口分散化指数来看，样本国家出口分散化的总体指标和扩展边际（extensive margin）的出口分散化指标稳步下降，说明这些国家的出口分散化程度逐年提高（见图6-1）①。从汇率制度的分布和演变来看，利用RR、SH和IMF名义分类法计算的非固定汇率制度（更有弹性的汇率制度）占比在1974~2010年期间分别提高了12%、38%和53%。这就引出了本章的第一个重要问题：出口分散化影响了发展中国家的汇率制度选择，进而导致这些国家的汇率制度更加弹性化吗？

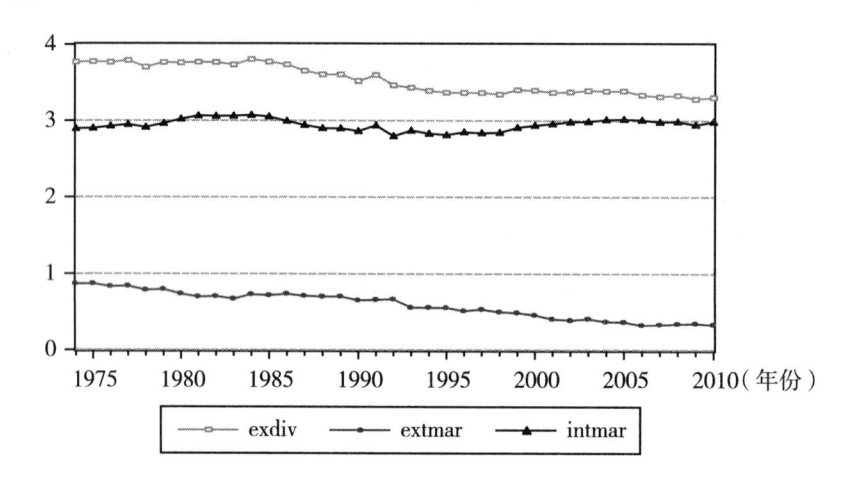

图6-1 样本国家的出口分散化（1974~2010年）

注：exdiv、extmar和intmar分别表示总体的出口分散化指标、扩展边际的出口分散化指标和集约边际的出口分散化指标，且有exdiv = extmar + intmar。

事实上，这个问题本身即是国际经济学领域极富争议的议题之一，它最早可以追溯到20世纪60年代。在关于OCA问题的讨论中，凯南（1969）认为，出口分散化程度越高的经济体，越宜加入货币区实行固定汇率制度。

---

① 图6-1中三个衡量出口分散化程度的指数越低，说明分散化程度越高。指标的具体说明见本章第二节。

但20世纪70年代晚期,包括赫勒(1978)和霍尔顿等(1979)在内的经济学家则认为,出口分散化程度越高的经济体越可能选择更有弹性的汇率制度[①]。

在出口分散化对汇率制度选择的影响方向上,不仅既有的理论不能形成一致的看法,经验证据也存在很大分歧和不足之处(见表6-1)。

第一,绝大多数经验研究侧重从国家层面(贸易伙伴关系)测算出口分散化,进而考察它对汇率制度选择的影响。但实际上对出口分散化的测算可以从产品、企业和国家(贸易伙伴关系)三个层面展开(陈勇兵、陈宇媚,2011)。然而,除了霍尔顿等(1979)从产品层面测算出口分散化并考察它对汇率制度选择的影响之外[②],在过去近四十年的经验研究中这一层面并没有引起重视。

第二,少部分研究从部门角度测算了经济分散化程度,并考察了经济分散化对汇率制度选择的影响(Poirson,2001;Chowdhury et al.,2014),但结论也不一致。更为重要的是,出口分散化程度常常低于经济分散化程度(Parteka,2007;Cadot et al.,2011、2013)。这意味着,利用部门增加值和就业数据测算的部门分散化程度指标进行回归得到的结论可能高估了出口分散化对汇率制度选择的影响。

第三,我们注意到,既有研究并没有进一步考察出口分散化的两个构成部分——扩展边际和集约边际(intensive margin)——对汇率制度选择的影响。近年来发展的企业异质性贸易模型表明,一国的出口分散化可以通过集约边际和扩展边际两个渠道共同实现,这为我们理解出口产品种类的变化(扩展边

[①] 分散化包括经济分散化和贸易分散化两个相互联系的概念。前者反映了国内生产过程在不同部门之间的分散化程度,后者则反映了一国涉外部门的分散化程度(Papageorgiou & Spatafora,2012)。经济分散化可以从产品、部门和地理(贸易伙伴关系)等三个层面进行测算。贸易分散化通常包括进口和出口两个方面。其中,出口分散化是近年来学界关注的焦点。既有研究对出口分散化的测算主要从产品、企业和国家(贸易伙伴关系)三个层面展开的(陈勇兵、陈宇媚,2011)。参见本章第二节关于解释变量的说明。

[②] 霍尔顿等(1979)使用了《国际贸易标准分类》(下文简称SITC)两位数(2 digit)分类,以最大出口额占总出口额的比重作为出口分散化的代理指标。相比IMF从产品层面测算的出口分散化指标来说,这个指标还很粗糙,难以准确反映出口的分散化程度。原因在于:(1)这个指标仅利用了SITC两位数分类数据和编码信息,产品的细分程度不够,IMF数据库则使用了SITC四位数分类数据和编码信息,产品细分程度更高;(2)该指标只使用了最大出口额产品占全部出口额的比重来测算出口分散化程度,难以反映出口分散化过程中出口产品数量的调整(扩展边际)和既有出口产品份额的调整(集约边际)。

表 6-1　文献总结

文献	样本、样本期	汇率制度分类	经济分散化/出口分散化测度	计量模型	结论
赫勒（1978）	86 个国家（1976 年）	IMF	• 国家层面（贸易伙伴关系）：与最大贸易伙伴的贸易量/贸易总额	判别分析	（-）
霍尔顿等（1979）	76 个国家（1974~1975 年）	HHS 指数	• 产品层面：按 SITC 二位数字产业计算的最大出口额/总出口额； • 国家层面（贸易伙伴关系）：最大出口市场出口额/总出口额	MLR	（-） （-）
梅尔文（1985）	64 个国家（1976~1979 年）	IMF	• 国家层面（贸易伙伴关系）：与主要贸易伙伴贸易额/总贸易额	Mlogit	(+)；(-)
里佐（1998）	20 个发展中国家（1977~1995 年）	IMF	• 国家层面（贸易伙伴关系）：向前三位出口目的地的出口额占比之和	B/Mprobit	(+)
普尔松（2001）	93 个国家（1999 年）	IMF/事实分类法	• 从部门层面测算的经济分散化：制造业增加值占比； • 国家层面（贸易伙伴关系）：与主要贸易伙伴出口额/总出口	Oprobit/MLR	(+) (+)
梅翁和里佐（2002）	125 个国家（1980~1994 年）	IMF	• 国家层面（贸易伙伴关系）：向前三位出口目的地的出口额占比之和	Bprobit	(+)
马基维奇（2006）	23 个转型国家	IMF/RR	• 国家层面（贸易伙伴关系）：与 EU 国家出口额占总出口额之比	Ologit	(+)

续表

文献	样本、样本期	汇率制度分类	经济分散化/出口分散化测度	计量模型	结论
冯·哈根和周(2007)	94-128个国家(1981~1999年)	IMF	• 国家层面（贸易伙伴关系）：与最大贸易伙伴出口额占总贸易额之比	Mlogit	+^;—
卡尔米尼亚尼等(2008)	96个国家(1974~2000年)	IMF/RR/LYS	• 国家层面（贸易伙伴关系）：向前三位出口目的地的出口额占比之和	LPM/logit	+^;—
金(2009)	50个国家(1975~2000年)	IIMF/RR	• 国家层面（贸易伙伴关系）：与最大贸易伙伴出口额/总出口额	Oprobit	—^
弗里登等(2010)	21个转型国家(1992~2004年)	IMF/RR/LYS	• 国家层面（贸易伙伴关系）：向德国出口额占总出口额之比	Bprobit	+^
列维-叶亚提等(2010)	183个国家(1974~2004年)	IMF；RR；LYS	• 国家层面（贸易伙伴关系）：向参照货币国的出口额占比乘以开放度	Mlogit	未报告
乔杜里等(2014)	143个国家(1985~2006年)	RR	• 从部门层面测算的经济分散化：基于部门增加值和就业计算的泰尔指数	Oprobit	—^

注：1. +（-）表示分散化程度越高（低）的经济体越可能采取固定（更有弹性的）汇率制度。

2. 表中两个部门分散化指标（Poirson, 2001; Chowdhury et al., 2014）测算的实际上是经济分散化，而不是出口分散化。

资料来源：根据表3-1整理。

际）和既有出口产品组合的调整（集约边际）提供了理论基础（Melitz，2003；钱学锋、熊平，2010）。学界因此对出口分散化的二元边际——扩展边际和集约边际——产生了持续、广泛的关注和兴趣（钱学锋，2008）。新近的研究进一步发现，扩展边际在解释几个重要的国际经济现象方面起着重要作用（Ghironi & Melitz，2007；Bernard et al.，2009），于是扩展边际进一步成为贸易理论和实证研究关注的热点。这也引出了本章着力考察的第二个重要问题：扩展边际和集约边际的出口分散化对新兴市场和发展中国家汇率制度选择的影响存在差异吗？

如前所述，上述两个紧密相关的重要问题还没有引起学界的充分重视。本章利用IMF开发的基于产品层面测算的出口分散化数据集，以72个新兴市场和发展中国家1974~2010年的数据为样本，考察了出口分散化对汇率制度选择的影响，并在此基础上进一步考察了扩展边际和集约边际的出口分散化对新兴市场和发展中国家汇率制度选择的影响。

二、理论分析

关于出口分散化对汇率制度选择影响的研究，最早可以追溯到凯南（1969）与蒙代尔（1961）在讨论OCA问题时对"区域"概念的界定上。蒙代尔（1961）以劳动力是否自由流动为标准界定区域：如果区域之内劳动力自由流动，区域之外劳动力不能自由流动，那么这个区域就适宜构成一个货币区[①]。凯南（1969）则认为，以劳动力的流动作为界定区域的标准并不是说明货币区问题的最佳方法。他指出，产品组合的分散化和单个国家内生产单一产品的区域数量可能比劳动力流动这个标准更重要[②]。为了说明这一观点，他指出了产品分散化的主要功能：第一，相比单一产品的经济体来说，生产多种产品的、充分分散化的经济体的贸易条件更加稳定；第二，充分分散化的经济体即使主要出口产品面临需求冲击，也不会导致严重的失业问题。凯南（1969）认为，这些特点意味着充分分散化的经济体的贸易条件和出口更加稳定。因

[①] 详细分析，见蒙代尔（1961）、凯南（1969）和本书第二章第二节。
[②] 凯南（1969）所谓"单个国家内生产单一产品的区域数量"意思是说：如果一个国家内部生产单一产品的区域的数量多了，那么总体来说这个国家的产品种类也就多了，该国的分散化程度也就高了。

此，当经济面临外部冲击时，这些冲击对经济体的影响也会削弱，从而使经济自动保持稳定。

在进一步论证其观点的过程中，凯南（1969）指出："从事多种经济活动的国家常常也出口多种产品。不论是来自外部需求的变化还是技术的变化，这些变化所引起的经济冲击都会影响每种产品的出口。但是，如果这些冲击是独立的，且随着支出或产出构成的变动而变动，只要宏观经济的变动不致影响全部的出口产品，那么大数定律就会发挥作用。……总的出口肯定比分散化程度低的经济体更稳定。就外部均衡本身来说，出口分散化在反映了一国经济分散化程度的同时，也使得一国在事前无须通过频繁的贸易条件变化（因此也无须频繁改变汇率）来调整经济。"

因此，根据凯南（1969）的观点，高度的出口分散化具有稳定贸易条件和出口的功能，从而有助于实现经济均衡。充分分散化的经济体也不需要借助劳动力流动这个苛刻的假设来重新实现经济均衡。因此，出口分散化程度比较高的经济体之间，更适宜组成货币区，实行固定汇率制度。因此，固定汇率对充分分散化的经济体来说是最适宜的——或者是最不可能不适宜的——制度选择（Kenen，1969）。

凯南（1969）的理论预测受到了霍尔顿等（1979）的质疑。霍尔顿等（1979）指出："对外经济部门分散化程度越高，外部冲击越可能相互抵消。因此，外汇市场的不干预政策将使得汇率变动相对更加稳定。相反，如果一国对外经济部门的分散化程度越低，那么该国外汇收入的波动就越剧烈，在不采取融资手段的情况下，由此可能导致大幅度的、极具破坏性的汇率变化。"他们因此认为，出口分散化程度与汇率制度弹性（exchange rate flexibility）应呈正相关关系。

显然，凯南（1969）和霍尔顿等（1979）的理论都认为出口分散化有助于熨平外部冲击，从而稳定贸易条件和出口。他们之间的不同在于，凯南（1969）认为，出口分散化程度高的经济体具有更加稳定的贸易条件和更加稳定的出口这一特点，使出口分散化相对于劳动力流动这个苛刻的假说而言，更适宜作为界定货币区的标准。因此，出口分散化程度越高的经济体越适宜组成货币区，实行固定汇率制度或统一货币。而霍尔顿等（1979）的观点则认为，一国出口分散化程度越高，外部冲击对出口的影响越小，从而依赖于出口的外汇收入所受到的影响也越小，由此带来更加稳定的汇率。因此，对高度出口分散化的经济体来说，即便它实行浮动汇率制度，该国的汇率也可能更为稳定。也就是说，高出口分散化实际上赋予了一国更大的空间和可能性以实行浮动汇率制度。因此，霍尔顿等（1979）的观点意味着，出口分散化程度越高的经济体越可能实行更有弹性的汇率制度。

新近的经验证据有力地支持了凯南（1969）和霍尔顿等（1979）关于出口分散化有助于稳定贸易条件和出口的观点。这些证据表明，在出口分散化程度较高的经济体中，贸易条件和出口更加稳定（IMF，2014）。然而，建立在企业异质性假设基础上的新新贸易理论表明[①]，出口分散化可以通过集约边际和扩展边际两个渠道共同实现（Melitz，2003；钱学锋、熊平，2010）。那么，究竟出口分散化的两个方面——扩展边际和集约边际——哪一个才能有助于稳定贸易条件和出口呢？换言之，如果扩展边际与集约边际的出口分散化对稳定贸易条件和出口具有不同作用的话，那么扩展边际和集约边际的出口分散化对汇率制度选择就可能产生不同的影响，而这是既有研究未曾注意到的重要问题。

新近的研究发现，与集约边际不同，扩展边际在解释重要的国际经济现象方面起着重要作用（Ghironi & Melitz，2007；Bernard et al.，2009）。并且在对贸易条件和出口波动的影响方面，扩展边际和集约边际的出口分散化所起的作用确实存在显著差异。在集约边际的影响方面，研究表明，一方面，集约边际的出口分散化意味着一国出口产品分散于多数企业和产品，在面临外部冲击时，理论上来说，与投资组合分散化原理类似，这种分散化可能更容易抵御外部冲击，从而有助于稳定出口波动和外汇收入波动。一些研究表明，集约边际的分散化程度越高，那么这些产品在世界市场的价格越不可能更低，也因此越不可能导致贸易条件的恶化、出口的高度波动和贫困化增长（钱学锋，2008；钱学锋、熊平，2010；陈勇兵等，2012；Hummels & Klenow，2005；Hausmann & Klinger，2006；Bernard et al.，2009）。另一方面，出口产品分散于多数企业和产品（集约边际分散化程度越高）也可能意味着本国企业在国际市场上缺乏竞争能力和谈判能力，反而容易受到外部冲击的影响，从而导致出口的波动。

[①] 伯纳德等（Bernard et al.，2007）给出了贸易理论和经验研究的精彩综述。

因此，集约边际的出口分散化对贸易条件和出口波动存在两个方面方向相反的影响。由霍尔顿等（1979）的分析就可以进一步推知，沿着集约边际实现的出口分散化与实行更有弹性的汇率制度的可能性之间或者呈负相关关系，即，集约边际的出口分散化程度越高，那么一国就越可能实行更缺乏弹性的汇率制度，或者呈正相关关系。

反之，如果一国的出口分散化主要源自扩展边际，那么这意味着贸易的企业增多、市场范围的扩张，以及贸易产品的范围和种类的扩张。理论和经验研究也发现，扩展边际的出口分散化使出口在面临外部冲击时更加稳定，逆向的贸易条件效应也更难以发生（Hummels & Klenow，2005；Hausmann & Klinger，2006；Bernard et al.，2009；陈勇兵等，2012）。研究还表明，如果一国的出口分散化主要是沿着扩展边际实现的，那么该国的生产结构也更加分散化、多样化，企业在国际市场上也具有更强的竞争能力，从而外部冲击对出口的影响就更小。因此，扩展边际的出口分散化更有助于稳定贸易条件和抑制出口波动[①]。在此情况下，我们可以推测：如果扩展边际的出口分散化程度越高，那么一国就越可能实行更有弹性的汇率制度。

上述分析说明，扩展边际和集约边际的出口分散化对汇率制度选择的影响可能是不同的。经验证据支持这些预测吗？如前文所述，自霍尔顿等（1979）以来，还没有研究利用基于产品层面测算的出口分散化数据考察它对汇率制度选择的影响。并且，包括霍尔顿等（1979）在内，迄今还没有研究考察扩展边际和集约边际的出口分散化对汇率制度选择的影响。本章以72个新兴市场和发展中国家1974~2010年的数据为样本，利用IMF基于产品层面测算的出口分散化数据集，实证考察了出口分散化以及集约边际和扩展边际的出口分散化对汇率制度选择的影响，从而初步回答了这一重要问题。

本章的贡献和意义因此可以归结为两个方面：

第一，本章是自霍尔顿等（1979）的研究之后首次从出口产品的角度考察出口分散化对汇率制度选择影响的经验研究，也是首次从产品层面考察扩展边际和集约边际的出口分散化对汇率制度选择影响的经验研究文献。在贸易理

---

① 扩展边际还是解释出口国生产率进步的重要机制（Bernard et al.，2007）。

论和实证研究的重点向企业和产品层面转变的背景下，在贸易理论与实证研究对二元边际，尤其是扩展边际日益重视的背景下，本章的研究实际上沟通了当前贸易理论研究的前沿与汇率制度选择的研究。

第二，关于出口分散化对汇率制度选择的影响，本章得出了新的结论。研究发现，总体出口分散化程度越高，样本国家选择更有弹性的汇率制度的可能性越高，但这一影响统计上并不显著。通过将总体指标进一步分解为扩展边际和集约边际，研究发现，扩展边际的出口分散化显著影响汇率制度选择：扩展边际的出口分散化程度越高，新兴市场和发展中国家越可能选择更有弹性的汇率制度。但是，集约边际的出口分散化对发展中国家的汇率制度选择却不存在显著影响。

本章关于扩展边际和集约边际的出口分散化对汇率制度选择存在不同影响的发现，在理论和政策层面上具有重要意义。理论上来说，其一，促使我们进一步反思出口分散化对汇率制度选择影响的理论和实证研究。如前所述，既有研究只是在总体层面上考察了出口分散化对汇率制度选择的影响，并没有区分出口分散化的二元边际——扩展边际和集约边际的出口分散化所可能产生的不同影响。本章的结论表明，扩展边际和集约边际对汇率制度选择的影响是不同的，只有扩展边际才显著影响汇率制度的选择。因此，在出口分散化对汇率制度选择的影响问题上，我们应注意区分扩展边际和集约边际的出口分散化所产生的不同影响。其二，近年来，建立在企业异质性模型基础上的新新贸易理论研究发现，扩展边际在解释重要的国际经济现象方面起着重要作用。本章的研究证明了扩展边际对汇率制度选择的重要作用，但集约边际则并不显著影响汇率制度选择。这从另一个角度印证了既有研究的结论。因此，本章的研究也可视为对贸易理论和实证研究的有益补充和发展。

政策层面上，本章的结论对发展中国家来说也具有启示意义。一些学者认为，鉴于扩展边际在发展中国家贸易增长中的重要性更大，因此，发展中国家贸易政策的制定应更侧重于实现扩展边际的发展（陈勇兵、陈宇媚，2011）。根据本章的研究结论，这种政策还能同时促进发展中国家汇率政策的弹性化。对中国而言，扩展边际的出口分散化程度逐年上升，也有助于促进中国汇率政策的弹性化。

第二节 经验证据

一、模型设定

为了检验出口分散化对汇率制度选择的影响，我们估计了如下模型。

$$err_{it} = \alpha_0 + \alpha_1 exd_{it} + \sum_{j=1}^{J}\beta_j control_{it}^j + \gamma_i + \zeta_t + \varepsilon_{it} \qquad (6.1)$$

其中，$i=1,2,\cdots,N;t=1,2,\cdots,T$。$err_{it}$ 是二值变量。如果国家 i 在 t 期实行固定汇率制度，则赋值为 1，否则赋值为 0。关于固定汇率制度的经验定义，下文将详细说明。exd_{it} 是国家 i 在时期 t 的出口分散化指标。该指标是一个 Theil 指数，它从产品层面测度了一国的出口分散化程度。根据本章第一节的分析，系数 α_1 取决于我们所使用的出口分散化程度指标。当使用总体出口分散化指标时，α_1 的符号是不确定的，因为传统理论关于出口分散化对汇率制度选择影响的看法是不一致的；当使用扩展边际指标时，α_1 的符号应为正；而使用集约边际指标时，α_1 的符号不确定。关于出口分散化的定义和测算，下文详细说明。$control_{it}^j$ 表示控制变量，我们也在下文详细说明。γ_i 是国家固定效应，我们通过两个虚拟变量捕捉这一效应。第一个虚拟变量反映了可能影响一国出口分散化程度的地理特征（Harms & Hoffmann，2011；Chowdhury et al.，2014）。如果一国是内陆国家，则赋值为 1，否则赋值为 0。第二个虚拟变量反映了可能影响一国当前生产结构的历史因素，我们用一国的殖民历史捕捉这种历史因素的影响（Harms & Hoffmann，2011；Chowdhury et al.，2014）。ζ_t 则是由年度虚拟变量代表的时间效应。ε_{it} 是误差项。

我们首先利用 OLS 估计模型（6.1）。LPM 的一个优点在于，该模型无须对误差项的分布做出任何假设。另一个优点则是我们能很容易地解释模型的回归系数。然而，LPM 模型中被解释变量的拟合值，可能并不必然地落入 [0,1] 区间内。为了克服这一缺陷，实证研究文献常常求助于 probit 或 logit 等二元响应模型来展开实证研究工作。

借鉴已有研究（von Hagen & Zhou，2007；Wooldrige，2010；Berdiev et al.，2012；Hensher et al.，2015），定义 err_{it} 为一国 i 在 t 年所选择的汇率制度。若

该国实行的是固定汇率制度，则 $err_{it}=1$；如果该国实行了非固定汇率制度，则 $err_{it}=0$。我们进一步假设一国根据随机效用最大化原则选择固定和非固定汇率制度：当选择固定汇率制度所带来的效用大于选择非固定汇率制度的效用时，该国选择固定汇率制度，反之，该国选择非固定汇率制度。因此，一国 i 在 t 年选择固定或非固定汇率制度的概率为：

$$\Pr(err_{it}=l) = \Pr(U_{itl} > U_{itk}) \qquad (6.2)$$

其中，$l=1$、0，$k=1$、0，且 $l \neq k$。U_{itl} 代表一国 i 在 t 年选择第 l 种汇率制度时获得的不可观测的效用水平。遵循计量经济文献的做法，我们假设随机效用 U_{itl} 由一个确定性的部分和一个随机项构成：

$$U_{itl} = \theta_l \mathrm{x}_{it} + \varepsilon_{itl} \qquad (6.3)$$

其中，θ_l 是系数向量，x_{it} 表示影响一国选择汇率制度的各种因素，ε_{itl} 是随机项。对所有的 i 和 t 来说，可以将 U_{it0} 标准化为 0，如此可以得到一国 i 在 t 年实行固定汇率制度的响应概率为：

$$\Pr(err_{it}=1) = \Pr(U_{it1} > 0) \qquad (6.4)$$

在实证研究中，通常假设 ε_{itl} 是关于 0 呈对称分布的，因此有：

$$\Pr(err_{it}=1) = \Pr(U_{it1} > 0) = \Pr(\theta_1 \mathrm{x}_{it} + \varepsilon_{it1} > 0)$$
$$= \Pr(\varepsilon_{it1} > -\theta_1 \mathrm{x}_{it}) = \Pr(\varepsilon_{it1} < \theta_1 \mathrm{x}_{it}) \qquad (6.5)$$

其中，最后一个等号利用了 ε_{itl} 关于 0 对称分布的特征。既有文献中，常常假设 ε_{itl} 服从标准正态分布，或者服从逻辑分布，由此分别形成 probit 模型和 logit 模型。在本节研究中，我们使用 probit 模型展开计量研究。因此，在 ε_{itl} 服从标准正态分布的情况下，一国 i 在 t 年实行固定汇率制度的响应概率可进一步表示为：

$$\Pr(err_{it}=1) = \Pr(\varepsilon_{it} < \theta_1 \mathrm{x}_{it}) = G(\theta_1 \mathrm{x}_{it}) \qquad (6.6)$$

其中，$G(\cdot)$ 为标准正态分布的累积分布函数。在本节模型设定框架下，进一步将 $\theta_1 \mathrm{x}_{it}$ 表示为：

$$\theta_1 \mathrm{x}_{it} = \alpha_0 + \alpha_1 exd_{it} + \sum_{j=1}^{J} \beta_j control_{it}^j + \gamma_i + \zeta_t \qquad (6.7)$$

式中各个变量和参数的含义同前。

在估计上述模型［式（6.1）和式（6.7）］时，为了降低可能存在的内生性问题的影响，我们遵循第四章和第五章的做法，将解释变量和控制变量滞后一期进行回归。根据第四章第二节和第五章第二节的分析，我们使用面板混合回归①。

二、数据

我们使用 72 个新兴市场和发展中国家 1974~2010 年的面板数据来估计出口分散化对汇率制度选择的影响②。实证研究使用的数据说明包括三个部分：在详细说明被解释变量——汇率制度——的定义及分类基础上，扼要描述样本国家汇率制度的分布和演变情况；讨论解释变量，即基于产品层面的出口分散化的定义、测度和分解等；扼要说明回归中所使用的控制变量及其测算问题。表 6-2 给出了各个变量的描述统计和相关系数矩阵。

（一）被解释变量

1. 汇率制度

我们同时使用 IMF、SH 和 RR 分类法展开经验研究。首先将各种汇率制度划分为固定和非固定汇率制度（更有弹性的汇率制度）两类。具体来说，在 RR 和 IMF 分类法下，我们将"无独立法偿货币""事先宣称的固定汇率制度或货币局制度""事先宣称的汇率波动区间不大于 ±2% 的钉住制度""实际钉住"4 类汇率制度划分为固定汇率制度，其余 11 类汇率制度都归入到非固定汇率制度（更有弹性的汇率制度）。如果国家 i 在 t 期实行的汇率制度落入上述 4 类汇率制度类型，则我们将被解释变量（eer_{it}）赋值为 1，否则赋值为 0。

---

① 式（6.1）使用的是混合 OLS 估计方法（pooled OLS），式（6.7）则采用了混合极大似然估计法（pooled maximum likelihood estimation，Pooled MLE）。关于 Pooled MLE 方法，可参见伍德里奇（Wooldridge，2010）第 13 章和第 15 章。

② 如何划分发展中国家并没有统一公认的做法。本节采用的是 IMF（2010）的划分方法，它将发达经济体之外的经济体都视为发展中国家，并称之为新兴市场和发展中国家。在经验研究中，IMF（2010）所列出的新兴市场和发展中国家一般都被视为发展中国家（von Hagen & Zhou，2007；Gbadamosi，2017）。IMF 对发达国家和发展中国家的划分为汇率制度选择领域的很多经验研究所直接采用（如，von Hagen & Zhou，2007；Levy-Yeyati et al.，2010；Berdiev et al.，2012）。本节也遵循这一做法。但由于数据缺失或可得性差等原因，很多发展中国家没有包括在本节样本中。关于汇率制度选择的部分经验研究文献也因数据可得性或缺失问题而没有将所有发展中国家纳入样本中，如辛格（2010）的样本仅包括 74 个发展中国家，霍尔（2008）的样本则仅包括 65 个发展中国家。

表 6-2 描述统计及相关系数矩阵

变量	peg_rr	peg_imf	peg_sh	exdiv	extmar	intmar	open	ecodev	ecosize	inf	reserve	exdebt	totshk	monshk	kaopen	fd	dem	polin
均值	0.336	0.471	0.400	3.498	0.587	2.912	0.648	7.980	24.37	0.120	4.793	0.562	0.153	0.880	−0.306	0.231	1.698	0.994
标准差	0.472	0.499	0.489	0.988	0.591	0.798	0.317	0.892	1.707	0.149	4.480	0.368	0.102	0.091	1.352	0.156	6.56	1.923
最小值	0.000	0.000	0.000	1.702	−0.045	1.451	0.091	5.711	19.83	−0.150	0.864	0.074	0.000	0.213	−1.864	0.016	−10.00	0.000
最大值	1.000	1.000	1.000	6.084	2.826	5.862	1.988	9.776	28.96	0.992	30.79	2.230	1.122	1.000	2.439	0.764	10.00	10.00
观测值	1795	1757	1765	1832	1826	1832	1803	1621	1621	1828	1832	1832	1646	1779	1797	1832	1808	1831

相关系数矩阵

	peg_rr	peg_imf	peg_sh	exdiv	extmar	intmar	open	ecodev	ecosize	inf	reserve	exdebt	totshk	monshk	kaopen	fd	dem	polin
peg_rr	1.00																	
peg_imf	0.53***	1.00																
peg_sh	0.66***	0.59***	1.00															
exdiv	0.22***	0.34***	0.26***	1.00														
extmar	0.28***	0.35***	0.31***	0.59***	1.00													
intmar	0.07**	0.15***	0.09*	0.80***	−0.01*	1.00												
open	0.15***	0.12***	0.13***	0.07*	−0.19***	0.22***	1.00											
ecodev	−0.16***	−0.21***	−0.17***	−0.42***	−0.33***	−0.27***	0.23***	1.00										
ecosize	−0.27***	−0.38***	−0.29***	−0.54***	−0.35***	−0.40***	−0.34***	0.48***	1.00									
inf	−0.26***	−0.24***	−0.29***	−0.16***	−0.08***	−0.14***	−0.22***	0.18***	0.22***	1.00								
reserve	−0.02	0.08***	0.03	−0.00	0.04*	−0.03	−0.10***	0.02	0.15***	0.08***	1.00							
exdebt	−0.02	0.05	0.01	0.19***	0.10***	0.15***	0.19***	−0.27***	−0.32***	0.04*	0.07***	1.00						
totshk	0.00	−0.00	−0.03	0.19***	−0.01	0.24***	0.06**	−0.06**	−0.03	0.09***	0.00	0.03	1.00					
monshk	0.09***	0.03	0.02	0.15***	0.15***	0.12***	0.04*	0.06**	−0.21***	−0.29***	−0.10***	0.15***	0.10***	1.00				
kaopen	0.03	−0.14***	−0.06**	−0.25***	−0.24***	−0.14***	0.18***	0.29***	0.05**	−0.19***	−0.15***	−0.07***	−0.04**	−0.00	1.00			
fd	−0.03	−0.02	−0.01	−0.35***	−0.27***	−0.24***	0.26***	0.31***	0.24***	−0.16***	0.17***	−0.06***	−0.14***	−0.32***	0.19***	1.00		
dem	−0.21***	−0.26***	−0.22***	−0.35***	−0.29***	−0.22***	0.09***	0.27***	0.13***	0.06***	−0.17***	−0.11***	−0.11***	0.00	0.20***	0.04*	1.00	
polin	−0.18***	−0.20***	−0.18***	−0.07***	0.05***	−0.13***	−0.30***	−0.13***	0.34***	0.05***	0.04***	−0.08*	0.00	−0.21***	−0.09***	−0.06***	−0.00	1.00

注：*、** 和 *** 分别表示 10%、5% 和 1% 的显著性水平。

在利用 RR 分类数据集进行计量检验时，我们还考虑自由落体情形的影响。我们将样本分为两组进行回归：一组包括了自由落体，并将自由落体视为非固定汇率制度（更有弹性的汇率制度），另一组则剔除了自由落体情形。最后，在利用 RR 分类法进行的所有回归中，我们剔除了 RR 分类数据集中"复汇率市场且平行市场数据缺失"的情形。

由于 SH 分类法将固定汇率制度赋值为 1，非固定汇率制度赋值为 0，因此本节的被解释变量正好和 SH 分类法对应起来，即 SH 分类法赋值为 1 时，被解释变量（eer_{it}）取值 1；SH 分类法赋值为 0 时，eer_{it} 取值 0。

由于如下原因，本节没有使用 LYS 及其他事实分类法：LYS 和其他事实分类法在进行汇率制度分类时严重依赖国际储备变化和官方汇率变化的信息。一方面，使用国际储备进行汇率制度分类可能存在很多"噪音"，并不能准确反映一国事实上的汇率行为。另外，由于使用国际储备进行汇率制度分类，导致 LYS 分类法出现了很多"分类变量不可得"的情形。另一方面，在存在复汇率或多重汇率的情况下，官方汇率可能具有很大的误导性。在存在复汇率或者多重汇率的情况下，相对于官方汇率来说，市场汇率能够更好地反映潜在的货币政策（Reinhart & Rogoff, 2004）。

2. 样本国家汇率制度的分布和演变

总体来说，1974~2010 年期间，实行非固定汇率制度（更有弹性的汇率制度）的国家数量和占比都在提高。利用 RR、SH 和 IMF 分类法的计算表明，实行非固定汇率制度（更有弹性的汇率制度）的新兴市场和发展中国家的数量从 1974 年的 27、12 和 4 分别上升到了 2010 年的 43、41 和 43。从占比来看，三种分类法计算的占比从 1974 年的 49%、20% 和 7% 上升至 61%、58% 和 60%，分别提高了 12、38 和 53 个百分点。样本期内，实行非固定汇率制度（更有弹性的汇率制度）的经济体占比平均为 66%（RR）、60%（SH）和 53%（IMF）。

（二）解释变量

本节的解释变量，基于出口产品测算的出口分散化指标来自 IMF 开发的出口分散化数据集。由于 IMF 关于出口分散化的测算采用的是卡多等（Cadot et al., 2011）的方法，因此，我们首先说明出口分散化的测算原理和卡多等（2011）的测算方法。

经验研究文献常常借鉴收入不平等和产业组织等领域的做法，利用集中度指标来测算出口分散化程度（Cadot et al.，2013）。因此，包括赫芬达尔指数、基尼系数以及泰尔指数等在内的测量产业结构集中度和收入不平等的指标，就成为测算出口分散化程度最常使用的指标（Cadot et al.，2013）[①]。但相对其他指数来说，泰尔指数有一个重要性质，即，用泰尔指数衡量的出口分散化指数可以分解为组间和组内指数，并且这两个细分指数又分别对应于出口分散化的扩展边际和集约边际。泰尔指数的这个分解性质是它相对于其他出口分散化测度指数的最主要优点（Papageorgiou & Parmeter，2015），也是卡多等（2011、2013）使用泰尔指数测算出口分散化的重要原因。

根据卡多等（2011、2013）的研究，集约边际指出口产品贸易额分布的均匀程度，而扩展边际则指出口产品数量的分散化。总体泰尔指数可定义为：

$$T = \frac{1}{n}\sum_{k=1}^{n}\frac{x_k}{\mu}\ln\left(\frac{x_k}{\mu}\right) \tag{6.8}$$

其中，$\mu = \frac{1}{n}\sum_{k=1}^{n}x_k$，$n$ 表示出口产品的数量，x_k 为第 k 类产品的出口额，μ 为全部出口产品的平均出口额。

为了定义组内和组间泰尔指数，卡多等（2011）首先将潜在的出口产品分为 G_j 组（$j=0,1,2,\cdots,J$）。于是，n_j 表示 G_j 组中的出口产品数量，μ_j 则表示第 G_j 组出口产品的平均出口额。因此组间和组内泰尔指数可分别表示为：

$$T_b = \sum_{j=0}^{J}\frac{n_j}{n}\frac{\mu_j}{\mu}\ln\left(\frac{\mu_j}{\mu}\right) \tag{6.9}$$

$$T_w = \sum_{j=0}^{J}\frac{n_j}{n}\frac{\mu_j}{\mu}T_j = \sum_{j=0}^{J}\frac{n_j}{n}\frac{\mu_j}{\mu}\left[\frac{1}{n_j}\sum_{k\in G_j}\frac{x_k}{\mu_j}\ln\left(\frac{x_k}{\mu_j}\right)\right] \tag{6.10}$$

其中，$T = T_b + T_w$。卡多等（2011、2013）进一步证明了组内泰尔指数衡量了集约边际的出口分散化程度，而组间泰尔指数则衡量了扩展边际的出口分散化程度[②]。泰尔指数的数值大小与出口分散化程度呈负相关关系：数值越小，说明出口分散化程度越高。

利用卡多等（2011）的定义和方法，IMF 首先将全部出口产品划分为"传统产品""新产品""非贸易品"三组，即在 T_b 和 T_w 的测算公式中，J 取

[①] 关于赫芬达尔指数、基尼系数及其他测量出口分散化的方法，参见卡多等（2013）。
[②] 详细证明过程从略，请参见卡多等（2011、2013）。

值为2。所谓传统产品，是指在样本期的期初就发生出口的产品，非贸易品在整个样本期没有任何出口，而新产品则是样本期内至少过去2年中没有出口且在随后2年中出口的产品。然后，IMF利用SITC四位数贸易产品数据从产品层面测算了总体出口分散化程度，以及扩展边际和集约边际的出口分散化程度。

相比卡多等（2011）的数据集而言[①]，IMF数据集的优点在于：第一，公开可得；第二，覆盖的时间更长（1962~2010年），能够反映比较长的时期中从产品层面测算的出口分散化的演变和发展情况。这个数据集已经被很多实证研究所采用（Papageorgiou & Spatafora，2012；IMF，2014；Papageorgiou & Parmeter，2015），但其测算结果的精确性可能落后于卡多等（2011）[②]。

图6-1刻画了样本国家出口分散化的演变情况。由该图可以得出如下三个结论：第一，总体出口分散化指标表明，1974~2010年，72个新兴市场和发展中国家出口分散化程度不断提高。第二，集约边际是总体出口分散化指标的主要构成部分[③]，这表明，72个新兴市场和发展中国家出口分散化行为是由集约边际主导的。第三，从指标的动态演变来看，总体出口分散化指标和扩展边际的出口分散化指标不断走低，而集约边际的分散化指标稳中有升。这说明1974~2010年，样本国家出口分散化程度的提高主要是通过扩展边际实现的。这和卡多等（2011、2013）的结论是一致的。

（三）控制变量

根据表3-1和表4-4，我们使用贸易开放度（$open$）、经济发展程度（$ecodev$）、经济规模（$ecosize$）、通货膨胀率（inf）、国际储备（$reserve$）、外债（$exdebt$）、实际冲击（$totshk$）、货币冲击（$monshk$）、金融发展（fd）、资本账

[①] 卡多等（2011）的数据集覆盖了141个经济体（1988~2006年），但卡多并未公开其数据集。

[②] 卡多等（2011、2013）认为，可获得的数据细分程度越高，那么测算结果的精确性就越高。这里的数据细分程度主要针对测算出口产品分散化时所采用的商品分类数据库的分位数而言的。以目前经验研究经常采用的SITC分类和《商品名称及编码协调制度》（HS分类）为例，前者使用5位数字将贸易品分为10大类（一位数）、67章（二位数）、262组（三位数）、1023个分组（四位数）和2970个基本编号（五位数），后者则有22大类98章，由2位数、4位数及6位数组成。在进行测算时，使用的分位数越高，那么测算就越准确。IMF的出口分散化数据库使用了SITC的四位数商品分类信息，而卡多等（2011）则使用了HS六位数商品分类信息。

另外值得指出的是，乔杜里等（2014）仅使用了国际标准产业分类（ISIC）的2位数分类信息测算了部门分散化程度。

[③] 简单的计算表明，集约边际占总体出口分散化指标的比重在1974~2010年持续上升，从1974年的77%上升至2010年的90%，年均占比为83.5%。

户开放度（kaopen）以及两个政治因素变量（dem 和 polins）等指标以控制 OCA 因素、宏观结构因素和政治因素对汇率制度选择的影响，各个指标的计算见第四章第二节和第五章第二节。

三、实证结果

（一）基准模型回归

基准的 LPM 模型和 probit 模型的回归结果列于表 6-3。每一个表格同时列出了利用 RR 分类、SH 分类和 IMF 分类数据集进行回归的结果。其中，RR 分类法由于存在自由落体，因此，我们在回归时将 RR 分类数据集分为两组进行回归。一组数据集将自由落体视为非固定汇率制度（更有弹性的汇率制度）而包括在回归中（表中 RR 一列，下同），另一组数据集则剔除了自由落体（表中 RR_D 一列，下同）。

表 6-3　　　　　　　　　基准模型：总体指标

变量	SH LPM	SH probit	IMF LPM	IMF probit	RR LPM	RR probit	RR_D LPM	RR_D probit
$exdiv$	0.051 (0.050)	0.195 (0.148)	0.034 (0.044)	0.127 (0.139)	0.037 (0.047)	0.163 (0.158)	0.046 (0.054)	0.179 (0.168)
$open$	0.068 (0.148)	0.305 (0.435)	0.081 (0.148)	0.197 (0.447)	0.211 (0.155)	0.707 (0.479)	0.237 (0.159)	0.799 (0.501)
$ecodev$	-0.026 (0.067)	-0.131 (0.208)	0.048 (0.058)	0.160 (0.193)	-0.083 (0.070)	-0.309 (0.222)	-0.095 (0.071)	-0.336 (0.226)
$ecosize$	-0.045* (0.027)	-0.151 (0.093)	-0.061* (0.036)	-0.204* (0.123)	-0.014 (0.029)	-0.068 (0.106)	-0.016 (0.033)	-0.069 (0.112)
inf	-0.656*** (0.194)	-5.002*** (1.404)	-0.620*** (0.202)	-2.266*** (0.767)	-0.459*** (0.172)	-2.519** (0.999)	-1.134*** (0.382)	-3.543*** (1.354)
$reserve$	0.004 (0.008)	0.017 (0.023)	0.003 (0.008)	0.005 (0.023)	-0.008 (0.009)	-0.025 (0.029)	-0.007 (0.011)	-0.021 (0.032)
$exdebt$	-0.095 (0.097)	-0.197 (0.303)	-0.013 (0.110)	-0.016 (0.326)	-0.168* (0.100)	-0.502 (0.327)	-0.159 (0.114)	-0.529 (0.356)
$totshk$	-0.277 (0.229)	-1.003 (0.704)	-0.241 (0.279)	-0.877 (0.842)	-0.212 (0.245)	-0.757 (0.768)	-0.255 (0.257)	-0.941 (0.800)

续表

变量	SH LPM	SH probit	IMF LPM	IMF probit	RR LPM	RR probit	RR_D LPM	RR_D probit
$monshk$	0.153 (0.237)	0.490 (0.883)	0.128 (0.226)	0.361 (0.828)	0.231 (0.276)	0.764 (1.106)	0.216 (0.292)	0.884 (1.172)
fd	0.082 (0.263)	0.182 (0.743)	0.028 (0.295)	0.052 (0.878)	-0.105 (0.266)	-0.242 (0.812)	-0.150 (0.274)	-0.367 (0.833)
$kaopen$	-0.058** (0.027)	-0.182** (0.081)	-0.043 (0.029)	-0.115 (0.087)	-0.018 (0.030)	-0.048 (0.093)	-0.024 (0.032)	-0.060 (0.095)
dem	-0.012* (0.006)	-0.042** (0.019)	-0.009 (0.006)	-0.028* (0.017)	-0.015** (0.006)	-0.053*** (0.020)	-0.017** (0.007)	-0.058*** (0.022)
$polins$	-0.023 (0.015)	-0.080 (0.054)	-0.018 (0.018)	-0.075 (0.062)	-0.033** (0.014)	-0.122** (0.057)	-0.030* (0.015)	-0.115* (0.060)
观测值	1256	1256	1245	1245	1273	1273	1126	1126
F 统计量	4.510***		7.799***		2.559***		3.134***	
调整 R^2	0.211		0.227		0.190		0.200	
Wald 卡方值		342.8***		212.9***		249.8***		267.3***
伪 R^2		0.218		0.193		0.184		0.178

注：1. 如果固定汇率制度，则被解释变量（err）等于 1，否则为 0。
2. 本表未报告内陆国家、殖民历史和年度虚拟变量及常数项回归结果。
3. 括号中为按照国家进行聚类的稳健标准误；*、** 和 *** 表示 10%、5% 和 1% 的显著性水平。表 6-4 ~ 表 6-14 同。

根据前面的讨论我们知道，总体出口分散化指标可以表示为扩展边际和集约边际两个指标之和，因此，我们进一步将总体指标分解为扩展边际和集约边际，并进行基准模型回归，从而考察扩展边际和集约边际的出口分散化对汇率制度选择的影响，回归结果分别列于表 6-4 和表 6-5 中。

表 6-4　　　　　　　　　基准模型：扩展边际

变量	SH LPM	SH probit	IMF LPM	IMF probit	RR LPM	RR probit	RR_D LPM	RR_D probit
$extmar$	0.243*** (0.082)	0.810*** (0.274)	0.188** (0.074)	0.643*** (0.235)	0.235** (0.090)	0.778*** (0.299)	0.270*** (0.095)	0.877*** (0.315)
控制变量	Yes	Yes	Yes	Yes	Yes	Yes	Yes	Yes

续表

变量	SH		IMF		RR		RR_D	
	LPM	probit	LPM	probit	LPM	probit	LPM	probit
观测值	1253	1253	1242	1242	1271	1271	1124	1124
F 统计量	6.408***		10.60***		2.786***		4.156***	
调整 R^2	0.248		0.249		0.231		0.248	
Wald 卡方值		292.1***		323.0***		258.2***		193.9***
伪 R^2		0.250		0.214		0.220		0.221

注：本表及表 6-5～表 6-15 中控制变量同表 6-3。

表 6-5　　　　　　　　基准模型：集约边际

变量	SH		IMF		RR		RR_D	
	LPM	probit	LPM	probit	LPM	probit	LPM	probit
intmar	-0.046 (0.052)	-0.121 (0.155)	-0.042 (0.049)	-0.109 (0.148)	-0.055 (0.052)	-0.156 (0.167)	-0.057 (0.054)	-0.162 (0.171)
控制变量	Yes	Yes	Yes	Yes	Yes	Yes	Yes	Yes
观测值	1256	1256	1245	1245	1273	1273	1126	1126
F 统计量	4.542***		8.836***		2.758***		3.770***	
调整 R^2	0.210		0.228		0.193		0.202	
Wald 卡方值		205.0***		227.3***		318.9***		263.1***
伪 R^2		0.214		0.192		0.184		0.177

（二）稳健性检验

除了使用多个汇率制度分类方法以保证结论的稳健性之外，本节还考虑了包括工具变量回归在内的多个稳健性检验，扼要说明如下。

1. 内生性

表 6-3～表 6-5 的基准模型回归可能面临内生性问题的困扰，即汇率制度本身也可能影响出口分散化。例如，林（2007）发现，汇率的不确定性对扩展边际有显著的负向影响，而对集约边际却存在显著的正向影响。还有一些研究表明，货币联盟促进了贸易沿着扩展边际的增长，而直接的钉住汇率制度（direct pegs）则通过集约边际促进了贸易增长（Bergin & Lin, 2008）。还有一些研究发现（Cavallari & D′Addona, 2013），固定汇率制度下扩展边际面对实际冲击的平均反应是浮动汇率制度下的 4 倍。在面对名义冲击时，固定汇率制

度下扩展边际上升得更多，但集约边际却是下降的。

因此，本节的结论存在因果颠倒的可能性。尽管基准模型回归已将解释变量滞后了一期以降低可能的内生性影响，但估计仍可能是有偏的。我们因此采用 IV probit 方法和两阶段最小二乘法估计 LPM 模型（2SLS-LPM）。在假设内生性主要是由因果关系颠倒导致的情况下，我们使用滞后 10 年的解释变量值作为解释变量的工具变量。具体来说，我们分别用滞后 10 年的总体出口分散化指标（$exdiv\_10$）、滞后 10 年的扩展边际指标（$extmar\_10$）和滞后 10 年的集约边际指标（$intmar\_10$）作为总体指标、扩展边际和集约边际指标的工具变量。采用 10 年滞后期意味着我们的结果受因果关系颠倒影响的可能性比较小。结果列于表 6-6～表 6-8 中。

表 6-6　　　　工具变量回归：总体指标

变量	SH 2SLS-LPM	SH IV probit	IMF 2SLS-LPM	IMF IV probit	RR 2SLS-LPM	RR IV probit	RR_D 2SLS-LPM	RR_D IV probit
$exdiv$	-0.002 (0.114)	0.185 (0.378)	-0.063 (0.087)	-0.107 (0.300)	0.087 (0.099)	0.381 (0.378)	0.244** (0.117)	0.912*** (0.352)
控制变量	Yes	Yes	Yes	Yes	Yes	Yes	Yes	Yes
观测值	927	927	936	936	945	945	722	722
Wald 卡方值	343.7***	440.1***	239.7***	127.9***	201.2***	429.3***	368.0***	506.3***
调整 R^2	0.231		0.229		0.191		0.278	
外生性检验	0.722	0.915	0.134	0.232	0.857	0.727	0.271	0.254
第一阶段回归结果								
F 统计量	32.844***		35.277***		36.309***		30.796***	
$exdiv\_10$	0.484*** (0.084)	0.484*** (0.083)	0.542*** (0.091)	0.542*** (0.089)	0.546*** (0.089)	0.546*** (0.090)	0.505*** (0.091)	0.505*** (0.088)

注：外生性检验一行数字是 2SLS-LPM 回归中 DWH（Durbin-Wu-Hausman）检验和 IV probit 回归中 Wald 检验的 p 值。表 6-7 和表 6-8 同。

表 6-7　　　　工具变量回归：扩展边际

变量	SH 2SLS-LPM	SH IV probit	IMF 2SLS-LPM	IMF IV probit	RR 2SLS-LPM	RR IV probit	RR_D 2SLS-LPM	RR_D IV probit
$extmar$	0.261** (0.129)	0.937** (0.449)	0.191a (0.122)	0.666* (0.386)	0.248* (0.136)	0.824* (0.477)	0.347*** (0.130)	1.195** (0.474)

续表

变量	SH		IMF		RR		RR_D	
	2SLS-LPM	IV probit	2SLS-LPM	IV probit	2SLS-LPM	IV probit	2SLS-LPM	IV probit
控制变量	Yes	Yes	Yes	Yes	Yes	Yes	Yes	Yes
观测值	923	923	932	932	942	942	720	720
Wald 卡方值	319.6***	540.8***	255.7***	148.6***	235.5***	387.5***	880.7***	1986***
调整 R^2	0.282		0.265		0.239		0.338	
外生性检验	0.810	0.987	0.887	0.724	0.780	0.804	0.726	0.771
第一阶段回归结果								
F 统计量	65.552***		75.025***		66.368***		53.253***	
extmar_10	0.577*** (0.071)	0.577*** (0.070)	0.635*** (0.073)	0.635*** (0.072)	0.607*** (0.074)	0.607*** (0.073)	0.585*** (0.080)	0.585*** (0.079)

表 6-8　　　　　　　　工具变量回归：集约边际

变量	SH		IMF		RR		RR_D	
	2SLS-LPM	IV probit	2SLS-LPM	IV probit	2SLS-LPM	IV probit	2SLS-LPM	IV probit
intmar	-0.163 (0.100)	-0.417 (0.334)	-0.196** (0.097)	-0.555* (0.294)	-0.067 (0.097)	-0.165 (0.351)	0.025 (0.108)	0.133 (0.379)
控制变量	Yes	Yes	Yes	Yes	Yes	Yes	Yes	Yes
观测值	927	927	936	936	945	945	722	722
Wald 卡方值	357.4***	423.7***	203.6***	167.9***	101.8***	245.5***	351.2***	512.5***
调整 R^2	0.227		0.205		0.180		0.271	
外生性检验	0.196	0.294	0.022	0.045	0.609	0.689	0.843	0.887
第一阶段回归结果								
F 统计量	41.653***		50.370***		42.359***		35.374***	
intmar_10	0.549*** (0.085)	0.549*** (0.083)	0.576*** (0.081)	0.576*** (0.079)	0.553*** (0.085)	0.553*** (0.083)	0.576*** (0.097)	0.576*** (0.094)

2. 重新定义固定汇率制度

本节我们考虑将一些弹性更大的汇率制度也视为固定汇率制度，进行稳健性检验。由于 IMF 分类法和 SH 分类法不能将汇率制度细分为更细致的类型，因此我们仅使用 RR 分类法重新定义固定汇率制度。首先，我们将"事先宣称的爬行钉住"和"事先宣称的汇率变化区间不超过±2%的爬行带内钉住"归入固定汇率制度（这两类汇率制度在 RR 分类法中分别赋值为5 和6），然后同时利用 LPM 和 probit 模型进行回归。表6-9~表6-11 报告了回归结果。

表6-9　　　　　重新定义固定汇率制度：总体指标

变量	RR		RR_D	
	LPM	probit	LPM	probit
exdiv	0.037 (0.047)	0.128 (0.140)	0.046 (0.054)	0.152 (0.154)
控制变量	Yes	Yes	Yes	Yes
观测值	1273	1273	1126	1126
F 统计量	3.373***		3.417***	
调整 R^2	0.158		0.162	
Wald 卡方值		285.6***		262.3***
伪 R^2		0.143		0.139

表6-10　　　　　重新定义固定汇率制度：扩展边际

变量	RR		RR_D	
	LPM	probit	LPM	probit
extmar	0.202** (0.090)	0.609** (0.274)	0.233** (0.096)	0.693** (0.293)
控制变量	Yes	Yes	Yes	Yes
观测值	1271	1271	1124	1124
F 统计量	3.753***		5.398***	
调整 R^2	0.187		0.195	
Wald 卡方值		289.2***		290.6***
伪 R^2		0.167		0.167

表6-11　　　　　重新定义固定汇率制度：集约边际

变量	RR		RR_D	
	LPM	probit	LPM	probit
intmar	-0.042 (0.054)	-0.119 (0.161)	-0.042 (0.056)	-0.116 (0.165)
控制变量	Yes	Yes	Yes	Yes

续表

变量	RR		RR_D	
	LPM	probit	LPM	probit
观测值	1273	1273	1126	1126
F 统计量	3.664***		4.135***	
调整 R^2	0.159		0.161	
Wald 卡方值		322.3***		283.6***
伪 R^2		0.143		0.137

3. 将 RR 汇率制度分类视为连续变量

在定义被解释变量时，我们将 RR 分类法下的 14 类汇率制度定义为一个二值变量：数值不超过 4 的汇率制度被视为固定汇率制度，并赋值为 1；数值超过 4 的汇率制度都视为非固定汇率制度（更有弹性的汇率制度），赋值为 0[①]。一些经济学家认为这种赋值方法可能丢失了一些有用的信息，从而影响回归结果[②]。考虑到这种可能的影响，我们遵循乔杜里等（2014）的做法，将 RR 分类法下的汇率制度视为连续变量，并重新估计基准模型中的 LPM 模型。由于本节将固定汇率制度赋值为 1，而非固定汇率制度（更有弹性的汇率制度）赋值为 0，数值越高意味着汇率制度越缺乏弹性，而 RR 分类法下数值越高却表示汇率制度越富有弹性，因此，为了和本节的处理方法保持一致，我们重新编码了 RR 分类法下的汇率制度，使数值越高表示汇率制度越缺乏弹性。回归结果列于表 6 – 12 中。

表 6 – 12　　将 RR 分类法视为连续变量的回归结果

变量	RR		RR_D	
exdiv	0.276 (0.325)		0.321 (0.376)	
extmar	1.232* (0.736)		1.494** (0.732)	

---

① 在重新定义固定汇率制度的稳健性检验中，数值不超过 6 的汇率制度被视为固定汇率制度，超过 6 的汇率制度则被视为非固定汇率制度（更有弹性的汇率制度）。

② 实际上，将 RR 分类法下的汇率制度处理为连续变量的文献非常少。据我们所知，目前仅有乔杜里等（2014）是如此处理的。

续表

变量	RR			RR_D		
intmar		−0.203 (0.408)			−0.246 (0.403)	
控制变量	Yes	Yes	Yes	Yes	Yes	Yes
观测值	1273	1271	1273	1126	1124	1126
R²	0.305	0.319	0.304	0.208	0.234	0.206
F 统计量	7.567***	7.756***	8.156***	4.402***	6.971***	5.585***

4. 同时引入扩展边际和集约边际指标

由于扩展边际和集约边际出口分散化指标分别反映了出口产品数量的变化和既有出口产品份额的变化，且二者之和恰好构成了总体出口分散化指标，因此，将这两个指标同时纳入回归模型也许更为合理。为了检验结论的稳健性，我们在同时引入这两个变量后，重新回归了基准模型（见表 6-13）。

表 6-13　同时引入扩展边际和集约边际的回归结果

变量	SH		IMF		RR		RR_D	
	LPM	probit	LPM	probit	LPM	probit	LPM	probit
extmar	0.246*** (0.080)	1.500*** (0.466)	0.183** (0.073)	1.067*** (0.411)	0.229*** (0.086)	1.486*** (0.560)	0.266*** (0.093)	1.613*** (0.592)
intmar	0.006 (0.051)	0.169 (0.262)	−0.012 (0.048)	0.031 (0.267)	−0.015 (0.049)	0.075 (0.300)	−0.009 (0.052)	0.081 (0.303)
控制变量	Yes	Yes	Yes	Yes	Yes	Yes	Yes	Yes
观测值	1253	1253	1242	1242	1271	1271	1124	1124
F 统计量	6.299***		10.94***		2.723***		4.156***	
调整 R²	0.248		0.249		0.231		0.248	
Wald 卡方值		258.9***		281.9***		200.4***		198.1***
伪 R²		0.263		0.218		0.241		0.235

5. 重新设定样本期

考虑到在样本期内，早期的数据缺失比较严重，我们还将本节的样本期重新设定为 1985~2010 年和 1990~2010 年，并重新回归了基准模型。结果表明，本节结论不受影响。

（三）结果分析

1. 基准模型回归结果分析

由基准模型回归结果（见表 6-3）可见，总体出口分散化指标对汇率制度选择的影响方向为正，这表明出口分散化程度越低的新兴市场和发展中国家（指标数值越高），越可能采取固定汇率制度。这个结论与部分文献是一致的（Heller, 1978; Holden et al., 1979; Jin, 2009; Chowdhury et al., 2014）。然而，即使在 10% 的显著性水平上，总体出口分散化指标的回归系数都是统计上不显著的。表 6-4 的回归结果表明，扩展边际的出口分散化对汇率制度选择的影响方向为正且统计上显著，这说明扩展边际的出口分散化程度越高的新兴市场和发展中国家（指标的数值越低），越可能选择更有弹性的汇率制度。表 6-5 则表明，集约边际的回归系数为负，但是，集约边际的出口分散化对汇率制度选择的影响在统计上并不显著。

我们现在根据表 6-4 进一步考察扩展边际的出口分散化对汇率制度选择影响的数量效应。表 6-4 的 LPM 回归结果表明，扩展边际的出口分散化指标下降 1 个百分点（这意味着出口分散化程度更高），将导致新兴市场和发展中国家实行非固定汇率制度（更有弹性的汇率制度）的概率提高 0.19~0.27 个百分点。另外，在进行 probit 模型回归时，我们计算了平均边际效应。结果表明，这一效应非常接近 LPM 回归的系数。①

总之，上述分析表明，扩展边际的出口分散化对汇率制度选择的影响不仅统计上是显著的，而且其影响的数量效应也很大。扩展边际的出口分散化程度越高，样本国家越可能选择更有弹性的汇率制度。然而，总体出口分散化和集约边际的出口分散化对新兴市场和发展中国家的汇率制度选择并不存在显著影响。

2. 稳健性检验结果分析

我们首先讨论表 6-6~表 6-8 工具变量的回归结果。在回归方程中，有效的工具变量应满足如下两个条件：第一，工具变量与解释变量的当期值相关；第二，工具变量与扰动项不相关。对于第一个条件，我们可以比较容易地

---

① 利用 SH、IMF、RR 和 RR_D 进行的 probit 回归中，平均边际效应分别为 0.22、0.19、0.21 和 0.25。

做出判断。在表 6-6～表 6-8 报告的所有第一阶段回归结果中，本节的工具变量——滞后 10 期的总体出口分散化、滞后 10 期的扩展边际和滞后 10 期的集约边际分别与各解释变量——总体出口分散化、扩展边际和集约边际，具有很强的统计上相关性。并且，在所有 2SLS-LPM 的第一阶段回归结果中，各工具变量的 F 统计量都大于 10，且在 1% 的显著性水平上是统计上显著的。这表明我们使用的工具变量满足有效工具变量的第一个条件。

对于第二个条件，我们先进行定性的初步分析和讨论。本节将滞后 10 期的解释变量作为工具变量，这意味着由于滞后变量已经发生了，从当期的角度看，其取值已经固定，因此它可能与当期扰动项不相关。换句话说，在本节的研究设定下，当期的汇率制度选择行为不会影响 10 年前的出口分散化程度。

工具变量与扰动项不相关的条件也称为排他性约束，这意味着工具变量影响被解释变量的唯一渠道是通过与其相关的内生解释变量产生影响的，它实际上排除了所有其他的可能影响渠道。因此，作为对有效工具变量第二个条件的检验，我们在表 6-3～表 6-5 的三个基准回归模型基础上，分别引入滞后 10 期的总体出口分散化指标、滞后 10 期的扩展边际指标和滞后 10 期的集约边际指标进行回归。我们发现[①]，在控制了总体出口分散化指标、扩展边际和集约边际出口分散化指标的当期值后，各工具变量对汇率制度选择并不存在统计上显著的影响。并且，在利用扩展边际指标的回归中，扩展边际指标当期值的回归系数仍然是统计上显著为正的。这说明，扩展边际的工具变量——滞后 10 期的扩展边际指标，是唯一通过扩展边际当期值对汇率制度选择产生影响的。

最后，表 6-8 中第 2 列利用 IMF 分类法进行工具变量回归的结果表明，解释变量可能是内生的，因此，两阶段最小二乘法和 IV probit 估计结果要优于表 6-5 中第 2 列所对应的基准模型回归结果。表 6-8 第 2 列的结果表明，集约边际的出口分散化对汇率制度选择的影响方向为负，且统计上显著。除了这两个回归结果之外，表 6-6～表 6-8 中所有的外生性检验均表明，本节所使用的解释变量——总体出口分散化、扩展边际和集约边际的出口分散化——都是外生于模型的，因此，本节的计量模型基本不存在因逆向因果关系而导致的内生性问题。综合上述，表 6-6～表 6-8 的结果再次证实了本节基准模型回

---

① 在所有回归中，仅在 IMF 分类数据集下，利用当期集约边际指标（intmar）和滞后 10 期的集约边际指标（intmar_10）对汇率制度选择进行回归时，滞后 10 期的集约边际指标（intmar_10）的回归系数是统计上显著的。

归的结论。

我们现在转向对表 6-9～表 6-11 回归结果的讨论。表 6-9～表 6-11 的回归中将"事先宣称的爬行钉住"和"事先宣称的汇率变化区间不超过 ±2% 的爬行带内钉住"等弹性更高的汇率安排也视为固定汇率制度。表 6-9～表 6-11 的结果再次证明了基准模型回归结果：扩展边际的出口分散化程度越高，新兴市场和发展中国家选择更有弹性的汇率制度的概率越大；但总体出口分散化和集约边际的出口分散化对新兴市场和发展中国家的汇率制度选择并无显著影响。

我们最后讨论表 6-12 和表 6-13 的回归结果。表 6-12 将 RR 分类法视为连续型变量回归的结果表明，本节将汇率制度划分为二值虚拟变量并不影响本节的定性结论。表 6-13 的结果表明，扩展边际的出口分散化指标的回归系数在 1% 的显著性水平上是统计上显著的，说明扩展边际的出口分散化程度越高，新兴市场和发展中国家越可能选择更有弹性的汇率制度。集约边际的出口分散化指标的回归系数尽管在部分回归中改变了符号，但在通常的显著性水平上，回归系数在统计上并不显著。

3. 对影响机制的验证

上述实证结果表明，扩展边际的出口分散化对汇率制度选择的影响方向为正，且统计上显著，说明扩展边际出口分散化程度越高的新兴市场和发展中国家，越可能选择更有弹性的汇率制度。集约边际的出口分散化对汇率制度选择的影响方向为负，说明集约边际的出口分散化程度越高的新兴市场和发展中国家，越可能选择固定汇率制度，但这一影响在统计上并不显著。本章第一节的理论分析曾指出，由于扩展边际与集约边际的出口分散化对稳定贸易条件和出口具有不同的作用，从而导致其对汇率制度选择的影响也不同。那么，扩展边际和集约边际的出口分散化对稳定贸易条件和出口的作用是否真的存在差异呢？我们在此对这一影响机制进行初步的验证。

我们首先计算了贸易条件和出口波动性指标。我们用过去 5 年中贸易条件百分比变化的标准差作为贸易条件波动性的代理变量，用过去 5 年中出口百分比变化的标准差作为出口波动性的代理变量。为了保证结论的稳健性，我们还考虑了 3 年的窗口期计算标准差。其次，我们分别用滞后 10 年的总体出口分散化指标、滞后 10 年的扩展边际指标和滞后 10 年的集约边际指标作为总体指标、扩展边际和集约边际指标的工具变量，然后利用混合面板参数估计方法，在控制了基准回归模型（见表 6-3~表 6-5）中所包括的控制变量后，分别对贸易条件波动性和出口波动性进行回归。最后，我们采用工具变量的目的是为了防止可能存在的内生性问题的影响，而采用混合面板参数估计方法是由于我们的控制变量中已包括了衡量国家异质性的变量以及随时间变化而变化缓慢的变量（如政治不稳定等）。表 6-14 报告了回归结果。

表 6-14　　　　　　出口分散化、贸易条件波动与出口波动

变量	贸易条件波动性		出口波动性	
	totv5	totv3	expv5	expv3
$exdiv$	0.029**	0.031***	0.985	1.155
	(0.011)	(0.012)	(1.242)	(1.210)
观测值	943	943	925	932
$extmar$	0.063***	0.067***	3.026*	4.043**
	(0.021)	(0.022)	(1.698)	(1.940)
观测值	939	939	921	928
$intmar$	-0.010	-0.011	-0.815	-1.334
	(0.018)	(0.018)	(1.735)	(1.645)
观测值	943	943	925	932

注：1. 本表未报告控制变量的回归结果。表中所有回归的控制变量均包括贸易开放度（open）、经济发展程度（ecodev）、经济规模（ecosize）、通货膨胀率（inf）、国际储备（reserve）、外债（exdebt）、实际冲击（totshk）、货币冲击（monshk）、金融发展（fd）、资本账户开放度（kaopen）和两个政治变量（dem、polins），以及代表国家异质性的殖民历史、地理特征和年度虚拟变量，即控制变量为基准回归模型（见表 6-3~表 6-5）中除了各解释变量之外的所有控制变量。

2. totv5 和 totv3 分别表示以 5 年和 3 年为窗口计算的贸易条件波动性，expv5 和 expv3 则分别表示以 5 年和 3 年为窗口计算的出口波动性。

3. 本表样本量低于基准回归的原因是，在计算贸易条件波动性和出口波动性时，首先计算了贸易条件和出口百分比变化，然后分别以 5 年和 3 年为窗口期计算了标准差，从而导致样本量减少。

实证结果与我们的理论预期一致：（1）扩展边际的出口分散化程度越高（指标越小），贸易条件和出口就越稳定（指标越小），并且这一影响是统计上显著的。因此，这个结论与理论分析是一致的，即扩展边际的出口分散化程度越高的经济体，贸易条件和出口越稳定。根据霍尔顿等（1979）的观点，这就赋予了一国更大的空间和可能性以实行更有弹性的汇率制度。我们的实证结

果也确实表明，扩展边际的出口分散化程度越高，选择更有弹性的汇率制度的可能性越大，且这一影响在统计上是显著的。（2）集约边际的出口分散化程度越高（指标越小），贸易条件和出口越不稳定（指标越大），这与理论分析也是一致的。但这一影响在统计上并不显著。本节的实证结果也确实表明，集约边际的出口分散化程度越高，选择固定汇率制度的可能性越大，但这一影响在统计上并不显著。

4. 实证研究结论的启示

包括 OCA 理论和霍尔顿等（1979）在内的早期汇率制度选择理论认为，出口分散化程度高的经济体常常拥有更加稳定的贸易条件和更为稳定的出口，因此，尽管这些理论对出口分散化影响汇率制度选择的方向看法并不一致，但他们都认为，出口分散化能显著影响汇率制度的选择和汇率政策的制定。然而，本节提供的证据却表明，基于产品层面测算的总体出口分散化程度并不影响新兴市场和发展中国家的汇率政策。这说明早期的理论由于还没有意识到出口分散化可以通过扩展边际和集约边际两个渠道实现，因此忽略了扩展边际和集约边际的出口分散化对汇率制度选择所产生的不同影响。

得益于新新贸易理论的理论和实证研究，学界日益发现，出口分散化可以通过扩展边际和集约边际两个渠道实现，并且这两个层面的出口分散化对一些重要的国际经济现象有着不同的影响。尤其重要的是，只有扩展边际的出口分散化才能稳定贸易条件和出口的波动，而集约边际的出口分散化行为对贸易条件和出口波动的影响并不明确。

受此启发，本章进一步利用 IMF 测算的扩展边际和集约边际的出口分散化指标考察了它们对新兴市场和发展中国家汇率制度选择的影响。研究发现，沿着扩展边际实现的出口分散化显著影响新兴市场和发展中国家汇率制度的选择：扩展边际的出口分散化程度越高，新兴市场和发展中国家选择更有弹性的汇率制度的可能性就越高。但是，总体出口分散化和集约边际的出口分散化并不影响新兴市场和发展中国家的汇率制度选择。因此，本章的结论启示我们：第一，在讨论出口分散化对汇率政策制定的影响时，应充分注意并区分扩展边际和集约边际的出口分散化所可能产生的不同影响；第二，新兴市场和发展中国家偏向扩展边际的贸易政策也有助于促进其汇率政策的弹性化。

四、结论和展望

出口分散化和汇率制度选择是国际经济学中两个极为重要的理论和政策问题。传统的贸易理论鼓励一国追求专业化生产，从而获得比较优势所带来的好处。基于企业异质性的新新贸易理论则日益强调出口分散化对稳定贸易条件和出口的积极作用（Cadot et al.，2013；IMF，2014），稳定的贸易条件和出口则可能进一步影响汇率制度的选择和汇率政策的制定。出口分散化对汇率制度选择和汇率政策的制定究竟有什么样的影响呢？自霍尔顿等（1979）以来，经验研究关于这个问题的讨论还有欠缺，尤其是还没有研究利用基于产品层面测算的出口分散化数据考察出口分散化对汇率制度选择的影响，也没有研究在此基础上进一步考察扩展边际和集约边际的出口分散化对汇率制度选择的影响。在贸易理论和实证研究的重点转向企业和产品层面，并日益重视扩展边际和集约边际影响的背景下，这个方面的研究就显得尤为迫切，也因此具有重要的理论和现实意义。

本章利用 IMF 开发的基于出口产品层面的出口分散化数据集，首次从产品层面考察了出口分散化以及扩展边际和集约边际的出口分散化对新兴市场和发展中国家汇率制度选择的影响。研究表明，总体出口分散化并不显著影响汇率制度的选择。将总体出口分散化指标分解为扩展边际和集约边际后的进一步实证研究表明，尽管集约边际的出口分散化也不显著影响汇率制度选择，但扩展边际的出口分散化确实显著影响新兴市场和发展中国家的汇率制度选择。因此，真正影响新兴市场和发展中国家汇率制度选择的因素是扩展边际的出口分散化，而不是总体出口分散化或集约边际的出口分散化。这促使我们反思既有的关于出口分散化与汇率制度选择之间关系的理论研究，也为新兴市场和发展中国家协调制定出口政策和汇率政策提供了经验证据的支持。

在结束本章前，我们扼要指出本章的不足和可能的拓展。首先，尽管本书选择了滞后 10 年的出口分散化指标作为工具变量，但这仍然可能存在一定程度的内生性影响。其次，本章没有能够提供一个具有微观基础的理论模型来解释为什么扩展边际和集约边际的出口分散化对新兴市场和发展中国家汇率制度的选择有不同的影响。这方面的工作若与新新贸易理论结合起来，应能进一步拓展既有的关于出口分散化和汇率制度选择的理论研究。最后，我们注意到，除了产品、企业和国家（贸易伙伴关系）三个角度外，近年来一些研究试图同时从产品和国家（贸易伙伴关系）两个角度来测算出口分散化。例如，可将集约边际定义为旧产品旧市场，而扩展边际则包括新产品旧市场、旧产品新市场及新产品新市场等情形（Amurgo-Pacheco & Pierola，2008）。由于既有的从国家（贸易伙伴关系）角度测算并考察出口分散化对汇率制度选择影响的研究，只使用粗略的集中度指标测算了出口分散化程度（见表 6-1 中"国家层面（贸易伙伴关系）"指标），而从出口产品角度测算出口分散化程度的研究则又没有考虑到贸易伙伴关系的影响（例如本书使用的 IMF 数据集），因此，同时从产品和国家（贸易伙伴关系）两个角度测算出口分散化并考察总体出口分散化以及扩展边际和集约边际的出口分散化对汇率制度选择的影响，应是值得尝试的重要方向。

第三篇

汇率制度选择：
中国经验

第七章

人民币最优汇率制度弹性

本章及后续两章以中国作为案例,旨在考察三个问题:(1)从理论上来说,如果以价格稳定作为标准,最优的人民币汇率制度弹性是多少?(2)从事后来看,人民币汇率制度弹性又是多少,表现出什么样的特征?(3)新中国成立以来,人民币汇率政策对中国的通货膨胀和经济增长的影响如何?本章在 M-F-D 模型框架下建立了人民币最优汇率制度弹性的理论模型,然后利用 2000 年 1 月至 2018 年 12 月的月度数据经验地估计了人民币汇率制度弹性,从而回答了第一个问题。

第一节 理论模型

第二章第二节指出,汇率制度选择的研究基本承袭了经济政策制定和分析的规范方法的传统(迪克西特,2004),在既定的经济系统中,选择一个使本国目标函数最大化(收益)或最小化(损失)的制度安排。早期研究主要利用 M-F-D 类型的模型来抽象一国的开放经济系统,以产出稳定(Turnovsky,1976;Weber,1981;Flood & Marion,1982)和价格稳定(Flood,1979)为标准考察了汇率制度的选择问题。这些研究主要考察了固定和浮动汇率制度孰优孰劣的传统争论。尽管它们利用了经济政策分析的规范方法的传统,但它们都只考虑了端点解所代表的两极汇率制度安排,而忽略了内解所代表的中间汇率制度。从现实来看,"汇率和国际储备的变化常常是相伴而生的,这一事实说明，货币当局倾向于利用中间汇率制度（Weymark，1997）"。

这种缺陷在普尔（1970）之后得到了纠正。普尔（1970）最早以产出稳定为标准，考察了一国究竟应以利率还是以货币存量作为最优货币政策工具的选择问题。普尔（1970）指出，中央银行政策工具的选择并不一定非要在利率和货币存量二者中选择其一，其实可以采取二者的某种组合作为最优政策工具。这种思想极大地推动了汇率制度选择的研究。很多研究在 M-F 和 M-F-D 框架下，利用普尔（1970）的思想考察了最优外汇市场干预问题①。

但是，考察中间汇率制度安排还需要引入一个连续变量来代表各种汇率制度安排，博耶（1978）与罗珀和图尔诺夫斯基（1980）最早进行了这方面的尝试。博耶（1978）定义了货币当局通过产品市场和货币市场干预汇率的反应函数，以产出稳定为标准考察了最优的汇率制度选择问题。罗珀和图尔诺夫斯基（1980）沿着这个思路，定义货币当局的政策反应函数为 $m_t = \gamma e_t$。m_t 表示货币供给（以对数形式表示）与其均衡值的离差；e_t 表示为汇率（单位本币的外币价格，以对数形式表示）与其均衡值的离差。他们在 M-F 框架下，同样以产出稳定为标准考察了中央银行的最优外汇市场干预问题。后来，艾森曼和弗伦克尔（Aizenman & Frenkel，1985）与艾森曼和豪斯曼（2000）利用这种方法，以就业稳定和通货膨胀稳定之间的权衡关系为标准考察了一国最优的汇率政策安排。

然而，这些研究一方面缺乏对最优汇率制度安排的经验估计，没有充分挖掘最优汇率政策对一国中央银行外汇市场操作的理论和实践含义；另一方面在 M-F-D 框架下，以价格稳定为标准来考察最优的汇率制度安排，这方面的研究还没有得到重视。目前货币理论认为，货币政策的主要功能是稳定价格。因此，以价格稳定为标准展开这个方面的讨论是具有重要意义的。

回到中国的现实，我们看到，2000 年以来，关于人民币汇率问题的讨论和争论逐渐转移到了对人民币汇率制度选择和汇率制度弹性问题的研究上。从研究结论看，大多数文献认为我国在目前或短期内不应舍"中间"而取"两极"，但长期看，向浮动的"一极"趋近却是必然的；从使用的分析框架看，对人民币汇率制度选择的研究基本上采用了 M-F-D 模型及其衍生的"三元悖

---

① 中央银行的外汇市场干预和汇率制度弹性实际上是一个问题的两个方面：外汇市场干预越强，说明货币当局越不愿意让汇率变化来吸收随机冲击对经济的影响，此时汇率制度越缺乏弹性；反之，外汇市场干预越少，那么汇率制度弹性就越高。

论"或"不可能三角"框架。尽管成果十分丰富，但绝大多数研究过于定性化，基本没有围绕明确的汇率制度选择标准展开，几乎没有文献考察价格稳定目标下的人民币汇率政策问题。这些都为我们的研究留下了空间。

开放经济中，价格稳定和汇率稳定分别反映了一国的内部和外部均衡目标[①]，它们也是币值稳定的两个基本内容。但亚洲金融危机以来直至2015年8月汇率形成机制改革期间，我国货币当局的主要目标基本上是维持汇率稳定以保证出口创汇或维持国际收支平衡，这使币值稳定的货币政策目标蜕变为单一的汇率稳定目标，人民币汇率形成机制因而十分缺乏弹性。亚洲金融危机后，人民币汇率机制已经蜕变为事实上的钉住美元的固定汇率制度。2005年7月以来的形势表明，长期以来以汇率为纲的政策导向已经导致了当前中国宏观调控的诸多难题[②]。那么，如果中国人民银行以价格稳定为基本目标，人民币汇率制度该如何选择，最优的汇率制度弹性是多少呢？

本节在 M-F-D 框架下建立了一个带有随机冲击的经济系统，考察了价格稳定和汇率稳定标准下的最优汇率制度弹性，经验地估计了人民币最优的汇率制度弹性大小，并从理论和实践层面考察了它对中国人民银行外汇市场操作的内涵。

一、模型

我们采用小国开放经济模型，它由三个主要部分构成，即总供给曲线、货币市场均衡曲线和产品市场均衡曲线。求解这个一般均衡模型，可以得到本国汇率和价格的均衡解。

（一）总供给

模型对总供给层面的描述主要来自弗洛德（1979）、韦伯（1981）、弗洛德和玛丽昂（1982）及沃尔什（2010），采用的是卢卡斯类型的总供给函数。

$$y_t = b_1(p_t - E_{t-1}p_t) + e_t, b_1 > 0 \tag{7.1}$$

[①] 凯恩斯（1923）最早指出并区分了一国的货币稳定应该包括内部稳定（价格稳定）和外部稳定（汇率稳定和国际收支平衡）。

[②] 不可否认的是，2015年8月汇率形成机制改革以来，人民币汇率形成机制的弹性有了显著提高（Das，2019）。

其中，y_t 和 p_t 分别表示国内产出和价格水平的对数。e_t 是一个序列不相关的随机干扰项，均值为 0，方差为 σ_e^2。$E_{t-1}p_t$ 是基于第 $t-1$ 期信息的期望算子①。

我们认为，我国总供给曲线的基本形状主要是由于劳动力市场的名义工资合约黏性和价格黏性造成的，当然，卢卡斯意义上的"岛屿模型"中的信息不对称也会对我国现实中的总供给产生影响②③。

（二）产品市场和货币市场

1. 产品市场

小国开放经济中，出口需求构成了本国产品市场的一个重要因素。同时，本国的总需求还受到预期的本国实际利率的影响。因此，产品市场可表达为④：

$$y_t = a_1(s_t - p_t) - a_2(i_t - E_t p_{t+1} + p_t) + u_t \qquad (7.2)$$

其中，$i_t - E_t p_{t+1} + p_t = r_t$，表示预期的实际利率。$s_t$ 是名义汇率，表示单位外币的本币价格。$(s_t - p_t)$ 表示本币的实际汇率。这里外国价格水平是外生变量，被假定为 1，取自然对数后为 0，因此没有进入实际汇率的表达式中。u_t 为序列不相关的随机冲击，均值为 0，方差为 σ_u^2。

2. 货币市场

假定本国居民只持有本币资产（主要是本国货币和债券）和外国债券，不持有外国货币，并且外国居民不持有本国货币。因此，本国居民实际上持有三种资产，即本国货币、本国发行的债券以及外国发行的债券，从而资产市场由本国货币市场、本国债券市场以及外国债券市场构成。小国对本币的实际需求如同经典的 LM 曲线一样，主要受本国名义利率和收入水平影响。因此：

$$m_t^d - p_t = h y_t - k i_t + \varepsilon_t \qquad (7.3)$$

---

① 更严格地，有 $E_{t-1}x_t = E_t(x_t | \Omega_{t-1})$，$x_t$ 表示模型中的任何变量，Ω_{t-1} 表示第 $t-1$ 期的信息集，它既包括了关于所有变量的信息，也包括了有关模型结构的所有信息。因此，本节中的预期是理性的。

② 经验研究表明，这一形式的总供给曲线在我国是基本成立的。

③ 尽管名义工资黏性总供给模型和价格黏性总供给模型以及信息不完全总供给模型有着不同的理论假设，但这些模型都有着基本相同的形状。并且，这些理论之间并不是相互对立的，而是互补的，所有这些市场不完全性都可能有助于短期总供给行为的形成。

④ 王志强等（2002）、卢向前和戴国强（2005）以及易行健（2006）为开放经济条件下我国产品市场曲线和货币市场曲线的存在提供了经验证据。

其中，$m_t^d - p_t$ 表示实际货币需求，ε_t 是货币需求冲击，假定是一个序列不相关的、均值为 0、方差为 σ_ε^2 的过程。

假定本国名义货币供给 m_t^s 由中央银行能够控制的部分 m_0 和不同汇率制度安排下受本国汇率水平影响的部分 βs_t 以及货币供给冲击 v_t 构成，即：

$$m_t^s = m_0 - \beta s_t + v_t, \beta > 0 \qquad (7.4)$$

这里，我们借鉴艾森曼和弗伦克尔（1985）与艾森曼和豪斯曼（2000）的方法，β 和 m_0 的值是由政策制定者在上一期期末所预先设定的值。在完全浮动汇率制度安排下，$\beta = 0$。此时，本国货币供给完全由中央银行决定，是经济系统的外生变量；在完全固定的汇率制度下，$\beta \to +\infty$。此时，为了维持所承诺的汇率平价，中央银行被迫进行外汇市场干预以维持目标汇率水平。在此条件下，本国货币供给是内生的（Roper & Turnovsky, 1980）；$\beta \in (0, +\infty)$ 时，这表明本币面临升值或贬值压力时，中央银行通过部分地让汇率升值或贬值，部分地通过外汇市场干预来化解本币的升值或贬值压力。这就意味着本国实行的是中间汇率制度。

显然，β 越大，说明同等幅度的汇率变化对本国货币供给的影响越大，本国货币供给的内生性越强，而中央银行货币政策的独立性就越小，本国越趋向于实行固定汇率制度，汇率制度也就越缺乏弹性。因此，β 实际上可以反映出一国汇率制度安排的弹性[①]。β 越大说明一国汇率制度安排越僵化，越缺乏弹性；反之，β 越小，则说明一国汇率制度安排越灵活，弹性越大。由于这里变量都是以对数形式表达的，因此，β 实际上也测度了本国货币供给相对于名义汇率变化的弹性。

---

① 有关汇率制度实际分类的文献和一些官方提法中就出现过汇率制度弹性这一概念。本节中汇率制度弹性是指在发生随机冲击时，既定的汇率制度安排下，一国允许其汇率多大程度地对这一冲击做出反应。如果随机冲击使本币有贬值（升值）压力时，中央银行不进行任何外汇市场干预而任由汇率变化来化解这种压力，那么，此时本国货币供给不受汇率变化的影响，即 $\beta = 0$，这说明本国实行的是浮动汇率制度；反之，如果中央银行进行外汇市场干预以维持其事先所宣称的汇率水平，那么，本国货币供给将随中央银行外汇市场干预的变化而变化，这是固定汇率制度的情形。这种情况下，汇率完全不对冲击做出反应（$\beta \to +\infty$）；最后，如果中央银行部分地允许汇率变化、部分地通过外汇市场干预来化解这一冲击，那么汇率就只能部分地对冲击做出反应，此时 $\beta \in (0, +\infty)$，本国实行的是中间汇率制度。在本节关于货币供给的设定方程和上述讨论中，我们没有考虑冲销干预的影响。实际上，汇率制度弹性概念和微观经济学教科书中弹性的概念是不同的，二者本身的英文就不同，只是译名相同罢了。在本节中，β 恰好可以同时用来表示汇率制度弹性与货币供给的汇率弹性，这完全是模型设定所造成的巧合。

应该指出，本节考虑的是事前的最优汇率制度弹性，本书第十章和第十一章则从事后测算了中国事实上的汇率制度弹性（de facto）。这两者之间是存在差异的。

货币市场均衡时，有：

$$m_0 - \beta s_t + v_t = hy_t - ki_t + p_t + \varepsilon_t \tag{7.5}$$

3. 资本管制下的无抛补利率平价

在资本完全流动的前提下，国内外利差与汇率之间的关系可由无抛补利率平价（UIP）来表示，即：

$$i_t = i_t^* + E_t s_{t+1} - s_t \tag{7.6}$$

然而，UIP 成立的前提是资本完全流动。从实际情况看，我国在 1996 年基本实现了经常账户下的人民币自由可兑换，但对资本与金融账户的管制却一直没有放开，对 FDI 等资本流动采取了宽进严出的措施，而对短期的或投机性的资本管制更为严格。按照 IMF 划分的资本账户 7 大类 43 项来看，中国实际上是一个资本并不完全自由流动的半开放国家。如果本国是一个完全封闭的经济（资本流动当然是根本不可能的），那么其利率水平将完全由本国货币市场的供求状况决定，而如果本国是资本完全自由流动的国家，那么其利率将完全受制于世界的利率水平，UIP 成立。因此，对中国而言，恰当的利率平价公式为：

$$i_t = w(i_t^* + E_t s_{t+1} - s_t) + (1-w)i' \tag{7.7}$$

其中，i' 表示完全封闭经济下的利率水平，它完全由本国的货币供求关系决定。w 是实际的资本市场开放程度，$(1-w)$ 则衡量了本国实际的资本管制程度。$(1-w)$ 越大，本国利率就越主要地由国内经济状况来决定，也就意味着本国的资本管制越严格。考虑到中国的实际开放情况，显然有 $0 < w < 1$。

最后，国外利率冲击会通过资产市场和资产市场上形成的预期传递到我国资产市场，从而对本国宏观经济产生冲击。本节假设国外利率由一个固定的部分 i^* 和一个随机冲击 φ_t 构成，即：

$$i_t^* = i^* + \varphi_t \tag{7.8}$$

二、一般均衡解

上面式（7.1）~式（7.3）、式（7.7）和式（7.8）构成了我国开放经济系统。系统中内生变量为 y_t、p_t、s_t、i_t，其余变量为参数或是外生的。遵循弗洛德（1979）、韦伯（1981）、弗洛德和玛丽昂（1982）以及沃尔什（2010）的做法，我们假定经济系统中的供给冲击（e_t）、产品市场冲击（u_t）、货币需求冲击（ε_t）、货币供给冲击（v_t）和国外利率冲击（φ_t）是相互独立的白噪声过程。

首先，把式（7.7）和式（7.8）代入式（7.2）得到：

$$y_t = a_1(s_t - p_t) - a_2[w(E_t s_{t+1} - s_t + i^* + \varphi_t) + (1-w)i' - E_t p_{t+1} + p_t] + u_t$$

（7.9）

其次，把式（7.7）和式（7.8）代入式（7.5）得到：

$$m_0 - \beta s_t + v_t = hy_t - k[w(E_t s_{t+1} - s_t + i^* + \varphi_t) + (1-w)i'] + p_t + \varepsilon_t$$

（7.10）

再次，由式（7.9）和式（7.10）可以得到小国开放经济中的总需求曲线 AD，它被表示为本国价格水平和名义汇率之间的均衡关系，即：

$$m_0 + v_t - hu_t + (ha_2 + k)wi^* + (ha_2 + k)w\varphi_t - \varepsilon_t + (ha_2 + k)(1-w)i'$$
$$= (ha_1 + ha_2 w + kw + \beta)s_t + (-ha_2 - k)wE_t s_{t+1} + (1 - ha_1 - ha_2)p_t + ha_2 E_t p_{t+1}$$

（7.11）

最后，根据式（7.1）、式（7.2）、式（7.7）以及式（7.8）得到：

$$(a_1 + a_2 w)s_t - (a_1 + a_2 + b_1)p_t - a_2 w E_t s_{t+1} + b_1 E_{t-1} p_t + a_2 E_t p_{t+1}$$
$$= e_t - u_t + a_2 w i^* + a_2 w \varphi_t + a_2(1-w)i'$$

（7.12）

由式（7.11）和式（7.12），根据麦卡勒姆（McCallum，1981）的最小状态变量法[①]，设：

[①] 许多带有理性预期的宏观经济模型常常存在多重解（即使这些模型都是线性的）。很多学者认为，解的非唯一性是理性预期假设的一个致命弱点。但是，麦卡勒姆（1981）认为，解的多重性不能归咎于理性预期假设，它是任何带有预期的动态模型的共同特征。麦卡勒姆（1981）还指出，很多类型的线性理性预期模型中都存在一个简单的解，这个解能够剔除泡沫和 Bootstrap 效应——这些效应之所以产生仅仅是因为人们武断地预测它们要发生而已。麦卡勒姆（1981）提出了 MSV 法来求解理性预期模型，这种解能不受这些效应的影响。麦卡勒姆（1981）首先定义了最小状态变量集（minimal set of state variables）。该变量集使我们能得到一个对所有可接受参数值都有效的解，但同时，我们却不能从该变量集中剔除任何一个单个变量或剔除任何一组变量。

下面利用麦卡勒姆（1981）的例子简单说明这种方法。麦卡勒姆（1981）给出的例子是泰勒模型的简化版本：

$$E_{t-1} p_{t+1} = E_{t-1} p_t + \delta_1 p_t + \delta_0 + u_t \quad (*)$$

其中，p 表示价格水平的对数，u 是白噪声过程，预期是理性的。

该例中最小状态变量集是 1 和 u_t。因此，假设 $p_t = \pi_0 + \pi_1 u_t$。此时，理性预期变量为：$E_{t-1} p_t = \pi_0 + \pi_1 E_{t-1} u_t = \pi_0$；$E_{t-1} p_{t+1} = \pi_0 + \pi_1 E_{t-1} u_{t+1} = \pi_0$。将对价格的假设解和这两个式子代入式（*）中，得到：$\pi_0 = \pi_0 + \delta_1(\pi_0 + \pi_1 u_t) + \delta_0 + u_t$。这意味着：$\pi_0 = -\delta_0/\delta_1$；$\pi_1 = -1/\delta_1$。从而可以得到均衡解的表达式。关于 MSV 方法的更多介绍，可参阅沃尔什（2010）。

$$p_t = \alpha_0 + \alpha_1\varphi_t + \alpha_2 v_t + \alpha_3 u_t + \alpha_4 e_t + \alpha_5\varepsilon_t \qquad (7.13)$$

$$s_t = \phi_0 + \phi_1\varphi_t + \phi_2 v_t + \phi_3 u_t + \phi_4 e_t + \phi_5\varepsilon_t \qquad (7.14)$$

从而有：

$$E_{t-1}p_t = \alpha_0; E_t p_{t+1} = \alpha_0; E_t s_{t+1} = \phi_0 \qquad (7.15)$$

将上述假设解和预期关系代入式 (7.11) 和式 (7.12) 分别得到：

$$-m_0 - w(ha_2 + k)i^* + (ha_1 + \beta)\phi_0 + (1 - ha_1)\alpha_0 - (ha_2 + k)(1-w)i' +$$
$$[A_2\phi_1 - (ha_2 + k)w + A_1\alpha_1]\varphi_t + (A_2\phi_2 - 1 + A_1\alpha_2)v_t + (A_2\phi_3 + h + A_1\alpha_3)u_t + (A_2\phi_4 + A_1\alpha_4)e_t + (A_2\phi_5 + 1 + A_1\alpha_5)\varepsilon_t = 0 \qquad (7.16)$$

$$a_1(\phi_0 - \alpha_0) - a_2 w i^* - a_2(1-w)i + (B_2\phi_1 - a_2 w + B_1\alpha_1)\varphi_t +$$
$$(B_2\phi_2 + B_1\alpha_2)v_t + (B_2\phi_3 + 1 + B_1\alpha_3)u_t + (B_2\phi_4 - 1 +$$
$$B_1\alpha_4)e_t + (B_2\phi_5 + B_1\alpha_5)\varepsilon_t = 0 \qquad (7.17)$$

其中，$A_1 = 1 - ha_1 - ha_2; A_2 = ha_1 + ha_2 w + kw + \beta; B_1 = -(a_1 + a_2 + b_1);$ $B_2 = a_1 + a_2 w$。

联立式 (7.16) 和式 (7.17)，可得：

$$p_t = \alpha_0 + \{[w(ka_1 - \beta a_2)]\varphi_t + B_2 v_t + (kw + \beta)u_t + (-A_2)e_t + (-B_2)\varepsilon_t\}/\Delta \qquad (7.18)$$

$$s_t = \phi_0 + \{w[a_2(1 + hb_1) - kB_1]\varphi_t + (-B_1)v_t + (-1 - hb_1)u_t + A_1 e_t + B_1\varepsilon_t\}/\Delta \qquad (7.19)$$

其中：

$$\alpha_0 = \{m_0 + [k - (a_2/a_1)\beta]wi^* + [k - (a_2/a_1)\beta](1-w)i'\}/(1+\beta) \qquad (7.20)$$

$$\phi_0 = \{m_0 + [k + (a_2/a_1)]wi^* + [k + (a_2/a_1)](1-w)i'\}/(1+\beta) \qquad (7.21)$$

$$\Delta = A_1 B_2 - A_2 B_1 = (1 + hb_1)(a_1 + a_2 w) + (kw + \beta)(a_1 + a_2 + b_1) \qquad (7.22)$$

三、最优汇率制度弹性与政策目标

早期研究没有考虑到内解所代表的中间汇率制度。但现实中的汇率制度安排基本上是介于两极制度安排之间的，既不存在完全的固定汇率制度，也不存在完全的自由浮动。IMF 在 1999 年颁布的第 1~8 种汇率制度安排和 IMF 在

2009 年发布的第 1~10 种汇率制度安排，实际上就表现出汇率制度安排的灵活性或弹性不断增加的特征。因此，"固定汇率制度与浮动汇率制度"是一种过分简化了的二分法，实际上存在一个汇率弹性的连续统一体，它包含了大部分的汇率安排（Frankel，1999）。这启发我们，实际上完全可以根据名义汇率的弹性大小来划分汇率制度（Moosa，2005）和研究汇率制度选择问题。这样，沿着普尔（1970）等人的思路，我们首先考察价格稳定和汇率稳定目标下的最优汇率制度安排，然后进一步考察政策反应函数中 β 的基本内涵及其对中央银行外汇市场操作的意义，最后是对人民币最优汇率制度弹性的经验估计。

（一）价格稳定下的最优汇率制度弹性

汇率并不仅仅是本国货币与外国货币的比价，汇率更应是本国政府为了确保国家利益而把汇率作为实现政府政策意图的战略工具，各国的汇率制度选择更多的是考虑所选择的汇率制度是否能最大限度地实现本国整体的社会福利，或者说能否最低成本地实现自己的政策意图。并且近年来我国日益面临通货膨胀风险，保持价格稳定逐渐成为理论界和决策层的基本政策主张。如果中国人民银行放弃过去十年来实践中所奉行的汇率稳定目标，而代之以价格稳定，那么，相应地，中国人民银行应该实行什么汇率制度来保证其价格稳定目标的实现呢？对于价格稳定目标，我们假定这一基本目标是实现价格水平围绕均衡水平（$\bar{p}$）波动的基本稳定，即目标函数为：

$$\min L = E_t[(p_t - \bar{p})^2] \tag{7.23}$$

模型的稳态可以通过式（7.1）~式（7.8）来设定。当系统中所有的冲击为 0，且预期实现时模型达到稳态（Roper & Turnovsky，1980），从而解得：

$$\bar{p} = \alpha_0 = \{m_0 + [k - (a_2/a_1)\beta]wi^* + [k - (a_2/a_1)\beta](1-w)i'\}/(1+\beta)$$
$$= E_{t-1}p_t = E_t p_{t+1}^{①} \tag{7.24}$$

由上式可知，我们所设定的价格稳定目标就等同于价格预期误差的最小化标准（minimize price prediction errors，Flood，1979），或是价格水平的基本稳定，即目标函数为：

---

① 当系统处于稳态时，均衡的产出水平则恰好为 0（如果在总供给模型中加入自然率产出水平，那么均衡产出恰好等于自然率产出水平。忽略这一项不会影响模型结论，但会给模型求解带来一定的便利）。此时，价格稳定目标的背后就隐含着产出稳定目标。

$$\min L = E_t[(p_t - \bar{p})^2] = E_t[(p_t - E_{t-1}p_t)^2] \tag{7.25}$$

在这个最小化目标函数中,我们根据式(7.18)解出价格水平预期误差的表达式,然后代入这个损失函数可得:

$$\min L = \min \{[w(ka_1 - \beta a_2)]^2 \sigma_\varphi^2 + B_2^2 \sigma_v^2 + (kw + \beta)^2 \sigma_u^2 +$$
$$(-A_2)^2 \sigma_e^2 + (-B_2)^2 \sigma_\varepsilon^2\}/\Delta^2 \tag{7.26}$$

一阶条件为:

$$\{w^2(ka_1 - \beta a_2)[-a_2\Delta + B_1(ka_1 - \beta a_2)]\sigma_\varphi^2\}/\Delta^3 + [B_1B_2^2(\sigma_v^2 + \sigma_\varepsilon^2)]/\Delta^3 +$$
$$\{(kw + \beta)[\Delta + B_1(kw + \beta)]\sigma_u^2\}/\Delta^3 + (A_1A_2B_2\sigma_e^2)/\Delta^3 = 0 \tag{7.27}$$

解此一阶条件,可以得到目标函数最小化时的人民币最优汇率制度弹性为:

$$\beta^* = [w^2(k^2a_1^2B_1 - ka_1a_2\Delta')\sigma_\varphi^2 + B_1B_2^2(\sigma_v^2 + \sigma_\varepsilon^2) + w(k\Delta' + k^2B_1w)\sigma_u^2 +$$
$$(A_1A_2'B_2\sigma_e^2)]/[w^2(ka_1a_2B_1 - a_2^2\Delta')\sigma_\varphi^2 - (\Delta' + kwB_1)\sigma_u^2 - A_1B_2\sigma_e^2]① \tag{7.28}$$

其中,$A_2' = ha_1 + ha_2w + kw$;$\Delta' = A_1B_2 - A_2'B_1 = (1 + hb_1)(a_1 + a_2w) + kw(a_1 + a_2 + b_1)$。

首先,假设产品市场冲击、货币性冲击和总供给冲击都为0,而国外资产市场冲击不为0。之所以对这一情形给予特别关注,原因在于,我们可以考察长期以来的一个争论,即浮动汇率制度能否使国内经济免受国外冲击的影响,即考察浮动汇率制度的绝缘性。此时,有:

$$0 < \beta^* = (k^2a_1^2B_1 - ka_1a_2\Delta')/(ka_1a_2B_1 - a_2^2\Delta') < +\infty \tag{7.29}$$

显然,除非本国货币需求的利率弹性为$0(k=0)$或实际汇率对本国产出没有影响($a_1 = 0$),否则浮动汇率制度并不是理想的国外冲击的绝缘体。

其次,我们可以考察一下什么条件下固定和浮动汇率制度是我国最优的政策选择。对固定汇率制度而言,这要求解的分母趋近0。显然,只有在国外冲击(σ_φ^2)、本国产品市场冲击(σ_u^2)和总供给冲击(σ_e^2)满足非常复杂的约束条件时才能使分母为0。一个非常直观的充分条件是当这三个冲击同时为0时,固定汇率制度对我国而言才是最优的。

对浮动汇率制度而言,这要求最优解分子为0。同样,这意味着经济系统

---

① 从这个最优汇率制度弹性的表达式不难看出,即使在完全的资本流动条件下($w=1$),本国仍然可以选择某种中间汇率制度安排,这和弗兰克尔(1999)的观点是完全一致的。

中各种经济冲击和经济结构参数之间应满足比较复杂的关系才能使表达式的分子为0。一个直观的充分条件可能是 $k=\sigma_v^2=\sigma_\varepsilon^2=\sigma_e^2=0$，这要求本国不存在货币性冲击和总供给冲击，并且本国货币需求的利率弹性为0，货币政策不影响货币需求。

但是，很显然，我国现实的经济运行是同时受到各种经济冲击的影响的，并且我国货币需求的利率弹性并不为0。因此，由上面的分析可知，人民币最优汇率制度弹性解并不总为0，也不是时时都趋向于无穷大。由此得到以下命题。

命题一：最优的人民币汇率制度是 β^* 这一内解所代表的中间汇率制度。

命题二：最优汇率制度不仅取决于本国所面临的经济冲击类型和冲击大小，也取决于本国的经济结构特征、经济系统参数的大小和资本的流动程度。

命题一和命题二与传统的 M-F-D 分析结论及不可能三角或三元悖论是相悖的。这个结论表明，中国人民银行在保持货币政策独立性以维持国内价格稳定的前提下，采取某一中间汇率制度安排是完全可行的[①]。但是，这一中间制度安排却受到了资本管制程度的影响，并且这种影响是非线性的。

现实经济发展实践中，各国政府所面临的政策目标不尽相同，各国经济所面临的冲击类型和冲击大小也不相同，这就导致了现实中各国汇率制度安排的多样性。并且，在一国的经济发展实践中，一国所面临的经济结构和经济冲击很可能会发生变化。因此，随着一国经济发展阶段的不同，一国政府的政策目标也可能发生变迁，从而导致最优的汇率制度选择不断地发生变化。于是可以得到以下推论。

推论：没有一种汇率制度适合所有国家，也没有一种汇率制度适合于一个国家的所有时期。一国的汇率制度选择其实是一个动态变迁的过程。

（二）汇率稳定目标下的最优汇率制度弹性

1994年人民币汇率并轨改革以来，尤其是亚洲金融危机后，中国人民银行承诺维持人民币汇率的基本稳定，汇率稳定目标在此后十年中成为首要政策目标。那么，在汇率稳定作为政策标准的前提下，最优的人民币汇率制度是什么呢？这一点是显而易见的。对式（7.19）两边取方差，很容易求解出，最

---

① 实际上，弗兰克尔（1999）就曾指出，一国可以同时拥有一半的稳定性和一半的独立性，没有必要非要在克鲁格曼意义上的三个目标之间进行非此即彼的选择或权衡。

优的制度弹性 $\beta^* = +\infty$，即最优的制度安排是实行完全的固定汇率制度。这说明，为了维持汇率稳定，人民银行在面临人民币汇率变动时，应该最大限度地干预外汇市场。

命题三：以名义汇率稳定作为人民币汇率政策基本目标的前提下，最优的汇率制度选择是固定汇率制度。

政府以名义汇率稳定作为政策目标时，对式（7.19）两边取方差，得：

$$\min \sigma_s^2 = \{w[a_2(1+hb_1) - kB_1]/\Delta\}^2 \sigma_\varphi^2 + (-B_1/\Delta)^2 \sigma_v^2 + [(1+hb_1)/\Delta]^2 \sigma_u^2 + (A_1/\Delta)^2 \sigma_e^2 + (B_1/\Delta)^2 \sigma_\varepsilon^2 \quad (7.30)$$

一阶条件为：

$$\partial \sigma_s^2/\partial \beta = 2B_1 \{w^2[a_2(1+hb_1) - kB_1]^2 \sigma_\varphi^2 + B_1^2 \sigma_v^2 + (1+hb_1)^2 \sigma_u^2 + A_1^2 \sigma_e^2 + B_1^2 \sigma_\varepsilon^2\}/\Delta^3 = 0 \quad (7.31)$$

因为，$B_1 \neq 0$，并且式中各项分子也不可能同时为 0，

又因为，$\Delta = A_1 B_2 - A_2 B_1 = (1+hb_1)(a_1+a_2w) + (kw+\beta)(a_1+a_2+b_1)$，

所以，当 $\beta \to +\infty$ 时，$\Delta \to +\infty$，$\partial \sigma_s^2/\partial \beta \to 0$。

即当本国实行固定汇率制度时，本国名义汇率的波动是最小的（实际上，如果中央银行能维持固定汇率制度的承诺，那么理论上来说本国的名义汇率为0，这显然是各种汇率制度安排中最稳定的）。

（三）对 β 和 β^* 经济含义的进一步说明

我们前面曾对 β 的含义进行了说明。这里，我们从外汇市场压力（exchange market pressure，EMP）的角度来进一步讨论 β 的经济含义。在我们的模型框架中，外汇市场压力可以定义为由随机冲击等因素而导致的对本币的超额需求（或供给）[①]。在本币面临外汇市场压力时，一国常常面临三种选择：一是通过外汇市场干预来完全吸收或消化这种压力，二是任由汇率变化来吸收市场压力，三是采取二者的某种组合。因此，货币当局在面临外汇市场压力时，常常需要在多大程度地允许汇率变化和多大程度地干预外汇市场之间进行权衡。

[①] EMP 通常和官方持有的外汇储备和名义汇率的变化联系在一起，这一概念最早由格顿（Girton）和罗珀（1977）提出，后来魏玛珂（1997）给出了正式的定义。它测度的是：在给定实际实施的政策所产生的预期的前提下，以汇率水平变化所表示的国际市场上对某种货币的全部超额需求。这种超额需求是在没有外汇市场干预的情况下，汇率水平所应进行的相应变化以消除超额货币需求。关于 EMP 和汇率制度弹性以及二者的关系，详见本书第八章。

为了说明这种权衡，我们取消此前关于政策反应函数的假设，直接假定本国的名义货币供给为 m_t^s。那么，利用麦卡勒姆（1981）MSV 法可以求出均衡时的汇率水平为：

$$s_t = m_t^s + \phi_0' + \{w[a_2(1+hb_1) - kB_1]\varphi_t + (-1-hb_1)u_t + A_1 e_t + B_1 \varepsilon_t\}/\Delta \tag{7.32}$$

其中，$\phi_0' = [k+(a_2/a_1)]wi^* + [k+(a_2/a_1)](1-w)i'$。

式（7.32）说明，当本国面临随机冲击而导致的对本币的超额需求（或供给）时（如一个正向的产品市场冲击将导致对本币的超额需求），一国化解这种外汇市场压力的途径不外如上三种。这说明，在本币供给和汇率之间是存在权衡的。这是文献中设定 $m_t^s = m_0 - \beta s_t + v_t$ 这一政策反应函数的理论基础。

这个表达式为我们提供了衡量本国外汇市场压力大小以及货币当局应如何干预、多大程度地干预外汇市场的手段。当本国发生经济冲击而导致 EMP 曲线右移时（如一个正向的产品市场冲击），那么或者本币升值，或者本国货币供给增加以满足经济均衡的要求，此时本国存在负的外汇市场压力；反之，当经济冲击使 EMP 曲线左移时（如负向的产品市场冲击），那么或者本币贬值，或者本国货币供给减少以保持经济均衡，此时本国面临正的外汇市场压力；在不存在经济冲击时，EMP 线经过点 $(-\phi_0', \phi_0')$[1]，此时本国外汇市场压力为 0（见图 7-1）。

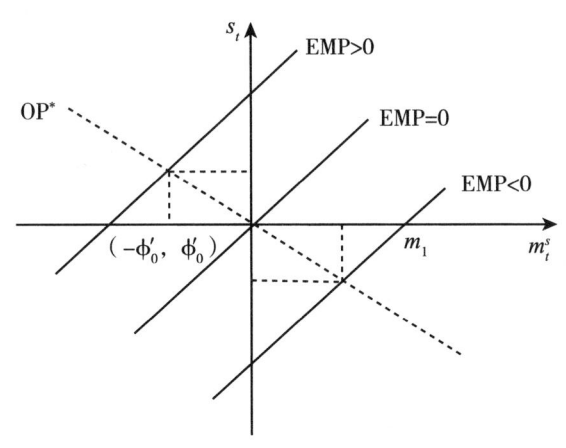

图 7-1 外汇市场压力曲线与最优政策反应

---

[1] 为便于说明问题，图 7-1 中的原点坐标被设为 $(-\phi_0', \phi_0')$，实际上相当于将以 $(0,0)$ 为原点的坐标系中的所有的线同时向右、向下平移了。这并不影响本节结论。

因此，给定随机冲击的当前值，EMP 曲线揭示了为实现既定的目标汇率水平所需的干预程度。如果货币当局实行固定汇率制度，那么所需的干预程度就是存在外汇市场压力时的 EMP 曲线与横轴的交点。数量为正，表示应该增加货币供给，反之则应降低货币供给。例如，从图 7-1 可见，当 EMP<0 时，本币存在升值压力，那么中央银行应该增加本币供给，增加的数量为 m_1；如果本国货币当局实行浮动汇率制度，那么，汇率应该等于市场出清的汇率水平，即等于 EMP 线和纵轴的交点；如果货币当局部分地允许汇率变化来吸收或消化外汇市场压力，部分地通过外汇市场干预来吸收的话，那么本国就应该在 EMP 线与横轴和纵轴交点之间的线段上选择相应的政策措施或制度安排。

因此，我们可以设定货币当局的政策反应函数为 $m_t^s = m_0 - \beta s_t + v_t$。离差形式为：

$$\bar{m} = -\beta \bar{s} \tag{7.33}$$

其中，$\bar{m} = m_t^s - m^*$，$\bar{s} = s_t - s^*$。带有"*"的变量分别表示相应变量的均衡值。这样，重写后的反应函数实际上就将货币当局的外汇市场干预表示为汇率偏离其均衡水平的函数。在以价格稳定作为我国货币当局政策目标的情况下，我们把设定的政策反应函数代入到本节设定的模型中，就得到了最优的 β 值 (β^*)。于是有：

$$\bar{m} = -\beta^* \bar{s} + v_t \tag{7.34}$$

这个最优的反应函数由图 7-1 中 OP^* 曲线表示。从图可见，对任何的 β^*，由随机冲击所引起的外汇市场压力都可以同时通过 s_t 和 m_t^s 的线性组合加以化解。较大的 β^* 意味着货币当局更多地通过外汇市场干预来进行调节，而较小的 β^* 则表明货币当局更多地倾向于由汇率变化来吸收外汇市场压力。极端的情况就是我们所指出的，$\beta \to +\infty$ 时，意味着本国实行固定汇率制度；而 $\beta = 0$ 时，则意味着本国实行了完全的浮动汇率制度。而选择 β^* 则表明，本国实行了某种形式的中间汇率制度安排。至于最优的 β^* 究竟是多少，这显然是一个经验估计问题。下文将对此做出估计。

第二节 经验估计

本节利用联立方程计量经济模型估计方法估计上一节所建立的理论模型的

结构参数，在此基础上估计最优的人民币汇率制度弹性。

一、经济结构参数的估计

根据第一节建立的结构主义模型，为了估计人民币最优汇率制度弹性 β^*，我们需要估计如下参数：(1) 估计上一节建立的经济结构模型参数（b_1、a_1、a_2、h 和 k）；(2) 估计总供给冲击（σ_e^2）、产品市场冲击（σ_u^2）和货币市场冲击（σ_ε^2）；(3) 估计货币供给冲击（σ_v^2）、资本管制程度（w）和国外利率冲击（σ_φ^2）。由于我们建立的理论模型是结构主义模型，因此我们首先利用联立方程估计方法估计模型参数和总供给冲击、产品市场冲击与货币市场冲击。

（一）总供给曲线

在进行结构参数估计之前，我们重新改写理论模型使之更适合计量估计。首先根据本章第一节设定的总供给曲线模型：

$$y_t = b_1(p_t - E_{t-1}p_t) + e_t, \ b_1 > 0 \tag{7.1}$$

由于价格是以对数形式表达的，因此，$p_t - E_{t-1}p_t = p_t - p_{t-1} - (E_{t-1}p_t - p_{t-1}) = \pi_t - E_{t-1}\pi_t$。从而可以把总供给模型进一步改写为：

$$y_t = b_1(\pi_t - E_{t-1}\pi_t) + e_t \tag{7.35}$$

在这两个总供给模型中，我们其实省略了潜在产出 y_t^*，这样处理方便了第一节理论模型的推导，但是并不影响理论研究的定性结论。而在经验估计中，我们重新把这个因素考虑进来，于是总供给模型变成：

$$y_t - y_t^* = b_1(\pi_t - E_{t-1}\pi_t) + e_t \tag{7.36}$$

这个模型表明了当期的产出缺口（$y_t - y_t^*$）和没有预期到的通货膨胀之间的关系。理论地或先验地分析表明，这种关系是正向的。

在对总供给曲线的经验研究和估计中，有两个问题需要进一步说明：一是预期的通货膨胀率如何估计，二是潜在产出的估计。

1. 通货膨胀预期的处理

对预期形成问题，经济学中有三种预期形成机制。一是静态预期。这种预期简单地把上一期的实际通货膨胀率看作是当期的预期通货膨胀率，即有 $\pi_t^e = \pi_{t-1}$。二是适应性预期（adaptive expectation），又称为前进式预期（progressive expectation）。这种预期假设经济主体在形成对现期的预期通货膨胀率时，会考虑到上一期的预期误差，即 $\pi_t^e - \pi_{t-1}^e = \gamma(\pi_{t-1} - \pi_{t-1}^e)$。三是理性预期。

从我国实际经济运行看，尽管1994年以后，我国价格水平波动相对来说比较平稳，但由于1994年以来经济转型中频繁的制度变革和市场化改革等因素的影响，我国居民的预期形成仍然并不是十分理性的，已有的经验研究基本上采取了静态预期假设，即以上一期的通货膨胀率作为预期的本期通货膨胀率的近似替代。基于此，本节也采用静态预期，即以上一期通货膨胀率作为预期的本期通货膨胀率的近似替代，从而有 $E_{t-1}\pi_t = \pi_{t-1}$。

2. 潜在产出的处理

我们采用 H-P 滤波技术估计潜在产出，这也是目前宏观经济学中所比较广泛采用的方法。从技术层面来说，H-P 滤波是霍德里克（Hodrick）和普雷斯科特（Prescott）在20世纪80年代提出来的一种双侧线性滤波。它通过使原序列 x 的平滑序列（smoothed series）s 和原序列之间的方差（variance）最小化来计算平滑序列 s，方差最小化是一个关于 s 的二阶差分的惩罚函数，即最小化下式：

$$\min \sum_{t=1}^{T}(x_t - s_t)^2 + \lambda \sum_{t=2}^{T-1}[(s_{t+1} - s_t) - (s_t - s_{t-1})]^2 \qquad (7.37)$$

其中，λ 是控制序列 s 平滑程度（smoothness）的惩罚参数（penalty parameter），其值大于0。λ 越大，序列 s 就越平滑。当 λ 趋于无穷大时，就可以得到一个线性趋势。在一般的计量经济学软件中，年度数据 λ 一般取值为100（OECD 的建议是25，季度数据取值为1600，月度数据取值为14400）。

（二）货币市场曲线

在理论模型部分，我们假设货币需求服从如下关系：

$$m_t^d - p_t = hy_t - ki_t + \varepsilon_t, h > 0, k > 0 \qquad (7.38)$$

并且，我们还假定本国名义货币供给 m_t^s 由中央银行能够控制的部分 m_0 和不同汇率制度安排下受本国汇率水平影响的部分 $-\beta s_t$ 以及货币供给冲击 v_t 构成，即：

$$m_t^s = m_0 - \beta s_t + v_t, \beta > 0 \qquad (7.39)$$

货币市场均衡时有：

$$m_0 - \beta s_t + v_t = hy_t - ki_t + p_t + \varepsilon_t \tag{7.40}$$

对于货币供给的设定，我们做进一步修正。我们将 m_0 视为中央银行资产中国内信贷部分，而将不同汇率制度安排下受本国汇率水平影响的部分 $-\beta s_t$ 视为中央银行持有的外汇储备（fr_t），即有：

$$m_t^s = m_0 + fr_t + v_t \tag{7.41}$$

$$fr_t = -\beta s_t \tag{7.42}$$

这样，式（7.36）、式（7.40）、式（7.41）和式（7.42）加上第一节中的式（7.2）、式（7.7）以及式（7.8）就构成了待估计的联立方程系统。应该指出的是，上述修改不会影响本章第一节的理论分析和结论。

（三）数据与估计

1. 数据及处理

利用上述模型进行结构参数估计的样本期为 2000 年 1 月至 2018 年 12 月，各变量说明如下。

（1）本国价格指数。我们采用 CPI 环比指数作为本国价格指数的代理指标。其中 2001 年 1 月至 2018 年 12 月数据来自国家统计局统计数据库，其余摘自宋海林、刘澄（2003）。由于该指数序列具有明显的季节性特征，本书采用 X13 法进行了季节调整，并且计算了以 1999 年 12 月为基期的定基比指数。我们利用环比价格指数计算通货膨胀指标。

（2）实际产出（y_t）。由于我国没有公布 GDP 月度数据，为解决这一问题，我们首先计算月度工业增加值和年度工业增加总值，由此估计各月工业增加值占全年工业增加值的比重。然后，我们利用该比重与 GDP 年度值相乘以估计月度 GDP 数据。其中 1999 年 12 月至 2006 年 12 月的月度工业增加值数据来自《中国经济景气月报》各期，2007 年 1 月至 2018 年 12 月的月度工业增加值数据根据国家统计局统计数据库公布的工业增加值同比增速估计得到。最后，我们利用 X13 法将 GDP 月度数据进行季节调整，再利用 CPI 定基比指数剔除价格因素后得到实际产出，然后利用 H-P 滤波得到潜在产出（y_t^*）和产出缺口（$y_t - y_t^*$）。

（3）货币需求中的利率（i_t）。我们采用 30 天银行间同业拆借加权平均利率作为债券利率的代理指标。其中 1999 年 12 月至 2001 年 12 月的数据来自

《中国证券期货统计年鉴》(2000~2002年),其余数据摘自中国人民银行公布的《全国银行间同业拆借交易统计表》。国外利率(i_t^*)也采用30天的美国联邦基金有效利率,数据来自圣路易斯联邦储备银行(St. Louis Fed)。

(4) 产品市场中的贷款利率(l_t)。我们采用5年以上人民币贷款基准利率减去实际的通货膨胀率作为产品市场利率的代理指标。

(5) 实际汇率($reer_t$)。我们采用BIS发布的人民币实际有效汇率作为产品市场实际汇率(s_t-p_t)的代理指标。应该指出的是,理论模型中(s_t-p_t)上升意味着人民币实际汇率贬值,但BIS公布的实际有效汇率上升则意味着人民币实际汇率升值。因此,我们应在回归结果中该指标的系数前加负号才能符合理论模型的预期方向。修正的无抛补利率平价中涉及的预期汇率(s_{t+1}^e),我们采用完全预期进行处理,即有$s_{t+1}^e=s_{t+1}$。2000~2018年期间,人民币大多数时候处于单边升值的情况,因此,采用这种预期形式是合理的。

(6) 货币供给、国内信贷和外汇储备。货币供给(m_t):我们采用M1口径的狭义货币量,数据来自中国人民银行公布的《存款性公司概览报表》。国内信贷(d_t):由于国内信贷规模不能直接从中国人民银行资产负债表中获得,我们依据"国内信贷=资产-国外净资产"这一统计恒等式,利用中国人民银行资产负债表中的总资产减去国外净资产来估计国内信贷规模。外汇储备(fr_t):该数据来自中国人民银行持有的外汇数量。我们利用X13法对货币供给(m_t)、国内信贷(d_t)和外汇储备(fr_t)等指标进行季节调整以剔除季节性因素的影响。

2. 模型识别和参数估计

式(7.36)、式(7.40)、式(7.41)和式(7.42)加上第一节中的式(7.2)、式(7.7)以及式(7.8)构成了待估计的联立方程系统。其中,只有总供给曲线(7.36)、产品市场方程(7.2)、货币市场方程(7.40)是随机形式的,需要对其中参数进行估计。其他方程都不需要估计。如果我们利用普通最小二乘法对联立方程系统中的结构式方程直接进行估计,那么我们可能得到有偏且不一致的参数估计结果。另外,本章构建的结构方程系统中随机扰动项也可能存在异方差和序列相关,考虑到这些约束,我们使用广义矩估计方法(GMM)估计联立方程系统。

在进行估计之前,我们采用阶条件来判定联立方程系统中待估计方程(7.36)、(7.2)和(7.40)的可识别性。使用该方法首先要确定联立系统中内生变量和外生变量的个数,然后比较整个联立系统中外生变量个数和每个待估方程中斜率参数的个数。若外生变量的个数大于斜率参数的个数,则该方程过度识别;若外生变量的个数等于斜率参数的个数,则该方程恰好识别;若外生变量的个数小于斜率参数的个数,则该方程不可识别。

在我们构建的联立方程系统中,内生变量有 7 个,分别为:实际产出(y_t)、货币供给(m_t)、利率(i_t)、外汇储备(fr_t)、实际汇率($reer_t$)、实际贷款利率(l_t)和准备金(rr_t)。外生变量有 4 个,分别为:潜在产出(y_t^*)、国内信贷(d_t)、国外利率(i_t^*)以及汇率预期(s_{t+1}^e)。待估计的总供给曲线参数只有 1 个(b_1),产品市场方程(7.2)的参数有 2 个(α_1、α_2),货币市场方程(7.40)的参数也有 2 个(h、k)。由此可见,我们联立方程系统中 3 个待估计方程都是可以识别的,并且都是过度识别。

我们将联立方程系统中所有的外生变量当期值直至滞后 12 期的值作为工具变量。由于待估计的联立方程系统是时间序列模型,因此,我们利用 EViews 10.0 软件,选择 GMM-HAC(heteroskedasticity autocorrelation consistent covariance matrix)估计方法进行参数估计,在具体估计过程中,我们选择了系统默认的 Bartlett 核函数和固定带宽。各待估计方程回归结果见表 7-1。

表 7-1　　　　　　　　　参数估计结果

$y_t - y_t^* = b_1(\pi_t - E_{t-1}\pi_t) + e_t$			$y_t = a_1(s_t - p_t) - a_2(i_t - E_t p_{t+1} + p_t) + u_t$			$m_0 - \beta s_t + v_t = hy_t - ki_t + p_t + \varepsilon_t$		
参数	估计值	p 值	参数	估计值	p 值	参数	估计值	p 值
b_1	0.271	0.0000	a_1	-2.180	0.0000	h	1.190	0.0000
			a_2	-0.023	0.0000	k	0.011	0.0000
调整 R^2 = -0.034;DW = 1.831			调整 R^2 = 0.991;DW = 2.345			调整 R^2 = 0.992;DW = 2.515		

注:本表未报告产品市场回归模型截距项和对各方程残差项的调整结果。

二、最优汇率制度弹性与政策含义

(一)其他参数的估计

为了估计人民币最优汇率制度弹性 β^*,我们还需要估计我国所面临的货币供给冲击(σ_v^2)和国外利率冲击(σ_φ^2)。

对于前者，考虑到 1994 年人民币汇率并轨改革以来，我国所面临的货币性冲击，尤其是持续的经常账户顺差和持续的大规模资本流入对中国造成的货币性冲击，使我国外汇占款投放逐年增加，构成了我国近年来最为重要的货币冲击。因此，本章借鉴弗洛德等（1988）的估计方法，利用 M1（取自然对数后）的 AR（2）的回归残差的样本方差（$0.0480 = 0.0219^2$），作为我国货币供给冲击的近似替代。回归结果如下：

$$\ln M = 1.045 \ln M_{-1} - 0.045 \ln M_{-2}$$
$$(177.2) \quad (-131.9)$$
$$(R^2 = 0.999；调整 R^2 = 0.999；DW = 2.019)$$

对于外国利率冲击（σ_φ^2）的估计，本章选择以 1994~2006 年 4 季度美国联邦基金有效利率（effective federal funds rate）的方差作为近似替代。其样本标准差为 0.0198，方差为 0.0390。

最后，还需要估计我国的资本开放程度。根据孙立坚（2005）的估计，我国的资本管制（$1-w$）大约在 0.52。而从我国资本项目可兑换情况来看，较多限制和严格限制的项目占全部项目的为 55.8%。本节取二者的均值 0.539 作为我国资本管制程度的度量，因此，资本开放程度 $w = 0.461$。

至此，我们已经得到估计最优汇率制度弹性所需的各个参数和冲击的估计值（见表 7-2）。将上述参数值代入本章第一节最优的人民币汇率制度弹性表达式中，可以得到估算的人民币最优汇率制度弹性（β^*）约为 2.61。

表 7-2　　　　最优汇率制度弹性各参数和冲击估计值

参数	b_1	a_1	a_2	h	k	w	σ_e^2	σ_ε^2	σ_v^2	σ_u^2	σ_φ^2
估计值	0.271	-2.180	-0.023	1.190	0.011	0.461	12.624	0.240	0.048	0.250	0.039

资料来源：笔者估计。

（二）政策含义

最优的人民币汇率制度弹性究竟意味着什么呢？通过本章第一节对 β 和 β^* 的经济含义的分析，我们可以从两个方面来解释这个最优的人民币汇率制度弹性：第一，由于这个最优的汇率制度弹性为 2.61，这说明人民币汇率制度采用中间解；第二，我们还可以考察这个估计值对我国外汇市场干预等政策操作的基本意义，这个最优的汇率制度弹性说明，本币汇率每贬值（或升值）

1%，那么我国货币供给应该相应地减少（或增加）261%，即，理论上来说，我国货币供给的汇率弹性大约为261%，这样才能保持价格的基本稳定。

最后，通过比较最优的人民币汇率制度弹性（2.61）与利用事后数据估计的实际的汇率制度弹性值[①]，我们可以评估2000年以来实际经济运行中人民币汇率制度的改革情况。从2000年1月以来人民币汇率政策的实践看，可以发现以下几点。

（1）2000年1月至2005年6月期间，货币变化均为0，货币供给的汇率弹性接近无穷大；2005年7月至2015年7月期间，货币供给的汇率弹性平均为21.86[②]。这两个历史时期中，实际的货币供给弹性值远高于我们估计得到的最优汇率制度弹性的理论值，这说明2000年1月以来，人民币平均来说是更缺乏弹性的。从这个意义上来说，1994年人民币汇率并轨改革和2005年7月21日的汇率形成机制改革都没有实现提高汇率弹性的目标。此外，我们还应注意到，这两个时期的数值远高于理论值，这说明这两个时期货币供给的过度扩张一方面使中国人民银行维持了人民币汇率的基本稳定，另一方面也导致了持续的价格上涨压力。

（2）2015年8月至2018年12月期间，货币供给的汇率弹性平均值为0.518，远远低于我们估计的人民币最优汇率制度弹性的理论值。这一方面说明，2015年8月11日的汇率形成机制改革确实提高了人民币汇率的弹性，这个观测和目前部分文献的结论是一致的（Frankel，2017；Das，2019）；另一方面也说明，当前我国汇率形成机制弹性化的步伐可能太快了，反而不利于宏观价格的稳定。

三、结论

本章在 M-F-D 模型框架下考察了人民币最优汇率制度弹性，并利用联立方程模型估计方法估计了最优的汇率制度弹性值。我们的研究表明：（1）政策当局不同的汇率制度选择标准或目标不仅会影响最优的汇率制度选择，也可能对宏观经济（如价格水平）产生不同的影响。（2）1994年汇率并轨改革以

[①] 利用事后数据估计的货币供给的汇率弹性，即实际的汇率制度弹性值 $= -(\Delta M_2/M_2)/(\Delta S/S)$。

[②] 我们计算平均弹性时剔除了2014年6月份的数据，因为该月汇率没有变化，弹性趋近无穷大。

来直到 2005 年 7 月汇率形成机制改革之后的很长一段时期内，我国一直将汇率稳定目标置于价格稳定目标之上，这种政策导向导致了很长一段时期内人民币汇率形成机制是缺乏弹性的，货币供给的汇率弹性是远高于我们估计的理论值，这是 2000 年 1 月至 2015 年 7 月期间中国过度的货币扩张和价格上涨的直接原因。（3）2015 年 8 月汇率形成机制改革以来，人民币汇率弹性的实际值低于我们计算的理论值，这说明尽管 2015 年 8 月以来人民币汇率弹性得到了显著的提高，但我们也应警惕汇率改革的步子过快所可能导致的价格波动风险。

第八章

人民币汇率制度弹性的经验测算

本章回答第七章开头部分提出的第二个问题：从事后来看，人民币汇率制度弹性是多少，表现出什么样的特征？在第一节回顾汇率制度弹性测算研究的基础上，第二节首先将信贷渠道引入开放经济，建立了一个基准的开放经济宏观结构模型，然后在此模型基础上给出了 EMP 的测算公式和汇率制度弹性的测算公式，并据此测算了人民币汇率制度弹性，从而拓展了模型依赖的 EMP 与汇率制度弹性测度方法。其次，利用单位根检验和马尔可夫区制转换模型（Markov regime switching，MRS）考察了人民币汇率制度弹性的特征。

第一节 汇率制度弹性测算

第四章第一节及相关研究表明，现实中的汇率制度安排更多地呈现出某种形式的中间汇率制度，完全固定与自由浮动汇率制度并不是主要的汇率制度安排形式（刘晓辉、张璟，2018；Ilzetzki et al.，2017、2019）。与完全固定或者自由浮动汇率制度不同，我们常常很难判断和评估中间汇率制度下汇率变化的弹性程度。这就激发了学界关于汇率制度弹性测度的研究兴趣。

自霍尔顿等（1979）的开创性研究以来，越来越多的研究尝试测度一国实际的汇率制度弹性程度，迄今已经形成了非常丰富且多样的测度方法（见图 8-1）。

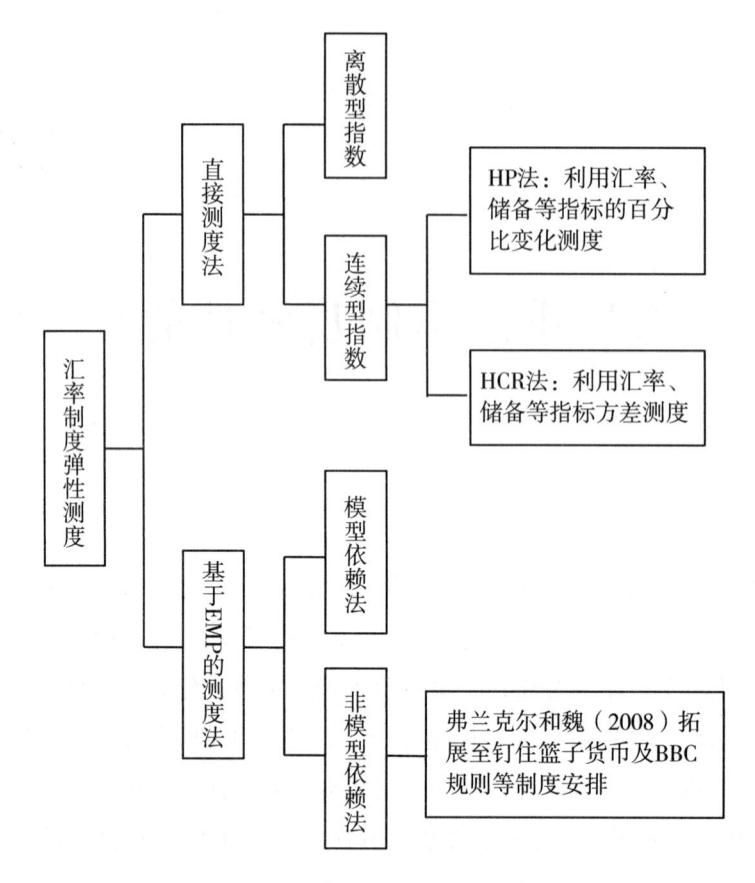

图 8-1 汇率制度弹性测度方法谱系

汇率制度弹性的测度有两个方面的意义和作用。首先，理论上来说，一方面，利用测算的汇率制度弹性指数，我们既可以考察外汇市场干预的有效性，也可以考察中央银行外汇市场干预对汇率的影响；另一方面，我们还可以利用汇率制度弹性指数，系统考察汇率制度弹性的决定和影响因素，考察汇率制度弹性对货币政策独立性、通货膨胀和经济增长的影响[①]。其次，从政策实践来看，汇率制度弹性的测度对一国汇率政策的操作也具有重要意义。当经济条件变化时，如何判断、评估经济条件变化对汇率制度弹性的影响，并采取相应的政策措施进行积极主动的汇率管理，都需要我们准确地测度汇率制度弹性。因此，汇率制度弹性的测度对没有实行完全固定或者完全浮动的绝大多数国家来说，意义十分重大（黄志刚、陈晓杰，2010；周阳等，2012），对当下的中国

---

① 既有研究还没有充分注意到这些重要问题，研究比较薄弱，文献也较少，可参见范从来、刘晓辉（2013）和本章第二节。

来说，也有非常大的参考和借鉴价值。

本节在考察了汇率制度弹性含义的基础上，回顾了自霍尔顿等（1979）以来关于汇率制度弹性的测度方法，并详细讨论了各种测度方法的特点和不足，为第二节人民币汇率制度弹性测度的研究提供思路。

一、概念及含义

汇率制度弹性的概念最早见于麦金农（1971），国内或将之译为汇率弹性（曾先锋，2006），或将之译为汇率灵活度（范言慧等，2015），更多的学者则将之译为汇率制度弹性（刘晓辉等，2009；刘晓辉、范从来，2009；胡再勇，2010；王倩，2011；周阳等，2012；陈奉先，2015；刘晓辉等，2018）。一般来说，正如其英文名字所暗示的那样，它指的就是汇率变化的灵活性。

汇率制度弹性的含义与汇率制度联系紧密。我们既可以直接从汇率制度本身的特征出发来解释汇率制度弹性，也可以从 EMP 的角度来诠释汇率制度弹性。

（一）基于汇率制度本身特征解释汇率制度弹性

理论上来说，在固定汇率制度情形下，为了捍卫事先宣称的汇率平价，中央银行需要在外汇市场上买入或卖出外汇储备，因此，固定汇率制度下汇率的变化为 0，汇率变动因此是没有弹性的。但在浮动汇率制度下，中央银行无须干预外汇市场，储备的变化为 0。在该制度下，汇率完全由外汇市场上的供求力量决定，随着供求关系的变化而变化，因而汇率变化是富有弹性的。因此，汇率制度越趋向固定的一极，汇率变化越缺乏弹性；反之，汇率制度越趋近浮动的一极，汇率变化越富有弹性。如果我们将完全固定到完全浮动之间的所有汇率制度安排视为一个连续统，那么随着汇率制度由固定向浮动一极的移动，汇率则越来越富有弹性，我们因此也说汇率制度是更有弹性的。

根据上述分析，我们可以设定中央银行在面临本币汇率变化时外汇市场"逆风干预"（leaning against the wind）的反应函数（Boyer，1978；Roper & Turnovsky，1980；Weymark，1995、1997；Lee et al.，2009）：

$$\Delta R_t/R = -\rho_t \Delta S_t/S \tag{8.1}$$

$$\Delta r_t = -\rho_t \Delta s_t \tag{8.2}$$

其中，汇率（S）是以本币表示的一单位外币的价格，R 表示外汇储备。小写字母表示相应大写字母的自然对数形式。Δ 是一阶差分算子。在汇率和储备变化较小的情况下（接近0），式（8.1）和式（8.2）中，$\Delta R_t/R \approx \Delta r_t$，$\Delta S_t/S \approx \Delta s_t$。

在式（8.1）和式（8.2）中，ρ_t 是中央银行的反应系数。一般而言，$\rho \geqslant 0$[①]。根据前面的分析，固定汇率制度下，$\Delta S/S = 0$，$\rho \to +\infty$；浮动汇率制度下，$\Delta R/R = 0$，$\rho = 0$；中间汇率制度下，$\rho \in (0, +\infty)$，说明一方面中央银行通过外汇市场干预影响了汇率变化，另一方面现实中汇率也对外汇市场的供求变动做出了一定的反应。因此，ρ 实际上反映了给定的汇率制度下，中央银行面对汇率变化时的干预程度，ρ 越大，说明中央银行干预的程度越高，所允许的汇率变化空间就越有限，汇率制度弹性越低。

（二）从 EMP 角度解读汇率制度弹性

我们还可以从 EMP 的角度来理解汇率制度弹性。EMP "测度了给定实际实施的汇率政策所产生的预期前提下，国际市场上对某一货币的全部超额需求。若不存在外汇市场干预，这种超额需求本应是由汇率水平变化来消除的（Weymark，1997）"。在这个定义下，EMP 可以表示为[②]：

$$\text{EMP}_t = \Delta s_t + \eta \Delta r_t \tag{8.3}$$

其中，$\eta = -\Delta s_t/\Delta r_t$，是一种转换因子（conversion factor, Weymark, 1997）。从该式可知，全部的 EMP 由两个部分构成：一是汇率变化所吸收的部分（Δs_t），二是中央银行通过外汇市场干预所吸收的部分（$\eta \Delta r_t$）。通过储备变化所吸收的 EMP，在测算时需要将储备变化用等价的汇率单位（exchange-rate-equivalent units）形式表示出来，这就是 η 的含义，它并不等同于式（8.1）和式（8.2）中的反应系数 ρ。

为了充分理解 η 所表示的经济学含义，我们不妨假设给定实际实施的汇率政策产生的预期形成后，国际市场上对本币出现了净的负超额需求（即超额

[①] 现实中，中央银行很可能进行顺风干预（leaning with the wind）：本币贬值（升值）时，仍然买入（卖出）外汇储备，此时，$\rho < 0$。

[②] 我们这里没有讨论中央银行通过利率和国内信贷等手段影响汇率的可能性。

供给），本币面临贬值压力。进一步假设如果没有任何其他变化，本币应贬值10%才能使市场重新恢复均衡。如果一国实行完全的固定汇率制度，那么该国必须在外汇市场上卖出储备资产，直到全部吸收了这10%的贬值压力；如果实行的是浮动汇率制度，那么该国货币应该贬值10%才能使市场恢复均衡。但是现实中，"汇率和国际储备的变化常常是相伴而生的，这一事实说明，货币当局倾向于利用中间汇率制度（Weymark，1997）"。在中间汇率制度下，10%的贬值压力一部分通过汇率变化吸收了，假设该国货币贬值了5%，那么剩下的5%的贬值压力应该是通过外汇市场的干预吸收的。不妨假设为了吸收这剩余的5%的贬值压力，中央银行的储备资产减少了10%，这显然意味着储备资产每下降2%才能吸收1%的贬值压力，因此，可以将储备资产变化用等价的汇率单位形式转换为以汇率变化表示的贬值压力。显然在这个例子中，转换系数 $\eta = -\Delta s_t / \Delta r_t = 0.5$。

综合上述分析，我们可得出如下结论：固定汇率制度下，EMP 完全是通过中央银行储备的变化得以释放的；浮动汇率制度下，EMP 则完全由汇率的变化释放出来；中间汇率制度下，EMP 则通常是由储备变化和汇率变化的某种组合所吸收的。如果 EMP 更多地由汇率变化释放出来，那么该国的汇率制度就是更有弹性的；反之，如果 EMP 更多的是通过外汇市场干预渠道吸收的，那么这种汇率制度就是缺乏弹性的。因此，从 EMP 的角度来看，汇率制度弹性就是一国通过本币汇率变化所释放的 EMP 的比例，或者是通过本币汇率变化所释放的 EMP 占全部 EMP 的比重（刘晓辉、范从来，2009；刘晓辉、张璟，2012；刘晓辉，2014；刘晓辉等，2018）。

从上述两个角度理解汇率制度弹性需要我们利用事后（ex post）观测到的宏观经济数据，借助一定的方法来测算实际的汇率制度弹性，由此我们才能进一步判断汇率制度弹性的高低。因此，我们可以将这种汇率制度弹性称为事后的汇率制度弹性（ex post exchange-rate flexibility）。然而，在现实中，很多国家，尤其是发展中国家和新兴市场经济体，常常需要选择某种汇率制度以满足其特定的经济或政治诉求。在选择这种汇率制度时，这些国家的政策制定者常常需要根据他们所面临的经济和政治的约束，选择能够实现其利益或目标最大化的制度安排。这种汇率制度是建立在最优化计算基础上的，并且是站在事前（ex ante）的角度所进行的政策考虑和决策，由此而选择的最优汇率制度，我们称为事前汇率制度弹性（ex ante exchange-rate flexibility）。这实际上就是汇率制度选择的研究内容①。自 20 世纪 50 年代弗里德曼（1953）等学者的固定与浮动之争以来，这个方面的研究已经非常丰富了，本书第二章和第三章详细讨论了这个方面的研究发展。

二、测度及分解：直接测度法

与对汇率制度弹性概念的诠释对应，汇率制度弹性的测度方法也相应分为两类：第一类方法直接根据汇率制度的定义，利用观测到的汇率、储备和利率等数据测度汇率制度弹性，本书将此方法称为直接测度法；第二类方法则在测度 EMP 的基础上，进一步测度汇率制度弹性，本书将此类方法称为基于 EMP 的测度方法。直接测度法又可进一步分为两类：一类测度方法得到的汇率制度弹性值是离散的，另一类得到的则是以连续变量表示的汇率制度弹性指数。

（一）离散型汇率制度弹性指数

这类测度方法是在对汇率制度详细分类的基础上，对不同的汇率制度赋予不同的数值以表示汇率制度的弹性程度。例如，将汇率制度划分为固定汇率制度、中间汇率制度和浮动汇率制度，分别赋值为 0、1 和 2。通常，数值越高表示汇率制度弹性越高。这个方面的研究实际上讨论的是汇率制度实际分类的问题，本书第三章第二节已有详细分析，此处从略。

由于运用这类汇率制度弹性测度方法得到的都是用离散型变量表示的汇率制度弹性程度，因此这类研究有两个很大的局限性：（1）当经验研究使用这类研究所测度的汇率制度弹性作为被解释变量来考察汇率制度选择的决定因素时，如果研究者采用的是离散选择模型（见表 3-1），那么即使这些研究者使用了同一个分类方法，他们所得到的研究结论也不能进行定量的比较和分析，因为通常利用离散选择模型时，我们是在样本均值或某一给定值处来分析解释变量或控制变量对被解释变量的概率的影响程度或边际效应的；（2）这类研究所测度的离散型的汇率制度很难应用于国别的经验研究。

（二）连续型汇率制度弹性指数

第二种汇率制度弹性测度方法能避免离散型指数的两个缺点，这种方法将

---

① 第二章、第三章第一节和第七章研究的人民币最优汇率制度弹性即属于此。

汇率变化和反映政府外汇市场干预行为的储备变化等变量结合起来,构建一个以连续型变量表示的汇率制度弹性指数(exchange rate flexibility index,ERFI)。从文献看,这类研究又可以细分为两类:第一类研究利用汇率和储备的百分比变化来测度 ERFI(Holden et al.,1979;Poirson,2001;为行文便利,本书称之为 HP 法);第二类研究则利用汇率和外汇储备的标准差或方差来测算汇率制度弹性(Hausmann et al.,2001;Calvo & Reinhart,2002;本书称之为 HCR 法)。

1. HP 法及拓展的 HP 法

第一类研究的测算方法其实是式(8.1)的一个简单拓展,该方法建立的 ERFI 指数如下:

$$\text{ERFI} = \frac{\sum_{k=0}^{n}\left[\dfrac{|S_{t-k}-S_{t-k-1}|}{S_{t-k-1}}\right]}{\sum_{k=0}^{n}\left[\dfrac{|R_{t-k}-R_{t-k-1}|}{H_{t-k-1}}\right]} \tag{8.4}$$

其中,H 表示基础货币,其余变量的含义同式(8.1)。为了考察它和式(8.1)的关系,我们首先将式(8.1)两边取绝对值并重新安排①,得到:

$$1/\rho_t = |(\Delta S_t/S)|/|(\Delta R_t/R)| \tag{8.5}$$

然后将等式左边($1/\rho_t$)替换为 ERFI,将式(8.5)右边作简单处理后即可得到式(8.4)。

式(8.4)中,n 在霍尔顿等(1979)和普尔松(2001)的研究中取值略有差异(前者 $n=23$,后者则取 $n=11$),较大的取值都是为了熨平汇率和储备的短期波动。之所以如此,是因为汇率和储备的短期波动并不能反映长期中的汇率政策。关于汇率 S 具体指标的选用,在两项研究中也略有差异。霍尔顿等(1979)使用了贸易加权平均汇率,即有效汇率,而普尔松(2001)则使用了双边汇率。

由对式(8.1)的讨论和式(8.4)ERFI 指数的定义可知,HP 测度法下的 ERFI 指数的取值范围为 $[0,+\infty)$。指数取值为 0 时,该国实际上实行的是固定汇率制度(此时 $\rho\to+\infty$);当指数取值为 $+\infty$ 时,则表示一国储备基本没有变化,说明该国实际上实行的是浮动汇率制度(此时 $\rho=0$);当

---

① ρ 取绝对值意味着我们关心的仅仅是中央银行在外汇市场上的干预程度,而不关心中央银行外汇市场干预的方向,即中央究竟是卖出还是买入了储备资产(Lee et al.,2009)。

指数取值介于二者之间时，该国实行的是中间汇率制度，且指数取值越大，汇率变化的幅度越大，说明汇率制度的弹性越高。很显然，当指数取值不为 0 或无穷大时，我们很难判断具体的汇率制度弹性究竟是高还是低，无法给出经验的分析和解读。为了克服这个问题，我们可以通过数据转换改变指数的取值区间。李等（Lee et al., 2009）将式（8.5）中的 $1/\rho$ 进行了转换，定义为：

$$\text{ERFI}_{adj} = \frac{1}{\exp^{\frac{1}{\rho}}} \tag{8.6}$$

显然 ERFI_{adj} 的取值是介于 [0,1] 的。固定汇率制度下，$\rho \to +\infty$，$\text{ERFI}_{adj} = 1$；浮动汇率制度下，$\rho = 0$，$\text{ERFI}_{adj} = 0$。当指数取值不为 0 和 1 时，我们比较容易区分汇率制度是更有弹性的还是更缺乏弹性的。

库姆斯等（Combes et al., 2012）、卡沃利和拉詹（Cavoli & Rajan, 2013）[①] 及范言慧等（2015）给出的方法与上述方法有异曲同工之处。他们将汇率制度弹性定义为汇率变化绝对值与储备变化绝对值之和中汇率变化的占比。为了行文方便，我们将这种方法称为拓展的 HP 法，他们给出的测算公式如下：

$$\text{ERFI} = \frac{|\Delta S/S|}{|\Delta S/S| + |\Delta R/R|} \tag{8.7}$$

这个定义式可以从式（8.1）直接推出。首先，将该式两边取绝对值，然后在该式两边同时加上 $|\Delta S_t/S|$ 可得：

$$|\Delta S_t/S| + |\Delta R_t/R| = (1 + |\rho_t|) \times |\Delta S_t/S| \tag{8.8}$$

简单变换后可得：

$$1/(1 + |\rho_t|) = |\Delta S_t/S|/(|\Delta S_t/S| + |\Delta R_t/R|) \tag{8.9}$$

将该式左边定义为 ERFI 即可。显然，拓展的 HP 法下 ERFI 指数的取值也是介于 [0,1] 之间的。固定汇率制度下，ERFI = 0，此时 $\rho \to +\infty$；浮动汇率制度下，ERFI = 1，此时 $\rho = 0$；中间汇率制度下，$\rho \in (0,1)$。

2. HCR 法

与第一类汇率制度弹性指数构建方法不同，豪斯曼等（2001）及卡尔沃

[①] 卡沃利和拉詹（2013）认为他们的测度方法是基于 EMP 的测度方法，但根据 EMP 的定义，他们的方法归入直接测度法似更为妥当。

和莱因哈特（2002）使用了汇率和外汇储备的波动性指标，而不是两者变化的绝对值来估计 ERFI。并且，豪斯曼等（2001）还注意到，一国不仅可能利用外汇储备来干预外汇市场，而且还可能通过利率手段来干预汇率。因此，在估计汇率制度弹性时，HCR 法同时考虑了两类指标：一是汇率波动与外汇储备波动之比［对式（8.1）两边取方差即可得到］，二是汇率波动与利率波动之比。卡尔沃和莱因哈特（2002）定义了一个综合考虑了外汇储备、利率与汇率波动性的 ERFI：

$$\mathrm{ERFI} = \sigma_S^2/(\sigma_i^2 + \sigma_R^2) \tag{8.10}$$

其中，σ_S^2、σ_i^2 和 σ_R^2 分别表示一国汇率、利率和外汇储备的方差。这个指数设计方法和 HP 法有类似的缺点：指数取值区间通常是[0, +∞)，因此，当指数取值比较大的时候，我们无法判断汇率制度弹性的高低。

三、测度及分解：基于 EMP 的测度

基于 EMP 的测度方法是建立在 EMP 的测度基础上的，因此，在具体讨论这一方法之前，我们首先介绍 EMP 是如何测度的。

（一）EMP：内涵与测度

1. EMP 的产生

理论上最早提出并界定 EMP 的是格顿和罗珀（1977）。他们建立了一个 EMP 指数，该指数是储备百分比变化和汇率百分比变化之和。博耶（1978）及罗珀和图尔诺夫斯基（1980）沿着格顿和罗珀（1977）的思路，以资本完全流动的小国开放经济模型拓展了格顿和罗珀（1977）的研究。他们的贡献是设定了形如式（8.1）的中央银行的反应函数，因此改进了格顿和罗珀（1977）的指数设计。在他们的研究框架下，尽管 EMP 仍然表现为储备百分比变化和汇率百分比变化的线性组合，但是，二者不再是等权重地进入该指数了。然而，不论指数中储备变化和汇率变化的权重是否相等，我们都缺少一个理论先验地说明这两个性质不同的概念的百分比变化是可以加总的。

魏玛珂（Weymark，1995、1997、1998）解决了这个难题。他考虑了价格黏性的因素，建立了一个 IS-LM-AS 类型的小国开放经济模型，引入并经验地

估计了 EMP 指数中的参数。该参数是一个转换因子，可以将性质不同的储备变化与汇率变化统一到一起，从而以等价汇率单位的形式测度 EMP。魏玛珂（1995、1997、1998）定义的 EMP 指数为：

$$\text{EMP}_t = \Delta s_t + \eta \Delta r_t \tag{8.11}$$

该式与式（8.3）基本相同，不同的是该式中的 r 是经基础货币（H）调整后的储备（R）变化，即 $\Delta r_t = (R_t - R_{t-1})/H_{t-1}$。$\eta$ 即是前文所指出的转换因子，下文将详细说明。

式（8.11）表明，一国面临的 EMP 主要通过两个渠道释放出来：汇率变化和外汇市场干预（由储备变化表示）。较高的 EMP 指数值意味着一国或者货币面临贬值压力或者其储备下降较快；反之，较低的 EMP 值意味着一国或者货币面临升值压力或者其储备上升较快（Sachs et al., 1996）。

2. EMP 的测度：模型依赖方法

关于 EMP 的测度，学界目前形成了两种方法：一是模型依赖法（model dependent approach），二是非模型依赖法（model independent approach）。

在第一种模型依赖方法中，EMP 指数及其估计过程中所涉及的转换因子（η）是通过宏观经济结构模型来定义和测算的，这是这类指数被称为模型依赖方法的主要原因。我们以魏玛珂（1995、1997、1998）为例，说明模型依赖的 EMP 测度方法及转换因子 η 的决定因素。我们首先给出小国开放经济模型如下：

$$\Delta p_t = \alpha_0 + \alpha_1 \Delta p_t^* + \alpha_2 \Delta s_t \tag{8.12}$$

$$\Delta i_t = \Delta i_t^* + \Delta s_{t+1}^e - \Delta s_t \tag{8.13}$$

$$\Delta m_t^d - \Delta p_t = \beta_0 + \beta_1 \Delta y_t - \beta_2 \Delta i_t \tag{8.14}$$

$$m_t^s = m_{t-1}^s + \Delta d_t + \Delta r_t \tag{8.15}$$

$$\Delta r_t = -\rho_t \Delta s_t \tag{8.16}$$

其中，p、i、m^d、m^s、y、d 分别表示本国的价格水平、利率、货币需求、货币供给、实际产出和国内信贷。除利率、国内信贷和国际储备等变量外，其余变量都是以自然对数形式表示的。Δd 和 Δr 分别表示经过基础货币调整后的国内信贷和储备的百分比变化。带有"*"的变量表示相应的外国变量。

式（8.12）反映了汇率的不完全传递。式（8.13）表示无抛补利率平价，

Δs_{t+1}^e 表示预期的汇率变化。该式表明，在资本完全流动条件下，以同一种货币表示的本币资产和外币资产的预期收益应趋于一致。式（8.14）表示本国实际货币需求，采用了标准的卡甘（Cagan）类型的货币需求函数，且有 $\beta_1 > 0$，$\beta_2 > 0$。式（8.15）表明，开放经济条件下，本国货币供给的变化主要由国内信贷和储备变化两部分构成。式（8.16）与式（8.2）类似，它给出了中央银行的反应函数。

将式（8.12）和式（8.13）代入式（8.14）得到：

$$\Delta m_t^d = \alpha_0 + \alpha_1 \Delta p_t^* + \alpha_2 \Delta s_t + \beta_0 + \beta_1 \Delta y_t - \beta_2 [\Delta i_t^* + \Delta s_{t+1}^e - \Delta s_t] + \varepsilon_t \tag{8.17}$$

由式（8.15）有：

$$\Delta m_t^s = \Delta d_t + \Delta r_t \tag{8.18}$$

在货币市场均衡时有：

$$\alpha_0 + \alpha_1 \Delta p_t^* + \alpha_2 \Delta s_t + \beta_0 + \beta_1 \Delta y_t - \beta_2 \Delta i_t^* - \beta_2 \Delta s_{t+1}^e + \beta_2 \Delta s_t = \Delta d_t + \Delta r_t \tag{8.19}$$

整理后得到：

$$\Delta s_t = [\Delta d_t + \Delta r_t - \alpha_1 \Delta p_t^* - \beta_1 \Delta y_t + \beta_2 \Delta i_t^* + \beta_2 \Delta s_{t+1}^e - \alpha_0 - \beta_0]/(\alpha_2 + \beta_2) \tag{8.20}$$

将式（8.16）代入式（8.20）得到：

$$\Delta s_t = [\Delta d_t - \alpha_1 \Delta p_t^* - \beta_1 \Delta y_t + \beta_2 \Delta i_t^* + \beta_2 \Delta s_{t+1}^e - \alpha_0 - \beta_0]/(\alpha_2 + \beta_2 + \rho_t) \tag{8.21}$$

令 $\psi = \alpha_2 + \beta_2 + \rho_t$，$X = \Delta d_t - \alpha_1 \Delta p_t^* - \beta_1 \Delta y_t + \beta_2 \Delta i_t^* + \beta_2 \Delta i_t^* - \alpha_0 - \beta_0$，因此得到：

$$\Delta s_t = (X + \beta_2 \Delta s_{t+1}^e)/\psi \tag{8.22}$$

显然，预期的汇率变化、货币冲击、本国产出的变化、国内信贷的变化以及国外价格的变化都会导致外汇市场上对本币的超额需求或超额供给，从而导致本币的外汇市场压力。

由式（8.20）可得：

$$\partial(\Delta s_t)/\partial(\Delta r_t) = 1/(\alpha_2 + \beta_2) \tag{8.23}$$

根据魏玛珂（1997）的定义，有：

$$\eta = -\partial(\Delta s_t)/\partial(\Delta r_t) \tag{8.24}$$

从而得到：

$$\eta = -1/(\alpha_2 + \beta_2) \tag{8.25}$$

因此，模型依赖的 EMP 指数可进一步设定为：

$$\text{EMP}_t = \Delta s_t + \eta \Delta r_t \tag{8.26}$$

最后，利用宏观经济资料和时间序列计量经济方法，就可以得到 α_2 和 β_2 的估计值，进而得到 η，最终可估计得到 EMP 的时间序列指数。

3. EMP 的测度：非模型依赖方法

许多学者对模型依赖的 EMP 测度方法提出了两个方面的严厉批评。首先，这些批评认为，汇率的结构主义模型很难经验地解释和预测汇率在中短期内的变化。"更新近的研究证实，在预测一年内的汇率运动时，随机游走模型要比更精确的模型（指结构主义宏观经济模型）表现更出色（Krugman et al.，2018）。"其次，模型依赖的指数估计结果本身也依赖于具体的模型设定，模型设定的差异很可能导致估计结果的差异（Weymark，1995），这种差异的影响如何，目前还没有得到很好的解决。

为克服这些缺陷，一些学者提出了一种非模型依赖的 EMP 指数和测度方法，它是汇率百分比变化和储备百分比变化的线性组合。但这类研究也存在非常大的争议。目前看来，争议主要集中在 EMP 的构成及权重设定上（胡利琴等，2014）。

（1）EMP 构成的争议。在 EMP 的构成上，学界争议的地方在于是否应将利率纳入 EMP 的测算中。部分研究在测算 EMP 时并不考虑利率因素的影响（Fiess & Shankar，2009；Frankel & Xie，2010）。然而，在发达市场经济中，中央银行通过对利率的调控也能直接或间接影响汇率水平，从而吸收部分的 EMP。因此，将利率引入 EMP 的测算中是有其理论合理性的。出于这种考虑，一些研究在测算 EMP 时引入了利率因素（Eichengreen et al.，1994、1995、1996；van Horen et al.，2006；Mody & Taylor，2007；Hegerty，2009）。然而，新的问题随之而来。利率应如何被引入模型呢？学界对此颇有争议。部分学者将本国利率的一阶差分引入了 EMP 测算中（van Horen et al.，2006；Mody & Taylor，2007）。部分学者却认为，如果一国没有汇率目标，那么利率应该以水平值而不是一阶差分的形式进入指数（Hegerty，2009；Klaassen & Jager，2011）。

（2）EMP 权重设计的争议。在 EMP 各个部分的权重设定上，目前的研究争议较多，给出的权重设计方案差异较大（见表 8-1）：最简单的权重设计方案是将 EMP 指数中各个构成部分的权重都设为 1；一些研究则将各个构成部分标准差的倒数设为各个部分的权重；还有一些研究选择使 EMP 指数的各个构成部分的条件方差相等的权重。但这些权重设计方案可能面临异常值的困扰。为避免异常值的影响，一些学者改进了 EMP 指数的权重设计，将各构成要素的权重设定为各要素方差（或标准差）的倒数占所有构成要素方差（或标准差）的倒数和之比。

表 8-1　　非模型依赖的 EMP 指数及权重设计

文献	EMP 指数及权重设计方法
简单权重设计方案：各构成部分权重为 1	
卡沃利和拉詹（2006）	$EMP_t = \Delta s_t \times 100 - \Delta r_t \times 100$
艾森曼和哈奇森（Aizenman & Hutchison，2010）	$EMP_t = \Delta s_t \times 100 - \Delta r_t \times 100$
艾森曼等（2010a）	同艾森曼和哈奇森（2010）
艾森曼和宾士（Aizenman & Binici，2015）	同艾森曼和哈奇森（2010）
权重设计方案：各构成部分标准差的倒数	
阿尔瓦雷斯-普拉和舒特根（Alvarez-Plata & Schrooten，2004）	$EMP_t = (1/\sigma_s) \Delta s_t \times 100 - (1/\sigma_r) \Delta r_t \times 100$
格利克和哈奇森（Glick & Hutchison，2001）	$EMP_t = 1/\sigma_{RER} \Delta RER_t \times 100 - 1/\sigma_r \Delta r_t \times 100$
艾森曼和哈奇森（2010）	$EMP_t = (1/\sigma_s)\Delta s_t \times 100 - (1/\sigma_r)\Delta r_t \times 100 - (1/\sigma_i)(i_t - i_t^*)$
艾森曼等（2010a）	$EMP_t = (1/\sigma_s)(\Delta s_t - \mu_{\Delta st}) \times 100 - (1/\sigma_r)(\Delta r_t - \mu_{\Delta rt}) \times 100$
权重设计方案：各构成部分条件方差相等	
艾肯格林等（1996）	$EMP_t = \alpha_1 \Delta s_t \times 100 + \alpha_2 \Delta(i_t - i_t^*) - \alpha_3 \Delta(r_t - r_t^*) \times 100$[a]
萨克斯等（Sachs et al.，1996）	$EMP_t = \Delta s_t \times 100 - (\sigma_s/\sigma_r)\Delta r_t \times 100$
卡明斯基等（1998）	$EMP_t = \Delta s_t \times 100 - (\sigma_s/\sigma_r)\Delta r_t \times 100$

续表

文献	EMP 指数及权重设计方法
巴拉加斯和帕蒂略（Barajas & Pattillo，1999）	$\text{EMP}_t = \Delta s_t \times 100 - (\sigma_s/\sigma_r)\Delta r_t \times 100$
卡明斯基（1999）	$\text{EMP}_t = \Delta s_t \times 100 - (\sigma_s/\sigma_r)\Delta r_t \times 100$
卡明斯基和莱因哈特（1999）	$\text{EMP}_t = \Delta s_t \times 100 - (\sigma_s/\sigma_r)\Delta r_t \times 100$
爱迪生（Edison，2003）	$\text{EMP}_t = \Delta s_t \times 100 - (\sigma_s/\sigma_r)\Delta r_t \times 100$
权重设计方案：各要素方差的倒数占所有构成要素方差的倒数和之比	
比塞尔和穆尔德（Bussièr & Mulder，1999）	$\text{EMP}_t = (1/\sigma_{RER}^2)/(1/\sigma_{RER}^2 + \sigma_r^2)RER_t \times 100 - (1/\sigma_r^2)/(1/\sigma_{RER}^2 + \sigma_r^2)\Delta r_t \times 100$
斯塔瓦雷克（Stavarek，2007）	$\text{EMP}_t = (1/\sigma_s)/(1/\sigma_s + 1/\sigma_r)\Delta s_t \times 100 - (1/\sigma_s^2)/(1/\sigma_s + 1/\sigma_r)\Delta r_t \times 100$

注：1. 如无特别说明，表中 $\mu_x = x$ 变量百分比变化的样本均值；$\sigma_x = x$ 变量百分比变化的样本标准差。

2. 部分学者采用对数方法计算汇率的百分比变化，即，汇率百分比变化 = $(\ln S_t - \ln S_{t-1}) \times 100 = (\Delta \ln S_t) \times 100 = (\Delta s_t) \times 100$；部分学者直接利用百分比变化的定义来计算，即，汇率的百分比变化 = $[(S_t - S_{t-1})/S_{t-1}] \times 100$。如果汇率变化比较大，那么这两种计算方法得到的结果是有很大差异的。为统一和行文简便，本表对这两种处理方法没有做出区分，统一表示为 $\Delta s_t \times 100$。

3. 表中 EMP 指数计算中，对于外汇储备一项，部分学者采用的是经过基础货币调整后的储备变化，即，$\Delta r_t = (R_t - R_{t-1})/H_{t-1}$，部分学者则直接利用储备的百分比变化。本表没有做出区分。

4. 比塞尔和穆尔德（1999）及格利克和哈奇森（2001）的研究中，RER 和 σ_{RER} 分别表示以自然对数形式表示的实际汇率及其变化的标准差。利用实际汇率而不是名义汇率构建 EMP 指数的好处是它可以剔除高通货膨胀的影响。

5. 艾肯格林等（1996）设计权重的原则是使三个构成要素的条件方差相等。

资料来源：根据文献整理。

纷繁多样的权重设计方案衍生出了两个问题。首先，不同的权重设计方案估计得到的 EMP 指数在数值大小、发展趋势等方面表现并不一致，这意味着研究结论很可能随着权重设计的变化而变化。解决方法之一是，研究者在研究时同时考虑这些不同的权重设计方案，进行稳健性分析（Liu & Zhang，2009；Aizenman et al.，2010；周兵等，2012；刘晓辉、张璟，2012；靳玉英等，2013；刘晓辉，2014；刘晓辉等，2018）。其次，这些权重都是非时变参数。但金融时间序列具有波动集群性特征，因此，当金融时间序列是时变的或存在结构断点的情况下，不变权重就不能充分地平滑这种波动性（Bertoli et al.，2010）。解决的方法包括：第一，采取时变权重；第二，在设定不变权重之前考察 EMP 各构成要素的时间序列特征，确保不存在波动集群性或结构断点。

(二) 基于 EMP 的汇率制度弹性测度

1. 定义、含义和测度

(1) 基于 EMP 的汇率制度弹性定义与含义。我们这里暂且撇开 EMP 测度中所涉及的诸种问题不谈，也不考虑 EMP 的测度是用模型依赖方法还是非模型依赖方法得到的，我们首先定义一个一般性的 EMP 指数如下：

$$\text{EMP}_t = w_1 \Delta s_t + w_2 \Delta i_t + w_3 \Delta r_t \tag{8.27}$$

其中，$w_1 > 0$，w_2、$w_3 < 0$，其余各变量含义同前。根据前文对汇率制度弹性的定义，我们可以定义汇率制度弹性指数（ERFI）为：

$$\text{ERFI}_t = w_1 \Delta s_t / \text{EMP}_t \tag{8.28}$$

理论上来说，这个指数取值范围是 $(-\infty, +\infty)$。但大多数情况下，指数取值为 $[0,1]$。ERFI $=0$ 时，说明本币面临的 EMP 完全是通过中央银行外汇市场干预释放的，因此，本国实行的是固定汇率制度；ERFI $=1$ 时，说明本国 EMP 完全是通过汇率变化释放的，本国中央银行并没有进行任何外汇市场干预，因此，本国实行的是浮动汇率制度；ERFI $\in (0,1)$ 时，说明本币 EMP 是通过汇率变化和外汇市场干预两个渠道共同释放的，因此，本国实行的是中间汇率制度。显然，指数越接近 1，说明汇率制度越趋近浮动汇率制度，汇率制度越有弹性；反之，指数越接近 0，则说明一国实际的汇率制度安排越缺乏弹性。

值得指出的是，利用这个方法所界定的 ERFI 指数取值可能小于 0 或大于 1。当 $\text{ERFI}_t < 0$ 时，说明汇率变化（Δs_t）与 EMP_t 异号。这可以分两种情况说明：其一，$\Delta s_t < 0$，且 $\text{EMP}_t > 0$，即本币面临贬值压力时（$\text{EMP}_t > 0$），本币升值（$\Delta s_t < 0$）；其二，$\Delta s_t > 0$，且 $\text{EMP}_t < 0$，即本币面临升值压力时（$\text{EMP}_t < 0$），本币贬值（$\Delta s_t > 0$）。这两种情况都说明中央银行存在过度的逆风干预。当 $\text{ERFI}_t > 1$ 时，同样可以分两种情况考察：其一，$\Delta s_t > \text{EMP}_t > 0$，即本币面临贬值压力时（$\text{EMP}_t > 0$），本币贬值（$\Delta s_t > 0$）；其二，$\Delta s_t < \text{EMP}_t < 0$，即本币面临升值压力时（$\text{EMP}_t < 0$），本币升值（$\Delta s_t < 0$）。这两种情况分别说明本币出现过度贬值或升值，中央银行的外汇市场干预其实是顺风干预型的。

(2) ERFI、转换因子（η）与中央银行反应系数（ρ）。我们已经知道，转换因子 η 的大小是取决于经济模型的结构参数的，因此，不同国家或者同一个国家在不同时期，经济结构参数的变化都会影响到转换因子的大小，从而以等价汇率单位形式表示的储备变化所吸收的 EMP 是不同的，这显然会进一步影响汇率制度弹性的大小。另外，我们前面的讨论已可让我们感觉到 ERFI 可能还会受到中央银行反应系数的影响。我们根据模型依赖的 EMP 测度方法进一步讨论这一问题。由前面的式（8.26）和 ERFI 的定义式（8.28）可知：

$$\text{ERFI}_t = w_1 \Delta s_t / \text{EMP}_t = \Delta s_t / (\Delta s_t + \eta \Delta r_t) \tag{8.29}$$

其中，$\eta = -1/(\alpha_2 + \beta_2)$。

由式（8.1）或式（8.16）可将上式进一步化简为：

$$\text{ERFI}_t = 1/(1 - \rho \eta) \tag{8.30}$$

固定汇率制度下，$\rho \to +\infty$，此时 ERFI = 0；浮动汇率制度下，$\rho = 0$，此时 ERFI = 1。只要 $\rho\eta$ 不为 1（注意 η 是小于 0 的，ρ 只有在顺风干预的情形下才可能小于 0），即如果不考虑顺风干预的情形，那么 ERFI 就不可能趋近无穷大。

式（8.30）还表明，汇率制度弹性的直接测度法并没有考虑到中央银行外汇市场干预之后，储备变化通过经济系统的连锁反应后所吸收的 EMP 可能与储备变化本身并不等同。对于这一点，我们不妨仍以前面的数值为例，进行进一步的说明。在中央银行外汇市场干预后，储备资产减少了 10%，并吸收了 5% 的 EMP，因此，10% 的储备变化实际上只能吸收 5% 贬值压力，这时转换系数 $\eta = -0.5$。但在直接测度法测度汇率制度弹性指数时，10% 的储备变化就以 10% 的数值进入了测度公式，而在基于 EMP 的测度方法下，实际上 10% 的储备变化是以转换后的 5% 这个数值进入测度模型的。简言之，直接测度法下 η 被隐含地假设为 -1，而基于 EMP 的测度方法不仅考虑到了中央银行面临汇率变化时所采取的外汇市场干预力度（ρ），而且也考虑到了这种干预事实上所吸收的 EMP 的高低（η），这是基于 EMP 的汇率制度弹性测度方法相对于直接测度方法而言的一个重要优点。此外，相对 HP 和 HCR 等测度方法而言，基于 EMP 的汇率制度弹性测度方法的优点在于：第一，该定义具有更加明确且符合经济学原理的含义；第二，该定义能反映中央银行过度干预和汇率过度调整的情形；第三，具体测算时，该测度方法对数据的频度要求较低。一般而言，月度数据即可满足。

2. 测算和应用

首先，我们根据 EMP 测度方法的不同，将基于 EMP 的汇率制度弹性测度方法分为两类：一类方法中 EMP 的测度是模型依赖的，另一类方法中 EMP 的测度则是非模型依赖的。然后我们讨论利用这两类方法所展开的研究。

魏玛珂（1997）利用基于 EMP 的汇率制度弹性测度方法测算了 1975～1990 年加拿大中央银行外汇市场干预程度（从另一个方面来说，相当于测算了加拿大的汇率制度弹性）。这是基于 EMP 的汇率制度弹性测度方法的最早运用。卜永祥（2009）、刘和张（Liu & Zhang，2009）、刘晓辉等（2009）、刘晓辉和张璟（2012）、刘晓辉（2014）及刘晓辉等（2018）利用这一方法测度了中国人民银行外汇市场的干预程度和人民币汇率制度弹性。

在基于 EMP 测度汇率制度弹性的另一类测度方法中，EMP 的测算是非模型依赖的，这个方法极大地便利了运算。这个方面的研究目前还比较少。刘晓辉等（2009）、刘晓辉和张璟（2012）、刘晓辉（2014）以及刘晓辉等（2018）运用这一方法测算了人民币汇率制度弹性。但这个方法是有缺陷的。弗兰克尔和魏（Frankel & Wei，2008）指出，利用这个方法测度汇率制度弹性的一个前提假设是该国货币是锚定美元或其他某个单一货币的。但是，当今很多货币都实行了某种形式的 BBC 规则（band-basket-crawl），在这种情况下，这个方法是难以准确测度汇率制度弹性的。在以前研究的基础上，他们拓展了这个方法使之能适用于 BBC 规则及其变体的各种情况。他们首先在货币篮子方程中引入 EMP 变量，然后利用回归方法来测度汇率制度弹性。假设 EMP 可以表示为：

$$\mathrm{EMP}_t = \Delta s_t + w_1 \Delta r_t + w_2 \Delta i_t \tag{8.31}$$

其中，$w_1 = \sigma_s/\sigma_r$，$w_2 = \sigma_s/\sigma_i$，σ_i 表示利率的标准差，其余变量含义同前。那么，弗兰克尔和魏（2008）用来估计汇率制度弹性的方程可以表示为：

$$\Delta s_t = \alpha + w_1 \Delta W_1 + \cdots + w_n \Delta W_n + \kappa \Delta \mathrm{EMP}_t + \mu_t \tag{8.32}$$

其中，$W_i(i=1,2,\cdots,n)$ 分别表示本币兑一篮子货币中各个货币的汇率的对数值，w_i 则是美元、欧元和日元在本国货币篮子中的权重。κ 度量了汇率制度的弹性程度。当 $\kappa=0$ 时，表示一国实行的是完全固定的汇率制度；当 κ 越来越大时，表示汇率制度弹性不断增加；当 $\kappa=1$ 时，表示完全浮动的汇率制度。但是，这种测度方法得到的汇率制度弹性通常是一个数值，难以形成连续的时间序列，对于动态地观测和评估汇率制度弹性趋势而言，作用有限。除了弗兰克尔和魏（2008）利用这一方法考察了 20 种货币的汇率制度弹性之外，王倩（2011）和周阳等（2012）也利用该方法测算了人民币汇率制度弹性。

四、结论和展望

过去 20 年来，关于汇率制度弹性测度的研究日益增长，这为我们理解和完善汇率制度提供了重要的理论参考和指导，也激发了国内学界近年来关于人民币汇率制度弹性测度的研究兴趣（Liu & Zhang，2009；刘晓辉等，2009；胡再勇，2010；刘晓辉、张璟，2012；刘晓辉，2014；陈奉先，2015；刘晓辉等，2018）。然而，除了已经指出的问题之外，国内外的研究还存在很多缺陷。

首先，就直接测度方法来说，其中的第一种测度方法，即包括 RR 等在内的离散型测度指数，不利于我们从事针对单一经济体的时间序列研究。同时，这种方法在实证中也可能会面临存在估计偏误的指责。第二种测度方法，即连续性指数方法（包括 HP 法、拓展的 HP 法和 HCR 法）的问题在于：第一，由于指数取值总为正，因此，它难以捕捉一国过分干预外汇市场或汇率过度调整的情形，基本原因在于，这类指数对汇率变化和中央银行外汇市场干预指标取了绝对值，或者利用汇率和储备的样本方差来测度汇率制度弹性；第二，相对于 HP 法和拓展的 HP 法而言，HCR 法对数据频度的要求更高；第三，这类研究没有考虑到以等价汇率单位形式衡量的储备变化所释放的升值或者贬值压力。

其次，在基于 EMP 的汇率制度弹性测度方法中，模型依赖的测度方法在测度 EMP 时依赖于 M-F 模型类型的宏观经济结构模型，但对包括中国在内的大多数发展中国家来说，这类模型的运用存在很大的局限：这类模型中，货币政策主要是通过利率渠道传递的，对包括中国在内的很多发展中国家来说，利率传导渠道可能并不存在或者其影响不大。部分经验证据表明，中国基本不存在利率传导渠道（盛松成、吴培新，2008）。一方面，从现实因素看，中国金融体系中银行占了主导地位，并且中长期的存贷款利率仍没有市场化，短期利率向中长期利率传导的机制或利率期限结构缺失，这就决定了中国企业对银行信贷的依赖超过了对其他融资方式的依赖和利率传导机制的不畅；另一方面，越来越多的证据表明，信贷传导机制在中国是非常重要的（蒋瑛琨等，2005；赵振全等，2007；江群、曾令华，2008；许伟、陈斌开，2009；汪川等，2011；刘凤兰、袁申国，2012），甚至是中国货币政策传导的主要传导渠道（盛朝晖，2006；盛松成、吴培新，2008；潘敏、缪海斌，2010）。如果信贷传导渠道十分重要，那么国内信贷的变化极有可能在很大程度上影响到汇率的变动，在此情况下，进一步改进和拓展模型依赖的汇率制度弹性测度方法就尤其具有重要的理论和现实意义。

第二节 人民币汇率制度弹性测度、事实与演变

本书到目前的论述使我们清楚地认识到，各国实际上实行的汇率制度和这些国家事先所宣称的汇率制度常常是不同的。从中国的现实情况看，近20年来中国政策当局所宣布的汇率制度与事实上的汇率政策和汇率制度相去甚远（见表8-2）。1994年人民币汇率制度改革时，政策当局公布的汇率制度是"以市场供求为基础的、单一的、有管理的浮动汇率制度"，但根据包括RR分类法在内的几种汇率制度实际分类方法的结果来看，1994~2005年期间，我国事实上所表现出来的则是钉住或固定汇率制度。2005年7月的汇率形成机制改革宣布实行"以市场供求为基础、参考一篮子货币进行调节、有管理的浮动汇率制度"，但几种汇率制度实际分类方法的结果却表明，我国事实上的汇率制度还是缺乏弹性的。

表8-2　　　　　　　中国名义和事实汇率制度

年份	名义汇率制度	事实分类法		
		RR	BT	IMF
1994	以市场供求为基础的、单一的、有管理的浮动汇率制度	事实钉住	钉住（平价改变）	—
1995				
1996			钉住	—
1997				
1998				传统的固定钉住制度
1999				
2000				
2001				
2002				
2003				
2004				

续表

年份	名义汇率制度	事实分类法		
		RR	BT	IMF
2005	以市场供求为基础、参考一篮子货币进行调节、有管理的浮动汇率制度	事实钉住	钉住（平价改变）	传统的固定钉住制度
2006		事实上的爬行带内钉住	钉住	爬行钉住
2007				
2008			钉住（平价改变）	稳定化安排
2009				
2010			钉住	类爬行钉住*
2011				
2012				
2013				
2014		事实上的爬行钉住		
2015			钉住（平价改变）	其他管理浮动*
2016			钉住	稳定化安排*
2017				类爬行钉住*

注：*IMF 在其报告的注释中进一步指出，中国事实上的货币政策框架是钉住美元（或一篮子货币）的汇率锚。在 2017 年发布的报告脚注中则进一步说明，中国在报告期内的汇率制度做了两次分类（IMF 的数据截至 2017 年 4 月）。

资料来源：伊尔塞茨基等（2017、2019）；布利尼和田（2017）；AREAER（各期）；中国人民银行官网。

与完全固定和自由浮动不同，在中间汇率制度下，我们很难判断和评估汇率变化的弹性程度。但问题恰恰在于，在资本流动逐年加强、资本市场日益一体化的今天（Ilzetzki et al., 2017、2019），实行中间汇率制度的经济体却又面临如何管理其汇率弹性的难题：弹性太低，则有滑向固定汇率制度的可能，因此可能导致储备的迅速积累和货币政策独立性的丧失[①]；弹性太高，对发展中国家而言又难以承受。因此，在事实上的中间汇率制度安排下，测算汇率制度弹性就有很重要的意义。对中国而言，也是如此：其一，人民币汇率制度弹性的测度对中央银行汇率政策的操作具有重要意义。在中国不断推进资本账户自由化的现实背景下，如何判断、评估经济条件变化对人民币汇率制度弹性的影

[①] 伊尔塞茨基等（2017、2019）认为，近十余年来，新兴市场经济体外汇储备的迅速积累即是在资本市场一体化背景下试图保持有限汇率弹性的结果。

响，并采取相应的政策措施进行积极主动的汇率管理，都需要我们准确测度人民币汇率制度弹性。其二，利用测算的人民币汇率制度弹性指数，我们可以系统考察人民币汇率制度弹性对货币政策独立性、通货膨胀和经济增长的影响等一系列重要问题，并以此进一步反馈于货币政策的调控[①]。

本节利用直接测度法和基于 EMP 的测度法测算了人民币汇率制度弹性，得到了 7 个人民币汇率制度弹性指数。这是本节的第一个贡献。本节的第二个贡献在于，我们引入了货币政策信贷传导渠道，拓展了模型依赖的 EMP 测算方法，并由此进一步测算了货币政策信贷传导渠道下的人民币汇率制度弹性。

如前所述，传统的 EMP 测算（以及建立在此基础上的模型依赖的汇率制度弹性测算）都是建立在 M-F 类型的模型基础上的。这类模型假设货币政策主要是通过利率渠道传递的，完全忽视了信贷传导渠道的作用。然而，对包括中国在内的大多数发展中国家来说，货币政策的信贷传导渠道作用巨大，甚至超过了利率等货币渠道。部分证据甚至表明，中国基本不存在利率传导渠道。考虑到中国的特殊情况，我们因此将货币政策的信贷传导渠道引入汇率制度弹性的测算模型，并在此基础上测算了人民币汇率制度弹性指数。

一、直接测度方法

我们首先在直接测度法基础上说明在测算人民币汇率制度弹性时对既有测算方法所作的局部修正、补充和拓展。

（一）HP 法

为便于行文，我们首先将 HP 法的式（8.4）复制如下：

$$\text{ERFI}_t^{hp} = \frac{\sum_{k=0}^{n}\left[\frac{|S_{t-k}-S_{t-k-1}|}{S_{t-k-1}}\right]}{\sum_{k=0}^{n}\left[\frac{|R_{t-k}-R_{t-k-1}|}{H_{t-k-1}}\right]} \tag{8.33}$$

[①] 关于这些问题仅有的研究在人民币汇率制度弹性的测度上存在较大差异（胡再勇，2010；张翔等，2014；范小云等，2015）。

各个变量的含义见第一节。借鉴李等（2009），我们将该指数转换为：

$$\mathrm{FI}_t^{hp} = 1 - \frac{1}{\exp^{\mathrm{ERFI}_t^{hp}}} \tag{8.34}$$

显而易见，转换后的指数取值介于[0,1]：固定汇率制度下，$\mathrm{FI}_t^{hp} = 0$；浮动汇率制度下，$\mathrm{FI}_t^{hp} = 1$；中间汇率制度下，指数取值为（0, 1）。

在利用式（8.33）和式（8.34）测算人民币汇率制度弹性指数时，我们遵循普尔松（2001）的方法，将 n 取值为11。另外，由于样本期内（2000年12月至2018年12月），国内外学界和市场人士对人民币的关注仍主要集中于人民币兑美元的双边汇率，因此我们仍采用人民币兑美元汇率来测算人民币汇率制度弹性[①]。

（二）拓展的HP法

这个方法将汇率制度弹性定义为汇率变化绝对值与储备变化绝对值之和中汇率变化的占比（Combes et al., 2012；范言慧等，2015），公式复制如下：

$$\mathrm{ERFI}_t = \frac{|\Delta S/S|}{|\Delta S/S| + |\Delta R/H|} \tag{8.35}$$

该方法得到的汇率制度弹性指数取值范围为[0,1]：固定汇率制度下，$\mathrm{ERFI} = 0$；浮动汇率制度下，$\mathrm{ERFI} = 1$。

应注意的是，拓展的HP法受异常观测值的影响较大。为了降低异常值的影响，我们借鉴HP法的指数设计方法，将汇率变化和储备变化在一定期间内进行平滑，即对汇率和储备变化分别求和，将指数重新定义如下：

$$\mathrm{FI}_t^{eph} = \frac{\sum_{k=0}^{n}\left[\frac{|S_{t-k} - S_{t-k-1}|}{S_{t-k-1}}\right]}{\sum_{k=0}^{n}\left[\frac{|S_{t-k} - S_{t-k-1}|}{S_{t-k-1}}\right] + \sum_{k=0}^{n}\left[\frac{|R_{t-k} - R_{t-k-1}|}{H_{t-k-1}}\right]} \tag{8.36}$$

利用式（8.36）估计人民币汇率制度弹性时，n 取值11，汇率仍采用人民币兑美元双边汇率。

[①] 长期以来，中国一直维持事实上的钉住美元的汇率政策。例如，伊尔塞茨基等（2017、2019）认为，1992年8月至2015年6月期间人民币一直是事实上钉住美元的。列维－叶亚提和斯图兹内格（2016）在拓展其汇率制度分类数据集时，也将美元作为1974~2013年人民币的参考货币。

另外，如无特别说明，本书人民币对美元汇率均为中间价数据。

(三) HCR 法

首先，我们将 HCR 法的测算公式复制如下：

$$\text{ERFI}^{hcr} = \sigma_S^2 / (\sigma_i^2 + \sigma_R^2) \tag{8.37}$$

其中，σ_S^2、σ_i^2 和 σ_R^2 分别表示汇率、利率和外汇储备的方差。在计算方差时，我们采用 12 个月内的汇率变化和储备变化的滚动方差。

其次，由于指数取值区间为 $[0, +\infty)$，因此为了和 HP 指数及拓展的 HP 指数的解读保持一致，我们将 HCR 法下的汇率制度弹性指数转换为：

$$\text{FI}_t^{hcr} = 1 - \frac{1}{\exp^{\text{ERFI}_t^{hcr}}} \tag{8.38}$$

转换后的指数取值介于 $[0,1]$：固定汇率制度下，$\text{FI}_t^{hcr} = 0$；浮动汇率制度下，$\text{FI}_t^{hcr} = 1$；中间汇率制度下，$\text{FI}_t^{hcr} \in (0,1)$。

最后，由于对于样本期内的中国来说（2000 年 12 月至 2018 年 12 月），货币市场利率的变动很难真正反映货币政策的变化，我们因此不考虑利率变化的影响。这样做有如下两点理由：第一，尽管最近两年中国启动了利率市场化改革进程，但在整个样本期内，中国其实并没有实质性地实现利率市场化，货币市场利率因此很难引导资本市场利率的变化；第二，几乎在整个样本期内，中国对人民币汇率的管理，主要是通过外汇市场干预来实现的①，利率因素的影响不大。

二、基于 EMP 的测度：非模型依赖方法

我们首先给出 EMP 的经验公式：

$$\text{EMP}_t = h_1 \Delta s_t - h_2 \Delta i_t - h_3 \Delta fr_t \tag{8.39}$$

其中，h_1、h_2、$h_3 > 0$，i 为名义利率，s 和 fr 分别表示以自然对数形式表示的汇率和外汇储备。于是，汇率制度弹性指数可表示为：

$$\text{ERFI}_t = h_1 \Delta s_t / \text{EMP}_t \tag{8.40}$$

利用式（8.39）和式（8.40）测算汇率制度弹性，首先要求估计 EMP。

---

① 中国人民银行在 2018 年第 2 季度《中国货币政策执行报告》中指出，"央行已基本退出常态式外汇干预"。

EMP 的估计方法又分为非模型依赖和模型依赖两种，前者不依赖于汇率决定的结构主义模型，后者则建立在汇率决定的结构主义模型基础上。本小节首先讨论非模型依赖的测度方法。

如前所述，非模型依赖的测度方法首先需要确定 EMP 的构成，然后再确定各构成部分的权重，最后在此基础上测算 EMP。

首先，出于前述原因，我们不考虑利率因素影响，将非模型依赖的人民币 EMP 定义如下：

$$\mathrm{EMP}_t^{id} = h_1 \Delta s_t - h_3 \Delta fr_t \quad (8.41)$$

人民币汇率制度弹性指数可相应地定义为：

$$\mathrm{FI}_t^{id} = h_1 \Delta s_t / \mathrm{EMP}_t^{id} \quad (8.42)$$

其次，在各构成部分的权重设计上，我们根据表 8-1 同时考虑三种权重设计方案：第一，将各构成部分的权重设置为 1；第二，令各部分权重为各构成部分标准差的倒数；第三，将权重设为各构成部分标准差的倒数与所有构成部分标准差的倒数之和的比重。但根据式 (8.42)，后两种权重设计方案估计其实是一样的，因此，我们在后两种方案中任意选择一种即可。

最后，我们仍然以 12 个月为窗口期计算汇率和储备变化。但是和 HP 法及拓展的 HP 法不同的是，我们不计算汇率变化和储备变化绝对值的平均值，而是对 12 个月的汇率变化和储备变化直接取平均值。这样做的原因是，在计算 EMP 时，汇率的正向和反向变动代表了不同方向的外汇市场压力，如果对汇率和储备变化取绝对值就与 EMP 的定义相冲突了。

三、基于 EMP 的测度：模型依赖方法

与非模型依赖的 EMP 测算不同，模型依赖的 EMP 测度方法是建立在 M-F 类型的结构主义宏观经济模型基础上的（如，Weymark，1995、1997、1998），但是，这类模型难以适用于包括中国在内的大多数发展中国家，因为这类模型中，货币政策主要是通过利率渠道传导的，而对包括中国在内的发展中国家来说，利率传导渠道可能并不顺畅，甚至并不存在。

从中国实践来看，一方面，中国中长期的存贷款利率仍没有市场化，短期利率向中长期利率传导的机制缺失；另一方面，中国金融体系中银行占了主导

地位，这就决定了中国企业对银行信贷的依赖超过了对其他融资方式的依赖。因此，中国可能基本不存在利率传导渠道。越来越多的证据也表明，信贷传导机制在中国是非常重要的，甚至是中国货币政策的主要传导渠道（蒋瑛琨等，2005；盛朝晖，2006；赵振全等，2007；江群、曾令华，2008；盛松成、吴培新，2008；许伟、陈斌开，2009；潘敏、缪海斌，2010；汪川等，2011；刘凤兰、袁申国，2012）。

考虑到上述中国货币政策信贷传导渠道的现实约束，进一步改进和拓展模型依赖的 EMP 测度方法就具有重要意义。本小节借鉴已有研究（Bernanke & Blinder, 1988），将信贷渠道引入开放经济，建立一个基准的开放经济宏观结构模型，然后在此模型基础上给出 EMP 和人民币汇率制度弹性的测算公式。

（一）纳入信贷渠道的小国开放经济模型

1. 模型设定

首先，设定产品市场曲线如下：

$$\Delta y_t = \alpha_0 - \alpha_1 \Delta i_t - \alpha_2 \Delta l_t + \alpha_3 \Delta s_t + u_t \tag{8.43}$$

其中，$\alpha_i \geq 0 (i=1, 2)$，α_3 的符号待定。y_t、i_t、s_t 和 l_t 分别表示实际产出、债券利率、名义汇率和贷款利率，u_t 为产品市场冲击。除了债券利率和贷款利率之外，其余变量均以自然对数形式表示（下同）。

在 M-F 模型中，贷款利率（l_t）并不影响总需求。但伯南克和布林德（Bernanke & Blinder, 1988）认为，这种影响是存在的：银行贷款利率越高，那么企业部门从银行获得信贷的成本越高，从而投资需求下降，总需求减少。

若假设马歇尔－勒纳条件成立且贬值不存在 J 曲线效应，那么，汇率对总需求的影响为正，说明本币贬值改善了贸易差额，扩张了总需求，从而增加了产出。但考虑到中国作为发展中国家的实际情况以及马歇尔－勒纳条件实证检验结论的不一致，我们只假设汇率对总需求有影响，且这种影响是否存在 J 曲线效应也暂时撇开不论。至于这一影响的方向，则留待实证研究决定。

其次，设定货币需求函数如下：

$$\Delta m_t^d = \beta_0 \Delta y_t - \beta_1 \Delta i_t + v_t \tag{8.44}$$

其中，β_0、$\beta_1 > 0$，Δm_t^d 表示货币需求，v_t 是货币冲击。而货币的供给函数为：

$$m_t^s = m_{t-1}^s + \Delta d_t + \Delta fr_t \tag{8.45}$$

该式表明，中央银行的资产只由国内信贷（d_t）和外汇储备构成（fr_t），负债方只包括基础货币（由流通中的现金 c 和准备金 rr 构成），货币供给的变动要么来自信贷的变化，要么来自储备的变动，或者来自二者的共同作用（我们不考虑中央银行债券的影响）。

再次，假定无抛补利率平价成立：

$$\Delta i_t = \Delta i_t^* + \Delta s_{t+1}^e - \Delta s_t \tag{8.46}$$

其中，i_t^* 表示国外债券利率。s_{t+1}^e 表示在 t 期对 $t+1$ 期汇率的预期值。式（8.46）假定资本是自由流动的，这对当前中国而言显然是苛刻的假设。但我们的目的在于首先建立一个基准模型。至于引入资本管制等现实因素以拓展模型，则留待后续研究。

再次之，我们设定中央银行外汇市场逆风干预的反应函数如下：

$$\Delta fr_t = -\rho_t \Delta s_t \tag{8.47}$$

其中，ρ_t 是中央银行的反应系数，一般来说，$\rho_t \geq 0$。

最后，我们给出私人部门信贷利率的行为函数：

$$\Delta l_t = \varphi_0 \Delta i_t + \varphi_1 \Delta y_t - \varphi_2 \Delta rr_t + \omega_t \tag{8.48}$$

其中，$\varphi_i \geq 0 (i = 1, 2)$，$rr_t$ 表示准备金规模，ω_t 表示信贷冲击。对于该行为函数的设定，解释如下：第一，由于产出扩张会推动贷款需求，因此产出扩张会推高贷款利率。第二，债券利率提高导致企业发债成本上升，企业因此会增加贷款需求，从而推高贷款利率。第三，银行准备金规模提高，意味着银行体系的可贷资金供给增加，从而导致贷款利率下降。关于该式背后的机理和进一步的讨论，可参见伯南克和布林德（1988）等。

2. 模型推导

首先，在货币市场均衡时（$\Delta m_t^d = \Delta m_t^s$），有：

$$\Delta c_t + \Delta rr_t = \Delta d_t + \Delta fr_t = \beta_0 \Delta y_t - \beta_1 \Delta i_t + v_t \tag{8.49}$$

将式（8.46）代入式（8.43）可得：

$$\Delta y_t = \alpha_0 - \alpha_1 \Delta i_t^* - \alpha_1 \Delta s_{t+1}^e + (\alpha_1 + \alpha_3) \Delta s_t - \alpha_2 \Delta l_t + u_t \tag{8.50}$$

将式 (8.46) 和式 (8.47) 代入式 (8.49) 可得：

$$\Delta rr_t = \Delta d_t - \rho_t \Delta s_t - \Delta c_t = \beta_0 \Delta y_t - \beta_1(\Delta i_t^* + \Delta s_{t+1}^e - \Delta s_t) - \Delta c_t + v_t \tag{8.51}$$

将式 (8.46) 代入式 (8.48) 可得：

$$\Delta l_t = \varphi_0(\Delta i_t^* + \Delta s_{t+1}^e - \Delta s_t) + \varphi_1 \Delta y_t - \varphi_2 \Delta rr_t + \omega_t \tag{8.52}$$

由于：

$$\Delta rr_t = \Delta m_t^s - \Delta c_t = \Delta d_t + \Delta fr_t - \Delta c_t; \Delta fr_t = -\rho_t \Delta s_t \tag{8.53}$$

代入式 (8.52) 可得：

$$\Delta l_t = \varphi_0(\Delta i_t^* + \Delta s_{t+1}^e - \Delta s_t) + \varphi_1 \Delta y_t - \varphi_2(\Delta d_t - \rho_t \Delta s_t - \Delta c_t) + \omega_t \tag{8.54}$$

将式 (8.54) 代入式 (8.50) 化简可得：

$$(1 + \alpha_2 \varphi_1)\Delta y_t + (-\alpha_1 - \alpha_3 - \alpha_2 \varphi_0 + \alpha_2 \varphi_2 \rho_t)\Delta s_t$$
$$= (-\alpha_1 - \alpha_2 \varphi_0)\Delta i_t^* + (-\alpha_1 - \alpha_2 \varphi_0)\Delta s_{t+1}^e + \alpha_0 + \alpha_2 \varphi_2(\Delta d_t - \Delta c_t) + u_t - \alpha_2 \omega_t \tag{8.55}$$

将式 (8.51) 重写为：

$$\beta_0 \Delta y_t + (\beta_1 + \rho_t)\Delta s_t = \beta_1 \Delta i_t^* + \beta_1 \Delta s_{t+1}^e + \Delta d_t - v_t \tag{8.56}$$

联立式 (8.55) 和式 (8.56) 可解得：

$$\theta_t \Delta s_t = X_t + \lambda \Delta s_{t+1}^e \tag{8.57}$$

其中：

$$\theta_t = \beta_0(\alpha_1 + \alpha_3 + \alpha_2 \varphi_0 - \alpha_2 \varphi_2 \rho_t) + (\rho_t + \beta_1)(1 + \alpha_2 \varphi_1) \tag{8.58}$$

$$X_t = [\beta_1(1 + \alpha_2 \varphi_1) + \beta_0 \alpha_1 + \beta_0 \alpha_2 \varphi_0]\Delta i_t^* + (1 + \alpha_2 \varphi_1 - \beta_0 \alpha_2 \varphi_2)(\Delta d_t - \Delta c_t) +$$
$$(-1 - \alpha_2 \varphi_1)v_t - \beta_0 \alpha_0 - \beta_0 u_t + \beta_0 \alpha_2 \omega_t \tag{8.59}$$

$$\lambda = \beta_1(1 + \alpha_2 \varphi_1) + \alpha_1 \beta_0 + \alpha_2 \beta_0 \varphi_0 \tag{8.60}$$

3. EMP 的推导

由超额货币需求（EDC）的定义可知（Weymark，1995、1997、1998）：

$$EDC_t = X_t + \lambda \Delta s_{t+1}^e \tag{8.61}$$

浮动汇率制度下有，$\rho_t = 0$，$\theta_t = \beta_0(\alpha_1 + \alpha_3 + \alpha_2 \varphi_0) + \beta_1(1 + \alpha_2 \varphi_1) = \theta$，$\Delta fr_t = 0$，从而可得：

$$\Delta s_t(float) = \frac{1}{\theta}(X_t + \lambda_t \Delta s_{t+1}^e) \tag{8.62}$$

再由式（8.57）可进一步得到：

$$\text{EMP}_t = \frac{\text{EDC}_t}{\theta} \tag{8.63}$$

又由式（8.57）和式（8.61）可得：

$$\text{EDC}_t = X_t + \lambda \Delta s_{t+1}^e = \theta_t \Delta s_t \tag{8.64}$$

由式（8.63）和式（8.64）可得到 EMP 的表达式为：

$$\text{EMP}_t = \frac{\theta_t \Delta s_t}{\theta} = \Delta s_t + \frac{(1 + \alpha_2 \varphi_1 - \beta_0 \alpha_2 \varphi_2) \rho_t \Delta s_t}{\beta_0 (\alpha_1 + \alpha_3 + \alpha_2 \varphi_0) + \beta_1 (1 + \alpha_2 \varphi_1)} \tag{8.65}$$

由于 $\Delta fr_t = -\rho \Delta s_t$，因此，上式可进一步化简为：

$$\text{EMP}_t^{mc} = \text{EMP}_t = \Delta s_t + \eta \Delta fr_t \tag{8.66}$$

其中，$\eta = -\dfrac{1 + \alpha_2 \varphi_1 - \beta_0 \alpha_2 \varphi_2}{\beta_0 (\alpha_1 + \alpha_3 + \alpha_2 \varphi_0) + \beta_1 (1 + \alpha_2 \varphi_1)}$。相应地，人民币汇率制度弹性指数可定义为：

$$\text{FI}_t^{mc} = \Delta s_t / \text{EMP}_t^{mc} \tag{8.67}$$

4. 模型特例——M-F 模型

当 $\alpha_2 = 0$，且 $\varphi_0 = \varphi_1 = 0$ 时，银行贷款渠道不再影响总需求，此时模型就退变为 M-F 模型，经济系统由如下方程刻画：

$$\Delta i_t = \Delta i_t^* + \Delta s_{t+1}^e - \Delta s_t \tag{8.68}$$

$$\Delta y_t = \alpha_0 - \alpha_1 \Delta i_t + \alpha_3 \Delta s_t + u_t \tag{8.69}$$

$$\Delta d_t - \rho_t \Delta s_t = \beta_0 \Delta y_t - \beta_1 \Delta i_t + v_t \tag{8.70}$$

在此情况下，EMP 定义为：

$$\text{EMP}_t^{mf} = \Delta s_t + \eta_m \Delta fr_t \tag{8.71}$$

其中，$\eta_m = -\dfrac{1}{\beta_0 (\alpha_1 + \alpha_3) + \beta_1}$。相应地，人民币汇率制度弹性指数可定义为：

$$\text{FI}_t^{mf} = \Delta s_t / \text{EMP}_t^{mf} \tag{8.72}$$

（二）参数估计和弹性测算

1. 模型的参数估计

根据上面建立的结构主义模型，我们在估计人民币汇率制度弹性指数时需要分三步进行：首先，估计模型中的各个参数，从而得到 η 和 η_m 的估计值；其次，估计 EMP；最后，根据式（8.67）和式（8.71）估计得到人民币汇率制度弹性指数。

（1）数据及处理。利用上述模型进行结构参数估计的样本期为 1999 年 12 月至 2018 年 12 月。本国价格指数、实际产出（y_t）、债券利率（i_t）、国外利率（i_t^*）、货币供给（m_t）、国内信贷（d_t）和外汇储备（fr_t）的处理同第八章第二节，其余数据说明如下。

贷款利率（l_t）。我们采用 90 天期的银行间同业拆借利率作为代理指标。

名义汇率（s_t）。我们采用单位美元折合人民币月平均数作为名义汇率指标。汇率预期（s_{t+1}^e）我们采用完全预期的假设，将下一期汇率的实现值作为本期汇率的预期值。汇率数据来自中国人民银行公布的《汇率报表》。

流通中现金（c_t）。我们采用中国人民银行发行的货币数量作为代理指标。

准备金（rr_t）。该数据为其他存款性公司存款[①]。其中，中国人民银行资产、国外净资产、外汇、发行货币、存款性公司存款数据均来自中国人民银行公布的《货币当局资产负债表》。

最后，我们利用 X13 法对货币供给（m_t）、国内信贷（d_t）、外汇储备（fr_t）、流通中现金（c_t）和准备金（rr_t）等指标进行季节调整以剔除季节性因素的影响。

（2）单位根检验。在估计结构模型参数之前，为了防止可能存在的伪回归，我们首先利用 ADF 检验、PP 检验和 DF-GLS 检验对估计模型所需要的变量进行平稳性检验。其中，ADF 检验和 DF-GLS 检验的滞后期选择标准为 SIC 信息准则最小时所对应的阶数，PP 检验根据 Newey-West 自动选择带宽[②]。检验结果表明（见表 8-3），模型估计所需变量的一阶差分序列在 1% 的显著性水平下都能同时通过 ADF 检验、PP 检验和 DF-GLS 检验，所以，用以估计模型的一阶差分序列都是平稳的，不会造成伪回归的问题。

[①] 需要注意的是，在我们的样本期内，准备金在《货币当局资产负债表》中的项目名称变化较大。为了保持口径前后的一致性，我们提取 1999~2001 年报表项目"准备金存款"、2002~2010 年报表项目"金融性公司存款"、2011~2018 年报表项目"其他存款性公司存款"作为样本期内的准备金指标。

[②] 在部分检验中（包括货币供给、国内信贷、外汇储备、流通中现金和准备金的一阶差分形式的 PP 检验与 DF-GLS 检验），我们首先根据时间序列的特征（例如，是否含有趋势项或截距项等），设定单位根检验形式，然后再根据信息准则选择最优滞后期或带宽。

表 8-3　　联立方程模型单位根检验

检验方法		Δy_t	Δi_t	Δi_t^*	Δl_t	Δs_t
ADF 检验	检验类型（C, T, L）	(C, 0, 1)	(0, 0, 0)	(0, 0, 4)	(0, 0, 1)	(0, 0, 4)
	统计量	-17.197	-19.157	-3.5420	-16.943	-4.7997
	1%临界值	-3.4592	-2.5752	-2.5754	-2.5752	-2.5754
PP 检验	检验类型（C, T, B）	(C, 0, 14)	(0, 0, 14)	(0, 0, 3)	(0, 0, 11)	(0, 0, 5)
	统计量	-38.913	-20.945	-5.9167	-21.580	-8.4602
	1%临界值	-3.4591	-2.5752	-2.5752	-2.5752	-2.5752
DF-GLS 检验	检验类型（C, T, L）	(C, T, 0)	(C, T, 0)	(C, T, 0)	(C, T, 1)	(C, 0, 0)
	统计量	-22.863	-6.4820	-5.3588	-3.9190	-8.4295
	1%临界值	-3.4627	-3.4627	-3.4627	-2.4626	-2.5752
结论		I(0)	I(0)	I(0)	I(0)	I(0)

检验方法		Δm_t	Δd_t	Δfr_t	Δc_t	Δr_t
ADF 检验	检验类型（C, T, L）	(C, 0, 3)	(C, 0, 0)	(C, T, 4)	(C, 0, 4)	(C, T, 4)
	统计量	-4.8630	-18.589	-4.0313	-10.696	-5.1405
	1%临界值	-3.4595	-3.4591	-3.9997	-3.4596	-3.9997
PP 检验	检验类型（C, T, B）	(C, 0, 9)	(C, 0, 7)	(C, T, 9)	(C, 0, 31)	(C, T, 8)
	统计量	-18.018	-18.735	-11.995	-41.094	-19.123
	1%临界值	-3.4591	-3.4591	-3.9990	-3.4591	-3.9990
DF-GLS 检验	检验类型（C, T, L）	(C, 0, 3)	(C, 0, 1)	(C, T, 2)	(C, 0, 4)	(C, T, 0)
	统计量	-4.8416	-3.3490	-3.2887	-5.8852	-5.3082
	1%临界值	-2.5753	-2.5752	-2.9252**	-2.5754	-3.4627
结论		I(0)	I(0)	I(0)	I(0)	I(0)

注：DF-GLS 检验的检验类型（C, T, L）指第一阶段回归时用 GLS 估计原序列时是否包括常数项和时间趋势项；** 为 5%显著性水平表的临界值。

(3) 模型识别和参数估计。式 (8.43) ~ 式 (8.48) 加上等式 $\Delta m_t^d = \Delta c_t + \Delta rr_t$ 构成了待估计的开放经济结构模型，其中，只有产品市场方程 [式 (8.43)]、货币市场方程 [式 (8.49)] 和私人部门信贷市场方程 [式 (8.48)] 是随机形式的，需要对其中参数进行估计。其他方程都是确定的，不需要估计。与第八章第二节的原因相同，我们使用 GMM 估计联立方程系统。

在进行估计之前，我们首先判断联立方程系统是否可以识别。我们采用阶条件来判定联立方程系统中待估计方程式（8.43）、式（8.48）和式（8.49）的可识别性。使用该方法首要确定联立系统中内生变量和外生变量的个数，然后比较整个联立系统中外生变量个数和每个待估方程中斜率参数的个数。若外生变量的个数大于斜率参数的个数，则该方程过度识别；若外生变量个数等于斜率参数个数，则该方程恰好识别；若外生变量的个数小于斜率参数的个数，则该方程不可识别。

在我们构建的联立方程系统中，内生变量有 7 个，分别为：实际产出（y_t）、货币供给（m_t）、债券利率（i_t）、外汇储备（fr_t）、名义汇率（s_t）、贷款利率（l_t）和准备金（rr_t）。外生变量有 4 个，分别为：流通中现金（c_t）、国外利率（i_t^*）、国内信贷（d_t）和汇率预期（s_{t+1}^e）。待估计的产品市场方程[式（8.43）]的参数有 3 个（α_1、α_2、α_3），货币市场方程[式（8.49）]的参数有 2 个（β_0、β_1），私人部门信贷市场方程[式（8.48）]的参数有 3 个（φ_0、φ_1、φ_2）。由此可见，我们联立方程系统中 3 个待估方程均是可以识别的，并且都是过度识别。

理论上来说，利用 GMM 进行参数估计时，需要首先给出工具变量。在本书的具体估计中，我们将联立方程系统中所有的外生变量当期值直至滞后 12 期的值作为工具变量。由于本书估计的联立方程系统是时间序列模型，因此，我们利用 EViews 10.0 软件，选择 GMM-HAC 估计方法进行参数估计，在具体估计过程中，我们选择了系统默认的 Bartlett 核函数和固定带宽①，得到产品市场方程、货币市场方程和私人部门信贷市场方程中的结构参数值，估计结果见表 8-4。

表 8-4　　　　　　　　结构方程参数估计结果

\multicolumn{3}{c	}{$\Delta y_t = \alpha_0 - \alpha_1 \Delta i_t - \alpha_2 \Delta l_t + \alpha_3 \Delta s_t + u_t$}	\multicolumn{3}{c	}{$\Delta m_t = \beta_0 \Delta y_t - \beta_1 \Delta i_t + v_t$}	\multicolumn{3}{c}{$\Delta l_t = \varphi_0 \Delta i_t + \varphi_1 \Delta y_t - \varphi_2 \Delta r_t + \omega_t$}
参数	估计值	p 值	参数	估计值	p 值	参数	估计值	p 值
α_1	0.2164	0.0000	β_0	0.0964	0.0000	φ_0	0.6142	0.0000
α_2	0.5234	0.0000	β_1	0.7214	0.0000	φ_1	-0.0112	0.0000
α_3	-0.4005	0.0000				φ_2	-0.0328	0.0000
调整 R^2 = 0.317；DW = 2.308；Q(36) = 26.83(0.866)			调整 R^2 = 0.091；DW = 2.263；Q(36) = 57.64(0.012)			调整 R^2 = 0.366；DW = 2.058；Q(36) = 32.17(0.651)		

注：本表未报告产品市场回归模型截距项和对各方程残差项的调整结果。

---

① 用 Andrews 方法和 Variable-Newey-West 两种方法选择带宽不影响参数估计结果。

最后，我们还估计了 M-F 形式的结构模型，该模型是本书所设定的结构模型的特例。我们只需将式（8.43）中的 α_2 设定为 0，并将式（8.48）从模型中剔除。利用阶条件可知，我们所得到的 M-F 类型的结构模型仍然是可识别的，估计结果见表 8-5。

表 8-5　　　　　　M-F 模型参数估计结果

产品市场：$\Delta y_t = \alpha_0 - \alpha_1 \Delta i_t + \alpha_3 \Delta s_t + u_t$			货币市场：$\Delta m_t = \beta_0 \Delta y_t - \beta_1 \Delta i_t + v_t$		
参数	估计值	p 值	参数	估计值	p 值
α_1	0.6156	0.0000	β_0	0.0932	0.0000
α_3	-0.3905	0.0000	β_1	0.6798	0.0000
调整 $R^2 = 0.323$; DW = 2.326; Q(36) = 27.96(0.829)			调整 $R^2 = 0.097$; DW = 2.264; Q(36) = 58.81(0.010)		

注：本表未报告产品市场回归模型截距项和对各方程残差项的调整结果。

2. 中国货币政策信贷传导渠道存在性的简要讨论

我们的实证估计结果为支持货币政策信贷传导渠道提供了初步的证据，这可以从以下三个方面加以说明和论证。

首先，表 8-4 的产品市场回归结果表明，贷款利率对产出的影响方向是符合理论预期的：贷款利率上升将导致产出紧缩。同时，这种影响不仅统计上是显著的，而且在经济上也非常显著：产出对贷款利率的半弹性为 0.5234[①]，意味着贷款利率每上升 1 个百分点，将导致产出下降 0.5 个百分点。

其次，从信贷市场的回归结果来看，贷款利率对准备金的回归结果表明，准备金规模提高 1%，将导致贷款利率上升 3.28 个基点。这个影响虽然统计上显著，但是影响的数量效应却比较小。我们还注意到，这个影响与我们的理论模型的假设是相反的，导致这一结果的可能原因有：第一，样本期内，中国的存贷款利率并未放开，而我们使用的是银行间 90 天拆借利率作为贷款利率的代理变量，这在一定程度上影响了估计结果[②]；第二，中国存在大量的更加依赖银行贷款的中小企业，它们对银行信贷的需求是刚性的，这导致贷款利率

[①] 本节构建的联立方程系统中，利率水平是直接差分的，而产出是取了对数后差分的。

[②] 由于样本期内，中国的存贷款利率并没有市场化，因此，如果使用贷款基准利率进行回归，那么一阶差分后得到的序列是在 0 附近变化极其微小的序列，这会严重影响回归结果，我们因此选择了银行间 90 天同业拆借的加权平均利率作为贷款利率的代理变量。

上升的情况下，对信贷资金的需求仍然可能是增加的。而存在预算软约束问题的国有企业对信贷资金的需求并不敏感，并且这类企业还可以通过证券市场等集外部资金。

最后，我们将信贷市场方程代入产品市场方程得到修正后的 IS 曲线，与传统的 IS 曲线相比，只要 $\alpha_2\varphi_2 \neq 0$，那么准备金的量就会出现在修正后的 IS 曲线中，这就意味着影响准备金规模的货币政策会通过改变银行贷款利率驱动 IS 曲线的移动，从而对产出产生直接的影响。相比于传统的开放经济模型，引入信贷传导渠道的小国模型中，货币政策还可以通过信贷渠道影响实体经济。

从实证回归结果来看，前面的分析也指出了，尽管准备金规模变动对信贷利率的影响较小（φ_2），但该回归结果在统计上是显著异于 0 的（p 值为 0.0000），并且，α_2 的回归结果统计上也显著异于 0，这意味着二者之积也可能是统计上显著异于 0 的。严谨起见，我们在用 GMM-HAC 估计了联立方程模型后，对二者之积做了 Wald 检验（二者之积 = -0.0328 * 0.5234 = -0.0172），检验的卡方统计量为 57.653，对应的 p 值为 0.0000，拒绝了原假设，即二者之积在统计上是显著异于 0 的。这是中国存在信贷传导渠道的重要证据。

3. 人民币汇率制度弹性的测算

我们回到人民币汇率制度弹性的测算问题上来。首先，为了便于比较并突出信贷传导渠道对 EMP 和汇率制度弹性的影响，我们在上述模型参数估计过程中同时估计了引入信贷渠道和没有引入信贷渠道两种情形下的 EMP，即式（8.66）和式（8.71）。

其次，在利用式（8.67）和式（8.72）估计人民币汇率制度弹性指数过程中，我们仍然以 12 个月为窗口计算汇率和储备变化，但我们不计算汇率变化和储备变化绝对值的平均值，而是对 12 个月的汇率变化和储备变化直接取平均值。这一点在前一小节已经做了说明。

再次，根据表 8-4 和表 8-5 的参数估计结果，我们得到转换因子的估计值，分别为 $\eta = -1.3633$ 和 $\eta_m = -1.4250$[①]。在此基础上，根据式（8.66）和

---

① 由于信贷传导渠道的存在，使用 M-F 模型会低估转换因子，但低估的程度并不严重（低估了约 4.53%）。

式（8.71）我们可估计得到两种情形的 EMP，然后根据式（8.67）和式（8.72）即可估计得到两种情形下的人民币汇率制度弹性指数。

最后，应该指出的是，由于 2017 年以后，人民币汇率制度弹性化趋势已经十分显著，但由于数据异常导致本书利用基于 EMP 的测度方法测算得到的 4 个人民币汇率制度弹性指数在 2017 年 8 月至 2018 年 5 月和 2018 年 8 月期间的取值严重不符合现实情况，我们因此对这些时期的指数值做了调整：我们首先将这些月份的数据清除，然后利用 EViews 10.0 的对数线性插值方法补齐缺失值。

四、演变趋势与统计特征

（一）人民币汇率制度弹性的演变

根据测算结果，我们将人民币汇率制度弹性指数绘制在图 8-2~图 8-4 中。结合图形，我们对样本期内人民币汇率制度弹性的演变进行初步的考察和分析。总体而言，人民币汇率制度弹性经历了"三升""两降""三固定"和一段高位运行时期，我们下面按时间顺序分析各个历史时期人民币汇率制度弹性的特征。

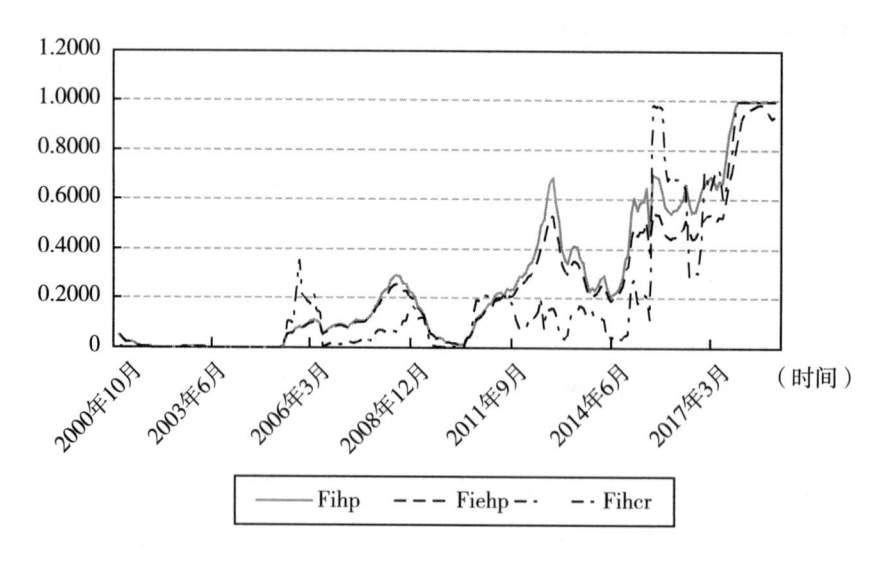

图 8-2　人民币汇率制度弹性指数：直接测度法

注：Fihp、Fiehp 和 Fihcr 分别表示利用 HP 法、拓展的 HP 法和 HCR 法等三类直接测度法测算得到的人民币汇率制度弹性指数。

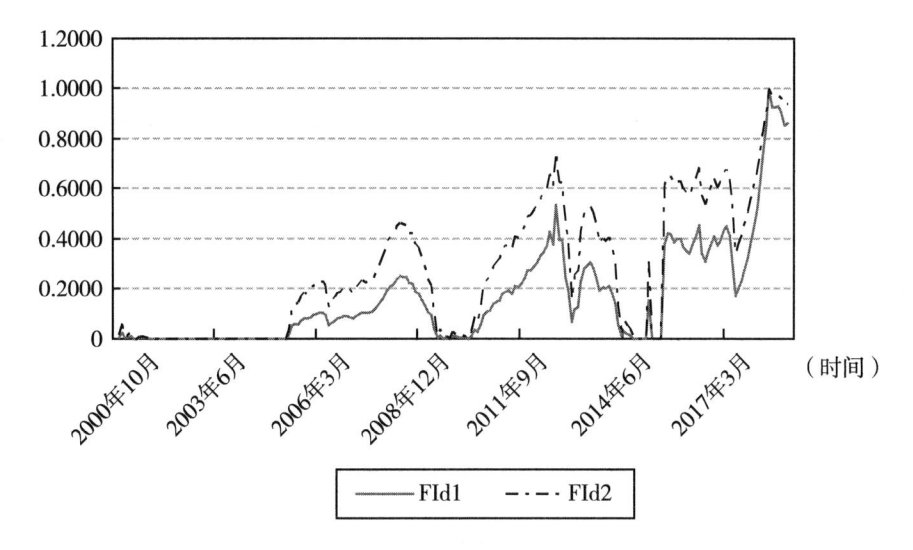

图 8－3　人民币汇率制度弹性指数：非模型依赖的 EMP 测度法

注：FId1 和 FId2 的测算是建立在非模型依赖的 EMP 测算基础上的，前者测算涉及的 EMP 的各构成部分的权重为 1，后者测算中 EMP 各构成部分权重为相应部分标准差的倒数。

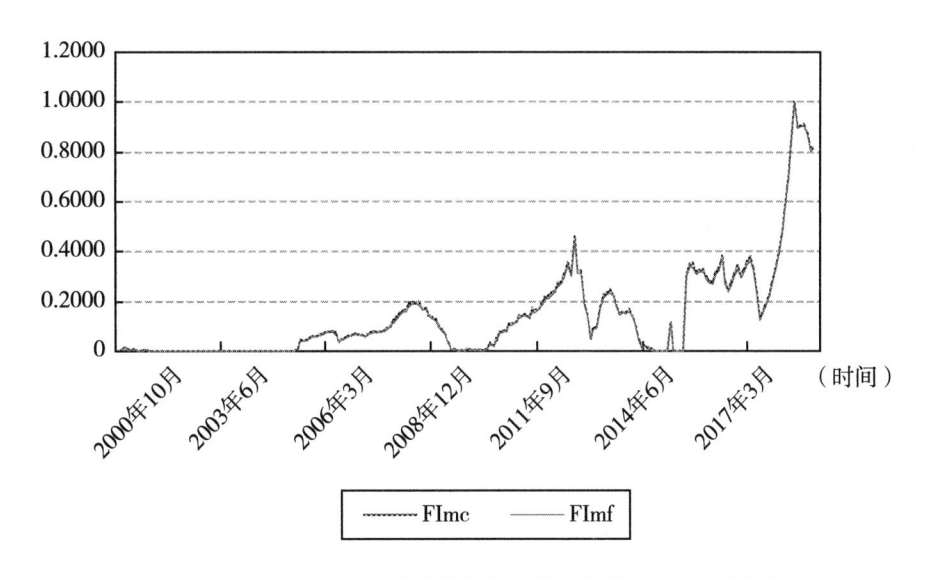

图 8－4　人民币汇率制度弹性指数：模型依赖的 EMP 测度法

注：FImc 和 FImf 的测算建立在模型依赖的 EMP 测算基础上。前者 EMP 的测算是建立在本节建立的纳入信贷传导渠道的经济结构模型基础上的，而后者 EMP 的测算则建立在 M-F 模型基础上。

1. 第一次事实上的固定汇率制度时期（2000.12～2005.6）

这段时期人民币维持了长达 4 年半的事实上的固定汇率制度。各种测算方法得到的人民币汇率制度弹性的数值在这段时期内基本为 0。这段历史时期中，包括 IMF、RR 和 BT 在内的各种汇率制度分类方法也都将中国划分为事实上的钉住制度或固定汇率制度（见表8-2）。

2. 第一次弹性上升时期（2005.7~2008.8）

以2005年7月21日的人民币汇率形成机制改革为契机，中国重启了人民币汇率弹性化进程。2005年7月至2008年8月底的3年时间内，人民币汇率制度弹性总体上呈现出稳定上升的态势，这是样本期内人民币汇率制度弹性指数的第一次上升时期。这段时间内，RR、BT和IMF分类法也都调整了对中国的汇率制度分类，分类结果都体现出了弹性增加的特征（见表8-2）。

3. 第一次弹性下降时期（2008.9~2009.8）

受全球金融危机影响，人民币汇率制度弹性第一次持续上升过程结束于2008年8月底，在2008年8月达到历史峰值之后，人民币汇率制度弹性出现了第一次的持续下降，至2009年8月底，各测算方法得到的汇率制度弹性指数已基本触及下限0。

4. 第二次事实上的固定汇率制度时期（2009.9~2010.5）

这一次事实上的固定汇率制度时期历时较短，约不到1年。各种测算方法，尤其是基于EMP测算方法得到的人民币汇率制度弹性指数基本维持在0。

5. 第二次弹性上升时期（2010.6~2012.9）

2010年6月19日，人民币汇率形成机制重新增加弹性，这一次汇率形成机制的调整使人民币汇率制度弹性迎来了第二次的上升期，这一过程维持了2年多（2010年6月至2012年9月）。除了HCR法之外，其余6种测算方法都表明，人民币汇率制度弹性指数持续上升，在2012年9月达到峰值（HP法在2012年11月达到峰值，为0.6856）。

6. 第二次弹性下降时期（2012.10~2014.7）

2012年10月至2014年7月是人民币汇率制度弹性的第二次下降时期。与第一次持续下降时期不同的是，这一次的弹性下降在2013年4月左右出现了短暂的反弹，随后再继续下跌。

7. 第三次事实上的固定汇率制度时期（2014.8~2015.7）

自2014年7月之后，直接测度法和基于EMP的测度法估计得到的人民币汇率制度弹性指数出现了较大的分歧，但基于EMP的测度方法得到的结果与RR分类法、BT分类法及IMF分类法的结果较为接近（见表8-2），因此下面对后续人民币汇率制度弹性的论述和分析主要以基于EMP测度方法得到的结果为主。

基于 EMP 测度方法得到的估计结果表明，除了 2015 年 3 月人民币汇率制度弹性出现了短暂的反弹之外，其余月份人民币汇率制度弹性指数基本为 0，人民币又重回事实上的固定汇率制度。RR 分类法则将 2014 年 8 月至 2014 年 11 月的汇率制度归入事实上的移动区间钉住（区间小于等于 1%），将 2014 年 12 月至 2015 年 7 月归入事实上的爬行钉住汇率制度（Ilzetzki et al.，2017、2019）。

8. 高位运行时期（2015.8~2017.7）

"8·11 汇改"后，人民币于 2015 年 12 月 11 日初步形成"收盘汇率 + 一篮子货币汇率变化"的中间价形成机制，随后陆续出台的一系列中间价调整措施对稳定人民币汇率波动起到了重要作用，导致这一时期人民币汇率制度弹性指数在相对较高的水平上震荡，汇率形成机制的市场化程度稳步提高。

9. 第三次弹性上升时期（2017.8~2018.12）

各种测算方法得到的结果都表明，2017 年 8 月以后人民币汇率制度弹性在经历上一个时期的高位震荡之后迅速上升，到 2018 年 6~7 月达到历史最高值。估计结果表明，人民币汇率制度弹性指数都接近 1，已基本接近浮动汇率制度了。

总体来看，自 2015 年 "8·11 汇改"以来，人民币汇率制度弹性在经历了高位波动之后，迅速提升，更加弹性的汇率形成机制逐渐明朗。这与弗兰克尔（2019）的估计结果也是一致的。他的研究表明，2015 年 4 月之后，美元在人民币篮子货币中的权重显著下降至 0.5，人民币兑美元汇率更加弹性化。

（二）统计特征

我们现在扼要讨论 7 个人民币汇率制度弹性指数的统计特征。表 8-6 给出了 7 个指数的描述统计和相关系数矩阵。

表 8-6   人民币汇率制度弹性指数的描述统计

指数	FI^{hp}	FI^{ehp}	FI^{hcr}	FI^{d1}	FI^{d2}	FI^{mc}	FI^{mf}
均 值	0.2718	0.2343	0.2040	0.1688	0.2731	0.1416	0.1380
中 值	0.1727	0.1593	0.0732	0.0993	0.2204	0.0748	0.0718
最大值	1.0000	0.9828	1.0000	0.9979	0.9992	0.9972	0.9970
最小值	0.0001	0.0001	0.0000	0.0000	0.0000	0.0000	0.0000
标准差	0.2962	0.2574	0.3022	0.2093	0.2690	0.1935	0.1914

续表

指数	FI^{hp}	FI^{ehp}	FI^{hcr}	FI^{d1}	FI^{d2}	FI^{mc}	FI^{mf}
相关系数矩阵							
FI^{hp}	1.0000						
FI^{ehp}	0.9929***	1.0000					
FI^{hcr}	0.8849***	0.8884***	1.0000				
FI^{d1}	0.8540***	0.8841***	0.8277***	1.0000			
FI^{d2}	0.8380***	0.8478***	0.7842***	0.9589***	1.0000		
FI^{mc}	0.8407***	0.8787***	0.8245***	0.9950***	0.9265***	1.0000	
FI^{mf}	0.8381***	0.8772***	0.8232***	0.9935***	0.9212***	0.9999***	1.0000

注：各指数的含义见图 8-2~图 8-4；***表示在 1% 的水平上显著，本节其余表同。

由表 8-6 可见：（1）各个汇率制度弹性指数序列表现出了高度的相关性，并且各个指数组内相关性高于组间相关性，即直接测度法得到的 3 个指数序列之间的相关性和利用 EMP 方法估计得到的 4 个指数序列之间的相关性高于彼此之间的相关性。

（2）样本期内（2000 年 12 月至 2018 年 12 月），7 个指数序列均值在 0.1380~0.2731 之间，远低于 0.5。这说明平均而言，样本期内人民币汇率制度是缺乏弹性的。利用基于模型依赖的 EMP 测算方法得到的两个指数序列平均值是最低的，约为 0.14。一方面，这说明人民币汇率制度总体而言是缺乏弹性的；另一方面，由于直接测度法和非模型依赖的 EMP 测度法没有考虑到在面临经济冲击时经济系统本身具有吸收冲击的能力，因此，这些方法可能高估了汇率制度弹性指数，也因此可能高估了人民币汇率形成机制的市场化程度。

五、人民币汇率制度弹性的单位根检验与动态特征

（一）人民币汇率制度弹性指数的单位根检验

我们进一步考察 7 个人民币汇率制度弹性指数的平稳性特征。我们同时利用 ADF、PP 和 DF-GLS 三种单位根检验方法检验估计得到的 7 个人民币汇率制度弹性指数序列的平稳性。应该指出的是，ADF 和 PP 检验的缺点在于，这两个检验方法的检验功效较低，当样本容量不大或者真实模型接近单位根的时候，这一缺点更加突出，而 DF-GLS 检验则能克服这一不足，因此是目前最有

功效的单位根检验方法。

另外需要说明的是，ADF 检验结果对滞后阶数的选择很敏感：滞后阶数太小，则扰动项可能存在自相关，从而使检验出现偏差；如果滞后阶数太大，则会降低检验的功效。我们使用 EViews 默认的最大滞后阶数（14），将原序列和一阶差分序列的最大滞后期取 14（EViews 默认的滞后阶数），然后使用由大到小的序贯 t 规则，考察 ADF 检验中的滞后一阶回归系数是否显著。PP 检验根据 Newey-West 自动选择带宽。DF-GLS 检验也根据 AIC 准则自动选择滞后阶数。

我们利用 EViews 10.0 软件对 7 个指数序列所进行的单位根检验结果表明（见表 8-7），7 个人民币汇率制度弹性指数均为一阶单整，即 I（1）过程，这和很多宏观变量的时间序列平稳性特征是一致的，这意味着后续利用本书测算的 7 个人民币汇率制度弹性指数序列进行相关研究（如协整和 VAR 分析等）是可行的。

（二）人民币汇率制度的区制转移特征

2005 年 7 月"汇改"以来，中国陆续出台了很多进一步完善汇率形成机制改革的措施和政策，这些政策可能导致人民币汇率形成机制和汇率行为出现大的变动（见图 8-2~图 8-4）。而前面的初步考察也表明，人民币汇率制度弹性在不停的变化中日趋弹性化。总体来上说，人民币汇率制度正在从事实上的固定汇率制度转向更有弹性的汇率制度，这意味着，样本期内人民币汇率制度弹性可能呈现出不同的特征或模式（见图 8-2~图 8-4）。本节建立仅均值随区制不同的马尔可夫区制转换模型考察人民币汇率制度弹性的动态特征。

1. 模型设定与估计

由之前的分析，我们假设人民币汇率制度弹性存在两个区制：高弹性区制和低弹性区制，从而将仅均值随区制不同的马尔可夫区制转换模型设定如下：

$$erfi_t = \mu_t(s_t) + \varepsilon_t(s_t) \tag{8.73}$$

其中，$erfi_t$ 是人民币汇率制度弹性，在回归时以本书估计的 7 个人民币汇率制度弹性指数表示。s_t 为状态变量，μ_t 为对应状态变量的均值，$\varepsilon_t(s_t)$ 为随机扰动项，它是随区制变化而变化的。由于我们假设人民币汇率制度存在高弹性和低弹性两个区制，因此，s_t 取值为 1 和 2，分别表示高弹性区制和低弹性区制。遵循马尔可夫区制转换模型的设定，我们进一步假设转换概率如下：

表 8-7 人民币汇率制度弹性指数的单位根检验

	待检验序列	FI^{lp}	FI^{ehp}	FI^{hcr}	FI^{d1}	FI^{d2}	FI^{mc}	FI^{mf}
				原序列平稳性检验				
ADF 检验	检验类型 (C, T, L)	(C, T, 2)	(C, T, 2)	(C, T, 0)	(C, T, 2)	(C, T, 0)	(C, T, 2)	(C, T, 2)
	统计量	−2.4428	−2.0756	−2.5393	−2.8692	−2.5903	−2.6538	−2.6251
	1%临界值	−4.0015	−4.0015	−4.0011	−4.0015	−4.0011	−4.0015	−4.0015
PP 检验	检验类型 (C, T, B)	(C, T, 2)	(C, T, 7)	(C, T, 6)	(C, T, 3)	(C, T, 3)	(C, T, 4)	(C, T, 4)
	统计量	−2.0519	−1.6109	−2.3682	−2.0707	−2.9428	−1.7906	−1.7519
	1%临界值	−4.0011	−4.0011	−4.0011	−4.0011	−4.0011	−4.0011	−4.0011
DF-GLS 检验	检验类型 (C, T, L)	(C, T, 2)	(C, T, 2)	(C, T, 2)	(C, T, 2)	(C, T, 0)	(C, T, 2)	(C, T, 2)
	统计量	−1.8725	−1.6607	−1.2363	−2.7809	−2.5419	−2.6020	−2.5791
	1%临界值	−3.4614	−3.4614	−3.4614	−3.4614	−3.4616	−3.1614	−3.4614
				一阶差分序列平稳性检验				
ADF 检验	检验类型 (C, T, L)	(0, 0, 1)	(0, 0, 1)	(0, 0, 1)	(0, 0, 1)	(0, 0, 0)	(0, 0, 1)	(0, 0, 1)
	统计量	−7.5609	−6.7555	−5.2361	−7.8540	−13.991	−7.5800	−7.5473
	1%临界值	−2.5758	−2.5758	−2.5758	−2.5758	−2.5758	−2.5758	−2.5758
PP 检验	检验类型 (C, T, B)	(0, 0, 5)	(0, 0, 7)	(0, 0, 1)	(0, 0, 1)	(0, 0, 8)	(0, 0, 2)	(0, 0, 1)
	统计量	−13.123	−12.140	−15.040	−12.676	−14.010	−12.444	−12.436
	1%临界值	−2.5758	−2.5758	−2.5758	−2.5758	−2.5758	−2.5758	−2.5758
DF-GLS 检验	检验类型 (C, T, L)	(C, 0, 1)	(C, 0, 1)	(C, 0, 0)	(C, 0, 1)	(C, 0, 1)	(C, 0, 2)	(C, 0, 1)
	统计量	−6.7780	−5.8558	−14.841	−7.4095	−7.0205	−7.3553	−7.3414
	1%临界值	−2.5758	−2.5758	−2.5758	−2.5758	−2.5758	−2.5758	−2.5758
结论		I (1)	I (1)	I (1)	I (1)	I (1)	I (1)	I (1)

注：DF-GLS 检验的检验类型 (C, T, L) 指第一阶段回归时用 GLS 估计原序列时是否包括常数项和时间趋势项。

$$P(s_t = 1 \mid s_{t-1} = 1) = p \qquad (8.74)$$

$$P(s_t = 2 \mid s_{t-1} = 2) = q \qquad (8.75)$$

p 和 q 即是汇率制度处于高弹性和低弹性区制的概率。我们利用 EViews 10.0 软件进行上述马尔可夫区制转换模型的估计，结果报告在表 8-8 和表 8-9 中。

表 8-8 马尔可夫区制转换模型估计结果（一）

直接测度法：FI^{hp} 指数

参数	参数估计 估计值	标准差	z 统计量	维持概率 $P(s_t=1 \mid s_{t-1}=1)$		$P(s_t=2 \mid s_{t-1}=2)$	
μ_1	0.4816***	0.0261	18.464	p	0.9867	q	0.9854
μ_2	0.0362***	0.0048	7.5972	平均持续期（月）			
$\log(sigma)_1$	-1.3288***	0.0674	-19.717	高弹性区制 ($s_t=1$)		低弹性区制 ($s_t=2$)	
$\log(sigma)_2$	-3.1686***	0.0876	-36.171	74.999		68.719	

直接测度法：FI^{ehp} 指数

参数	估计值	标准差	z 统计量	$P(s_t=1 \mid s_{t-1}=1)$		$P(s_t=2 \mid s_{t-1}=2)$	
μ_1	0.4108***	0.02329	17.638	p	0.9867	q	0.9854
μ_2	0.0344***	0.0045	7.5927	平均持续期（月）			
$\log(sigma)_1$	-1.4382***	0.0670	-21.457	高弹性区制 ($s_t=1$)		低弹性区制 ($s_t=2$)	
$\log(sigma)_2$	-3.2279***	0.0872	-37.034	75.201		68.435	

直接测度法：FI^{her} 指数

参数	估计值	标准差	z 统计量	$P(s_t=1 \mid s_{t-1}=1)$		$P(s_t=2 \mid s_{t-1}=2)$	
μ_1	0.2851***	0.0263	10.853	p	0.9892	q	0.9782
μ_2	0.0004***	0.0001	3.2779	平均持续期（月）			
$\log(sigma)_1$	-1.1315***	0.0576	-19.654	高弹性区制 ($s_t=1$)		低弹性区制 ($s_t=2$)	
$\log(sigma)_2$	-7.0308***	0.0942	-74.628	92.754		45.925	

基于 EMP 的测度法：FI^{d1} 指数

参数	估计值	标准差	z 统计量	$P(s_t=1 \mid s_{t-1}=1)$		$P(s_t=2 \mid s_{t-1}=2)$	
μ_1	0.2384***	0.0175	13.633	p	0.9690	q	0.9173
μ_2	0.0005***	0.0001	3.5441	平均持续期（月）			
$\log(sigma)_1$	-1.5494***	0.0579	-26.765	高弹性区制 ($s_t=1$)		低弹性区制 ($s_t=2$)	
$\log(sigma)_2$	-6.9636***	0.1349	-51.611	32.219		12.099	

续表

基于 EMP 的测度法：FI^{d2} 指数

参数估计			维持概率		
参数	估计值	标准差	z 统计量	$P(s_t=1\mid s_{t-1}=1)$ || $P(s_t=2\mid s_{t-1}=2)$	
μ_1	0.3646***	0.0200	18.220	p	0.9735	q	0.9133
μ_2	0.0003***	0.0000	5.5371	平均持续期（月）			
$\log(sigma)_1$	-1.3832***	0.0563	-24.567	高弹性区制($s_t=1$) || 低弹性区制($s_t=2$)	
$\log(sigma)_2$	-7.6993***	0.0976	-78.916	37.703 || 11.531	

注：$s_t=1$ 和 $s_t=2$ 分别对应人民币汇率制度高弹性区制和低弹性区制；$\log(sigma)_1$ 和 $\log(sigma)_2$ 分别对应高弹性区制和低弹性区制估计中的误差方差的对数，表 8-9 同。

表 8-9　　　　马尔可夫区制转换模型估计结果（二）

基于 EMP 的测度法：FI^{mc} 指数

参数估计			维持概率		
参数	估计值	标准差	z 统计量	$P(s_t=1\mid s_{t-1}=1)$ || $P(s_t=2\mid s_{t-1}=2)$	
μ_1	0.1892***	0.0161	11.760	p	0.9726	q	0.9110
μ_2	0.0001***	0.0000	5.5532	平均持续期（月）			
$\log(sigma)_1$	-1.5996***	0.0563	-28.423	高弹性区制($s_t=1$) || 低弹性区制($s_t=2$)	
$\log(sigma)_2$	-8.9407***	0.0974	-91.761	36.526 || 11.240	

基于 EMP 的测度法：FI^{mf} 指数

参数估计			维持概率		
参数	估计值	标准差	z 统计量	$P(s_t=1\mid s_{t-1}=1)$ || $P(s_t=2\mid s_{t-1}=2)$	
μ_1	0.1952***	0.0165	11.824	p	0.9691	q	0.9179
μ_2	0.0003***	0.0000	3.7422	平均持续期（月）			
$\log(sigma)_1$	-1.6038***	0.0579	-27.697	高弹性区制($s_t=1$) || 低弹性区制($s_t=2$)	
$\log(sigma)_2$	-7.3093***	0.1082	-67.568	32.343 || 12.175	

2. 估计结果分析

我们根据表 8-8 和表 8-9 报告的对 7 个人民币汇率制度弹性指数的回归结果，进一步讨论人民币汇率制度的动态特征。

（1）不同区制的差异性。不同的区制中，人民币汇率制度弹性指数确实存在显著差异。利用直接测度法得到的 3 个人民币 ERFI 的估计结果表明，3 个指数低弹性区制的均值分别 0.036、0.034 和 0.0004，而 3 个指数高弹性区制的均值为分别为 0.482、0.411 和 0.285。利用基于 EMP 测度法得到的 4 个人民币汇率制度弹性指数的估计结果表明，4 个指数低弹性区制的均值已经非常接近于 0（FI^{d1}、FI^{d2}、FI^{mc} 和 FI^{mf} 等 4 个指数的低弹性区制均值分别为 0.0005、0.0003、0.0001 和 0.0003），4 个指数高弹性区制的均值则都超过了 0.189。

进一步看，低弹性和高弹性区制的平均持续期也存在显著差异。不论是直接测度法还是基于 EMP 的测度法得到的人民币 ERFI 的结果都表明，高弹性区制的平均持续期都显著高于低弹性区制的平均持续期：FI^{hp} 指数和 FI^{ehp} 指数回归得到的高弹性区制的平均持续期比低弹性区制的平均持续期高出 6 个月左右，而 FI^{her} 指数则高出约 47 个月[①]；4 个基于 EMP 指数的估计结果中，高弹性区制比低弹性区制的平均持续期高出约 20~26 个月。因此，总体来说，初步的估计结果支持了本节前面的结论：样本期内，人民币汇率制度形成机制日渐弹性化。

（2）人民币汇率制度弹性的高区制依赖性（high regime dependence）。样本期内，人民币汇率制度弹性在两个区制中都表现出了高度的区制依赖特征：利用 7 个人民币汇率制度弹性指数估计得到的两个区制的维持概率都高于 91%，这意味着如果上一期人民币汇率制度处于高（低）弹性区制，那么下一期处于高（低）弹性区制的概率超过 91%。进一步观察可知，采用直接测度法得到的 3 个指数序列进行马尔可夫区制转换模型估计得到的区制维持概率都高于 97%，且高低区制的维持概率并没有显著差异（低弹性区制的维持概率仅略低于高弹性区制的维持概率）。但基于 EMP 测度方法得到的 4 个指数序列的估计结果却表明，尽管高弹性和低弹性区制的区制维持概率都高于 91%，高弹性区制的维持概率都比低弹性区制的维持概率高出 5% 以上。

六、结论

近年来，关于人民币汇率形成机制市场化问题的讨论日渐增多，争论也非常激烈。2005 年 7 月中国人民银行启动汇率制度改革以来，多次出台了相关

---

① 考虑到 FI^{her} 与其余 6 个指数序列存在一定的差异（见图 8-2～图 8-4 和表 8-6），这个结果就不足为奇了。

的配套政策举措，以期提高人民币汇率形成机制的市场化程度。但是，从事后的经济运行数据来看，在各种旨在提升汇率形成机制市场化程度的举措出台之后，人民币汇率形成机制的市场化程度是否有了实质的提升呢？或者说，随着汇率形成机制市场化改革各种政策的出台和推进，当下的人民币汇率形成机制的市场化究竟到了什么程度呢？

  作为对上述问题的回答，本章利用直接测度法和基于 EMP 的测度法，测算了 2000 年 12 月至 2018 年 12 月期间的人民币汇率制度弹性指数。研究发现：其一，总体而言，尽管样本期内人民币汇率制度是缺乏弹性，但近年来，尤其是 2015 年 "8·11 汇改" 以后，人民币汇率形成机制的弹性化特征逐渐明晰，这和第八章第二节的结论是一致的；其二，7 个人民币汇率制度弹性指数序列是高度相关的，但组间相关性低于组内相关性；其三，7 个人民币汇率制度弹性指数序列都是一阶单整的；其四，人民币汇率制度弹性不仅在高弹性区制和低弹性区制之间存在显著差异，而且还存在高度的区制依赖性特征。

第九章

人民币汇率制度弹性、通货膨胀与经济增长

本章回答第七章开头提出的第三个问题：人民币汇率制度弹性是否影响了宏观经济？特别地，本章拟回答如下两个问题：人民币汇率制度弹性的提高，是否影响了中国的通货膨胀表现？人民币汇率制度更加弹性化，是否也显著影响了中国的经济增长？本章分两节考察 1953~2018 年人民币汇率制度弹性对中国通货膨胀和产出增长的影响，并在此基础上进一步考察政策当局名义和事实汇率制度及其差异对二者的影响。

第一节　人民币汇率制度弹性与通货膨胀

1994 年人民币汇率并轨改革后，中国事实上的人民币汇率制度和事先所宣称的汇率制度出现了偏离。学界将 1994 年之后实际经济运行中人民币汇率的基本稳定视为卡尔沃和莱因哈特（2002）意义上的名义浮动但事实上并不浮动的现象。但是，一方面，对人民币汇率制度进行实际分类，并以此考察人民币实际的汇率制度安排与宏观经济绩效之间的关系等问题还没有引起学界的重视；另一方面，近年来对人民币汇率制度选择的研究和争论也大多隐含地假设[①]，我国在

[①] 关于人民币汇率制度选择方面研究更详细的综述，请参见刘晓辉（2008）第二章。

人民币汇率制度选择问题上是"言行一致"的：一旦政府或货币当局选择了某一种汇率制度，那么，实践中人民币汇率制度也会相应地表现为该汇率制度安排。然而，这种假设并不符合发展中国家和新兴市场经济体在汇率制度安排上所普遍表现出来的特征，这说明对人民币汇率制度选择的研究是存在一定缺陷的，由此还可能导致政策当局开出错误的政策处方。

本节利用拓展的 HP 法测算了 1951~2018 年期间的人民币汇率制度弹性，经验地考察了人民币汇率制度弹性对通货膨胀的影响。本节结构安排如下：首先，本节利用拓展的 HP 法测算了人民币汇率制度弹性；其次，在货币供求框架下讨论了人民币汇率制度弹性对通货膨胀的影响；再次，在上述研究基础上，本节考察了政策当局在人民币汇率制度安排上的"言""行"及其差异对通货膨胀的影响；最后是结论。

一、人民币汇率制度弹性测算与事实

（一）人民币汇率制度弹性测算（1951~2018 年）

我们采用拓展的 HP 法来测算年度的人民币汇率制度弹性。我们先将第八章中拓展的 HP 法测算公式，即式（8.35）复制于下[①]：

$$ERFI_t = \frac{|\Delta S/S|}{|\Delta S/S| + |\Delta R/H|}$$

在利用式（8.35）测算人民币汇率制度弹性时，我们直接计算分母中储备的变化，而不是采用经基础货币调整后的储备变化，基本原因在于我们无法获得部分样本期的基础货币数据（1950~1990）。对该指数的经济学含义和解读见第八章第一节，此处不再赘述。

我们扼要说明采用拓展的 HP 法测算年度人民币汇率制度弹性的原因。首先，我们难以获得 1950~1979 年月度的人民币对美元汇率数据，也难以获得 1950~1991 年的外汇储备月度数据，这意味着采用式（8.35）的 HP 法公式测算 1950~1991 年的人民币汇率制度弹性是不可行的，因为我们缺乏月度数据进行求和运算。同理，我们也难以运用式（8.37）的 HCR 法来测算 1950~

[①] 与第八章测算月度人民币汇率制度弹性的做法一致，本章我们仍然没有考虑中国人民银行通过利率调整这个间接渠道来干预人民币汇率的情形。

1991 年的人民币汇率制度弹性,因为我们缺乏月度数据进行标准差的运算;其次,数据的缺失也意味着我们难以运用基于 EMP 方法的汇率制度弹性测算方法测算人民币汇率制度弹性,因为我们也缺乏月度数据进行标准差的运算。

本节利用 1950~2018 年外汇储备与人民币兑美元双边名义汇率来估计人民币 ERFI。其中,外汇储备数据来自国家外汇管理局网站,1950~1977 年的人民币对美元双边名义汇率来自国家外汇管理局《汇价手册》,1978~2017 年人民币对美元双边汇率数据来自国家统计局网站,2018 年人民币对美元双边汇率为该年人民币对美元双边名义汇率的月平均价。

(二) 人民币汇率制度弹性的演变

图 9-1 报告了 1951~2018 年的人民币汇率制度弹性。

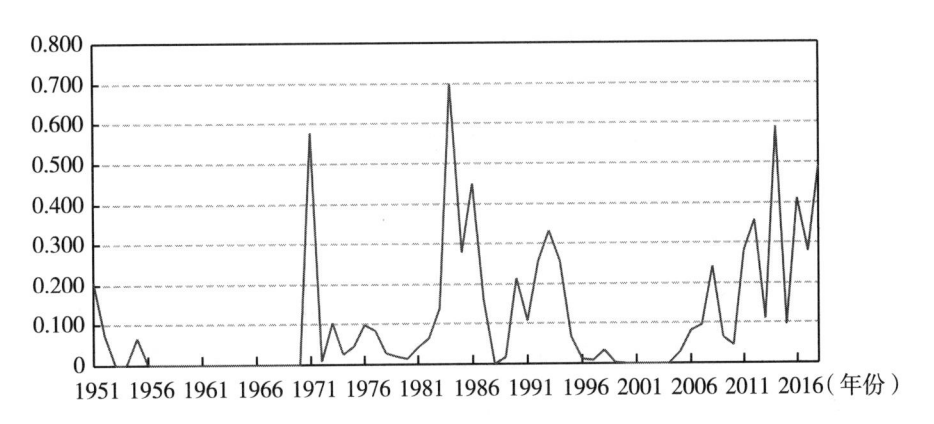

图 9-1 人民币汇率制度弹性 (1951~2018 年)

资料来源:作者估算。

由图 9-1 可见,1951~2018 年,人民币汇率制度弹性经历了五个阶段。

第一阶段是 1951~1970 年。这个阶段人民币汇率制度弹性基本为 0,意味着人民币实行的是事实上的固定汇率制度。

第二个阶段是 1972~1984 年。这个阶段人民币汇率制度弹性出现了 "U" 型走势:从 1971 年的 0.578 迅速下降至 1972 年的 0.007 后,1973~1979 年持续在 0~0.1 之间波动,1980 年后,汇率制度弹性值持续上升,至 1984 年达到历史峰值 0.699。

第三个阶段是 1985~1993 年。这个时期人民币汇率制度弹性大体呈现出 "V" 型变化:弹性值从 1984 年历史峰值持续下降至 1988 年的 0,最后迅速反弹,上升至 1993 年的 0.332。

第四个阶段是 1994~2004 年。在此期间人民币汇率制度弹性呈"L"型变化：汇率制度弹性值从 1993 年 0.332 下跌至 1994 年的 0.257 后，继续下跌至 1995 年的 0.068，然后进一步下跌至 1996~1997 年的 0.01 附近。在随后 6 年中（1998~2004 年），持续稳定在 0 附近。这和目前学界的基本看法是一致的：在亚洲金融危机之后，人民币已经退变为事实上的钉住美元的固定汇率制度。

第五个阶段是 2005~2018 年。这个时期总体上看，人民币汇率制度弹性在波动中不断增加，汇率制度弹性的均值达到了 0.226，是所有历史时期中最高的。随着中国在 2005 年 7 月 21 日启动人民币汇率制度改革以来，人民币汇率制度弹性在随后几年中持续上升，但 2007~2008 年的全球金融危机打断了这一进程，人民币汇率制度弹性值从 2008 年的 0.241 下跌至 2009 年的 0.066 后，在 2010 年继续下跌至 0.046。2011~2018 年，人民币汇率制度弹性虽然时升时降，但总体来看呈现出显著的上升态势。

二、人民币汇率制度弹性与通货膨胀

（一）模型设定

为了考察人民币汇率制度弹性对中国通货膨胀的影响，我们采用葛逊等（1996、1997）的方法考察中国通货膨胀的影响因素。假定卡甘类型的货币需求函数，即：

$$M/P = Y^{\alpha}\exp(-\beta i), \quad \alpha、\beta > 0 \qquad (9.1)$$

其中，M 是广义货币，P 是价格水平，Y 是实际产出，i 是名义利率。对上式两边取自然对数再取一阶差分可得：

$$\pi = \Delta m - \alpha \Delta y + \beta \Delta i \qquad (9.2)$$

其中，除通货膨胀率（π）外，所有小写字母都表示相应变量的自然对数。

为了考察人民币汇率制度弹性对通货膨胀的影响，我们遵循葛逊等（1996、1997）和罗默（Romer，1993）的研究，在式（9.2）的基础上，我们引入通货膨胀（π）对人民币汇率制度弹性指数（$erfi$）、货币供给增长率（Δm）、实际产出增长率（Δy）、一年期存款利率变化（Δi）和贸易开放程度（进出口额/GDP, $open$）进行回归。考虑到 1954~2018 年中国很多年份出现了高通货膨胀现象，为了避免异常值的影响，我们设定虚拟变量（dum），其值在通货膨胀高于或等于 10% 的年份取 1，其余年份为 0。因此将式（9.2）改写为待估计的计量经济模型：

$$\pi_t = \alpha_0 + \alpha_1 erfi_t + \alpha_2 \Delta m_t + \alpha_3 \Delta y_t + \alpha_4 \Delta i_t + \alpha_5 open_t + u_t \qquad (9.3)$$

由对式（9.1）的设定可知，$\alpha_2 > 0$，$\alpha_3 < 0$，$\alpha_4 > 0$。由传统范式下的公信力理论研究可知，固定汇率制度或者更缺乏弹性的汇率制度具有较强的政策纪律效应和公信力效应，因此固定汇率制度是有助于反通货膨胀的。这意味着理论上来说，$\alpha_1 > 0$。

关于贸易开放度对通货膨胀的影响，罗默（1993）基于巴罗-戈登（Barro-Gordon）的模型框架认为，开放度抑制了政府制造未预期到的通货膨胀的动机，因此，在没有做出事先的货币政策承诺情况下，开放度越高，一国的通货膨胀率将越低。然而，近年来的一些研究也表明，随着一国开放度的提高，通货膨胀率也可能上升（Cooke，2010）。因此，我们认为 α_5 的符号是不确定的。

（二）描述统计[①]

表 9-1 报告了各变量的描述统计和相关系数。由表 9-1 可见，过去 66 年中（1953~2018 年），中国的年均通胀率为 3.37%，年均货币供给增速为 16.49%，年

表 9-1　　　　　　　　通货膨胀回归的描述统计

变量	π	$erfi$	Δm	Δy	Δi	$open$
均　值	3.3682	0.1118	16.491	8.3076	-0.3759	24.795
中　值	2.0000	0.0315	14.852	8.6295	0.0000	23.453
最小值	-5.9000	0.0000	-1.2290	-27.800	-11.915	4.9210
最大值	24.100	0.6990	58.422	23.847	3.4100	64.243
标准差	5.4808	0.1669	10.925	7.6058	1.9278	17.448
相关系数矩阵						
π	1.0000					
$erfi$	0.142	1.0000				
Δm	0.3874***	0.2238*	1.0000			
Δy	-0.2662**	0.1326	0.3430**	1.0000		
Δi	0.2345*	0.1522	-0.0450	-0.1853	1.0000	
$open$	0.2183*	0.2028*	0.2836**	0.2810**	0.1290	1.0000

注：*、** 和 *** 分别表示 10%、5% 和 1% 的显著性水平。

[①] 1952~1989 年的货币供给数据来自许少强、朱真丽（2002），其余年份数据来自国家统计局网站；利率数据来自 wind 数据库；在计算年度利率水平时，如果遇到年内中央银行调整利率水平的情况，那么按照 1 年 365 天进行加权平均，数据来自《新中国 55 年统计资料汇编》（1949~2004 年）。

均产出增长 8.31%。但整个样本期内，中国的汇率制度都是缺乏弹性的，平均值仅为 0.112，中位数为 0.032，非常接近固定汇率制度的理论数值 0。

图 9-2 给出了人民币汇率制度弹性和通货膨胀及人民币汇率制度弹性与货币供给增速的散点图。图 9-2（a）表明，随着人民币汇率制度弹性的上升，通货膨胀率不断提升。然而，理论上来说，随着汇率制度弹性的提升，货币政策受到的约束越来越小。在固定汇率制度下，由于固定汇率可以充当货币政策的名义锚，这绑住了中央银行的"双手"，使中央银行难以实行相机决策的扩张性货币政策，货币供给增速相对更有弹性的汇率制度而言要低得多。随着汇率制度弹性的提高，如果一国没有为货币政策及时地指定一个合适的货币政策名义锚，那么该国中央银行的货币政策受到的约束就较低，从而货币供给增速就可能较高。因此，固定汇率制度下较低的通货膨胀率很可能来自固定汇率制度的名义锚约束。

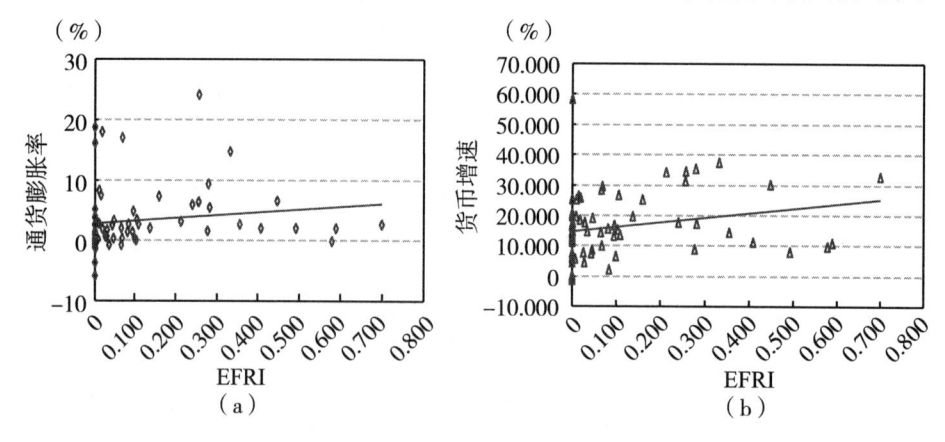

图 9-2　汇率制度弹性、货币增速与通货膨胀（1953～2018 年）

图 9-2（b）一定程度上印证了上述理论分析结论。随着中国汇率制度弹性的提高，中国货币供给的增速也在上升，货币政策实施所受到的约束相对变小，导致随着汇率制度弹性的提升，货币供给增速上升，从而进一步导致了通货膨胀率的上升。下面我们利用时间序列计量经济方法对此进行进一步的检验。

（三）实证检验

为避免谬误回归，我们首先对各个变量进行单位根检验，结果如表 9-2 所示。检验结果表明，本小节回归涉及的变量中，通货膨胀率（π）、人民币汇率制度弹性（$erfi$）、货币供给增速（Δm）和贸易开放度（$open$）都是单位根过程，而产出增长（Δy）和利率变化（Δi）两个指标则都是平稳的。

表 9-2

单位根检验

水平序列平稳性检验

检验方法			π		$erfi$		Δm		Δy		Δi		$open$		gov		inv		$trade$		pop	
ADF检验	检验类型 (C, T, L)		(C, 0, 4)		(C, 0, 1)		(C, T, 0)		(C, T, 1)		(C, 0, 0)		(C, T, 1)		(C, 0, 9)		(C, T, 1)		(C, 0, 0)		(C, T, 10)	
	统计量		-2.1898		-2.7015		-4.0365		-6.5366		-11.048		-1.6929		-1.9783		-5.9665		-5.2639		-5.4092	
	1%临界值		-3.5421		-3.5366		-4.1055		-4.1079		-3.5349		-4.1079		-3.5527		-4.1079		-3.5349		-4.1338	
PP检验	检验类型 (C, T, B)		(C, 0, 6)		(C, 0, 3)		(C, T, 0)		(C, 0, 39)		(0, 0, 1)		(C, T, 4)		(C, 0, 33)		(C, T, 15)		(C, 0, 2)		(C, T, 8)	
	统计量		-3.6163		-5.3867		-4.0365		-4.7490		-10.707		-1.7005		-5.7576		-2.8698		-5.2385		-2.9326	
	1%临界值		-3.5349		-3.5349		-4.1055		-3.5349		-2.6010		-4.1055		-3.5349		-4.1055		-3.5349		-4.1055	
DF-GLS检验	检验类型 (C, T, L)		(C, 0, 4)		(C, 0, 1)		(C, T, 0)		(C, T, 1)		(C, T, 0)		(C, T, 4)		(C, 0, 9)		(C, T, 1)		(C, 0, 0)		(C, T, 1)	
	统计量		-2.1679		-2.5002		-4.1017		-5.8697		-2.8792*		-1.6988		-1.3282		-6.0434		-5.0474		-3.9467	
	1%临界值		-2.6034		-2.6016		-3.7130		-3.7168		-2.8450		-3.7168		-2.6069		-3.7168		-2.6010		-3.7434	

一阶差分序列平稳性检验

检验方法			π		$erfi$		Δm		Δy		Δi		$open$		gov		inv		$trade$		pop	
ADF检验	检验类型 (C, T, L)		(0, 0, 3)		(0, 0, 0)		(0, 0, 4)						(0, 0, 0)		(0, 0, 9)		(0, 0, 3)				(0, 0, 4)	
	统计量		-6.2474		-15.025		-6.9536						-6.2556		-3.6565		-5.9076				-4.0828	
	5%临界值		-2.6034		-2.6016		-2.6041						-2.6016		-2.6077		-2.6034				-2.6041	
PP检验	检验类型 (C, T, B)		(0, 0, 63)		(0, 0, 7)		(0, 0, 18)						(0, 0, 3)		(0, 0, 17)		(0, 0, 38)				(0, 0, 63)	
	统计量		-18.034		-20.675		-14.892						-6.2855		-16.611		-7.1340				-6.2014	
	5%临界值		-2.6016		-2.6016		-2.6016						-2.6016		-2.6016		-2.6016				-2.6016	
DF-GLS检验	检验类型 (C, T, L)		(C, T, 3)		(C, 0, 0)		(C, 0, 0)						(C, 0, 0)		(C, 0, 10)		(C, 0, 0)				(C, 0, 4)	
	统计量		-5.1202		-14.992		-9.7157						-6.2813		-0.2255		-5.8014				-3.4640	
	5%临界值		-3.7282		-2.6016		-2.6016						-2.6016		-2.6085		-2.6016				-2.6041	
	结论		I (1)		I (1)		I (1)		I (0)		I (0)*		I (1)		I (1)		I (0)		I (0)		I (0)	

注: DF-GLS检验的检验类型 (C, T, L) 指第一阶段回归时用GLS估计原序列时是否包括常数项和时间趋势项; *表示10%显著性的临界值。

1. 基准回归

根据单位根检验结果①，我们估计了通货膨胀的回归方程（见表9-3）。结果表明，人民币汇率制度弹性对通货膨胀的影响符合理论的预测：随着汇率制度弹性的上升，通货膨胀也随之上升，并且这种影响在10%的显著性水平上是统计上显著异于0的。就影响的数量大小来看，根据本节对汇率制度弹性的定义，人民币汇率制度弹性每提高0.01个单位，通货膨胀率将提高3%。这意味着，如果中国从完全固定汇率制度转变到完全浮动汇率制度，那么通货膨胀率将上升2倍。

表9-3　　　　　　　　　通货膨胀回归结果

项目	常数项	$erfi$	Δm	Δy	Δi	$open$	dum
解释变量：人民币汇率制度弹性的当期值							
系数	-0.124	2.992	0.098	-0.109	-0.051	0.045	14.39
标准误	0.561	1.743	0.054	0.051	0.293	0.019	1.291
p 值	0.829	0.091	0.073	0.037	0864	0.021	0.000

$R^2 = 0.809$；调整 $R^2 = 0.789$；$F = 41.56(p = 0.000)$；$DW = 1.961$；$JB = 1.836(p = 0.399)$；$Q(28) = 28.80(p = 0.423)$

项目	常数项	$erfi$	Δm	Δy	Δi	$open$	dum
解释变量：人民币汇率制度弹性的滞后1期值							
系数	-0.216	4.427	0.121	-0.128	0.618	0.043	12.76
标准误	0.499	1.808	0.045	0.050	0.295	0.016	1.124
p 值	0.667	0.076	0.009	0.012	0.041	0.011	0.000

$R^2 = 0.849$；调整 $R^2 = 0.833$；$F = 54.28(p = 0.000)$；$DW = 2.221$；$JB = 0.455(p = 0.796)$；$Q(28) = 19.72(p = 0.874)$

注：1. 所有估计的标准误为 Newey-West HAC 标准误和协方差（基于 AIC 信息准则自动选择最优滞后期0期）。

2. 一般建议 HAC 截断参数取值为样本量的 1/4 次方，或者为0.75乘以样本量的1/3次方（陈强，2010），我们根据这个原则选择了最大截断参数值为3（$= 0.75 \times 66^{1/3}$），然后基于 AIC 信息准则自动选择最优参数值。另外，由于 HAC 标准误取决于截断参数的大小，我们因此还尝试了1～2期滞后，结果表明，结论不受影响。

3. 我们利用 Ramsey RESET 检验对模型设定进行检验，结果显示，当拟合数量从1依次选择到3时，检验结果都表明模型没有设定偏误。

---

① 我们对回归中的解释变量、被解释变量和控制变量进行了协整检验，结果表明，这些变量之间存在长期协整关系。协整检验的结果表明，在5%的显著性水平上，这些变量之间存在至少3个协整关系。

货币供给增速（Δm）和产出增长（Δy）的回归系数都与理论预期的符号一致，并且分别在 10% 和 5% 的显著性水平上是显著异于 0 的。就其影响的数量效应来看，货币供给增速提高 1 个百分点，将导致通货膨胀上升 0.1 个百分点，而产出上升一个百分点则将导致通货膨胀下降 0.1 个百分点。利率变化（Δi）对通货膨胀的影响不仅统计上并不显著，而且符号也与理论预期的方向相反。贸易开放度（open）对通货膨胀的影响不仅统计上显著，而且经济上也很显著：贸易开放度每提高 1 个百分点，将导致我国通货膨胀率上升约 0.045 个百分点。

2. 稳健性检验

（1）内生性。基准回归中，我们将通货膨胀率对人民币汇率制度弹性的当期值进行回归，这可能导致模型存在反向因果关系的困扰：通货膨胀率的提高可能会导致我国采取更加有弹性的汇率制度。考虑到这种可能的内生性影响，我们将人民币汇率制度弹性滞后 1 期进行回归，结果报告在表 9-3 的下半部分。

当将解释变量滞后 1 期引入回归模型后，我们发现模型的拟合能力提高了，调整 R^2 由 0.789 上升到了 0.833，并且各个回归系数的统计显著性也提高了。此外，之前回归中利率指标回归系数的符号也出现了逆转且符合理论预期的结果：利率的回归系数由 -0.109 变为 0.618，意味着利率提高 1%，将导致通货膨胀率上升 0.062%。这个影响不仅统计上显著，而且经济上也非常显著。因此引入解释变量的滞后期显著提高了模型的解释能力和性质。在引入滞后 1 期的回归结果中，人民币汇率制度弹性对通货膨胀率的影响更大了：弹性每上升 0.01 个单位，将导致通货膨胀率上升 4.427%。因此，假设中国从完全固定汇率制度转变到完全浮动汇率制度，那么通货膨胀率将上升 3.4 倍。

（2）通货膨胀惯性。然而，表 9-3 的回归忽略了通货膨胀可能存在的惯性影响，考虑到通货膨胀惯性和价格黏性的影响，我们首先选择最大滞后期 6 期，然后基于 AIC 信息准则选择最优滞后期 4 期，将通货膨胀的滞后 1~4 期引入模型的解释变量中（见表 9-4）。

表9-4　　　　通货膨胀回归结果（引入滞后1~4期的通货膨胀）

项目	常数项	erfi	Δm	Δy	Δi	open	dum
系数	-0.207	2.452	0.111	-0.106	0.460	0.035	12.12
标准误	0.314	1.298	0.038	0.030	0.198	0.010	0.727
p值	0.513	0.065	0.049	0.001	0.024	0.001	0.000

$R^2 = 0.875$；调整 $R^2 = 0.850$；F = 35.62（p = 0.000）；DW = 2.364；JB = 1.376（p = 0.503）。

注：1. 所有估计的标准误为 Newey-West HAC 标准误和协方差（基于 AIC 信息准则自动选择最优滞后期3期，同表9-3）。

2. 我们利用 Ramsey RESET 检验对模型设定进行检验，结果显示，当拟合数量从1依次选择到3时，检验结果都表明模型没有设定偏误。

3. 滞后1~4期的通货膨胀回归系数分别为0.237、-0.207、0.270和-0.166，相应的p值分别为0.002、0.001、0.000和0.018。

4. 对残差检验表明，残差序列不存在序列相关（滞后至28期），且平稳。

将滞后1~4期的通货膨胀作为控制变量引入模型之后，解释变量（erfi）、货币供给增速（Δm）、产出增长（Δy）和贸易开放度（open）的回归系数并没有显著变化，但统计显著性都有所提高。此外，原本统计上不显著且回归系数方向与理论预期相反的利率变量（Δi），不仅回归系数由负转正，而且在5%的显著性水平上是统计上显著异于0的。利率变化提高1个百分点，将导致通货膨胀上升0.46个百分点。

表9-4的结果再次表明，人民币汇率制度弹性对通货膨胀的影响不仅是统计上显著的，而且其经济显著性也很大：人民币汇率制度弹性每提高0.01个单位，将导致通货膨胀率上升2.45%。

三、"言""行"与通货膨胀

前面的分析表明，在中国，固定汇率制度也是与较低的通货膨胀率联系在一起的，人民币汇率制度弹性的提高会推高通货膨胀率。本书前面章节的分析还提到，一些经验证据表明，名义汇率制度和事实汇率制度不一致，不仅难以获得反通货膨胀的好处，而且还可能会推高通货膨胀（Guisinger & Singer, 2010；Ghosh et al., 2011）。那么，人民币名义汇率制度和事实汇率制度的差异是否也会导致通货膨胀的上升呢？

为了考察这个问题，本小节首先扼要讨论并考察中国政策当局在人民币汇率制度安排上的"言行一致性"，并对其作出初步的判断，然后在前面计量分析的基础上，进一步考察"言行一致性"对中国通货膨胀的影响。

（一）人民币汇率制度安排的"言"与"行"

在前面关于人民币汇率制度弹性测算的基础上，本部分根据我国政府名义上的汇率制度安排（见表9-5）和估计的人民币汇率制度弹性，考察我国在人民币汇率制度安排上的"言行一致性"问题。

表9-5　　　　人民币名义汇率制度和政策目标沿革

年份	汇率政策目标	名义汇率制度
1949~1952	奖励出口、兼顾进口，照顾侨汇	单一浮动汇率制度
1953~1972	人民币汇率长期稳定	单一固定汇率制度
1973~1980	维持人民币币值坚挺；人民币汇率有利于促进对外贸易的发展	单一浮动汇率制度
1981~1984	扶持和鼓励出口，增加外汇储备	官方汇率与贸易外汇内部结算价并存的双重汇率制度
1985~1993	平衡国际收支	官方汇率与外汇调剂价格并存的双重汇率制度
1994~2005	维持汇率稳定	以市场供求为基础的、单一的、有管理的浮动汇率制度
2005年至今	保持人民币汇率在合理、均衡水平上的基本稳定，促进国际收支基本平衡，维护宏观经济和金融市场的稳定	以市场供求为基础、参考一篮子货币进行调节、有管理的浮动汇率制度

注：尽管2005年7月21日的汇率形成机制改革以来，我国陆续出台了诸多措施进一步完善人民币汇率制度，但是，自2005年以来，关于我国汇率制度的官方表述并没有改变。

资料来源：1949~1952年名义汇率制度类型和汇率政策目标来自吴念鲁、陈全庚（2002），其余时期的数据均来自中国人民银行办公厅（2005）。

（1）人民币汇率制度"言行一致性"的初步描述。根据表9-5和图9-1可知：第一，1951~1952年，我国名义上实行的是单一浮动汇率制度，但是，测算的人民币汇率制度弹性分别为0.207和0.075，远远低于浮动汇率制度的数值1。这说明1950~1952年，我国事实上的汇率制度偏离了事先所宣称的汇率制度安排。

第二，1953~1972年我国名义上宣称实行钉住英镑的汇率制度①，测算得到的人民币汇率制度弹性也基本为0，因此，在这个时期，我国在人民币汇率制度安排上是完全"言行一致"的②。

第三，1973~1980年，我国名义上实行的是单一浮动汇率制度，但测算的人民币汇率制度弹性基本接近于0（最高的年份是1973年，为0.104），因此，该时期人民币汇率制度表现出了名义浮动—事实固定的特征。

第四，1981~1993年，我国名义上实行的都是双重汇率制度，由于我们难以将双重汇率制度归入固定汇率制度，也不能将之视为浮动汇率制度或是中间汇率制度，因此，我们难以判断这个时期人民币汇率制度安排的"言行一致性"情况。

第五，1994~2005年，我国名义上宣称实行有管理的浮动汇率制度，但是，除了1994年因人民币汇率并轨改革导致该年汇率制度弹性相对较高之外（该年弹性值为0.257），其余年份人民币汇率制度弹性基本接近于0（最高值没有超过0.07）。尤其是亚洲金融危机后人民币汇率制度弹性基本接近0，这导致我国名义上宣称的有管理的浮动汇率制度变为事实上的钉住美元的固定汇率制度。因此，这个时期我国在人民币汇率制度上表现出名义浮动—事实固定的特征。

第六，2005~2018年，我国名义上宣称的是实行"以市场供求为基础、参考一篮子货币进行调节、有管理的浮动汇率制度"，但是该时期人民币汇率制度弹性的平均值仅为0.226，距离有管理的浮动汇率制度仍然存在很大的差距，因此，总体而言，该时期中国仍然表现出名义浮动—事实固定的特征。

（2）人民币汇率制度"言行一致性"现象的进一步讨论。根据估计的人民币汇率制度弹性指数和我国宣称的汇率制度类型，我们对1951~2018年中国在人民币汇率政策安排上的"言行一致性"问题进行更细致的考察，具体方法如下：

---

① 由于这个期间国际上恰好是黄金美元本位时期，因此，人民币钉住英镑和钉住美元并没有本质的区别（许少强、朱真丽，2002）。

② 应注意的是，1971年人民币汇率制度弹性达到了0.578，已经远远高于固定汇率制度的理论值0，因此，该年人民币汇率制度其实是表现出名义浮动—事实固定特征的。

首先，根据1999年IMF新的汇率制度分类方法①，将第1~2类，即无独立法偿货币的制度安排和货币局制度归入固定汇率制度，并将此类制度安排赋值为0；第3~6类归入中间汇率制度，赋值为（0，1）；第7~8类管理浮动和独立浮动汇率制度归入浮动汇率制度，赋值为1。

其次，将表9-5所示的历年人民币名义上的汇率制度安排（主要包括单一固定汇率制度、单一浮动汇率制度、双重汇率制度和有管理的浮动汇率制度）分别归入到IMF（1999）新分类法下的三类汇率制度。即，将单一固定汇率制度归入固定汇率制度，将有管理的浮动汇率制度和单一浮动汇率制度归入到浮动汇率制度。而对于人民币双重汇率制度，由于我们难以确定其性质，因此归入到"难以判断"（inconclusive）一类。

最后，根据估计的人民币汇率制度弹性指数数值和上面的划分标准来判断中国在人民币汇率制度安排上的"言行一致性"。具体划分和判断过程中有三点值得指出：第一，1971年名义上的汇率制度为单一固定汇率制度，但测算的汇率制度弹性为0.578，我们认为，这个数值已经远离固定汇率制度弹性的理论值0了，因此将之归入到情形B，即难以钉住；第二，1981~1993年实行的是双重汇率制度，因此，不论该时期中每一年具体的汇率制度弹性数值大小，我们均将之视为"难以判断"；第三，整个样本期内，如果我国名义上实行的是管理浮动汇率制度或单一浮动汇率制度，那么，只要测算的汇率制度弹性指数低于1，我们都将之归入到名义浮动—事实固定的情形，即C。具体划分结果如表9-6所示。

表9-6　　　　　　　　人民币名义和事实汇率制度划分

年份	ERFI	名义汇率制度	言行一致性	年份	ERFI	名义汇率制度	言行一致性
1951	0.207	单一浮动汇率制度	C	1957	0.000	单一固定汇率制度	A
1952	0.075	单一浮动汇率制度	C	1958	0.000	单一固定汇率制度	A
1953	0.000	单一固定汇率制度	A	1959	0.000	单一固定汇率制度	A
1954	0.000	单一固定汇率制度	A	1960	0.000	单一固定汇率制度	A
1955	0.067	单一固定汇率制度	A	1961	0.000	单一固定汇率制度	A
1956	0.000	单一固定汇率制度	A	1962	0.000	单一固定汇率制度	A

① 关于该分类方法及每一种汇率制度内涵，参见第一章第一节。

续表

年份	ERFI	名义汇率制度	言行一致性	年份	ERFI	名义汇率制度	言行一致性
1963	0.000	单一固定汇率制度	A	1991	0.106	双重汇率制度	I
1964	0.000	单一固定汇率制度	A	1992	0.256	双重汇率制度	I
1965	0.000	单一固定汇率制度	A	1993	0.332	双重汇率制度	I
1966	0.000	单一固定汇率制度	A	1994	0.257	管理浮动汇率制度	C
1967	0.000	单一固定汇率制度	A	1995	0.068	管理浮动汇率制度	C
1968	0.000	单一固定汇率制度	A	1996	0.010	管理浮动汇率制度	C
1969	0.000	单一固定汇率制度	A	1997	0.009	管理浮动汇率制度	C
1970	0.000	单一固定汇率制度	A	1998	0.034	管理浮动汇率制度	C
1971	0.578	单一固定汇率制度	B	1999	0.001	管理浮动汇率制度	C
1972	0.007	单一固定汇率制度	A	2000	0.000	管理浮动汇率制度	C
1973	0.104	单一浮动汇率制度	C	2001	0.001	管理浮动汇率制度	C
1974	0.025	单一浮动汇率制度	C	2002	0.000	管理浮动汇率制度	C
1975	0.046	单一浮动汇率制度	C	2003	0.000	管理浮动汇率制度	C
1976	0.099	单一浮动汇率制度	C	2004	0.000	管理浮动汇率制度	C
1977	0.084	单一浮动汇率制度	C	2005	0.029	管理浮动汇率制度	C
1978	0.028	单一浮动汇率制度	C	2006	0.082	管理浮动汇率制度	C
1979	0.019	单一浮动汇率制度	C	2007	0.096	管理浮动汇率制度	C
1980	0.014	单一浮动汇率制度	C	2008	0.241	管理浮动汇率制度	C
1981	0.043	双重汇率制度	I	2009	0.066	管理浮动汇率制度	C
1982	0.065	双重汇率制度	I	2010	0.046	管理浮动汇率制度	C
1983	0.138	双重汇率制度	I	2011	0.281	管理浮动汇率制度	C
1984	0.699	双重汇率制度	I	2012	0.356	管理浮动汇率制度	C
1985	0.279	双重汇率制度	I	2013	0.109	管理浮动汇率制度	C
1986	0.448	双重汇率制度	I	2014	0.589	管理浮动汇率制度	C
1987	0.160	双重汇率制度	I	2015	0.095	管理浮动汇率制度	C
1988	0.000	双重汇率制度	I	2016	0.409	管理浮动汇率制度	C
1989	0.018	双重汇率制度	I	2017	0.277	管理浮动汇率制度	C
1990	0.213	双重汇率制度	I	2018	0.492	管理浮动汇率制度	C

注：A 代表名义固定—事实固定（弹性指数接近 0）；B 代表名义固定—事实非固定（弹性指数远高于 0）；C 代表名义浮动—事实固定（弹性指数低于 1）；I 代表双重汇率制度时期（不论弹性数值大小）。

资料来源：作者估计。

表9-7报告了不同情形下通货膨胀和货币供给增速的均值及标准差。表中的言行一致情形对应于表3-5中的情形A，对应中国1953~1970年和1972年，而情形B仅有1年，即1971年。1981~1993年这13年双重汇率制度时期被归入到难以判断的情形，剩余年份都表现出了名义浮动—事实固定的现象。表9-7还表明，过去66年中（1953~2018年），中国在人民币汇率制度安排上保持言行一致的年份为19年（情形A，占28.8%），名义浮动—事实固定的年份为33年（占50%），这是中国过去近66年中在汇率制度安排上所表现出来的一种主要现象。

表9-7　　　　　人民币汇率制度与通货膨胀：描述统计

言行一致性	观测值	通货膨胀均值	通胀标准差	M2增速均值	M2增速标准差
言行一致	19	1.032	4.401	11.298	13.699
名义固定—事实非固定	1	-0.100		9.799	
名义浮动—事实固定	33	3.215	5.099	16.06	7.375
难以判断	13	7.438	6.055	25.69	9.021

资料来源：作者估算。

（二）经验事实

中国在人民币汇率制度安排上表现出来的"言行一致性"和名义浮动—事实固定时期中的通货膨胀表现如何呢？表9-7的统计描述表明以下几点。

首先，名义固定—事实非固定的1个历史时期（1971年），中国通货膨胀是最低的。但考虑到当时中国的计划经济和价格控制现实，这种现象并不令人费解。

其次，"难以判断"时期的通货膨胀不仅是最高的，而且波动性也是最高的。仅次于"言行一致"的时期。

再次，相对于"言行一致"和"难以判断"两个时期而言，中国在名义固定—事实非固定时期保持了既适度又较为稳定的通货膨胀表现。

最后，表9-7还表明，如果不考虑1971年（名义固定—事实非固定），那么"言行一致"时期不仅通货膨胀是最低的，而且其波动也是最低的。与之紧密联系的是，"言行一致"时期的货币供给增速也是最低的（但波动性却是最高的）。中国"言行一致"时期主要对应的是实行单一固定汇率制度的1953~1970年和1972年，该时期政府实际上也兑现了其承诺。因此，这个时期中国货币政策纪律得到了维持，货币供给增长率较低，这带来了该时期较低的通货膨胀表现。这种通货膨胀表现因此可以归因于钉住汇率制度的名义锚作用[①]。

而名义浮动—事实固定时期，政府虽然名义上宣称有管理的浮动汇率制度，但是，人民币事实上的汇率制度仍然缺乏弹性，基本变为事实上的固定汇率制度。这种制度也为中国货币政策提供了隐性的名义锚，从而带来了适度的通货膨胀表现。下面我们在前面计量模型基础上，进一步检验这些推测。

（三）进一步的经验证据

我们首先将"言行一致"时期作为基准，设置虚拟变量分别表示名义固定—事实非固定情形、"难以判断"情形和名义浮动—事实固定情形，然后在式（9.3）中引入这些虚拟变量进行回归，表9-8报告了回归结果。

表9-8　　　　人民币汇率制度与通货膨胀：回归结果

项目	静态模型			动态模型		
	fof	*bp*	*inc*	*fof*	*bp*	*inc*
系数	0.993	0.110	2.712	0.875	0.160	2.047
标准误	0.868	0.499	1.035	0.531	0.194	0.745
p值	0.257	0.827	0.011	0.106	0.414	0.008
统计量	$R^2=0.822$；调整$R^2=0.850$；$F=32.81$（$p=0.000$）；$DW=2.013$；$JB=3.548$（$p=0.170$）			$R^2=0.878$；调整$R^2=0.848$；$F=29.47$（$p=0.000$）；$DW=2.313$；$JB=2.323$（$p=0.313$）		

注：1. 静态模型和动态模型估计的标准误均为 Newey-West HAC 标准误和协方差。对于静态模型，选择最大滞后期3期，然后基于AIC信息准则选择最优滞后期0期（lag truncation=0）；动态模型首先选择最大滞后期3期，然后基于AIC信息准则选择最优滞后期3期（lag truncation=3）。

2. 我们利用 Ramsey RESET 检验对模型设定进行检验，结果显示，当拟合数量从1依次选择到3时，检验结果都表明模型没有设定偏误。

3. 对残差检验表明，残差序列不存在序列相关（滞后至28期），且是平稳过程。

4. 表中静态模型对应表9-3的回归结果，动态模型对应表9-4的回归结果。但在本表的两个回归模型我们都剔除了汇率制度弹性，因为三个虚拟变量已经包括了人民币汇率制度弹性的信息。

5. 本表只报告了"名义浮动—事实固定"（*fof*）、"名义固定—事实非固定"（*bp*）及"难以判断"（*inc*）的回归结果，其余各个控制变量和常数项回归结果没有列出。各控制变量回归结果（统计显著性及回归系数大小）与表9-3和表9-4相比，没有出现显著变化。

[①] 但是，名义上和实际上的钉住汇率制度在为中国带来严格货币政策纪律的同时，也导致中国丧失了运用货币政策促进产出扩张的能力，这是导致"言行一致"时期中国实际产出扩张缓慢的一个重要原因（见本章第二节的分析和讨论）。

由于静态模型忽略了通货膨胀的惯性特征，因此我们认为动态模型可能更贴近现实的通货膨胀形成机制，这里的分析仅以动态模型的回归结果为依据。由表9-8可见：首先，与"言行一致"时期相比，"名义浮动—事实固定"情形的回归系数在10%的显著性水平上是显著异于0的，相比"言行一致"的固定汇率制度情形，"名义浮动—事实固定"时期的通货膨胀率约高出0.88个百分点。其次，"名义固定—事实非固定"时期约比"言行一致"时期的通货膨胀率高出0.16个百分点，而"难以判断"时期的通货膨胀率则比"言行一致"时期高出约2.05个百分点，然而"名义固定—事实非固定"情形的回归系数在统计上并不显著异于0。

综合上述分析，我们认为，相比于"言行一致"的固定汇率制度时期，"名义浮动—事实固定"时期的通货膨胀率更高，这很可能来自"名义浮动—事实固定"时期相对较为宽松的货币政策纪律，或者说"言行一致"之所以能够保持最低的通货膨胀表现，可能的原因即来自固定汇率制度所赋予的货币政策的名义锚效应和公信力效应，因为，在这个时期，中国不仅名义上宣称了固定汇率制度，而且事实上也维持了固定汇率制度的政策承诺。这和已有研究结论基本吻合（Guisinger & Singer，2010；Ghosh et al.，2011）。但应该指出的是，由于"言行一致"时期中国实行的是计划经济体制，因此，"言行一致"时期较低的通货膨胀表现还可能源自计划经济体制下的物价管制因素。因此，我们的计量回归结果可能高估了固定汇率制度的名义锚效应和公信力效应对中国"言行一致"时期通货膨胀率的积极影响。

四、结论

本节在已有研究基础上，经验地估计了1953~2018年人民币汇率制度弹性指数，在此基础上，本节考察了人民币汇率制度弹性对通货膨胀的影响，并进一步考察了中国在人民币汇率制度安排上的"言行一致性"问题及其对通货膨胀的影响。研究发现，首先，人民币汇率制度弹性的提高推动了中国通货膨胀不断上升；其次，"言行一致"的固定汇率制度时期赋予了中国最低的通货膨胀表现，这表明，"言行一致"的固定汇率制度可能通过货币政策名义锚和公信力效应带来了较低的通货膨胀表现。

值得指出的是，本节的研究没有考虑到制度断点的影响和可能存在的内生性的影响，限于数据，只能留待以后研究。

第二节 人民币汇率制度弹性与经济增长

本节承袭上一节的研究思路和方法，利用上一节测算的 1953~2018 年人民币汇率制度弹性，经验地考察了人民币汇率制度弹性对经济增长的影响。本节安排如下：首先，考察人民币汇率制度弹性对经济增长的影响；其次，进一步考察人民币名义和事实汇率制度的差异对产出增长的影响；最后是结论和展望。

一、人民币汇率制度弹性与经济增长

（一）描述统计

为了考察汇率制度弹性对中国产出增长的影响，我们在葛逊等（1996、1997）基础上，估计如下计量模型：

$$\Delta y_t = \beta_0 + \beta_1 erfi_t + \beta_2 \pi_t + \beta_3 gov_t + \beta_4 inv_t + \beta_5 trade_t + \beta_6 pop_t + \varepsilon_t \quad (9.4)$$

其中，产出增速（Δy_t）、人民币汇率制度弹性（$erfi_t$）和通货膨胀率（π_t）的定义及测算同本章第一节。gov_t 表示政府开支的增长速度，用政府财政开支的环比增速表示；inv_t 表示投资率，等于固定资产投资/GDP；$trade_t$ 表示对外贸易增长速度，以进出口总额的增速表示；pop_t 表示人口自然增长率[1]。理论上来说，我们预期除了 $\beta_2 < 0$ 之外，其余变量对产出增长的影响均为正。

表 9-9 报告了各个变量的描述统计和相关系数矩阵[2]。由表 9-9 可见，过去 66 年中，中国年均实际经济增速为 8.31%，但部分时期产出增长波动比较剧烈，产出增速最低时达到了负增长 27.8%，最高时为 23.85%。

---

[1] 数据来源为国家统计局网站，2018 年财政支出数据来自财政部网站。
[2] 人口增长速度（pop）与投资率（inv）相关性较高，但这并不影响我们的分析，因为我们关心的是解释变量人民币汇率制度弹性（erfi）对产出增长的影响，这二者之间的高相关程度并不影响解释变量参数估计的有效性和一致性（Wooldridge，2009）。

表 9-9　　　　　　　　产出增长回归的描述统计

项目	Δy	erfi	π	gov	inv	trade	pop
均　值	8.3076	0.1118	3.3682	12.360	35.759	15.085	13.559
中　值	8.6295	0.0315	2.0000	13.900	36.102	14.016	12.060
最小值	-27.800	0.0000	-5.9000	-44.700	15.324	-29.361	-4.5700
最大值	23.847	0.6990	24.100	47.000	47.819	80.835	33.500
标准差	7.6058	0.1669	5.4808	13.734	7.5793	18.895	8.1499

相关系数矩阵

	Δy	erfi	π	gov	inv	trade	pop
Δy	1.0000						
erfi	0.1326	1.0000					
π	-0.2662**	0.1422	1.0000				
gov	0.7804***	0.0566	-0.0934	1.0000			
inv	0.2807**	0.4245***	0.2431**	0.3652***	1.0000		
trade	0.4988***	0.1686	0.2702**	0.3266**	0.2249*	1.0000	
pop	0.0411	-0.2375**	-0.2377**	-0.1272	-0.7931***	-0.013	1.0000

注：*、**、***分别表示10%、5%和1%的显著性水平。

图 9-3 给出了人民币汇率制度弹性与经济增长、通货膨胀与经济增长的散点图。一方面，随着人民币汇率制度弹性的提高，中国的经济增长速度也在提高。这可能说明，随着汇率制度弹性的提高，货币政策所受到的约束下降，中央银行可以利用相机抉择的货币政策刺激短期内的产出增长；另一方面，中

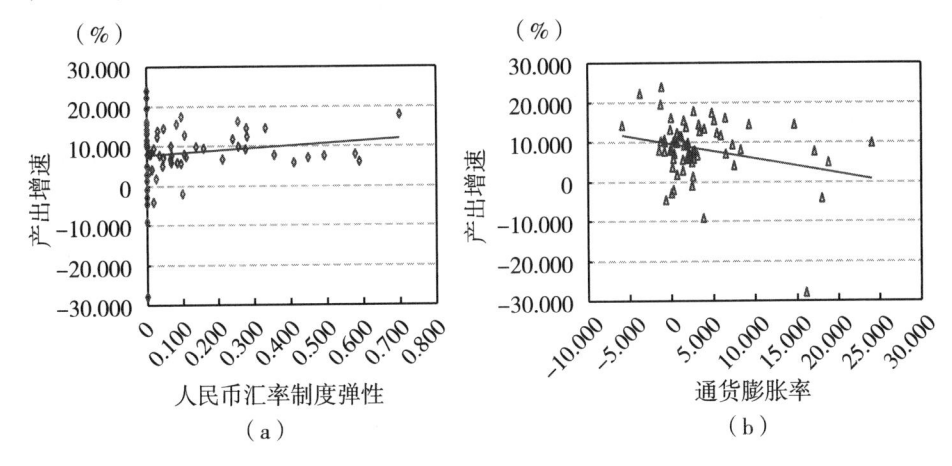

图 9-3　汇率制度弹性、通货膨胀与经济增长（1953~2018 年）

国的经济增长和通货膨胀之间存在负相关的关系,满足产出与通货膨胀之间的理论权衡关系。

(二) 回归结果分析

为了进一步理解人民币汇率制度弹性对中国产出增长的影响以及中国产出增长的影响因素,我们估计了式 (9.4)。在回归之前,我们首先对各变量进行了单位根检验(见表 9-2)。结果表明,除了通货膨胀(π)、人民币汇率制度弹性($erfi$)和政府支出增长(gov)含有单位根之外,包括产出增长(Δy)、投资率(inv)、贸易增速($trade$)和人口增长率(pop)在内的其余时间序列均为平稳过程。

根据单位根检验结果[①],我们估计了实际产出增长的回归模型(见表 9-10)。表 9-10 上半部分的回归结果表明,除了人民币汇率制度弹性的回归系数外,所有控制变量对产出增长的影响在 5% 的显著性水平上都是统计上显著的。具体来说,在其他条件不变的情况下,人民币汇率制度弹性每增加 0.01,将导致中国实际产出增速提高约 1.84%,然而,这一影响在统计上并不显著;通货膨胀率与产出增长之间存在短期的权衡关系,通货膨胀的上升不利于产出增长,通胀率每提高 1 个百分点将导致产出增速下跌 0.423 个百分点;政府开支增长每提高 1 个百分点将导致产出增速提高 0.323 个百分点,投资、贸易开放度和人口增长率每提高 1 个百分点将分别导致产出增长速度提高约 0.27 个、0.13 个和 0.25 个百分点。

表 9-10   产出增长回归结果

项目	常数项	$erfi$	π	gov	inv	$trade$	pop
解释变量:人民币汇率制度弹性当期值							
系数	-9.226	1.839	-0.423	0.323	0.265	0.128	0.248
标准误	1.749	2.210	0.091	0.051	0.102	0.031	0.091
p 值	0.000	0.409	0.000	0.000	0.012	0.000	0.009

$R^2 = 0.783$;调整 $R^2 = 0.761$;$F = 35.43(p = 0.000)$;$DW = 1.609$;$JB = 0.073(p = 0.964)$;$Q(28) = 14.06(p = 0.987)$

[①] 我们对回归中的解释变量、被解释变量和控制变量进行了协整检验,结果表明,这些变量之间存在长期协整关系。协整检验的结果表明,在 5% 的显著性水平上,这些变量之间至少存在 1 个协整关系。

续表

解释变量：人民币汇率制度弹性滞后 1 期值							
系数	−11.541	−0.824	−0.429	0.308	0.331	0.130	0.274
标准误	4.517	2.914	0.101	0.051	0.113	0.030	0.089
p 值	0.013	0.778	0.000	0.000	0.005	0.000	0.003

$R^2 = 0.781$；调整 $R^2 = 0.758$；$F = 34.48(p = 0.000)$；$DW = 1.530$；$JB = 0.208(p = 0.901)$；$Q(28) = 12.17(p = 0.996)$

注：1. 所有估计的标准误为 Newey-West HAC 标准误和协方差（基于 AIC 信息准则自动选择最优滞后期 0 期，最大滞后期为 3，见本章第一节）。

2. 我们利用 Ramsey RESET 检验对模型设定进行检验，结果显示，当拟合数量从 1 依次选择到 3 时，检验结果都表明模型没有设定偏误。

为了避免可能存在的反向因果关系所导致的内生性问题，我们将人民币汇率制度弹性滞后 1 期引入回归模型。表 9 − 10 的下半部分报告了回归结果。我们发现，在考虑了可能存在的内生性问题后，人民币汇率制度弹性的回归系数由正变负，但统计上仍不显著。同时，其他所有变量回归系数不仅符号没有发生变化，而且部分回归系数的统计显著性有了提高：在 1% 的显著性水平上，除了人民币汇率制度弹性的回归系数外，其他所有回归系数都是统计上显著的，且都符合理论预期。

综合上述分析，我们认为，现有经验证据并不支持人民币汇率制度弹性对产出增长有显著的影响，长期中，人民币汇率制度也体现出汇率制度中性的特征。我们下面进一步分析政策当局的"言行一致性"对产出增长的影响。

二、"言""行"与经济增长

（一）描述统计

我们进一步考察政策当局在汇率制度安排上的"言行一致性"对产出增长的影响。遵循第二节的思路和做法，我们首先考察不同情形下的产出增长情况，然后将"言行一致"时期作为基准，设置虚拟变量分别表示"名义固定—事实非固定"情形、"难以判断"情形和"名义浮动—事实固定"情形，最后在式（9.4）中引入这些虚拟变量进行回归。

表 9 − 11 表明，中国产出增长最快的时期仍然是名义上宣称实行固定汇率

制且事实上的汇率制度也表现为固定汇率制度的"言行一致"时期,这与理论预测似乎是相悖的(见第二章第二节的文献回顾)。"难以判断"时期(1981~1993年)的产出增速仅次于"言行一致"时期,再次之则是"名义浮动—事实固定"时期(1994~2018年),而"名义固定—事实非固定"时期的产出增速是最低的。

表9-11　　　　　人民币汇率制度与产出增长:描述统计

言行一致性	观测值	产出增长均值	产出增长标准差
言行一致	19	12.42	6.554
名义固定—事实非固定	1	7.881	
名义浮动—事实固定	33	8.944	3.880
难以判断	13	9.289	5.898

资料来源:作者估算。

(二)回归结果分析

我们下面在式(9.3)中引入代表"言行一致""难以判断""名义浮动—事实固定""名义固定—事实非固定"情形的虚拟变量,利用计量经济方法进一步考察人民币名义和事实汇率制度的差异对中国产出增长的影响①。表9-12报告了回归结果。实证检验结果与之前的描述统计结论是相悖的:虽然相比"言行一致"的情形来说,"名义浮动—事实固定"情形下的产出增长速度要高出0.74个百分点,但这个影响统计上并不显著;而相比"言行一致"的情形来说,"名义固定—事实非固定"确实会受到惩罚。该情形下的产出增速的回归系数不仅统计上显著为负,而且其数量效应也很大:平均来说,"名义固定—事实非固定"的情形下产出增速比"言行一致"的情形低2.4个百分点。"难以判断"情形的回归结果表明,相比"言行一致"的情况来说,该情形下的产出增速要高出2.15个百分点,并且在统计上是显著的。可能的原因在于"难以判断"的情形都发生在我国实行双重汇率制度的时期,人为低估的贸易结算汇率可能促进了中国对外贸易的增长,进一步提高了产出增长的速度。

---

① 与本章第二节的虚拟变量设置方法相同,我们将"言行一致"时期作为基准,设置3个取值0-1的虚拟变量分别表示"名义固定—事实非固定"情形(bp)、"难以判断"情形(inc)和"名义浮动—事实固定"情形(fof)。

表 9-12　　　　人民币汇率制度与产出增长：回归结果

项目	π	gov	inv	$trade$	pop	fof	bp	inc
系数	-0.456	0.329	0.262	0.116	0.264	0.742	-2.391	2.146
标准误	0.082	0.029	0.112	0.017	0.125	1.934	0.940	1.314
p 值	0.000	0.000	0.023	0.000	0.040	0.703	0.014	0.108

$R^2 = 0.790$；调整 $R^2 = 0.760$；$F = 26.79(p = 0.000)$；$DW = 1.626$；$JB = 0.039(p = 0.981)$

注：1. 所有估计的标准误为 Newey-West HAC 标准误和协方差（基于 AIC 信息准则自动选择最优滞后期 3 期）。

2. 我们利用 Ramsey RESET 检验对模型设定进行检验，结果显示，当拟合数量从 1 依次选择到 3 时，检验结果都表明模型没有设定偏误。

3. 对残差检验表明，残差序列不存在序列相关（滞后至 28 期），且平稳。

三、结论和展望

沿袭本章第一节的研究思路和方法，本节考察了人民币汇率制度弹性对中国产出增长的影响，并进一步考察了政策当局在汇率制度安排上的"言行一致性"行为对中国经济增长所带来的影响。研究发现，一方面，人民币汇率制度弹性的提高对中国经济增长并没有产生显著的促进或抑制作用；另一方面，政策当局在人民币汇率制度安排上是否"言行一致"可能会显著影响经济增长。名义上宣称浮动汇率制度但却在事后保持汇率的基本稳定，并不显著影响经济增长，但如果人民币汇率制度表现出名义固定—事实非固定的特征，则可能对经济增长带来不利的影响。

参考文献

[1]［美］阿维纳什·K. 迪克西特：《经济政策的制定：交易成本政治学的视角》，刘元春译，中国人民大学出版社 2004 年版。

[2]［德］彼得·博芬格：《货币政策：目标、机构、策略和工具》，黄燕芬等译，中国人民大学出版社 2013 年版。

[3] 卜永祥：中国外汇市场压力和官方干预的测度，载《金融研究》2009 年第 1 期。

[4] 陈奉先：中国参照一篮子货币的汇率制度：理论框架与实证考察，载《财经研究》2015 年第 2 期。

[5] 陈勇兵、陈宇媚：贸易增长的二元边际：一个文献综述，载《国际贸易问题》2011 年第 9 期。

[6] 陈勇兵、陈宇媚、周世民：贸易成本、企业出口动态与出口增长的二元边际，载《经济学（季刊）》2012 年第 4 期。

[7] 范从来、刘晓辉：《汇率制度选择：经济学文献贡献了什么》，商务印书馆 2013 年版。

[8] 范从来、赵永清：中国货币政策的自主性：1996～2008，载《金融研究》2009 年第 5 期。

[9] 范小云、陈雷、祝哲：三元悖论还是二元悖论——基于货币政策独立性的最优汇率制度选择，载《经济学动态》2015 年第 1 期。

[10] 范言慧、席丹、赵家悦：金融发展与人民币实际汇率，载《财经研究》2015 年第 3 期。

[11] 龚刚、高坚：固定汇率制度下的独立货币政策——未来中国货币政策管理机制探讨，载《金融研究》2007 年第 12A 期。

[12] 龚刚：实际商业周期：理论、检验与争议，载《经济学（季刊）》2004 年第 7 期。

[13] 郭立甫：我国外汇市场压力的测算及影响因素研究——基于 MIMIC 模型，载《国际金融研究》2014 年第 1 期。

[14] 胡利琴、彭红枫、李艳丽：中国外汇市场压力与货币政策——基于 TVP-VAR 模型的实证研究，载《国际金融研究》2014 年第 7 期。

[15] 胡再勇：我国的汇率制度弹性、资本流动性与货币政策自主性研究，载《数量经济技术经济研究》2010 年第 6 期。

[16] 黄驰云、刘林：外汇市场压力、国际资本流动与国内货币市场均衡——基于中国数据的实证研究，载《国际贸易问题》2011 年第 9 期。

[17] 黄志刚、陈晓杰：人民币汇率波动弹性空间评估，载《经济研究》2010 年第 5 期。

[18] 江群、曾令华：一般均衡框架下货币政策信贷传导渠道研究，载《经济评论》2008 年第 3 期。

[19] 蒋瑛琨、刘艳武、赵振全：货币渠道与信贷渠道传导机制有效性的实证分析——兼论货币政策中介目标的选择，载《金融研究》2005 年第 5 期。

[20] 靳玉英、周兵、张志栋：新兴市场国家外汇市场压力吸收方式的比较研究，载《世界经济》2013 年第 3 期。

[21] 凯恩斯：货币政策的可选目标，引自凯恩斯著《预言与劝说》，赵波、包晓闻译，江苏人民出版社 1997 年版。

[22] 李子联：政治与汇率：人民币升值的政治经济学分析，载《世界经济与政治》2011 年第 9 期。

[23] 刘凤兰、袁申国：中国经济金融加速器效应的 DSGE 模型分析，载《南方经济》2012 年第 8 期。

[24] 刘涛、周继忠：外部压力是否推动了人民币升值——基于 2005～2010 年美国施压事件效果的考察，载《金融研究》2011 年第 11 期。

[25] 刘晓辉、陈峥嵘、于波："言""行"、人民币实际汇率制度弹性与宏观经济绩效 1954～2008 年，载《金融评论》2009 年第 1 期。

[26] 刘晓辉、范从来：汇率制度选择标准：从社会福利到微观福利，载《财贸经济》2008 年第 4 期。

[27] 刘晓辉、范从来：汇率制度选择的害怕浮动理论研究述评，载《经济学动态》2012 年第 8 期。

[28] 刘晓辉、范从来：汇率制度选择及其标准的演变，载《世界经济》

2007 年第 3 期。

[29] 刘晓辉、范从来：人民币最优汇率制度弹性的理论模型与经验估计，载《世界经济》2009 年第 2 期。

[30] 刘晓辉：汇率制度选择的新政治经济学研究综述，载《世界经济》2013 年第 2 期。

[31] 刘晓辉：《人民币汇率制度选择与转型：基于社会福利视角的分析》，人民出版社 2008 年版。

[32] 刘晓辉、索彦峰：汇率制度演变与宏观经济绩效：文献回顾，载《南方经济》2009 年第 4 期。

[33] 刘晓辉、张璟、甘顺利：资本账户自由化、实际资本控制与汇率制度选择——基于 88 个发展中国家的经验证据，载《国际金融研究》2015 年第 7 期。

[34] 刘晓辉、张璟：汇率制度弹性测度：一个综述，载《金融评论》2016 年第 5 期。

[35] 刘晓辉、张璟：汇率制度与货币政策框架：演变、特征与启示，载《国际金融研究》2018 年第 1 期。

[36] 刘晓辉、张璟：人民币升值压力与汇率形成机制弹性测算，载《南大商学评论》2012 年第 17 辑。

[37] 刘晓辉、张震、亢宇君：人民币汇率制度弹性测算，载《世界经济与政治论坛》2018 年第 6 期。

[38] 刘晓辉：《政治压力、外汇市场压力与中国货币危机早期预警系统研究》，中国金融出版社 2014 年版。

[39] 卢向前、戴国强：人民币实际汇率波动对我国进出口的影响：1994～2003，载《经济研究》2005 年第 5 期。

[40] 鲁迪格·多恩布什、阿尔贝尔·吉奥瓦尼尼：《开放经济中的货币政策》，引自本杰明·M. 弗里德曼、弗兰克·H. 哈恩（主编）《货币经济学手册》第 2 卷，经济科学出版社 2002 年版。

[41] 陆前进、温彬：中国外汇市场压力与通货膨胀：理论分析与实证研究，载《财贸经济》2013 年第 11 期。

[42] [美] 迈克尔·罗斯金等：《政治科学》，林震等译，中国人民大学出版社 2009 年版。

[43]［美］N·格里高利·曼昆：《宏观经济学》，卢远瞩译，中国人民大学出版社 2011 年版。

[44]［意］尼古拉·阿克塞拉：《经济政策原理：价值与技术》，郭庆旺等译，中国人民大学出版社 2001 年版。

[45] 潘敏、缪海斌：银行信贷、经济增长与通货膨胀压力，载《经济评论》2010 年第 2 期。

[46] 钱学锋：企业异质性、贸易成本与中国出口增长的二元边际，载《管理世界》2008 年第 9 期。

[47] 钱学锋、熊平：中国出口增长的二元边际及其因素决定，载《经济研究》2010 年第 1 期。

[48] 秦宛顺、靳云汇、卜永祥：资本流动、定价行为与汇率制度的福利分析，载《金融研究》2003 年第 1 期。

[49] 盛朝晖：中国货币政策传导渠道效应分析：1994~2004，载《金融研究》2006 年第 7 期。

[50] 盛松成、吴培新：中国货币政策的二元传导机制，载《经济研究》2008 年第 10 期。

[51] 宋海林、刘澄：《中国货币信贷政策理论与实证》，中国金融出版社 2003 年版。

[52] 孙华好：传统钉住汇率制度下中国货币政策自主性和有效性：1998~2005，载《世界经济》2007 年第 1 期。

[53] 孙华好、马跃：货币政策对外自主性：中国的实践，载《数量经济技术经济研究》2015 年第 1 期。

[54] 孙立坚：《开放经济中的外部冲击效应和汇率安排》，上海人民出版社 2005 年版。

[55] 汪川、黎新、周镇峰：货币政策的信贷渠道：基于"金融加速器模型"的中国经济周期分析，载《国际金融研究》2011 年第 1 期。

[56] 王倩：东亚经济体汇率的锚货币及汇率制度弹性检验——基于新外部货币模型的实证分析，载《国际金融研究》2011 年第 11 期。

[57] 王志强、孙刚、邓黎阳：中国的 MA 模型与一体化政策效果，载《世界经济》2002 年第 7 期。

[58] 吴念鲁、陈全庚：《人民币汇率研究》，中国金融出版社 2002 年版。

[59] 许少强、朱真丽：《1949~2000年的人民币汇率史》，上海财经大学出版社2002年版。

[60] 许伟、陈斌开：银行信贷与中国经济波动：1993~2005，载《经济学（季刊）》2009年第3期。

[61] 杨娇辉、黄新飞、吴婉雯：制度特征、法律起源与汇率制度选择，载《世界经济》2019年第9期。

[62] 易行健：经济开放条件下的货币需求函数：中国的经验，载《世界经济》2006年第4期。

[63] 曾先锋：估算汇率弹性的模型和对人民币汇率的实证分析，载《数量经济技术经济研究》2006年第2期。

[64] 曾雄军：美国利益集团施压人民币升值的路径分析，载《外交评论：外交学院学报》2013年2期。

[65] 张璟、刘晓辉：出口产品分散化与汇率制度选择，载《世界经济》2018年第8期。

[66] 张璟、刘晓辉：金融结构与固定汇率制度——来自新兴市场的假说和证据，载《世界经济》2015年第10期。

[67] 张翔、何平、马菁蕴：人民币汇率弹性和我国货币政策效果，载《金融研究》2014年第8期。

[68] 赵振全、于震、刘淼：金融加速器效应在中国存在吗？载《经济研究》2007年第6期。

[69] 中国人民银行办公厅：《人民币汇率政策宣传手册》，中国金融出版社2005年版。

[70] 周兵、靳玉英、张志栋：新兴市场国家外汇市场压力影响因素研究，载《国际金融研究》2012年第5期。

[71] 周阳、原雪梅、范跃进：事实汇率机制名义锚与汇率制度弹性检验：基于人民币汇率数据的国际比较分析，载《经济学家》2012年第8期。

[72] Aghion, Philippe, Philippe Bacchetta and Abhijit Banerjee, A Simple Model of Monetary Policy and Currency Crises. *European Economic Review*, Vol. 44, No. 4-6, 2000, pp. 728-738.

[73] Aghion, Philippe, Philippe Bacchetta and Abhijit Banerjee, A Corporate Balance-sheet Approach to Currency Crises. *Journal of Economic Theory*,

Vol. 119, No. 1, 2004, pp. 6 – 30.

[74] Aizenman, Joshua, Monetary and Real Shocks, Productive Capacity and Exchange Rate Regimes. *Economica, New Series*, Vol. 61, No. 244, 1994, pp. 407 – 434.

[75] Aizenman, Joshua and Jacob A. Frenkel, Optimal Wage Indexation, Foreign Exchange Intervention, and Monetary Policy. *American Economic Review*, Vol. 75, No. 3, 1985, pp. 402 – 423.

[76] Aizenman, Joshua and Mahir Binici, Exchange Market Pressure in OECD and Emerging Economies: Domestic vs. External Factors and Capital Flows in the Old and New Normal. NBER, Working Paper, No. 21662, 2015.

[77] Aizenman, Joshua and Michael M. Hutchison, Exchange Market Pressure and Absorption by International Reserves: Emerging Markets and Fear of Reserve Loss During the 2008 – 09 Crisis. NBER, Working Paper, No. 16260, 2010.

[78] Aizenman, Joshua and Ricardo Hausmann, Exchange Rate Regimes and Financial Market Imperfections. NBER, Working Paper, No. 7738, 2000.

[79] Aizenman, Joshua, Jaewoo Lee and Vladyslav Sushko, From the Great Moderation to the Global Crisis: Exchange Market Pressure in the 2000s. NBER, Working Paper, No. 16447, 2010a.

[80] Aizenman, Joshua, Menzie D. Chinn and Hiro Ito, The Emerging Global Financial Architecture: Tracing and Evaluating New Patterns of the Trilemma Configuration. *Journal of International Money and Finance*, Vol. 29, No. 4, 2010b, pp. 615 – 641.

[81] Alesina, Alberto and Alexander Wagner, Choosing (and Reneging on) Exchange Rate Regimes. *Journal of the European Economic Association*, Vol. 4, No. 4, 2006, pp. 770 – 799.

[82] Aliber, Robert Z., Rules and Authorities in International Monetary Arrangements: The Role of the Central Bank. *American Economic Review*, Vol. 90, No. 2, 2000, pp. 43 – 47.

[83] Allen, Franklin and Douglas Gale, *Comparing Financial Systems*. Cambridge, MA: The MIT Press, 2000.

[84] Alvarez-Plata, P. and M. Schrooten, Misleading Indicators? The Argentinean

Currency Crises. *Journal of Policy Modeling*, Vol. 26, No. 5, 2004, pp. 587 – 603.

[85] Amurgo-Pacheco, Alberto and Martha Denisse Pierola, Patterns of Export Diversification in Developing Countries: Intensive and Extensive Margins. World Bank Policy Research, Working Paper, No. 4473, 2008.

[86] Anderson, Harald, Fear of Floating Revisited. Available at SSRN: https://ssrn.com/abstract=2178767, 2012.

[87] Asiçi, Ahmet A. and Charles Wyplosz, The Art of Gracefully Exiting a Peg. *The Economic and Social Review*, Vol. 34, No. 3, 2003, pp. 211 – 228.

[88] Asiçi, Ahmet A., Nadezhda Ivanova and Charles Wyplosz, How to Exit from Fixed Exchange Rate Regimes? *International Journal of Finance and Economics*, Vol. 13, No. 3, 2008, pp. 219 – 246.

[89] Bailliu, Jeannine, Robert Lafrance and Jean-François Perrault, Does Exchange Rate Policy Matter for Growth? *International Finance*, Vol. 6, No. 3, 2003, pp. 381 – 414.

[90] Ball, Christopher P. and Javier Reyes, Inflation Targeting or Fear of Floating in Disguise? A Broader Perspective. *Journal of Macroeconomics*, Vol. 30, No. 1, 2008, pp. 308 – 326.

[91] Barajas, Adolfo, Lennart Erickson and Roberto Steiner, Fear of Declaring: Do Markets Care What Countries Say about Their Exchange Rate Policies? *IMF Staff Papers*, Vol. 55, No. 3, 2008.

[92] Barro, Robert J., The Determinants of Democracy. *Journal of Political Economy*, Vol. 107, No. S6, 1999, pp. 158 – 183.

[93] Barro, Robert J. and David B. Gordon, A Positive Theory of Monetary Policy in a Natural-Rate Model. *Journal of Political Economy*, Vol. 91, No. 4, 1983, pp. 589 – 610.

[94] Baxter, Marianne and Alan Stockman, Business Cycles and the Exchange-Rate Regime: Some International Evidence. *Journal of Monetary Economics*, Vol. 23, No. 3, 1989, pp. 377 – 400.

[95] Bayoumi, Tamim, A Formal Model of Optimum Currency Areas. *IMF Staff Papers*, Vol. 41, No. 4, 1994, pp. 537 – 554.

[96] Bayoumi, Tamin and Barry Eichengreen, Optimum Currency Areas and

Exchange Rate Volatility: Theory and Evidence Compared. In Benjamin Cohen (Eds.), *International Trade and Finance: New Frontiers for Research.* Cambridge: Cambridge University Press, 1997, pp. 184 – 215.

[97] Bearce, David H. and Mark Hallerberg, Democracy and De Facto Exchange Rate Regimes. *Economics and Politics*, Vol. 23, No. 2, 2011, pp. 172 – 194.

[98] Bénassy-Quéré, Agnés and Benoît Cœiré, The Survival of Intermediate Exchange Rate Regimes. CEPII, Working Paper, No. 7, 2002.

[99] Berdiev, Aziz N., Yoonbai Kim and Chun Ping Chang, The Political Economy of Exchange Rate Regimes in Developed and Developing Countries. *European Journal of Political Economy*, Vol. 28, No. 1, 2012, pp. 38 – 53.

[100] Berg, Andrew and Catherine Pattillo, Predicting Currency Crises: The Indicators Approach and an Alternative. *Journal of International Money and Finance*, Vol. 18, No. 4, 1999, pp. 561 – 586.

[101] Berger, Helge, Henrik Jensen and Guttorm Schjelderup, To Peg or Not to Peg? A Simple Model of Exchange Rate Regime Choice in Small Economies. *Economics Letters*, Vol. 73, No. 2, 2001, pp. 161 – 167.

[102] Berger, Helge, Jan-Egbert Sturm and Jakob De Haan, An Empirical Investigation into Exchange Rate Regime Choice and Exchange Rate Volatility. CESifo, Working Paper, No. 263, 2000.

[103] Bergin, Paul R. and Ching-Yi Lin, Exchange Rate Regimes and the Extensive Margin of Trade. NBER, Working Paper, No. 14126, 2008.

[104] Bernanke, Ben and Alan Blinder, Credit, Money, and Aggregate Demand. *American Economic Review*, Vol. 78, No. 2, 1988, pp. 435 – 349.

[105] Bernard, Andrew B., J. Bradford Jensen, Stephen J. Redding and Peter K. Schott, Trade, Product Turnover and Quality. *American Economic Review*, Vol. 99, No. 2, 2009, pp. 487 – 493.

[106] Bernard, Andrew B., J. Bradford Jensen, Stephen J. Redding and Peter K. Schott, Firms in International Trade. *Journal of Economic Perspectives*, Vol. 21, No. 3, 2007, pp. 105 – 130.

[107] Bernhard, William and David Leblang, Democratic Institutions and

Exchange-Rate Commitments. *International organization*, Vol. 53, No. 1, 1999, pp. 71 – 97.

[108] Bersch, Julia and Ulrich Klüh, When Countries Do Not Do What They Say: Systematic Discrepancies between Exchange Rate Regime Announcements and De Facto Policies. University of Munich, Discussion Papers in Economics, No. 38, 2008.

[109] Bertoli, Simone, Giampiero M. Gallo and Giorgio Ricchiuti, Exchange Market Pressure: Some Caveats in Empirical Applications. *Applied Economics*, Vol. 42, No. 19, 2010, pp. 2435 – 2448.

[110] Bigio, Saki, Learning under Fear of Floating. *Journal of Economic Dynamics & Control*, Vol. 34, No. 10, 2010, pp. 1923 – 1950.

[111] Bird, Graham and Dane Rowlands, Bi-Polar Disorder: Exchange Rate Regimes, Economic Crises and the IMF. School of Economics, University of Surrey, Discussion Papers, No. 0705, 2005.

[112] Bleaney, Michael and Manuela Francisco, Balance Sheet Effects and the Choice of Exchange Rate Regime in Developing Countries. *Journal of International Trade and Economic Development*, Vol. 17, No. 2, 2008, pp. 297 – 310.

[113] Bleaney, Michael and Mo Tian, Measuring Exchange Rate Flexibility by Regression Methods, *Oxford Economic Papers*, Vol. 69, No. 1, 2017, pp. 301 – 319.

[114] Bordo, Michael D., Market Discipline and Financial Crises Policy: An Historical Perspective. NBER, Working Paper, No. 17354, 2003.

[115] Bordo, Michael D. and Marc Flandreau, Core, Periphery, Exchange Rate Regimes, and Globalization. NBER, Working Paper, No. 8584, 2001.

[116] Boyer, Russell S., Optimal Foreign Exchange Market Intervention. *Journal of Political Economy*, Vol. 86, No. 6, 1978, pp. 1045 – 1055.

[117] Broz, Lawrence J., Political System Transparency and Monetary Commitment Regimes. *International organization*, Vol. 56, No. 4, 2002, pp. 861 – 887.

[118] Broz, Lawrence J. and Frieden, Jeffry A., The Political Economy of International Monetary Relations. *Annual Review of Political Science*, Vol. 4, No. 1, 2001, pp. 317 – 343.

[119] Broz, Lawrence J. and Jeffry A. Frieden, The Political Economy of Exchange Rates. In Barry Weingast and Donald Wittman (Eds.), *Oxford Handbook of Political Economy*, Oxford: Oxford University Press, 2006.

[120] Broz, Lawrence, Jeffry A. Frieden and Stephen Weymouth, Exchange Rate Policy Attitudes: Direct Evidence from Survey Data. *IMF Staff Papers*, Vol. 55, No. 3, 2008, pp. 417 – 444.

[121] Bubula, Andrea and İncí Ötker-Robe, The Evolution of Exchange Rate Regimes Since 1990: Evidence from De Facto Policies. IMF, Working Paper, No. 155, 2002.

[122] Bubula, Andrea and İncí Ötker-Robe, Are Pegged and Intermediate Exchange Rate Regimes More Crisis Prone? IMF, Working Paper, No. 223, 2003.

[123] Bueno De Mesquita, Simith Bruce, Siverson Alastair, Randolph M. and James D. Morrow, The *Logic of Political Survival*. Cambridge, MA: The MIT Press, 2003. pp. 37 – 57.

[124] Bussière, Matthieu and Christian Mulder, Political Instability and Economic Vulnerability. IMF, Working Paper, No. 46, 1999.

[125] Caballero, Ricardo J. and Arvind Krishnamurthy, Exchange Rate Volatility and the Credit Channel in Emerging Markets: A Vertical Perspective. *International Journal of Central Banking*, Vol. 1, No. 1, 2005, pp. 207 – 245.

[126] Cadot, Olivier, Céline Carrère and Vanessa Strauss-Kahn, Export Diversification: What's Behind the Hump? *Review of Economics and Statistics*, Vol. 93, No. 2, 2011, pp. 590 – 605.

[127] Cadot, Olivier, Céline Carrère and Vanessa Strauss-Kahn, Trade Diversification, Income, and Growth: What Do We Know? *Journal of Economic Surveys*, Vol. 27, No. 4, 2013, pp. 790 – 812.

[128] Calderón, César and Klaus Schmidt-Hebbel, Choosing an Exchange Rate Regime, Central Bank of Chile, Working Paper, No. 494, 2008.

[129] Calvo, Guiliermo A. and Carmen M. Reinhart, Fear of Floating. *Quarterly Journal of Economics*, Vol. CXVII, No. 2, 2002, pp. 79 – 408.

[130] Calvo, Guillermo A. and Carlos Alfredo Rodriguez, A Model of Exchange Rate Determination under Currency Substitution and Rational Expectations.

Journal of Political Economy, Vol. 85, No. 3, 1977, pp. 617 – 625.

[131] Calvo, Guillermo A. and Carmen M. Reinhart, Fixing for Your Life. In Susan Margaret Collins and Dani Rodrik (Eds.), *Brookings Trade Forum* 2000. *Policy Challenges in the Next Millennium*. Washington DC: Brookings Institution, 2001.

[132] Calvo, Guillermo A. and Frederic S. Mishkin, The Mirage of Exchange Rate Regimes for Emerging Market Countries. *Journal of Economic Perspectives*, Vol. 17, No. 4, 2003, pp. 99 – 118.

[133] Caramazza, Francesco and Jahangir Aziz, Fixed or Flexible: Getting the Exchange Rate Right in the 1990s. IMF, *Economic Issue*, No. 13, 1998.

[134] Carmignani, Fabrizio, Emilio Colombo and Patrizio Tirelli, Exploring Different Views of Exchange Rate Regime Choice. *Journal of International Money and Finance*, Vol. 27, No. 7, 2008, pp. 1117 – 1197.

[135] Cavallari, Lilia and Stefano D'Addona, Trade Margins and Exchange Rate Regimes: New Evidence from a Panel VARX Model. MPRA Paper, No. 51585, 2013.

[136] Cavoli, Tony and Ramkishen S. Rajan, The Extent of Exchange Rate Flexibility in India: Basket Pegger or Closet US Solar Pegger? Working Paper, No. 424, 2006.

[137] Cavoli, Tony and Ramkishen S. Rajan, South Asian Exchange Rates Regimes: Fixed, Flexible or Something In-Between? *South Asia Economic Journal*, Vol. 14, No. 1, 2013, pp. 1 – 15.

[138] Céspedes, Luis Felipe, Roberto Chang and Andrés Velasco, IS-LM-BP in the Pampas. NBER, Working Paper, No. 9337, 2002.

[139] Céspedes, Luis Felipe, Roberto Chang and Andrés Velasco, Balance Sheets and Exchange Rate Policy. *American Economic Review*, Vol. 94, No. 4, 2004, pp. 1183 – 1193.

[140] Chang, Chun-Ping and Lee Chien-Chiang, The Effect of Government Ideology on an Exchange Rate Regime: Some International Evidence. *World Economy*, Vol. 39, No. 4, 2013, pp. 1 – 47.

[141] Cheibub, José Antonio, Jennifer Grandhi and James R. Vreeland, De-

mocracy and Dictatorship Revisited. *Public Choice*, Vol. 143, No. 2 – 1, 2010, pp. 67 – 101.

[142] Chin, Daniel M. and Preston J. Miller, Fixed vs. Floating Rates: A Dynamic General Equilibrium Analysis. *European Economic Review*, Vol. 42, No. 7, 1998, pp. 1221 – 1249.

[143] Chinn, Menzie D. and Hiro Ito, Capital Account Liberalization, Institutions and Financial Development: Cross Country Evidence. NBER, Working Paper, No. 8967, 2002.

[144] Chinn, Menzie D. and Hiro Ito, What Matters for Financial Development? Capital Controls, Institutions and Interactions. *Journal of Development Economics*, Vol. 81, No. 1, 2006, pp. 163 – 192.

[145] Chinn, Menzie D. and Hiro Ito, A New Measure of Financial Openness. *Journal of Comparative Policy Analysis*, Vol. 10, No. 3, 2008, pp. 309 – 322.

[146] Chowdhury, Mohammad Tarequl H., Prasad Sankar Bhattacharya, Debdulal Mallick and Mehmet A. Ulubaşoğlu, An Empirical Inquiry into the Role of Sectoral Diversification in Exchange Rate Regime Choice. *European Economic Review*, Vol. 67, No. 4, 2014, pp. 210 – 227.

[147] Collins, Susan M., On Becoming More Flexible: Exchange Rate Regimes in Latin American and the Caribbean. *Journal of Development Economics*, Vol. 51, No. 1, 1996, pp. 117 – 138.

[148] Combes, Jean-Louis, Tidiane Kinda and Patrick Plane, Capital Flows, Exchange Rate Flexibility, and the Real Exchange Rate. *Journal of Macroeconomics*, Vol. 34, No. 4, 2012, pp. 1034 – 1043.

[149] Cooke, Dudley, Openness and Inflation. *Journal of Money, Credit and Banking*, Vol. 42, No. 2 – 3, 2010, pp. 267 – 287.

[150] Cooper, Richard, Currency Devaluation in Developing Countries. *Essays in International Finance*, No. 86, Princeton University Press, 1971.

[151] Corsetti, Giancarlo, New Open Economy Macroeconomics, Paper Prepared for the New Palgrave, 2007.

[152] Corsetti, Giancarlo and Paolo Psenti, Self-Validating Optimum Currency Area. NBER, Working Paper, No. 8783, 2002.

[153] Corsetti, Giancarlo and Paolo Psenti, The Simple Geometry of Transmission and Stabilization in Closed and Open Economies. In Richard Clarida and Francesco Giavazzi (Eds.), *NBER International Seminar on Macroeconomics*, Chicago: University of Chicago Press, 2007.

[154] Cruz Rodríguez A., Choosing and Assessing Exchange Rate Regimes: A Survey of the Literature. *Revista De Análisis Económico*, Vol. 28, No. 2, 2013, pp. 37 – 61.

[155] Das, Sonali, China's Evolving Exchange Rate Regime. IMF, Working Paper, No. 50, 2019.

[156] Dellas, Harris and George S. Tavlas, An Optimum-Currency-Area Odyssey. *Journal of International Money and Finance*, Vol. 28, No. 7, 2009, pp. 1117 – 1137.

[157] Demirguc-Kunt, Asli and Ross Levine, Bank-Based and Market-Based Financial Systems: Cross-Country Comparisons. In Asli Demirguc-Kunt and Ross Levine (Eds.), *Financial Structure and Economic Growth: A Cross-Country Comparison of Banks, Markets, and Development*, Cambridge (Massachusetts): The MIT Press, 2001, pp. 81 – 140.

[158] Detragiache, Enrica, Ashoka Mody and Eisuke Okada, Exits from Heavily Managed Exchange Rate Regimes. IMF, Working Paper, No. 39, 2005.

[159] Devereux, Michael B., Fix, Float, or Single Currency? The Choice of Exchange Rate Regime, CAHIER, No. 4, 2000.

[160] Devereux, Michael B. and Charles Engel, Fixed vs. Floating Exchange Rates: How Price Setting Affects the Optimal Choice of Exchange-Rate Regime. NBER, Working Paper, No. 6867, 1998.

[161] Devereux, Michael B. and Charles Engel, 1999. The Optimal Choice of Exchange-Rate Regimes: Price-setting Rules and Internationalized Production. In Magnus Blomstrom and Linda Goldberg (Eds.), *Topics in Empirical International Economics: Festschrift in Honor of Robert Lipsey*, Cambridge, MA: NBER Press, 2001.

[162] Dornbusch, Rudiger, Expectations and Exchange Rate Dynamics. *Journal of Political Economy*, Vol. 84, No. 6, 1976, pp. 1161 – 1176.

[163] Dreher, Axel, Does Globalization Affect Growth? Empirical Evidence from a New Index. *Applied Economics*, Vol. 38, No. 10, 2006, pp. 1091 – 1110.

[164] Dubas, Justin M., Byung-Joo Lee and Nelson C. Mark, A Multinomial Logit Approach to Exchange Rate Policy Classification with an Application to Growth. *Journal of International Money and Finance*, Vol. 29, No. 7, 2010, pp. 1438 – 1462.

[165] Edison, Hali J., Do Indicators of Financial Crises Work? An Evaluation of an Early Warning System. *International Journal of Finance and Economics*, Vol. 8. No. 1, 2003, pp. 11 – 53.

[166] Edison, Hali and Ronald Macdonald, Credibility and Interest Rate Discretion in the ERM. *Open Economies Review*, Vol. 14, No. 4, 2003, pp. 351 – 368.

[167] Edwards, Sebastian, The Determinants of the Choice between Fixed and Flexible Exchange-Rate Regimes. NBER, Working Paper, No. 5756, 1996.

[168] Edwards, Sebastian, The Choice of Exchange Rate Regime in Developing and Middle Income Countries. In Takatoshi Ito and Anne O. Krueger (Eds.), *Changes in Exchange Rates in Rapidly Development Countries: Theory, Practice, and Policy Issues*, Chicago: University of Chicago Press, 1999.

[169] Edwards, Sebastian, Exchange Rate Regimes, Capital Flows, and Crisis Prevention. NBER, Working Paper, No. 8529, 2001.

[170] Edwards, Sebastian, Monetary Policy Independence under Flexible Exchange Rates: An Illusion? *World Economy*, Vol. 38, No. 5, 2015, pp. 773 – 787.

[171] Eichengreen, Barry, *International Monetary Arrangements for the 21st Century*. Washington: Brookings Institution, 1994.

[172] Eichengreen, Barry and Rual Razo-Garcia, How Reliable Are De Facto Exchange Rate Regime Classifications? *International Journal of Finance and Economics*, Vol. 18, No. 3, 2013, pp. 216 – 239.

[173] Eichengreen, Barry, Andrew K. Rose and Charles Wyplosz, Speculative Attacks on Pegged Exchange Rates an Empirical Exploration with Special Reference to the European Monetary System. NBER, Working Paper, No. 4898, 1994.

[174] Eichengreen, Barry, Andrew K. Rose and Charles Wyplosz, Exchange Market Mayhem: The Antecedents and Aftermath of Speculative Attacks. *Economic Policy*, Vol. 10, No. 21, 1995, pp. 249 – 312.

[175] Eichengreen, Barry, Andrew K. Rose and Charles Wyplosz, Contagious Currency Crises. *Scandinavian Journal of Economics*, Vol. 98, No. 4, 1996, pp. 463 – 484.

[176] Eichengreen, Barry, Ricardo Hausmann and Ugo Panizza, 2003. The Pain of Original Sin. In Barry Eichengreen and Ricardo Hausmann (Eds.), *Other People's Money: Debt Denomination and Financial Instability in Emerging Market Economies*, Chicago: University of Chicago Press, 2004.

[177] Eichengreen, Barry, Kicking the Habit: Moving from Pegged Rates to Greater Exchange Rate Flexibility. *Economic Journal*, Vol. 109, No. 454, 1999, pp. 1 – 14.

[178] Faia, Ester, Massimo Giuliodori and Michele Ruta, Political Pressures and Exchange Rate Stability in Emerging Market Economies. *Journal of Applied Economics*, Vol. XI, No. 1, 2008, pp. 1 – 32.

[179] Feenstra, Robert C. and Alan M. Taylor, *International Macroeconomics* (3rd Edition), New York: Worth Publishers, 2014.

[180] Fendel, Ralf, Open Economy Macroeconomics in the Post Mundell-Fleming Era, *Review of Economics*, Vol. 53, 2002, pp. 53 – 87.

[181] Fiess, Norbert and Rashmi Shankar, Determinants of Exchange Rate Regimes Switching. *Journal of International Money and Finance*, Vol. 28, No. 1, 2009, pp. 68 – 98.

[182] Fischer, Stanley, Exchange Rate Regimes: Is the Bipolar View Correct? *Journal of Economic Perspectives*, Vol. 50, No. 2, 2001, pp. 3 – 24.

[183] Fleming, Marcus J., Domestic Financial Policy under Fixed and under Floating Exchange Rates. *IMF Staff Papers*, Vol. 9, No. 3, 1962, pp. 369 – 380.

[184] Fleming, Marcus J., On Exchange Rate Unification. *Economic Journal*, Vol. 81, No, 323, 1971, pp. 467 – 488.

[185] Flood, Robert P., Capital Mobility and the Choice of Exchange Rate Regime. *International Economic Review*, Vol. 20, No. 2, 1979, pp. 405 – 416.

[186] Flood, Robert P. and Nancy P. Marion, The Transmission of Disturbances under Alternative Exchange Rate Regimes with Optimal Indexing. *Quarterly Journal of Economics*, Vol. 97, No. 1, 1982, pp. 43 – 66.

［187］ Flood, Robert P., Jagdeep S. Bhandari and Horne Jocelyn P., Evolution of Exchange Rate Regimes. IMF, Working Paper, No. 0440, 1988.

［188］ Forssback, Jens and Oxelheim Lars, On the Link between Exchange-Rate Regimes, Capital Controls and Monetary Policy Autonomy in Small European Countries, 1979－2000. *World Economy*, Vol. 29, No. 3, 2006, pp. 341－368.

［189］ Frankel, Jeffrey A., No Single Currency Regime Is Right for All Countries or At All Times. NBER, Working Paper, No. 7338, 1999.

［190］ Frankel, Jeffrey A., Experiences of and Lessons from Exchange Rate Regimes in Emerging Economies. NBER, Working Paper, No. 10032, 2003.

［191］ Frankel, Jeffrey A., Contractionary Currency Crashes in Developing Countries. *IMF Staff Papers*, Vol. 52, No. 2, 2005.

［192］ Frankel, Jeffrey A., Choosing an Exchange Rate Regime. In Jessica James, Ian W. Marsh, and Lucio Sarno (Eds.), *Handbook of Exchange Rates*, New York: John Wiley & Sons, 2012.

［193］ Frankel, Jeffrey A. and Andrew Rose, The Endogeneity of the Optimum Currency Area Criterion. *Economic Journal*, Vol. 108, No. 449, 1998, pp. 1009－1025.

［194］ Frankel, Jeffrey A. and Danyang Xie, Estimation of De Facto Flexibility Parameter and Basket Weights in Evolving Exchange Rate Regimes. *American Economic Review*, Vol. 100, No. 2, 2010, pp. 568－572.

［195］ Frankel, Jeffrey A. and Shang-Jin Wei, Estimation of De Facto Exchange Rate Regimes: Synthesis of the Techniques for Inferring Flexibility and Basket Weights. *IMF Staff Papers*, Vol. 55, No. 3, 2008, pp. 384－416.

［196］ Frankel, Jeffrey A., Sergio L. Schmukler and Luis Servén, Transmission of Interest Rates: Monetary Independence and Currency Regime. *Journal of International Money and Finance*, Vol. 23, No. 5, 2004, pp. 701－733.

［197］ Frankel, Jeffrey A., Sergio Schmukler and Luis Servén, Verifiability and the Vanishing Intermediate Exchange Rate Regime. *Journal of Development Economics*, Vol. 66, No. 2, 2001, pp. 351－386.

［198］ Frankel, Jeffrey A., Systematic Managed Floating. *Open Economy Reviews*, Vol. 30, No. 2, 2019, pp. 255－295.

[199] Frieden, Jeffry A., Invested Interests: The Politics of National Economic Policies in A World of Global Finance. I*nternational organization*, Vol. 45, No. 4, 1991, pp. 425 –451.

[200] Frieden, Jeffry A., Exchange Rate Politics: Contemporary Lessons from American History. *Review of International Political Economy*, Vol. 1, No. 1, 1994, pp. 81 –103.

[201] Frieden, Jeffry A. and Ernesto Stein, The Political Economy of Exchange Rate Policy in Latin America: An Analytical Overview. RES, Working Paper, No. 3118, 2000.

[202] Frieden, Jeffry A., David Leblang and Neven Valev, The Political Economy of Exchange Rate Regimes in Transition Economies. *Review of International organization*, Vol. 5, No. 1, 2010, pp. 1 –25.

[203] Frieden, Jeffry A., Piero Ghezzi and Ernesto Stein, Politics and Exchange Rates: A Cross-Country Approach. In Jeffry A. Frieden and Ernesto Stein (Eds.), *The Currency Game: Exchange Rate Politics in Latin America*, Baltimore: Johns Hopkins University Press, 2001, pp. 21 –63.

[204] Friedman, Milton, The Case for Flexible Exchange Rates. In Milton Friedman (Eds.), *Essays in Positive Economics*, Chicago: University of Chicago Press, 1953.

[205] Gallego, Francisco and Geraint Jones, Exchange Rate Interventions and Insurance: Is "Fear of Floating" a Cause for Concern? Central Bank of Chile, Working Paper, No. 326, 2005.

[206] Ganapolsky, Eduardo J., Optimal Fear of Floating: The Role of Currency Mismatches and Fiscal Constraint. Federal Reserve Bank of Atlanta, Working Paper, No. 31, 2003.

[207] Gandolf, Giancarlo, *International Finance and Open-Economy Macroeconomics*, Berlin Heidelberg: Springer-Verlag, 2016.

[208] Garrett, Geoffrey, Capital Mobility, Trade, and the Domestic Politics of Economic Policy. *International Organization*, Vol. 49, No. 4, 1995, pp. 657 –687.

[209] Gbadamosi, Aderonke, Understanding the Developed/Developing Country Taxonomy. Advocates for International Development, 2017.

[210] Genberg, Hans and Alexander K. Swoboda, Exchange Rate Regimes: Does What Countries Say Matter? *IMF Staff Papers*, Vol. 52, No. 1, 2005, pp. 129 – 141.

[211] Ghironi, Fabio and Marc Melitz, Trade Flow Dynamics with Heterogeneous Firms, *American Economic Review*, Vol. 97, No. 2, 2007, pp. 356 – 361.

[212] Ghosh, Atish R., Anne-Marie Gulde and Holger C. Wolf, *Exchange Rate Regimes: Choices and Consequences*. Cambridge (Massachusetts): The MIT Press, 2002.

[213] Ghosh, Atish R., Anne-Marie Gulde, Jonathan D. Ostry and Holger C. Wolf, Does the Exchange Regime Matter for Inflation and Growth? IMF, *Economic Issue*, No. 2, 1996.

[214] Ghosh, Atish R., Anne-Marie Gulde, Jonathan D. Ostry and Holger C. Wolf, Does the Nominal Exchange Rate Regime Matter? NBER, Working Papers, No. 5874, 1997.

[215] Ghosh, Atish R., Mahvash S. Qureshi and Charalambos Tsangarides, Words vs. Deeds: What Really Matters? IMF, Working Paper, No. 112, 2011.

[216] Ghosh, Atish R., Mahvash S. Qureshi and Charalambos Tsangarides, On the Value of Words: Inflation and Fixed Exchange Rate Regimes. *IMF Economic Review*, Vol. 62, No. 2, 2014, pp. 288 – 322.

[217] Girtion, Lance and Don Roper, A Monetary Model of Exchange Market Pressure Applied to the Postwar Canadian Experience. *American Economic Review*, Vol. 67, No. 4, 1977, pp. 537 – 548.

[218] Glaeser, Edward L., Rafael La Porta, Florencio Lopez-De-Silanes and Andrei Shleifer, Do Institutions Cause Growth? *Journal of Economic Growth*, Vol. 9, No. 3, 2004, pp. 271 – 303.

[219] Glick, Reuven and Michael M. Hutchison, Banking and Currency Crises: How Common Are Twins? In Reuven Glick, Michael M. Hutchison (Eds.), *Financial Crises in Emerging Markets*, Cambridge (UK): Cambridge University Press, 2001.

[220] Goldstein, Morris and Philip Turner, *Controlling Currency Mismatches in Emerging Markets*. Peterson Institute, 2004.

[221] Guisinger, Alexandra and David A. Singer, Exchange Rate Proclamations and Inflation-Fighting Credibility. *International organization*, Vol. 64, No. 2, 2010, pp. 313 – 337.

[222] Habermeier, Karl, Annamaria Kokenyne, Romain Veyrune and Harald Anderson, Revised System for the Classification of Exchange Rate Arrangements. IMF, Working Paper, No. 211, 2009.

[223] Hadenius, Axel and Jan Teorell, Assessing Alternative Indices of Democracy, C&M Working Papers, No. 6, IPSA, 2005.

[224] Hadenius, Axel and Jan Teorell, Pathways from Authoritarianism. *Journal of Democracy*, Vol. 18, No. 1, 2007, pp. 143 – 156.

[225] Hall, Michael, Democracy and Floating Exchange Rates. *International Political Science Review*, Vol. 29, No. 1, 2008, pp. 73 – 98.

[226] Hammond, Gill, State of the Art of Inflation Targeting. Bank of England, Centre for Central Banking Studies, No. 29, 2012.

[227] Harms, Philipp and Marco Kretschmann, Words, Deeds and Outcomes: A Survey on the Growth Effects of Exchange Rate Regimes. *Journal of Economic Surveys*, Vol. 23, No. 1, 2009, pp. 139 – 164.

[228] Harms, Philipp and Mathias Hoffmann, Deciding to Peg the Exchange Rate in Developing Countries: The Role of Private Sector Debt. *Open Economies Review*, Vol. 22, No. 5, 2011, pp. 825 – 846.

[229] Hausmann, Ricardo, Should There Be Five Currencies or One Hundred and Five? *Foreign Policy*, Vol. 116, 1999, pp. 65 – 79.

[230] Hausmann, Ricardo and Bailey Klinger, Structural Transformation and Patterns of Comparative Advantage in the Product Space, Center for International Development. Harvard University, Working Paper, No. 128, 2006.

[231] Hausmann, Ricardo, Ugo Panizza and Ernesto Stein, Why Do Countries Float the Way They Float? *Journal of Development Economics*, Vol. 66, No. 2, 2001, pp. 387 – 414.

[232] Hegerty Scott W. Capital Inflows, Exchange Market Pressure, and Credit Growth in Four Transition Economies with Fixed Exchange Rates. *Economic Systems*, Vol. 33, No. 2, 2009, pp. 155 – 167.

[233] Heller, Robert H., Determinants of Exchange Rate Practices. *Journal of Money, Credit and Banking*, Vol. 10, No. 3, 1978, pp. 308 – 321.

[234] Helpman, Elhanan, An Exploration in the Theory of Exchange Rate Regimes. *Journal of Political Economy*, Vol. 89, No. 5, 1981, pp. 865 – 890.

[235] Helpman, Elhanan and Assaf Razin, Towards A Consistent Comparison of Alternative Exchange Rate Systems. *Canadian Journal of Economics*, Vol. 12, No. 3, 1979, pp. 394 – 409.

[236] Helpman, Elhanan and Assaf Razin, A Comparison of Exchange Rate Regimes in the Presence of Imperfect Capital Markets. *International Economic Review*, Vol. 23, No. 2, 1982, pp. 365 – 388.

[237] Hensher, David A., John M. Rose and William H. Greene, Applied Choice Analysis, Cambridge (UK): Cambridge University Press, 2015.

[238] Herwartz, Helmut and Jan Roestel, Mundell's Trilemma: Policy Trade-offs within the Middle Ground. *Journal of International Money and Finance*, Vol. 75, No. 1, 2017, pp. 1 – 13.

[239] Hibbs, Douglas A., Political Parties and Macroeconomic Policy, *American Political Science Review*, Vol. 71, No. 4, 1977, pp. 1467 – 1487.

[240] Holden, Paul, Merle Holden and Esther C. Suss, The Determinants of Exchange Rate Flexibility: An Empirical Investigation. *Review of Economics and Statistics*, Vol. 61, No. 3, 1979, pp. 327 – 333.

[241] Hossain, Monzur, Institutional Development and the Choice of Exchange Rate Regime: A Cross-Country Analysis. *Journal of the Japanese and International Economics*, Vol. 23, No. 1, 2009, pp. 56 – 70.

[242] Hummels, David and Peter J. Klenow, The Variety and Quality of a Nation's Exports. *American Economic Review*, Vol. 95, No. 3, 2005, pp. 704 – 723.

[243] Husain, Aasim, Aska Mody and Kenneth S. Rogoff, Exchange Rate Durability and Performance in Developing Versus Advanced Economies. *Journal of Monetary Economics*, Vol. 52, No. 1, 2005, pp. 35 – 64.

[244] Ilzetzki, Ethan, Carmen M. Reinhart and Kenneth S. Rogoff, Exchange Arrangements Entering the 21st Century: Which Anchor Will Hold? *Quarterly Journal of Economics*, Vol. 134, No. 2, 2019, pp. 599 – 646.

[245] Im, Kyung So, Hashem Pesaran M. and Yongcheol Shin, Testing for Unit Roots in Heterogeneous Panels. *Journal of Econometrics*, Vol. 115, No. 1, 2003, pp. 53 – 74.

[246] IMF, *Annual Report on Exchange Arrangements and Exchange Restrictions*. Washington, 2001 – 2014.

[247] IMF, De Facto Classification of Exchange Rate Regimes and Monetary Policy Framework, 2009.

[248] IMF, World Economic Outlook: Rebalancing Growth, 2010.

[249] IMF, Sustaining Long-Run Growth and Macroeconomic Stability in Low-Income Countries: The Role of Structural Transformation and Diversification. IMF, *Policy Paper*, 2014.

[250] Jansen, W. Jos, Inside the Impossible Triangle: Monetary Policy Autonomy in A Credible Target Zone. *Contemporary Economic Policy*, Vol. 26, No. 2, 2008, pp. 216 – 228.

[251] Jin, Sainan, Discrete Choice of Modeling with Nonstationary Panels Applied to Exchange Rate Regime Choice. *Journal of Econometrics*, Vol. 150, No. 2, 2009, pp. 312 – 321.

[252] Johnson, Harry G., The Case for Flexible Exchange Rates. *Federal Reserve Bank of St. Louis*, 1969, pp. 12 – 24.

[253] Juhn, Grace and Paolo Mauro, Long-Run Determinants of Exchange Rate Regimes: A Simple Sensitivity Analysis. IMF, Working Paper, No. 104, 2002.

[254] Kaminsky, Graciela and Carmen M. Reinhart, The Twin Crises: The Causes of Banking and Balance-of-Payments Problems. *American Economic Review*, Vol. 89, No. 3, 1999, pp. 473 – 500.

[255] Kaminsky, Graciela, Saul Lizondo and Carmen M. Reinhart, Leading Indicators of Currency Crises. *IMF Staff Papers*, Vol. 45, No. 1, 1998, pp. 1 – 48.

[256] Kaplan, Stephen B., The Political Obstacles to Greater Exchange Rate Flexibility in China. *World Development*, Vol. 34, No. 7, 2006, pp. 1182 – 1200.

[257] Karcher, Sebastian and David A. Steinberg, Assessing the Causes of Capital Account Liberalization: How Measurement Matters. *International Studies*

Quarterly, Vol. 57, No. 1, 2013, pp. 128 – 137.

[258] Kaufmann, Sylvia and Maria T. Valderrama, The Role of Bank Lending in Market-Based and Bank-Based Financial Systems. *Monetary Policy and the Economy*, No. 2, 2004, pp. 88 – 97.

[259] Kenen, Peter B., The Theory of Optimum Currency Areas: An Eclectic View. In Robert A. Mundell and Alexander K. Swoboda (Eds.), *Monetary Problems of the International Economy*, Chicago: University of Chicago Press, 1969, pp. 41 – 60.

[260] Klaassen, Franc and Henk Jager, Definition-Consistent Measurement of Exchange Market Pressure. *Journal of International Money and Finance*, Vol. 30, No. 1, 2011, pp. 74 – 95.

[261] Klein, Michael W. and Jay C. Shambaugh, The Dynamics of Exchange Rate Regimes: Fixes, Floats, and Flips. *Journal of International Economics*, Vol. 75, No. 1, 2008, pp. 70 – 92.

[262] Klein, Michael W. and Jay C. Shambaugh, Rounding the Corners of the Policy Trilemma: Sources of Monetary Policy Autonomy. *American Economic Journal: Macroeconomics*, Vol. 7, No. 4, 2015, pp. 33 – 66.

[263] Klein, Michael W. and Jay C. Shambaugh, *Exchange Rate Regime in the Modern Era*. Cambridge (Massachusetts): The MIT Press, 2010.

[264] Klein, Michael W. and Nancy P. Marion, Explaining the Duration of Exchange-Rate Pegs. *Journal of Development Economics*, Vol. 54, No. 2, 1997, pp. 387 – 404.

[265] Krugman, Paul R., A Model of Balance of Payments Crises. *Journal of Money, Credit and Banking*, Vol. 11, No. 3, 1979, pp. 311 – 325.

[266] Krugman, Paul R., The Eternal Triangle: Explaining International Financial Perplexity, 1999.

[267] Krugman, Paul R., Maurice Obstfeld, and Marc J. Melitz, *International Economics: Theory and Policy* (11th Edition). New York: Pearson Education, 2018.

[268] Kydland, Finn E. and Prescott, Edward C., Rules Rather Than Discretion: The Inconsistency of Optimal Plans. *Journal of Political Economy*,

Vol. 85, No. 3, 1977, pp. 473 – 491.

[269] La Porta, Rafael, Florencio López-De-Silanes and Andrei Shleifer, The Economic Consequence of Legal Origin. *Journal of Economic Literature*, Vol. 42, No. 2, 2008, pp. 285 – 332.

[270] La Porta, Rafael, Florencio Lopez-De-Silanes, Andrei Shleifer and Robert W. Vishny, Law and Finance. *Journal of Political Economy*, Vol. 106, No. 6, 1998, pp. 1113 – 1155.

[271] Lahiri, Amartya and Carlos A. Végh, Living with the Fear of Floating: An Optimal Policy Perspective. NBER Conference on *Currency Crises Prevention*, organized by Sebastian Edwards and Jeffrey A. Frankel, Florida, 2001.

[272] Lane, Philip R., The New Open Economy Macroeconomics: A Survey. *Journal of International Economics*, Vol. 54, No. 2, 2001, pp. 235 – 266.

[273] Lane, Philip R. and Gian Maria Milesi-Ferretti, The External Wealth of Nations Mark II: Revisited and Extended Estimates of Foreign Assets and Liabilities. *Journal of International Economics*, Vol. 73, No. 2, 2007, pp. 223 – 250.

[274] Lee, Hsiu-Yun, Wen-Ya Chang and Tai-Kuang Ho, The De Facto Flexibility/Fixity of Exchange Rates: A Simple Intervention Measure. National Chung Cheng University, Working Paper, 2009.

[275] Levine, Ross, Bank-Based or Market-Based Financial Systems: Which Is Better? *Journal of Financial Intermediation*, Vol. 11, No. 4, 2002, pp. 398 – 428.

[276] Levy-Yeyati, Eduardo, Financial Dollarization: Evaluating the Consequences. *Economic Policy*, Vol. 21, No. 45, 2006, pp. 61 – 118.

[277] Levy-Yeyati, Eduardo and Federico Sturzenegger, To Float or to Fix: Evidence on the Impact of Exchange Rate Regimes on Growth. *American Economics Review*, Vol. 93, No. 2, 2003, pp. 1173 – 1193.

[278] Levy-Yeyati, Eduardo and Federico Sturzenegger, Classifying Exchange Rate Regimes: Deeds vs. Words. *European Economic Review*, Vol. 49, No. 6, 2005, pp. 1603 – 1635.

[279] Levy-Yeyati, Eduardo and Federico Sturzenegger, Fear of Appreciation. *Journal of Development Economics*, Vol. 101, No. 2, 2013, pp. 233 – 247.

[280] Levy-Yeyati, Eduardo and Federico Sturzenegger, Classifying Ex-

change Rate Regimes: 15 Years Later. *Harvard Kennedy School (HKS) Faculty Research Working Paper*, No. 28, 2016.

[281] Levy-Yeyati, Eduardo, Federico Sturzenegger and Iliana Reggio, On the Endogeneity of Exchange Rate Regimes. *European Economic Review*, Vol. 54, No. 5, 2010, pp. 659 – 677.

[282] Ligonniere, Samuel, Trilemma, Dilemma and Global Players. *Journal of International Money and Finance*, Vol. 85, No. 3, 2018, pp. 20 – 39.

[283] Lin, Ching-Yi, Exchange Rate Uncertainty and the Extensive Margin of Exports. University of California, Davis, Mimeo, 2007.

[284] Lin, Shu and Haichun Ye, The Role of Financial Development in Exchange Rate Regime Choices. *Journal of International Money and Finance*, Vol. 30, No. 4, 2011, pp. 641 – 659.

[285] Liu, Xiaohui and Jing Zhang, RMB Exchange Market Pressure and Central Bank Exchange Market Intervention. *China & World Economy*, Vol. 17, No. 3, 2009, pp. 75 – 92.

[286] Lucas, Jr. Robert E., Econometric Policy Evaluation: A Critique. In Karl Brunner and Allan H. Meltzer (Eds.), *The Phillips Curve and Labor Markets*. Amsterdam: North-Holland Publishing Company, 1976, pp. 19 – 46.

[287] Lutz, S. E., The Case for Flexible Exchange Rates. *Banca Naz. Del Lavoro*, 1954.

[288] Macdonald, Ronald, *Exchange Rate Economics: Theories and Evidence*. London and New York: Routledge, 2007.

[289] Magud, Nicolas E., Currency Mismatch, Openness and Exchange Rate Regime Choice. University of Oregon, Mimeo, 2006.

[290] Markiewicz, Agniewszka, Choice of Exchange Rate Regime in Transition Economies: An Empirical Analysis. *Journal of Comparative Economics*, Vol. 34, No. 3, 2006, pp. 484 – 498.

[291] Marshall, M., Jaggers, K. and Gurr, T. R. Polity^{tm} IV Project, 2011.

[292] Masson, Paul, Exchange Rate Regime Transition. *Journal of Development Economics*, Vol. 64. No. 2, 2001, pp. 571 – 586.

[293] Masson, Paul and Francisco J. Ruge-Murcia, Explaining the Transition between Exchange Rate Regimes. *Scandinavian Journal of Economics*, Vol. 107, No. 2, 2005, pp. 261 – 278.

[294] Mckinnon, Ronald I., Optimum Currency Areas. *American Economic Review*, Vol. 53, No. 4, 1963, pp. 717 – 725.

[295] Mckinnon, Ronald I., Comment. In (Robert A. Mundell and Alexander K. Swoboda Eds.), *Monetary Problems of the International Economy*, Chicago: University of Chicago Press, 1969.

[296] Mckinnon, Ronald I., Exchange-Rate Flexibility and Monetary Policy. *Journal of Money, Credit and Banking*, Vol. 3, No. 2, 1971, pp. 339 – 355.

[297] Meade, James E., The Case for Variable Exchange Rates. *Three Banks Review*, Vol. 27, No. 3, 1955, pp. 3 – 27.

[298] Melitz, Marc J., The Impact of Trade on Intra-Industry Reallocations and Aggregate Industry Productivity. *Econometrica*, Vol. 71, No. 6, 2003, pp. 1695 – 1725.

[299] Melvin, Michael, The Choice of an Exchange Rate System and Macroeconomic Stability. *Journal of Money, Credit and Banking*, Vol. 17, No. 4, 1985, pp. 467 – 478.

[300] Mendoza, Enrique G., The Benefits of Dollarization When Stabilization Policy Lacks Credibility and Financial Markets Are Imperfect. *Journal of Money, Credit and Banking*, Vol. 33, No. 2, 2001, pp. 440 – 474.

[301] Méon, Pierre-Guillaume and Geoffrey Minne, Mark My Words: Information and the Fear of Declaring an Exchange Rate Regime. *Journal of Development Economics*, Vol. 107, No. 2, 2014, pp. 244 – 261.

[302] Méon, Pierre-Guillaume and Jean-Marc Rizzo, The Viability of Fixed Exchange Rate Commitments: Does Politics Matter? A Theoretical and Empirical Investigation, *Open Economies Review*, Vol. 13, No. 2, 2002, pp. 113 – 132.

[303] Mihaljek, Dubravko and Marc Klau, Exchange Rate Pass-Through in Emerging Markets. BIS, Working Paper, No. 739, 2007.

[304] Milesi-Ferretti, Gian Maria, The Disadvantage of Tying Their Hands: On the Political Theory of Policy Commitments. *Economic Journal*, Vol. 105,

No. 433, 1995, pp. 1381 – 1402.

[305] Milner, Helen V. and Keiko Kubota, Why the Move to Free Trade? *International organization*, Vol. 59, No. 1, 2005, pp. 107 – 143.

[306] Minne, Geoffrey, An International Watchtower: IMF Surveillance and the Fear of Declaring One's Exchange Rate Regime. Paper Presented to the European Public Choice Society Meeting, 2013.

[307] Mishkin, Frederic S., International Experiences with Different Monetary Policy Regimes. *Journal of Monetary Economics*, Vol. 43, No. 3, 1999, pp. 579 – 605.

[308] Mishkin, Frederic S., The *Economics of Money, Banking, and Financial Markets* (11th Edition). Addison-Wesley, 2014.

[309] Mody, Ashoka and Mark P. Taylor, Regional Vulnerability: The Case of East Asia. *Journal of International Money and Finance*, Vol. 26, No. 8, 2007, pp. 1292 – 1310.

[310] Moosa, Imad A., *Exchange Rate Regimes: Fixed, Flexible or Something in between?* New York: Palgrave Macmillan, 2005.

[311] Morck, Randall and Masao Nakmura, Banks and Corporate Control in Japan. *Journal of Finance*, Vol. 54, No. 1, 1999, pp. 319 – 340.

[312] Mundell, Robert A., A Theory of Optimum Currency Areas. *American Economic Review*, Vol. 51, No. 4, 1961, pp. 657 – 665.

[313] Mundell, Robert A., Capital Mobility and Stabilization Policy under Fixed and Flexible Exchange Rates. *Canadian Journal of Economics and Political Science*, Vol. 29, No. 4, 1963, pp. 475 – 485.

[314] Mundell, Robert A., A Reply: Capital Mobility and Size. *Canadian Journal of Economics and Political Science*, Vol. 30, No. 3, 1964, pp. 421 – 431.

[315] Mussa, Michael, Nominal Exchange Rate Regimes and the Behavior of Real Exchange Rates: Evidence and Implications. In Karl Brunner and Allan H. Meltzer (Eds.), *Real Business Cycles, Real Exchange Rates and Actual Policies*, Amsterdam: North-Holland, 1986.

[316] Mussa, Michael, Paul Masson, Alexander Swogoda, Esteban Jadresic, Paolo Muro and Andy Berg, Exchange Rate Regimes in an Increasingly Inte-

grated World Economy. IMF, *Occasional Paper*, No. 193, 2000.

［317］Nogueira, Reginaldo Pinto, Inflation Targeting, Exchange Rate Pass-Through and Fear of Floating, Studies in Economics, University of Kent, 2006.

［318］Nurkse, Ragnar, I*nternational Currency Experiences*: *Lessons from the Inter-War Period*, Geneva: League of Nations, 1944.

［319］Obstfeld, Maurice International Macroeconomics: Beyond the Mundell-Fleming Model. *IMF Staff Papers*, Vol. 47, 2001.

［320］Obstfeld, Maurice and Kenneth Rogoff, Exchange Rate Dynamics Redux. *Journal of Political Economy*, Vol. 103, No. 3, 1995a, pp. 624–660.

［321］Obstfeld, Maurice and Kenneth Rogoff, The Mirage of Fixed Exchange Rates. *Journal of Economic Perspectives*, Vol. 9, No. 4, 1995b, pp. 73–96.

［322］Obstfeld, Maurice and Kenneth Rogoff, *Foundation of International Macroeconomics*, Cambridge (Massachusetts): The MIT Press, 1996.

［323］Obstfeld, Maurice and Kenneth Rogoff, New Directions for Stochastic Open Economy Models. *Journal of International Economics*, Vol. 50, No. 1, 2000, pp. 117–153.

［324］Obstfeld, Maurice and Kenneth Rogoff, Risk and Exchange Rates. NBER, Working Paper, No. 6694, 2001.

［325］Obstfeld, Maurice, Jay C. Stambaugh and Alan M. Taylor, The Trilemma in History: Tradeoffs Among Exchange Rates, Monetary Policies, and Capital Mobility. *Social Science Electronic Publishing*, Vol. 87, No. 3, 2005, pp. 423–438.

［326］Papageorgiou, Chris and Christopher F. Parmeter, Export Diversification: Is There Anything to the Hump? University of Miami, Working Paper, 2015.

［327］Papageorgiou, Chris and Nikola Spatafora, Economic Diversification in Lics: Stylized Facts and Macroeconomic Implications. IMF, Staff Discussion Note, No. 13, 2012.

［328］Parteka, Aleksandra, Employment and Export Specialization Patterns Versus GDP Per Capita Performance: Unifying Approach. Universita Politecnica Delle, Working Paper, No. 302, 2007.

［329］Pentecost, Eric J. , *Exchange Rate Dynamics*: *A Modern Analysis of*

Exchange Rate Theory and Evidence, Cheltenham (UK): Edward Elgar, 1993.

[330] Persson, Torsten and Guido Tabellini, *Macroeconomic Policy, Credibility and Politics*, New York: Routledge Chapman & Hall, 1990.

[331] Pesaran, M. Hashem, A Simple Panel Unit Root Test in the Presence of Cross-Section Dependence. *Journal of Applied Econometrics*, Vol. 22, No. 2, 2007, pp. 265–312.

[332] Pilbeam, Keith, I*nternational Finance* (4th Edition), New York: Palgrave Macmillan, 2013.

[333] Poirson, Hélène, How Do Countries Choose Their Exchange Rate Regime? IMF, Working Paper, No. 46, 2001.

[334] Poole, William, Optimal Choice of Monetary Policy Instrument in a Simple Stochastic Macro Model. *Quarterly Journal of Economics*, Vol. 84, No. 2, 1970, pp. 197–216.

[335] Quinn, Dennis, The Correlates of Change in International Financial Regulation. *American Political Science Review*, Vol. 91, No. 3, 1997, pp. 531–551.

[336] Quinn, Dennis, Martin Schindler and Maria A. Toyoda, Assessing Measures of Financial Openness and Integration. *IMF Economic Review*, Vol. 59, No. 3, 2011, pp. 488–522.

[337] Rajan, Raghuram G. and Luigi Zingales, Financial Systems, Industrial Structure and Growth. *Oxford Review of Economic Policy*, Vol. 17, No. 4, 2001, pp. 467–482.

[338] Ramirez, Carlos D., The Political Economy of Currency Manipulation Bashing. *China Economic Review*, Vol. 27, No. 5, 2013, pp. 227–237.

[339] Ranciere, Romain, Aaron Tornell and Athanasios Vamvakidis, A New Index of Currency Mismatch and Systemic Risk. IMF, Working Paper, No. 263, 2010.

[340] Rebelo, Sergio, and Carlos Végh, When Is It Optimal to Abandon a Fixed Exchange Rate? NBER, Working Paper, No. 12793, 2006.

[341] Reinhart, Carmen M., The Mirage of Floating Exchange Rates. *American Economic Review*, Vol. 90, No. 2, 2000, pp. 65–70.

[342] Reinhart, Carmen M. and Kenneth Rogoff, The Modern History of Ex-

change Rate Arrangement: A Reinterpretation. *Quarterly Journal of Economics*, Vol. 119, 2004, pp. 1 – 48.

[343] Rey, Hélène, Dilemma Not Trilemma: The Global Financial Cycle and Monetary Policy Independence. NBER, Working Paper, No. 21162, 2015.

[344] Rey, Hélène, International Channels of Transmission of Monetary Policy and the Mundellian Trilemma. *IMF Economic Review*, Vol. 64, No. 1, 2016, pp. 6 – 35.

[345] Ricci, Luca A., A Model of an Optimum Currency Area. IMF, Working Paper, No. 76, 1997.

[346] Rizzo, Jean-Marc, The Economic Determinants of the Choice of an Exchange Rate Regime: A Probit Analysis. *Economics Letters*, Vol. 59, No. 3, 1998, pp. 283 – 287.

[347] Rogoff, Kenneth, Aasim M. Husain, Ashoka Mody, Robin Brooks and Nienke Oomes, Evolution and Performance of Exchange Rate Regimes. IMF, Working Paper, No. 243, 2003.

[348] Romer, David, Openness and Inflation: Theory and Evidence. *Quarterly Journal of Economics*, Vol. 108, No. 4, 1993, pp. 869 – 903.

[349] Roper, Don E. and Stephen J. Turnovsky, Optimal Exchange Market Intervention in A Simple Stochastic Macro Model. *Canadian Journal of Economics*, Vol. 13, No. 2, 1980, pp. 296 – 309.

[350] Rose, Andrew K., A Stable International Monetary System Emerges: Inflation Targeting Is Bretton Woods, Reversed. *Journal of International Money and Finance*, Vol. 26, No. 5, 2007, pp. 663 – 681.

[351] Sachs, Jeffrey, Aaron Tornell and Adnrés Velasco, Financial Crises in Emerging Markets: The Lessons from 1995. NBER, Working Paper, No. 5576, 1996.

[352] Scharler, Johann, The Liquidity Effect in Bank-Based and Market-Based Financial System. *Johannes Kepler University of Linz*, Working Paper, 0718, 2007.

[353] Setzer, Ralph, The *Politics of Exchange Rates in Developing Countries: Political Cycles and Domestic Institutions*, Heidelberg: Physica-Verlag (A Springer-

Verlag Company), 2006.

[354] Shambaugh, George E., The Power of Money: Global Capital and Policy Choices in Developing Countries. *American Journal of Political Science*, Vol. 48, No. 2, 2004a, pp. 281 – 295.

[355] Shambaugh, Jay C., The Effect of Fixed Exchange Rates on Monetary Policy. *Quarterly Journal of Economics*, Vol. 119, No. 300 – 351, 2004b.

[356] Singer, David Andrew, Migrant Remittances and Exchange Rate Regimes in the Developing World. *American Political Science Review*, Vol. 104, No. 2, 2010, pp. 307 – 323.

[357] Sokolov, Vladimir, Byung-Joo Lee and Nelson C. Mark, Linkages between Exchange Rate Policy and Macroeconomic Performance. *Pacific Economic Review*, Vol. 16, No. 4, 2011, pp. 395 – 420.

[358] Stavarek, Daniel, Comparative Analysis of the Exchange Market Pressure in Central European Countries with the Eurozone Membership Perspective. MPRA, Working Paper, No. 3906, 2007.

[359] Steinberg, David, A. and Krishan Malhotra, The Effect of Authoritarian Regime Type on Exchange Rate Policy. *World Politics*, Vol. 66, No. 3, 2014, pp. 491 – 529.

[360] Steinberg, David and Stefanie Walter, The Political Economy of Exchange Rate Policy. In Gerard Caprio, Thorsten Beck, Charles Calomiris, Takeo Hoshi, Peter Montier and Garry Schinasi (Eds.), *Encyclopedia of Globalization*, Amsterdam: Elsevier, 2012.

[361] Sterne, Gabriel, The Use of Explicit Targets for Monetary Policy: Practical Experience of 91 Economies in the 1990s. *Bank of England Quarterly Bulletin*, No. 3, 1999, pp. 272 – 285.

[362] Stockman, Alan and Lee Ohanian, Short-Run Independence of Monetary Policy under Pegged Exchange Rates and Effects of Money on Exchange Rates and Interest Rates. NBER, Working Paper, No. 4517, 1993.

[363] Svensson, Lars, Assessing Target Zone Credibility: Mean Reversion and Devaluation Expectations in the ERM 1979 – 1992. NBER, Working Paper, No. 3795, 1993.

[364] Tambakis, Demosthenes, Fear of Floating and Social Welfare. *International Journal of Central Banking*, Vol. 3, No. 3, 2007, pp. 183 – 204.

[365] Tavlas, George S., The "New" Theory of Optimum Currency Area. *The World Economy*, Vol. 16, No. 6, 1993, pp. 663 – 685.

[366] Tavlas, George, Harris Dellas and Alan C. Stockman, The Classification and Performance of Alternative Exchange-Rate Systems. *European Economic Review*, Vol. 52, No. 6, 2008, pp. 941 – 963.

[367] Towbin, Pascal and Sebastian Weber, Limits of Floating Exchange Rates: The Role of Foreign Currency Debt and Import Structure. IMF, Working Paper, No. 42, 2011.

[368] Turnovsky, Stephen, The Relative Stability of Alternative Exchange Rate Systems in the Presence of Random Disturbances. *Journal of Money, Credit and Banking*, Vol. 8, No. 1, 1976, pp. 29 – 50.

[369] Van Horen, Neeltje, Henk Jager and Franc Klaassen, Foreign Exchange Market Contagion in the Asian Crisis: A Regression-Based Approach. *Review of World Economics*, Vol. 142, No. 2, 2006, pp. 374 – 401.

[370] Velasco, Andrés, Fixed Exchange Rates: Credibility, Flexibility and Multiplicity. *European Economic Review*, Vol. 40, No. 3, 1996, pp. 1023 – 1035.

[371] Veyrune, Romain, Fixed Exchange Rates and the Autonomy of Monetary Policy: The Franc Zone Case. IMF, Working Paper, No. 34, 2007.

[372] von Hagen Jürgen and Jizhong Zhou, Fear of Floating and Fear of Pegging: An Empirical Analysis of De Facto Exchange Rate Regimes in Developing Countries. CEPR Discussion Papers, No. 5530, 2006.

[373] von Hagen, Jürgen and Jizhong Zhou, The Choice of Exchange Rate Regimes in Developing Countries: A Multinomial Panel Analysis. *Journal of International Money and Finance*, Vol. 26, No. 7, 2007, pp. 1071 – 1094.

[374] Wagner, Alexander F., Understanding Exchange Rate Policy Announcements: A Political Economy Approach. *Journal of Public and International Affairs*, Vol. 14, No. 1, 2003, pp. 184 – 205.

[375] Wahman, Michael, Jan Teorell and Axel Hadenius, Authoritarian Regime Types Revisited: Updated Data in Comparative Perspective. *Contemporary Pol-*

itics, Vol. 19, No. 1, 2013, pp. 19 – 34.

[376] Walsh, Carl E., *Monetary Theory and Policy* (3rd Edition), Cambridge (Massachusetts): The MIT Press, 2010.

[377] Weber, Waren, Output Variability under Monetary Policy and Exchange Rate Rules. *Journal of Political Economy*, Vol. 89, No. 4, 1981, pp. 733 – 751.

[378] Weymark, Diana N., Estimating Exchange Market Pressure and the Degree of Exchange Market Intervention for Canada. *Journal of International Economics*, Vol. 39, No. 3 – 4, 1995, pp. 273 – 295.

[379] Weymark, Diana, N., Measuring the Degree of Exchange Market Intervention in A Small Open Economy. *Journal of International Money and Finance*, Vol. 16, No. 1, 1997, pp. 55 – 79.

[380] Weymark, Diana, N., A General Approach to Measuring Exchange Market Pressure. *Oxford Economic Papers*, Vol. 50, No. 1, 1998, pp. 106 – 121.

[381] Willett, Thomas D., Why the Middle Is Unstable: The Political Economy of Exchange Rate Regimes and Currency Crises. *World Economy*, Vol. 30, No. 5, 2007, pp. 709 – 732.

[382] Willett, Thomas D., Jeff Kim, and Isriya Nitithanprapas Bunyasiri, Measuring Exchange Rate Flexibility: A Two-Parameter Exchange Market Pressure Approach. *Global Journal of Economics*, Vol. 1, No. 1, 2012, pp. 1 – 28.

[383] Wong, Kin-Ming and Terence Tai-Leung Chong, Monetary Policy Regimes and Growth Revisited: Evidence from a De Facto Classification. *Oxford Economic Papers*, Vol. 74, No. 4, 2019, pp. 1 – 22.

[384] Woodford, Michael, *Interest and Prices: Foundations of a Theory of Monetary Policy*, Princeton: Princeton University Press, 2003.

[385] Wooldridge, Jeffrey M., *Introductory Econometrics: A Modern Approach*, Mason (USA): South-Western Cengage Learning, 2009.

[386] Wooldridge, Jeffrey M., *Econometric Analysis of Cross Section and Panel Data*, Cambridge (Massachusetts): The MIT Press, 2010.

图书在版编目（CIP）数据

汇率制度选择：理论、证据与中国经验／刘晓辉著．
—北京：经济科学出版社，2021.3
（高质量发展阶段货币政策研究论丛）
教育部长江学者创新团队发展计划　南京大学文科卓越研究计划"十层次"项目　"十四五"国家重点出版物出版规划项目
ISBN 978 - 7 - 5218 - 2468 - 1

Ⅰ.①汇⋯　Ⅱ.①刘⋯　Ⅲ.①人民币汇率 - 货币制度 - 研究　Ⅳ.①F832.63

中国版本图书馆 CIP 数据核字（2021）第 057038 号

责任编辑：齐伟娜　尹雪晶
责任校对：蒋子明
责任印制：范　艳

汇率制度选择：理论、证据与中国经验
刘晓辉／著
经济科学出版社出版、发行　新华书店经销
社址：北京市海淀区阜成路甲 28 号　邮编：100142
总编部电话：010 - 88191217　发行部电话：010 - 88191522
网址：www.esp.com.cn
电子邮箱：esp@esp.com.cn
天猫网店：经济科学出版社旗舰店
网址：http：//jjkxcbs.tmall.com
北京季蜂印刷有限公司印装
787×1092　16 开　19 印张　310000 字
2022 年 2 月第 1 版　2022 年 2 月第 1 次印刷
ISBN 978 - 7 - 5218 - 2468 - 1　定价：86.00 元
（图书出现印装问题，本社负责调换。电话：010 - 88191510）
（版权所有　侵权必究　打击盗版　举报热线：010 - 88191661
QQ：2242791300　营销中心电话：010 - 88191537
电子邮箱：dbts@esp.com.cn）